U0931328

国家社会科学基金项目
赵必振翻译日文版社会主义著作的搜集、整理与研究

赵必振译文集

社会主义学说卷

中共常德市鼎城区委党史研究室
常德市鼎城区赵必振研究会 编

主编：曾长秋
辑注：梁颂成
校审：曾世平

九州出版社
JIUZHOUPRESS

图书在版编目（CIP）数据

赵必振译文集. 社会主义学说卷 / 中共常德市鼎城区委党史研究室，常德市鼎城区赵必振研究会编. -- 北京：九州出版社，2020.10

ISBN 978-7-5108-9679-8

Ⅰ.①赵… Ⅱ.①中…②常… Ⅲ.①赵必振—译文—文集②社会主义—文集 Ⅳ.①C53

中国版本图书馆CIP数据核字（2020）第203116号

赵必振译文集. 社会主义学说卷

作　　者	中共常德市鼎城区委党史研究室　常德市鼎城区赵必振研究会　编
出版发行	九州出版社
地　　址	北京市西城区阜外大街甲35号（100037）
发行电话	（010）68992190/3/5/6
网　　址	www.jiuzhoupress.com
电子信箱	jiuzhou@jiuzhoupress.com
印　　刷	三河市华东印刷有限公司
开　　本	710毫米×1000毫米　16开
印　　张	26
字　　数	425千字
版　　次	2021年1月第1版
印　　次	2021年1月第1次印刷
书　　号	ISBN 978-7-5108-9679-8
定　　价	99.00元

出版说明

《赵必振译文集·社会主义学说卷》受国家社科基金的资助（项目名称“赵必振翻译日文版社会主义著作的搜集、整理与研究”，课题编号18BKS035）。本书包含了赵必振翻译的《近世社会主义》《二十世纪之怪物帝国主义》《社会主义广长舌》等三部阐释社会主义学说的日文版著作，原在上海广智书局或商务印书馆的出版时间为1902年8月至1903年2月。

《近世社会主义》为日本社会主义思想家福井准造原著，赵必振的中译本于1903年2月由上海广智书局分上下卷出版（1927年在上海时代书店重印为一卷本）。该书是近代中国第一部较系统介绍社会主义学说的译著，全书分四编：第一编“第一期之社会主义”，尖锐批评了英、法空想社会主义是“井蛙之见”，无政府主义是“粗暴过激之议论”；第二编“第二期之社会主义”为全书的核心，重点介绍德意志社会主义；第三编“近时之社会主义”，指出无政府主义与马克思主义“今则如仇”，社会民主主义与共产主义“大异其趣”；第四编“欧美诸国社会党之现状”，主要介绍法、德等国家社会党的历史。值得注意的是，书中突出介绍了《共产党宣言》《资本论》等经典，成为我国最早传播马克思主义的译著之一。其中有“社会主义之发达，为二十世纪人类进步必然之势”，“二十世纪者，社会主义时代也”，马克思是“一代之伟人”，《共产党宣言》是“一大雄篇”，《资本论》是“一代之大著述”等句，向中国读者介绍了马克思主义。

《二十世纪之怪物帝国主义》又称《帝国主义：二十世纪的幽灵》或《帝国主义》，为日本社会主义领袖幸德秋水原著，赵必振的中译本1902

年8月由上海广智书局印行。书中分析批判了资本主义列强的帝国主义政策，着重鞭笞了军国主义，指出其结果必然导致帝国主义战争，使大多数人民遭受灾难。主张用“世界的大革命运动”（即社会主义革命）来“变资本家横暴之社会”，以“劳动者共有之社会”（即社会主义制度）来“亡其野蛮的帝国主义”。1925年经著名记者曹聚仁标点，于1927年以《帝国主义》的书名再次出版。他在卷首语《与读者》中对原作者和译者的独到眼光表示了由衷敬佩：“像这么伟大的著作，说是不能引起读者热烈的同情，不能鼓舞读者的注意力，这是断然不会的!”同时慨叹，在二十五年之前中国学术界已有人译述“这么伟大”的读物，“真可使我们现在人十分惭愧”。

《社会主义广长舌》又称《广长舌》，是幸德秋水的一部政治评论集，内容主要是宣传包括唯物史观在内的科学社会主义基本原理。赵必振的中译本于1902年12月由商务印书馆出版，汇编原作者在日本报刊发表的三十二篇文章，集中阐述了社会主义的内容、目标、产生的原因，以及实现社会主义的历史必然性；强调革命是社会进化、发展、进步的必然途径等，同时驳斥了当时的一些反对社会主义的观点。这本通俗读物是一部宣传社会主义的力作，在当时的日本拥有广大读者并产生了广泛影响。

这三部著作的翻译者赵必振（1873年4月至1956年12月），字曰生，湖南省武陵县（今常德市鼎城区）人。戊戌变法期间，倾心改良维新。1900年参加自立军起义失败之后，赵必振逃亡日本。在1902年至1904年，他回到上海从事日文版著作的翻译，相继推出二十多种译著，以上三部介绍社会主义学说的译著即为其中的一部分，由此奠定了他在马克思主义输入中国史上先驱者的地位，成为20世纪之初关于中国命运的寻路人之一。

凡 例

一、采用简体、横排，使用规范的标点符号系统，更换百年前原有的标点符号系统。

二、直接纠正错别字。如“折哀”—“折衷”；“解顾”—“解雇”；“组会问题”—“社会问题”等。

三、更换生僻字，改用通行规范字。如“麤暴”—“粗暴”；“深讐（讎）”—“深仇”；“计画”—“计划”；“贯澈”—“贯彻”等。

四、人物名字用字顺序不一致的，改用通行说法。如“哇科陆渥”—“哇科渥陆”等。

五、调整用语顺序，使之顺畅。如“其屈从于无限之拘束，无上之压其抑终不能耐”，调整为“其屈从于无限之拘束，无上之压抑，其终不能耐”；“与彼所计画之政渐策渐乃施于实行”，调整为“与彼所计画之政策，渐渐乃施于实行”；“其目的者，以共有生分产配交换之诸机关”，调整为“其目的者，以共有生产分配交换之诸机关”等。

六、原书存在大量外国人名集中在一起的情况，又不是众所熟知的人名，原来就没有标点，并且每次出版都没有解决，现已无法查对区分的，一仍其旧。

七、原书所涉公元年份及其他数据，按照新的出版规定，改用阿拉伯数字表示。

八、原书中成系统的大段引文，独立出来，用楷体表示，以清眉目。

九、原文大面积没有分段的情况，按意思层次，适当分段。

十、原文竖排本中的双行夹注，整理时一律改用括号表示，括号内标明“原注”，为原夹注文字；未标明者为本次整理所加必要提示。

十一、原书所涉人名、地名，及对一般阅读造成障碍的中文词语，首次出现时加上简注，置于页下。暂时无法查对的，一仍其旧。

十二、文中出现的“唱导”“喒道”通“倡导”。

从赵必振有关社会主义的三部译著看其在马克思主义传播史上的地位和作用

李惠斌[①]

赵必振在中国马克思主义和社会主义的传播史上，在中国现代语言文字的创新史上，无疑都具有十分重要的历史地位。

一、赵必振在中国翻译社会主义著作最早且具有重要的引领意义

赵必振（1873—1956）1902 年 8 月翻译出版（上海广智书局）了日本人幸德秋水的著作《二十世纪之怪物帝国主义》又称《帝国主义：二十世纪的幽灵》（1901 年 4 月），1902 年 12 月翻译出版（商务印书馆）了幸德秋水的著作《社会主义长广舌》，1903 年 1 月翻译出版（上海广智书局）了福井准造的著作《近世社会主义》（1899 年 3 月）。[②] 从现有研究资料来看，这确是中国最早翻译的有关社会主义的著作。[③]

现有研究马克思主义和社会主义早期传播史的资料提供的有两份关于这之前的文献和说法：一是“史料记载，1898 年，上海广学会出版了由胡贻谷翻译的英国人柯卡普著的《泰西民法志》（即《社会主义史》）一书，该书首次向中国人民介绍了马克思的生平及其学说”[④]。但是，有研究认为，这种说法有误，

---

① 李惠斌，研究员，原中央编译局当代马克思主义研究所副所长、马克思主义与中国现实问题研究中心主任，中央马克思主义理论研究与建设工程子课题首席专家。

② 其中第二本书虽然没有署译者名，但从有关研究文献和译文风格来看，应该是赵必振的译著无疑。

③ 美国人伯尔纳在《1907 年以前中国的社会主义思潮》一书中曾经指出，这是在中国出版的“第一部系统讲解多种社会主义学说的著作”。

④ 见黄宏、张彬：《马克思主义中国化史》，凤凰出版社 2011 年版。

因为1898年胡贻谷先生只有14岁，不可能承担《社会主义史》一书的翻译工作，准确的时间可能是在1910年。[①] 二是“1899年2月和4月，英美传教士在中国创办的中文刊物《万国公报》在第121号和123号上发表了《大同学》。该文由李提摩太节译自英国资产阶级社会学家颉德写的《社会演化》一书。文中多次提到马克思的名字，称他为‘百工领袖著名者’‘讲求养民学者’”[②]。这里只是说李提摩太节译的《社会演化》一书，虽然书中简要介绍了马克思，但还不能说这是一本有关社会主义的著作。因此，说赵必振是第一个在中国传播社会主义思想和学说的人，应该是肯定的。不仅如此，赵必振翻译的《近世社会主义》一书，对于马克思和拉萨尔思想与理论进行介绍，特别是对于马克思《资本论》一书进行专门介绍，从这点也可说他是中国马克思主义传播史上的第一人。

赵必振是个奇迹。他只是在日本待了不到两年的时间，便很好地掌握了日语，而且在短短两年多的时间里翻译写作了三十多本书，介绍包括马克思主义、社会主义在内的现代文明思想。这是在中国的戊戌变法（1898年6月11日—9月21日，资产阶级改良运动）失败两年后发生的事情。这些介绍著作中出现了大量来自日本的新思想和新概念，其在中国上层知识阶层的影响必定是非常巨大的。[③] 两年之后（即1905年），孙中山、黄兴、朱执信、宋教仁、廖仲恺等人在日本成立同盟会，并创刊《民报》作为同盟会的机关报，这与赵必振著作的影响是不可能没有关系的。既然中国的救国方略和新思想来自日本，那么，更多的中国有识之士东渡日本也就是自然而然的事情了。《民报》先后发表了宋教仁的《万国社会党大会略史》（1905）、廖仲恺翻译的《社会主义史大纲》《无政府主义与社会主义》（1905—1906）、朱执信的《德意志社会革命家小传》《论社会革命当与政治革命并行》（1905—1906）等一系列文章，介绍马克思及其学说以及社会主义思想。特别是朱执信的文章，把《共产党宣言》看成是马克思的代表作，简要地介绍了《共产党宣言》和《资本论》的一些重要观点，摘译了《共产党宣言》中的十大纲领，这被认为是《共产党宣言》在中国最早

---

① 见徐光寿：《百年前马克思主义曙光初照中国》，载《解放日报》2018年5月3日。

② 见黄宏、张彬主编：《马克思主义中国化史》，凤凰出版社2011年版。

③ 中国的白话文运动是借助于日本的中文现代词汇进行的，而赵必振把这个运动至少提前了十五年。

的节译本。到 1912 年施仁荣翻译恩格斯的《社会主义从空想到科学的发展》，以《理想社会主义和实行社会主义》为题，在上海《新世界》半月刊杂志上连载，包括廖仲恺于 1905 年应孙中山之倡导翻译亨利·乔治的《进步与贫困》，在这十年的马克思主义与社会主义的传播期间，赵必振是开首第一人。

二、赵必振翻译的社会主义著作在马克思主义传播史上具有独特的意义

赵必振时期的马克思主义、社会主义著作和思想，有一个重要的特点，即它们是苏俄发生十月革命之前的马克思主义和社会主义。一方面，这是一个特殊的传播阶段，另一方面，它们反映的是日本人早期接受马克思主义和社会主义思想的特点，对于我们今天了解日本的社会发展，具有特殊意义。

（一）赵必振及其所开启的马克思主义、社会主义的早期传播是中国一个特殊阶段的马克思主义和社会主义思想和理论的传播阶段。

从赵必振翻译的《近世社会主义》一书来看，它不仅介绍了早期的空想社会主义和包括马克思在内的德国社会主义思想，而且非常详细地介绍了各种流派的社会主义思想，特别是介绍了当时欧洲、北美等各国社会党的现状。这是一个全方位的关于早期社会主义理论与实践的介绍。从空想社会主义到马克思创立第一国际（工人协会），再到恩格斯指导马克思的女婿拉法格创立社会党国际（第二国际），这是马克思和恩格斯在欧洲创建的社会主义运动的辉煌时期，是马克思和恩格斯 1850 年之后开启的民主社会主义运动取得的可喜成就。恩格斯去世前已经看到他和马克思开创的社会主义事业很快就会成功，无产阶级通过普选走上政治舞台已经指日可待，其高兴的程度可想而知。所以，全面介绍这一段历史和理论，是非常重要的。

十月革命开创了历史的新纪元。列宁根据东方国家的情况，修改和发展了马克思恩格斯的理论，重新回到了马克思和恩格斯的暴力革命理论，并且对于欧洲国家的民主社会主义进行了批判，创立了东方社会的社会主义革命和发展道路的新理论，开辟了东方社会主义革命和建设理论事业的伟大成功之路。但是，随着苏联解体和中国四十年改革开放的实践和探索，重新回望马克思和恩格斯在西方发达国家创立的理论原像以及马克思主义和社会主义在西方的发展轨迹，对于发展中国新时代的中国特色社会主义理论，在今天依然具有重要的

理论和现实意义。从这个角度来说，赵必振发起的这个早期马克思主义和社会主义传播阶段，在今天依然具有十分重要的现实意义。

（二）赵必振及其所开启的马克思主义、社会主义的早期传播对于了解日本的社会主义和马克思主义的传播与后来的社会发展具有特殊意义。

赵必振到日本正得其时，正值日本引入欧美民主社会主义的初始阶段。日本进步人士片山潜、安部矶雄、幸德秋水等于1898年发起组织成立社会主义协会，1900年1月改组为社会主义协会。1900年第二国际巴黎大会上，片山寄送的信件被宣读，同年，作为第二国际常设机构的国际社会主义事务局在比利时布鲁塞尔设立，片山是该机构的日本社会主义者国际代表成员。他们积极组织筹划劳工集会，于1901年4月3日在日本东京召开了由20000人参加的劳工联谊会，会议向政府提出建立劳动者保护法和劳动者参政的要求，提出通过国会立法，改善劳动条件，提高劳工地位的要求，并决定组建社会民主党。拟议中的社会民主党的第一条纲领就是"人类皆为同胞之主义"，然后是"倡导全面废除军备，全面废除阶级制度，土地、资本、交通机构公有，分配公平，政治权利平等"。当前运动目标和行动纲领是"推动制定垄断性公共事业公有化政策、工场法，雇主责任法、工会法等劳动政策，实行普选、公民投票，全面废除死刑、废除贵族院、缩小军备，废除治安警察法"等民主主义政策。这些日本民主主义革命的领袖人物在领导日本工人运动的同时，著书立说，宣传和指导日本的社会民主主义工人运动。当时除了赵必振翻译的以上三部著作以外，还有安部矶雄的《社会问题解释法》（1901）、片山潜的《我的社会主义》（1903）、幸德秋水的《社会主义神髓》（1903）。片山潜和幸德秋水都主张自由与民权，主张在日本推行民主社会主义，但片山潜主张合作社主义的社会主义，而幸德秋水则由主张普选然后转向主张直接行动，被研究者称为带有无政府倾向的激进社会主义。幸德秋水的转向可能是有道理的，因为当时的日本也与中国一样没有进行普选斗争的条件，所以，幸德秋水在1911年就被政府执行了死刑。片山潜则在俄国十月革命后加入了国际共产主义运动。

这些史实告诉我们，日本比之中国，多了将近二十年的民主社会主义运动时期。在中国，赵必振的工作可能只是一种启蒙，而在日本，则已经是一种轰轰烈烈的行动了。所以，虽然十月革命的影响在日本没有像在中国这样激烈，但是，民主社会主义的思想对于日本后来的社会发展却起了非常重大的影响。

这不能不说是马克思主义和社会主义的另一种成功。

三、谈帝国主义，先从爱国心谈起，这是日本作者幸德秋水的高明之处

赵必振翻译的日本作者幸德秋水的著作《二十世纪之怪物帝国主义》（又称《帝国主义：二十世纪的幽灵》）有一个重要特点：谈帝国主义，先从爱国心谈起。他说："名为爱国心，实则纯为军国主义者，非现时列国之帝国主义通有之条件乎？吾故曰：欲断帝国主义之是非利害，不可不先向其所谓'爱国心'所谓'军国主义'加一番之检也。"

幸德秋水注意到，当时英国、美国、德国、俄国、法国、意大利等国都在对外扩张，其中德国占领了中国的青岛，俄国占领了中国的东北，西方国家的侵略和扩张行为十分普遍，日本也在行动，这是"近日帝国主义推行较著之现象也"。在这些国家，普遍存在着一股帝国主义的喊声。"膨胀我国民，扩张我版图，建设大帝国，发扬我国威，光荣我国旗，是所谓帝国主义之喊声也；彼等之爱国家之心亦深矣！"在这些帝国主义的喊声里，包含着很深的爱国心。

幸德秋水对帝国主义的描述很有特点，他认为在帝国主义的景观中，爱国心和军国主义是它的纵横两轴，或者准确地说，"爱国心为经，军国主义为纬"。这就是说，爱国主义和军国主义分别是帝国主义这个幕布上的经线和纬线。

幸德秋水从几个方面论述人们的爱国心问题。

（一）爱国心与爱故乡心相似，虽然可贵，"实有卑不足道者"。古人说的"富贵不归故乡，如衣锦夜行"，这句话可谓"揭其秘密之隐衷，破其污秽之鄙念，已烛照而洞然矣"。

（二）爱国心中的故乡情包含着"对他乡之憎恶"。"今之爱恋故乡者曰：学校必立于吾之里，铁道必出于吾之郡，是犹可也。其甚者且曰：总务之委员必出于吾县，总务之大臣必出于吾州。彼等一身之利益，必不出于虚荣之外，其对里乡，果有同情之侧隐与慈爱乎？故有识之士，洞幽彻微，所不能不仰天而太息者也！"这些对于自己故乡的爱恋之情，同时包含着对于他人故乡的不齿和憎恶，其心理的狭隘与虚荣，暴露无遗。

（三）所谓爱国者，是"天下之可怜虫"。

书中指出："惟其然也，故彼之爱国心，其原因动机，皆与其爱恋故乡之心

而一辙；则彼虞芮之争，真爱国者之好标本哉！彼蛮触之战，真爱国者之好譬喻哉！呜呼！噫嘻！真天下之可怜虫哉！”爱国心与爱故乡之心同出一辙，为小利益而大打出手，真是一些天下的可怜虫！

（四）爱国心包含着虚夸和虚荣。

不论是所谓爱乡者、爱国者还是爱国心者，都是狭隘的利益使然，是一种虚夸和虚荣。“天下之所谓爱国者及爱国心者，于岩谷某，亦五十步百步之差耳！吾请质言之：爱国心之广告者，唯一身之利益也，虚夸也，虚荣也，若是而已矣。”

幸德秋水具体分析了英国人、德国人的爱国心问题，并特别用了大量的篇幅论述日本人的爱国心与其军国主义的关系，无情地剖析了爱国心背后的军事和经济扩张，称这些思想和行为“其愚不可及”。“欧、美诸国之帝国主义者，则藉口于资本之饶多，生产之过剩；而日本经济之情实则全与之相反。欧、美诸国之建设大帝国者，其腐败与零落，虽可决然，然犹或有若干年间夸其国旗之虚荣。至我日本苟或建设帝国，岂能维持一日？而多数之军队，拥战舰者而大呼曰：‘帝国主义！’我日本之主唱帝国主义者，其愚不可及哉！”

（五）批评日本的这种“一时泡沫”，十分危险，必然走向灭亡。

作者写道：“国民既小矣，而国家岂能独大乎？如其大也，不过一时之泡沫耳，空中之楼阁耳，沙上之爪印耳！罡风忽起，雾散云消，是古来历史之所独照也。哀哉！世界列国，竟向于若此之泡沫的澎胀力，而自趋于灭亡，不自知其危险也！”

幸德秋水对于爱国心与帝国主义进行这样的比较和对照，是身处日本军国主义情绪猖獗时期的一种真实反映，很值得我们研究。爱国与爱故乡是一种自然的情感流露，但是，如果超出了一定的限度，就可能走向其反面。我们可能很少有人从这个角度去研究问题。

四、赵必振译著对于中国现代语言文字的创新

赵的译著大量引入了现代汉语中的“社会主义”“无政府主义”“帝国主义”“政治”“经济”等术语，这些现代汉语的引进时间比之五四时期的白话文运动早了近二十年。

有关统计数字显示，中国现代汉语中的新词三分之二以上来自日本汉语，而赵必振的速成日语正好成就了他照搬日本汉语到中国来的机会。据不完全统计，赵必振在两年多时间里，从日文翻译出版了著作28种，这是在1900年初期的上海发生的一个新思想、新文化突然集中爆发的大事件。当时的商务印书馆在其中发挥了重要的作用。赵译的这些著作，虽然还保留了古代汉语中的“之、乎、也、者”，但是，这些新思想中也带来了新的词汇，这对于中国知识界的影响，是不能小看的。

五四前期的新文化运动，不仅是一次语言和文化的创新，而且是一次思想的大解放。而赵必振在这方面的工作，比之陈独秀的《新青年》，整整提前了十七年。

由于历史的原因，赵必振在马克思主义和社会主义传播史上的地位，没有得到应有的重视。今天，我们研究马克思主义和社会主义理论及其传播，应该还历史以本来面目。

2018年10月于北京

Contents

目 录

近世社会主义

二十世纪之怪物帝国主义

社会主义广长舌

近世社会主义

[日] 福井准造　原著
赵必振　译
梁颂成　辑注

前　言

《近世社会主义》为日本人福井准造原著，赵必振翻译。原著完成于明治三十二年（1899 年）三月，东京“有斐阁”出版。中译本在光绪二十八年十二月二十日（1903 年 1 月 1 日）由上海广智书局印刷，光绪二十九年正月二十五日（1903 年 2 月 22 日）发行。该书的出版，被学术界公认为是在中国比较系统地介绍马克思主义尤其是马克思经济学说的第一部译著。由此奠定了赵必振在中国传播马克思主义的开山始祖地位，对于探求救国救民道路的先进中国人产生了一定的影响，并指出了前进的道路。为此，赵必振被誉为“中国译介马克思主义第一人”。

原作者福井准造，因其《近世社会主义》一书被翻译成中文，而在当时的中国名声大噪。但其具体的生平事迹却不详，我们只是从中译本的“作者自序”中，看到他的一些思想倾向。例如，社会主义的内涵，应当通过社会党的行动来稽考，“孟浪过激之凶徒”成为安宁秩序的仇敌，曾经招致“世界之嫌恶”。这似乎是说，根据世人的眼光，他对社会党的行动颇有微词……总之，作者担忧欧美国家因贫富悬隔而造成的社会问题，“隐约胚胎”于日本。因此，他介绍西方近代社会主义的目的，在于引起人们对这一问题的重视。他撰著《近世社会主义》的出发点，似乎也不是为了倡导社会主义，而是借此来防患于未然，提醒国人注意各种社会问题。然而不可忽视的是，此书在介绍马克思经济学说方面，确实胜过了当时其他一些日本社会主义者的著述，这是不争的事实。

翻译者赵必振（1873—1956），湖南常德（今鼎城区石板滩乡）人。1900 年，他在家乡常德参加唐才常领导的自立军起义，失败后逃亡日本，在《新民丛报》做校对工作。其间学习日语，并广泛接触西学，涉猎社会主义学说。他 1902 年返回上海，在广智书局等机构从事翻译工作。根据日文书籍，他翻译了一大批涉及亚洲、非洲、欧洲各国的政治和历史方面的著作，还有《新世界伦理学》《社会改良论》等。在早期社会主义著作翻译方面，赵必振最有名的是1902—1903年间翻译出版的《20世纪之怪物帝国主义》和《近世社会主义》两本书。可是在完成了这些书籍的翻译之后，似乎再未见到他同类的翻译新作。因为他离开了上海，先是到香港担任《商报》编辑，民国初年起又在热河财政厅和财政部任职十多年。20世纪20年代末以后，他脱离官场，先后在北京、湖南等地的学校任教，转而专心从事国学研究。1949年以后，赵必振担任湖南省文物管理委员会委员及文史研究馆馆员，直至1956年病逝，享年83岁。

《近世社会主义》（中译本）铅印线装，分上、下两册，共约17万字。全书分四编：第一编题为“第一期之社会主义——英法二国之社会主义”，依次介绍了巴贝夫、圣西门、傅立叶、欧文、卡贝、蒲鲁东、路易·勃朗的生平、著作和学说；第二编题为“第二期之社会主义——德意志之社会主义”，介绍了马克思的生平、学说，第一国际的历史，洛贝尔图斯与拉萨尔的生平和学说；第三编题为“近时之社会主义”，介绍了无政府主义、社会民主主义、国家社会主义、基督教社会主义等各流派的沿革及其观点；第四编题为“欧美诸国社会党之现状”，分别介绍了英国、法国、德国、中欧诸国、东欧诸国及美国社会党的活动。

卡尔·马克思，在本书中译作“加陆·马陆科斯”；恩格斯，在书中译作“野契陆斯”。书中在介绍圣西门、傅立叶、欧文和路易·勃朗、蒲鲁东等人的理论之后，毫不含糊地指出，所有这些学说，都是“空想的学理”和“儿戏的企图”，“故全然失败”。马克思的学说与他们不同，而是“以深远之学理，精密而研究之，以讲究经济上之原则，而认信真理与正理，故于多数之劳民，容易实行其社会主义”；同时，马克思的学说不是局限于一个地区或者一个国家，“其性质实注重于世界，故可成广达之场所，而集多数之人”，将它付诸实施。

本书依次介绍了《哲学的贫困》（译作《自哲理上所见之贫困》）、《共产党宣言》（译作《共产主义宣言》）、《英国工人阶级状况》（译作《英国劳动社会之状态》）、《政治经济学批判》（译作《经济学之评论》）、《资本论》等马克思主义经典著作的写作过程及其主要内容。福井准造指出：“加陆·马陆科斯创设社会主义之实行，与国际的劳动者同盟（今译作国际工人协会，即第一国际），以期社会之雄飞，其学理皆具于其《资本论》。”书中力图说明马克思“剩余价值”学说的基本内容和马克思对资本主义制度内在矛盾所作的深刻分析，以证明“从来之社会主义者，大都架空之妄说”，只有在马克思之后，社会主义方才成为科学。所以，他热烈赞颂马克思“为社会主义定立确固不拔之学说，为一代之伟人”，“马陆科斯之《资本论》，为一代之大著述，为新社会主义者发明无二之真理，为应服膺之经典”。并说：“必以学理为社会主义之根据，以攻击现社会，以反对现制度，而创立新社会主义，以倡导于天下，舍加陆·马陆科斯其人者，其谁与归?”

总的来看，本书的观点并没有超出当时第二国际所持的立场，具有明显的议会主义倾向。广智书局在新书广告中说：“本书关系于中国前途者有二端：一为中国后日日进于文明，则工业发达不可限量，而劳动者之问题大难解释，此书言欧美各国劳动问题之解释最详，可为他日之鉴法；一为中国之组织党派者，当此幼稚时代，宗旨混淆，目的纷杂，每每误入于歧途，而社会党与无政府党尤在疑似之间，易淆耳目，如社会党，本世界所欢迎，而无政府党乃世界所嫌恶，混而一之，贻祸匪浅，是书晰之最详，俾言学派者知有所择。”尽管如此，《近世社会主义》毕竟相当系统地介绍了马克思主义与世界社会主义运动的概况，对于今天“不忘初心”，仍然处于探索社会主义道路的人们，应该是有启示作用的。

（本文对《近世社会主义》及其译者赵必振的评介，主要参考了于元《解读〈共产党宣言〉》，中华工商联合出版社 2014 年版，第 109—110 页；姜义华《现代性：中国重撰》，北京师范大学出版社 2013 年版，第 407—408 页。）

序

政友福井直吉之哲嗣[1]准造君[2]，好学修文[3]。研究社会主义，博采泰西[4]诸家之说，顷者著书，题为“社会主义”，公之于世。夫社会问题之研究，为近世之最急要者。而发明社会主义真相之著作，吾国尚阙而不详，以致研究社会主义者，每每误解。今此书出，关系于吾国者不浅，因赘[5]一言以为序。

明治三十二年（1899 年）六月，栗原亮一[6]序。

---

① 福井直吉（1848 年 2 月 19 日—1917 年 11 月 13 日），大住郡小岭村（现神奈川县平冢市）人。日本实业家、政治家、众议院议员，为本书作者福井准造之父。哲嗣：敬称他人之子。

② 准造君：福井准造。

③ 修文：娴熟文化典章制度，倡导礼乐教化。

④ 泰西：旧泛指西方国家。出自明代方以智的《东西均·所以》：“泰西之推有气映差，今夏则见河汉，冬则收，气浊之也。”

⑤ 赘（zhuì）：赘述。这里是作者谦虚地指自己的序言。

⑥ 栗原亮一：日本近代政治活动家，自由党和民党的创始人之一。

自　序

社会主义者，何也？所以稽社会党之行动也。然或因孟浪[1]过激之凶徒，为安宁秩序之仇敌，以招世界之嫌恶。然而文明所到之处，则社会问题必随伴之，而社会党亦随而兴。余素暗于实事，迂于时势，而岂敢以慷慨自任[2]，每以国家之大事为忧乎？而敢以能文达识之士自命，而炫其博览多才乎？然当此滔滔社会之潮流，静观事物变态之迹，徐徐视察其趋向，我日本今日之形势，社会问题，亦隐约胚胎于其中，贫富悬隔[3]之弊，亦将渐显于社会，是经世忧国之士不能漠然置之者也。此所以稽察[4]欧美诸国之事例，以讲究近世之社会主义。其微意之所在，即注于兹矣。世界识者，披阅一过，当亦恍然于社会问题之不可轻忽，是著者之所厚望也。后之读者，其不以为覆瓿[5]之具欤。

明治三十二年（1899 年）三月，福井准造识于相阳丰田寓居。

---

① 孟浪：疏阔而不精要，荒诞而无边际。《庄子·齐物论》："夫子以为孟浪之言，而我以为妙道之行也。"

② 慷慨自任：情绪激昂，自己勇于担当。自任：自信，自用。

③ 悬隔：相隔很远，相差很大。

④ 稽察：检查，考察。

⑤ 覆瓿（bù）：比喻著作毫无价值或不被人重视。也用以表示自谦。

凡　例

一、本书描写法兰西革命以后欧美诸国之社会主义为主。于革命以前，虽间采社会主义者之议论，然社会之势未大，其足以当讲究之价值者甚少，故省略之。

二、社会主义者，以经济学上之一学说与政治学上之一议论，以判定此主义之是非善恶，为本书之目的。然为解释社会问题，自信为讲究社会主义者之必要，著者特搜集多种之社会主义的议论，以供社会问题解释者之资。

三、本书之目的，说明社会主义之本质。然于其党派之运动，亦为讲究社会主义者所不容忽，不可附诸等闲。然本书先记述欧美诸国社会党之状态，至其运动，于他编再述之。

四、本书所揭载之人名、地名等，于固有之名词，大抵随其原者，而附记以片假名，然于从来一切所惯用者，则不别改之。

五、本书所参考之著述，于其最重要之书典，揭载于附录第二，以供读者参考之用。

著者识

绪 论

百年以前，法兰西之革命[①]，实为改革社会之一大原因。铲除君主之尊严，打破贵族之阶级，绝灭僧侣之特权，各国效之，而求改革社会之策。于专制之君主，则强请而布其宪法，或分离，或联合，或拔剑而抗世之压制自由者，苦楚辛惨，国家改造之大业，乃渐完成。于是全社会之形势一变，于是于“不公平”“不平等”“专制”“压抑”等，皆讳言[②]之，一洗旧来之面目，而高唱[③]民权。其所主张者，凡平民与其余之人民，皆得享有自由平等之权利，摆脱旧来专制之习惯，而求政治上自由平等之真理，以求自附于文明之诸国。所谓王者无上之权力。一切裁制之法，皆不得加之。政治的自由之声，普及于天下，四民平等，无有阶级，所谓普通选举等无数之政治的难问题，亦因之而解释，乃遂确认人民上之参政权，确立法律上之平等权，而向日呻吟于君主之压抑，贵族之专横，僧侣之干涉者，芸芸苍生，扰扰黔首[④]，皆大欢喜，齐声而讴自由平等之欢声。是为政治之革命，达其目的之时期。

政治之革命，其成就虽已如斯，然而社会之混乱，仍未平愈[⑤]也。政治上之自由平等，虽已如斯，然而无形之权利，仍然伸畅[⑥]也。试一观察有形的社会之

---

① 法兰西之革命：18世纪末期，以1789年法国大革命等多次起义，法国国民会议投票决定废除君主制，1792年9月21日法兰西共和国成立为标志的社会变革运动。法兰西革命摧毁了法国封建专制制度，促进了资本主义的发展；也震撼了欧洲封建体系，推动了欧洲各国革命。

② 讳言：因有所顾忌而隐讳不说；不敢或不愿明说。

③ 唱：倡议，倡导，提倡。

④ 黔首：秦代对老百姓的称谓。秦始皇自以为得水德，衣服旄旌旗幡皆尚黑色。平民以黑巾裹头，故称。

⑤ 平愈：康复痊愈。

⑥ 伸畅：延伸；畅行。

状态，然而不平不满之声，仍未易除去也。物质的文明之发达，而不平不满之声，亦随伴之而愈高。试一观察殖产社会之现状，与劳动者之状态，所谓政治上之自由平等者，其对此等多数之劳动者，果能恩惠普及乎？果能认其人类之平等，许以人间之自由乎？非亟撤去阶级间之深沟，而欲成上下平等之社会，果可望其成就乎？彼热衷于扩张民权者，火水尚不足辞，何为而不改良社会之状态，而使万民享有福利乎？于政治上，既畅增无形之权利，虽收参与公政之权，恐不足以敌之。试观当世文明之现状，所谓无形之自由平等者，仅虚形乎？仅空名乎？拥虚形，尊空名，而辗转于沟壑，果何为乎？所谓社会既奏改良之功者，不过自政治上之改革以来，得理论上之平等，于劳动者之地位，于其生活之必要，免其无情之冷酷而已。虽有契约之自由，虽有平等之权利，而社会经济上之大势，仍为彼等资本家隶属之一种奴隶而已。虽云公政之参与，虽享法律之保护，然亦不过虚荣而已。夜以继日，营营劳动，所得之劳银，不足以供一身自活之费，病妻饥儿，耳侧交诉，薄运亦至此极也。社会革命之大势，虽除僧侣贵族之专横，而著殖产社会之显象，然而资本家之压抑专制，以驱此等不幸之劳民，为其赁银①所系留而桎梏②。而生产社会产出之富额，日益减少，其事业亦日渐衰微，于是多数之劳动者，亦日陷于非运③。而公平之自由，不能助之；平等之法律，不能救之。世界之富者既日增，世界之贫民亦日益，贫富悬隔④之现象，亦复大显，是岂十九世纪文明之特兆欤？

交通运输之便利，器械之发明，亦大进步，工业社会之大变革，亦由此而呈。手工与劳动者，皆失其业，小资本家，遂独立而经营事业。于是资本主与劳动者之间，遂筑一大藩篱⑤。殖产界⑥之面目，全然一新，富者益富，贫者日贫，其悬隔亦共制造事业之发达而高其程度。雇者与被雇者之关系，宛然而似主从，更下而至劳民之地位，竟与昔时之奴隶等。天赋人间之本性，亦几不能享有之，多数之劳动者，遂不能保其资格，若牛若马若器械力⑦，因其力量之多

① 赁（lìn）银：劳动报酬，工钱。

② 桎梏：古代刑具，在足曰桎，在手曰梏，类似现代的脚镣、手铐。引申为束缚、压制之意。

③ 非运：悲惨的命运。

④ 悬隔：相隔很远，差距很大。

⑤ 藩篱：本义指竹木编成的篱笆或栅栏，引申为边界、屏障。

⑥ 殖产界：日语“资产阶级”。

⑦ 器械力：器械、机器的力量。

寡，而评定其价格焉。劳动社会之状态，竟至如斯，彼等陷落于无底之地狱，而受此有名无实之自由平等，于彼等究何所益也？

政治之革命，以政治上之不平均而起，于是遂剿灭其压制此政治社会者。今也财产上之不平均，更现异样之压制。若此压制者，俄然逞其势力，以极专横，亦必如政治社会之革命而起，则殖产社会①，及其余之革命，踵之②而生，何以御之哉？

一切之革命，必先自文字始，其由来非一日矣。如彼宗教之革命，开发迷信者之头脑，觉醒积年之迷梦；如彼法国之革命，遍洒压制者之鲜血，终奏自由之凯歌；如彼亚美利加③之革命，开放奴隶者之沉冤，得证正义之胜利。腥风惨淡，招国家之扰乱者不少。然今日欧洲诸国，概得宪法，得沐代议政治之恩惠。然而此等诸国，虽脱专制之羁绊，确立立宪之基础，而多数革命之非常手段，屡次举行而不已。则殖产社会之革命，其如何之手段，其如何之运动，其如何之进步，实社会将来之一大问题，不易解释者。今日社会党之题目，自数十年前，已开其端，则将来显然之事业，可拭目而睹也。

然而社会党之组织，果自何人而成也？或谓无赖无谋之徒所教使，以绝灭资本家者也，是为破坏党。或谓欲打破现制社会之秩序，而现出无秩序的社会，是为过激党。呜乎！社会党者，果国家之贼欤？秩序之敌欤？无识之徒辈欤？抑亦不过孟浪④过激之凶者欤？

吾人试论而断定之。社会党之怀抱之主义之纲领，不难揣测而知也。彼等画种种之方策，布种种之计算，或主张共产主义，或倡导无政府主义，或望施行极端之共和政治，或冀设立强盛之专制政府，或冀希望绝灭资本家、颠覆政府等，以试其运动。此所谓过激派是也，其最后之目的，而势力所集注者，则曰均一之分配。夫惟希望均一之分配，其极端则流于无政府党，其强盛则变为专制政体，常为一致之结合。然抱改革社会之大望，而欲兴起社会党，于经济上之主义，亦同一致也。悲贱民之穷状，而欲表同情，怜社会之弊害，而欲和其不平不满之念，悯流离困惫之人民，而欲脱其人生悲惨之痛苦，此固社会党

---

① 殖产社会：日语“资本主义社会”。

② 踵（zhǒng）之：接着。

③ 亚美利加：即亚美利加洲，简称美洲。

④ 孟浪：鲁莽，轻率。

之素愿也。然此等之念虑[①]，不独为社会党专有之感情，凡富于慈善之怀、深于同情之念者，何人亦不同此感念也？而如何改良之，如何匡正之，是即社会党派之主义纲领。彼等所以或相结合，或相分离者，未尝不由于此也。彼等之主义，不过二端：一则改良现时劳动者之状态，以一层少量之劳力，而收多额之结果；二则平均富者之均配[②]，取其收获正当之权利，而对劳作之人民，以平其财产之不平均，而除诸般之弊害。

惟其然也，于是社会党突然而起矣。乃悍然曰：夺地主之土地；夺资本家之资本；废遗产相续[③]之制；全灭其私有之财产；而握国家生产机关之全权；以其所得之利益，均一而分配于各劳动者之间，以止不法之竞争；而改悖理之个人的制度，杜绝资本家地主等营不义之富贵之途，以救济可怜之劳动者悲惨之状态。此其宗旨也。殖产界自然之趋势，逐年而增，则事业亦必逐年而发达。则大资本之集中者，惟国家独能之，决非一私人之所能。而劳动者，亦非一私人之所使用。则生产机关之全部，全然由国家而握其主权，此社会党中共产主义之一派也。

更有唱过激之论者，全然反抗社会之现制，举社会上之“法律”“警察”“议会”“政府”等之诸机关，而绝灭之。其论专制政体与代议政体也，不问其为君主政与共和政[④]，悉欲驱逐之于社会之外。一扫现社会之制度，以增进万民之福利。卫科意[⑤]所谓“扫除现时之制度，无论何物，概剿灭之”是也。彼等之欲组织国家，为无拘束之社会。故彼等辄谓警察之保护，法律之支配，政府议会等，皆为无用。以及私有财产及遗产相续之制，皆彼等所最反对者也。且彼等所谓真平等者，服制如一，男女如一，无宗教，无政治，此社会党中无政府主义之一派也。

以财产之绝对的平等为目的，以公有主义派之议论为主张，视彼等全然破

---

① 念虑：挂念。

② 均配：均衡分配；平均分配。

③ 相续：相继；继承。

④ 君主政与共和政：君主制和共和制。君主政，君主制，君为主宰；共和政，指共和制。

⑤ 卫科意：即巴枯宁（1814 年 5 月 8 日—1876 年 7 月 1 日），无政府主义者，出生俄国贵族地主家庭。1849 年曾参加德意志革命，后被捕引渡回国。在被拘禁和流放西伯利亚期间，背叛了革命事业。1861 年逃往英国，1864 年加入第一国际。在此期间，他玩弄各种阴谋，企图分裂第一国际，篡夺国际领导权。他的这些伎俩，一再被马克思主义者所戳穿。1876 年病死于瑞士。

坏颠覆现制度之急激社会党，较为温和，然于私有土地制及遗产相续制之两者，亦彼等之所反对也。彼等既欲行其目的，于现社会之组织，所欲举行非常之改革者，即先收私有之土地，而为国家所有，禁资本家搜集个人之资本，而役使劳动者，以从事其生产事业。其于财产之种类，虽不许其私有，而行均一之分配，然必自其分量而度之，一视其劳力之功果何如。居高职者受多额之给俸，其下者，量其报酬而递减，以几分之等差①而分配之。则人皆视其勤劳之多寡，与才能之良否，而无有偏私。然于居高职而蓄积资产者，则又禁其子孙相传，且于生产之机关，凡为国家所有者，又禁私人之计营②。虽或贮蓄多额之资产，不得以为殖产事业之资本。故凡为父母者，必教其子于社会地位之高下，必视一己之知识才能，决不能依赖祖父之地位财产而自惰③焉。盖彼等乃认许一部之财产私有制，悉委任于国家，而为生产机关之全部，各以其劳力勤勉之功果，而受国家应分之报酬。是为共产制度之稍温和者，此社会党中共有主义之一派也。

晚近之所创立，诸学者之所唱导，又为一派之社会主义。其唱导之者，大都大学之教授及其门下生，世所称讲坛社会主义者。而其起源，自德意志始，彼等不愿改革社会之秩序与其根底，又不欲举国家而全然改造之，不过维持现制，企图社会渐次之改革。一任个人主义之发达，而行其生存竞争之自然，虽贫富之悬隔，未有甚于今日者，然自然之竞争，自有自然之优胜劣败，不幸而贫民万不能堪，与富有巨万之资本家，赤手而相抗对，则螳臂当车④，必不能免。而后彼等以政府之力，调和于资本家与劳动者之间。彼等又为劳动者，组合同业之贮蓄银行保险及制造所条例等，而研究种种之劳动问题，及关于妇女儿童之劳动，及日曜日⑤劳动等，皆一切而研究之。彼等借国家之力，以制资本家之专横压抑，而谋一切之改良，其依赖于国家者甚大。故称之为国家社会主义云，此社会党中讲坛社会主义之一派也。

---

① 等差：等级次序；等级差别。

② 计营：策划经营。

③ 自惰：自我懈怠。

④ 螳臂当车：螳螂举起前肢企图阻挡车子前进。比喻做力量做不到的事情，必然失败。《庄子·人间世》："汝不知夫螳螂乎，怒其臂以当车辙，不知其不胜任也。"

⑤ 日曜日：日语"星期日"。

要之，社会党之怀抱，其议论之根底，必置于经济上之主义，而土地资本之两者，其对劳动者之关系，必力图其改良，以分配其利益，而变更其不平等，以采均一之制，不达彼等之希望而不止。或讲究经济以外之诸问题，于政治伦理及科学上，而行一大改革，企图改造社会之全体。或欲依赖国家之力，以组织劳动者，而独注意于生产上之问题，以期政体变更制度改革等。因其手段方策之相异，而各种之党派以生。一为企图施行共和政体者，是为共和社会党；一为欲依赖国家之权能以改造社会者，是为国家社会党；一为唤起人类之慈善心，依宗教之力而达其目的者，是为宗教的社会党；一为豫尽未来远大之理想，而望显出“哿托卑耶”（乌托邦）[①] 的社会者，是为理想的社会党；一为改革现今之制度，依赖人间之公共心与慈善心，欲以舆论之力而改革劳动社会者，是为渐进的社会党；又其极端之所至，欲以铁血而改革社会，以一挺而胜百枚之投票（原注：言执武器而抗议会之意），嚣嚣然而奋一臂之力，以争吾人之自由，以火药弹丸杂血肉之躯而薄之，是为革命的社会党。理想既异，手段亦异，方策亦异，而其归宿，终亦无殊愤激之极端。同以厌世的观念（原注：舍身而从事于铁血，亦厌世之观念也），而企图理想之世界，彻头彻尾，以破坏现制为主张，纯然而同唱破坏主义，切望劳动社会之改良，而共享平等之福利，以行均一之分配。社会主义之目的，此其大端也。

盖自打破封建的旧制以来，中级之社会，同时而得参与政权。器械之应用，与物产之数，亦大增加。于是社会主义，乃发其端绪。其对现时之制度，而不平不满之念虑，亦逐之而增加。不仅得下级贱民之赞同，其余阶级之间，亦大唤起其同情，其地步遂愈巩固。因十九世纪之文明，将欲举行一大改革，其势焰[②]遂愈趋增高。

则试采十九世纪之经济的制度而评之。除私有资本家之竞争的组织之外，凡原料及器械器具等，皆为比较的少数财产家之私有。彼等役使劳动者，而制造有价之品物[③]，而劳动者无器械及原料，而不能执其业，不能不应资本家之雇聘，割与仅少[④]之利益，而已满足焉。而资本家除此仅少之赁银，其利润之全

---

① 哿（gě）托卑耶：“联合”的音译。

② 势焰：势力和气焰。

③ 品物：物品；东西。

④ 仅少：很少。

部，悉藏于一人之腰橐[1]。于是一方（原注：犹言一处）之富者益富，而他方之贫者益贫。两者既相反，则必互相妒嫉，而争斗之事，因之而起。加以此等之资本家，又各施其善恶之手段，以试彼等不幸之劳动者，为赁银上之争扰，遂显生产社会无政府之惨状。雇者与被雇者，共谋私利，而各逞其野心。生产社会之状态，既如斯，而社会主义之论难攻击，以求改良之方法，此事理之不容已者。

试代此经济的现制度，而别求理想社会主义之经济的组织，而考究之。盖现制度者，凡诸制造事业，不如旧时，而欲依赖个人的劳动，各自支办其原料器具以从事焉，势必不可。则劳动与资本家，万不能分业以计营生产事业也。然则如何而去资本家与劳动者不相分立之弊，劳动者得自由之职业，且得适当之报酬，则必依社会主义之持论者[2]。凡社会全体之人类，悉皆劳动者而后可。则彼无意之徒食者[3]，全然而驱逐之，凡公私之资本，皆为此等劳动者之共有物。其资本悉以供给原料器械，以制造种种之物产，所得之利润，劳动者全体而分润[4]之。以勤勉劳力之多寡，而听各人之分取，庶为得之乎？

劳动者果遵如斯之方法，则与国家相组织，凡以资本而制造物产及分配之事，更于劳动者之中，举其二三人，主治管理资本及各种之事业，与现时之政府相类似。彼等诸般之事业，各定其方针，但其社会之所产出之财产，虽经其配分处理，然不过委任以劳动者全体之财产，而为支配人管理者。其整理之完不完，其处置之善不善，皆为被委任者之责任。

依此社会主义而组织之，则富者之生产，日见其多，且得均一之分配。此二大目的，庶见其成功，则彼等合同资本[5]之转运，及合同劳力[6]之组织，个个分立，以图职业及劳动之效果，则冗费日淘汰，产出日增加。且劳动者，亦因均一之分配，而得直接配当[7]之利益，精锐勤勉，以从事其事业，则其效果，必有非常之隔绝者，可驻足而待矣。

---

① 腰橐（tuó）：藏钱的袋子，旧时多系于腰，故名。
② 持论者：提出主张的人；立论者。
③ 徒食者：白吃饭的人；不劳而获者。
④ 分润：分取利润；分享利益。
⑤ 合同资本：合同条款内所涉及的实现合同目标的资本。
⑥ 合同劳力：合同条款内所涉及的实现合同目标的劳动力。
⑦ 配当：合理取得；匹配，般配。

所谓均一之分配云者，与唱共产主义之意见，非有绝对之意也。向后投入之事业，除资本之全部，其除剩之利润，则以劳动之多寡，任其各自而分配之。

以如斯之组织，其结果究如何乎？凡世界之劳动勤勉者，大抵为其衣食田庐，仰事俯蓄[①]计也。遂其愿者则逸乐，失其望者则悲叹。各种类之财产，既得贮蓄之自由，则又希望个人之暴富，又或以多额之财产，而供个人的生产之用。则生产社会，其恶弊又将自此而生，而资本家专横之恶习，复不能绝迹于社会矣。是又唱社会主义者，不得不以理想而求生产组织改革案之大要也。

惟其然也，则贫富悬隔之弊又兴，而非企图其平愈而不可。其终极之目的，必以均一之分配，实行于生产社会为必要也。果以如何之手段而实行之，则社会主义中，亦有数多之议论，各就其所见而歧出焉。然其最后之目的，大抵相同；其组织社会之方策，亦无甚异者。凡此各种之党与[②]，概括之以社会党之总称，亦无不可。惟其极端，则必流于过激之手段，必以颠覆政府破坏国家为目的，而希望绝对之自由平等，则所谓社会党者，一并于无政府党之党与。此又为社会党之问题，而且彼等于破坏秩序颠覆政府之外，别无所期，其举动纯然为破坏党之社会党。虽然，其目的亦不过欲自由平等之普及，而匡正财产之不平均，然其极端，竟至于此。则社会党中之一派，更不容轻视也。吾人今就泰西诸学者所定社会主义之定义，考察其二三而论定之。

“社会主义”之名词，其使用之者，实自英国始。1835 年，当时英国之创立社会党者洛威托·拿夷[③]，组织各种族之团体，其谈论之际，始用“社会主义”或“社会党”等之名词于文字之中。其后法人列布题其所著《近时之改革》书中，泛论沙希贺[④]、卜厘陆[⑤]等之学说，每采用此语，遂传播于欧洲诸国，于是各国皆沿用之。

社会主义之定义，诸学者之论定，亦有数种。据亚度列·海陆度[⑥]之定义曰：“为社会而要求服从个人之志意。”洛西路[⑦]曰：“注意于人间本来之性质，

---

① 仰事俯蓄：上要侍奉父母，下要养活妻儿。泛指维持一家生活。
② 党与：同党之人。
③ 洛威托·拿夷：今译为“罗伯特·欧文”。英国空想社会主义思想家。
④ 沙希贺：今译为“圣西门”。法国空想社会主义思想家。
⑤ 卜厘陆：今译为“傅立叶”。法国空想社会主义思想家。
⑥ 亚度列·海陆度：今译为“约瑟夫·蒲鲁东”。法国无政府主义者。
⑦ 洛西路：今译为“傅立叶”。法国空想社会主义思想家。

以要求一般之幸福。”拉乌列[①]曰：“其第一着，于社会之状态，而要求其平等；其第二着，不必依赖国家之力，以求其改革。”希耶尼（Sahaffle）[②] 曰：“社会主义者，匡正人间贫富之不平等，取其充分所有，而与不充分者，以保其均平，如饥馑灾祸之时，国家权能所不及者。”而列希路[③]则以为专指“贫困社会之经济的哲学”。要之，社会主义之目的，决不依赖政府之力，惟恃劳民自身之力，以改革社会组织，以打破贫富之悬隔。余辈则以为，“要求贫富之平均，以改革社会之组织”为定论焉。

社会主义最后之目的，切望财产上之自由平等，与劳动者悲惨之状态而表同情，以计划社会之改善。彼等非甘为社会之敌者，其方法之不善，至其极端，则用非常之手段，而有紊乱秩序妨害治安等之非行，竟陷于社会之罪人，且妨害其目的之成功。世人竟目彼等为国家之贼，社会之敌，欲排斥而去之。职是之由，虽由彼等之过激，然亦不谅其心矣。今也有深远学识之诸学者，参与国家之枢机，为大政治家，以左右天下之商政；而大资产家等，又皆倾意于下层贱民之状态，感悟贫富悬隔之显著，而为文明特色之累，欲亟意而补救之。于是社会之问题，彼不平不满之凶徒，而思紊乱秩序者，渐灭其数。经济社会之现象，出以真挚之意而研究之，则后日之社会主义，善为用之，或不至妨害治安，而得自由平等之真境也欤！

---

① 拉乌列：今译为“欧文”。英国空想社会主义思想家。

② 希耶尼（Sahaffle）：著有《社会主义之本质》《社会共和主义不可行论》等书。

③ 列希路：今译为“傅立叶”。法国空想社会主义思想家。

第一编　第一期之社会主义
——英法二国之社会主义

绪　言

社会主义者，其发生于现世纪（原注：十九世纪）之初，至本世纪之中叶，英、法两国之外，乃波及于他国。于英国则洛威托·拿夷[1]，于法国则沙希和[2]、布拿[3]等之徒，共为运动之发创者。两国之社会的问题，所以率先他国而兴起者，实彼等之力居多。当时两国社会之状态，实甚不振。其时人智则渐发达，人人皆于社会制度而生不满之念。资本主与劳动者之间，分配不能均一，各人逞其私利私欲，而不顾他人之不幸，于是公理渐起，咸欲享受社会之幸福。抱不平之观念者渐多，世人亦大注意于社会的问题，是为社会主义之起点。然当十九世纪之初，社会问题之声尚未震全响[4]于世界，而耸动世人之耳目者尚少。独英、法二国，当时关于社会问题之运动与事迹，其发见为最早。是为第一期之社会主义，而英、法二国独占其声也。

社会主义发达之事迹，自其迁变之时期而区别之，分之则为三期。其第一期，为创成之时期，始于法兰西之革命，终于1840年之革命。于英则为拿意[5]，

---

① 洛威托·拿夷：今译为“罗伯特·欧文”。

② 沙希和：今译为“圣西门”。

③ 布拿：今译为“勃朗”，即路易·勃朗。

④ 震全响：广泛影响。

⑤ 拿意：即拿夷、拿尼，今译为“欧文”。

于法则为加威希和[1]等，空怀改革社会之理想，而偶实施于社会，则反为证明其失败之时期。迨入第二期，由拉梭列[2]、马陆科斯[3]等之学理的研究，于社会主义运动之进路，遂开一生面。近时之所谓社会主义者，其根蒂多采于彼等之学理，以排斥架空之妄说。而肆口谩骂之声，其数渐灭，于是沉思熟虑，讲究学理，其步由此渐进，而一段之真理，遂由此而首肯。其开此派之人，遂组织为同盟会。1873 年因卫额[4]之大会，偶生同志之分裂，社会党派与无政府党派全然又遂分离，社会党之气焰，一时颇有闭熄之状。既而再于日耳曼因社会民主党之运动，渐有转机，即所谓近时之社会主义之发现，而入第三之时期。既而学者之主张与经世家之考案，相俟而为国政之应用，于各国社会政策实施之事迹，乃历历而可寻，研究社会问题之声，反响振于世界，终至耸动一世之耳目。然其运动虽由此而渐盛，而党中之异论亦由此而生，数派各岐，门户遂异。同居社会党之中，互相结党造派，其持说与抱负，各异其旨，时形反对。故虽统谓之为社会党，其党中之内情，纷杂混乱，殆难收拾。此谈近时社会党之状况者，不容不深考虑者也。

则就社会主义之发达上稽其隆替之际，虽区分为三期，然所谓社会主义之根本与目的，更有非常之变态。第一期之社会主义之目的，至第二期而始发达，至第三期而养成。贫民与劳动者，始分配自由与幸福，以至今日。其当初之目的，尚未能贯彻焉。于现时之社会，把持最大权力者，为上中级之社会。或起嫌恶之念，或抱仇敌之情，吾人今特稽察彼等之事情如何发生，其径路如何运动，其极点[5]如何成功，其向点[6]如何失败，其境遇如何甘苦，以解说第一期之社会主义，追序彼等之现状，以为世之研究社会学者考焉。

---

① 加威希和：即沙西和，今译为“圣西门”。

② 拉梭列：今译为“拉萨尔”。

③ 马陆科斯：今译为“马克思”。

④ 卫额：今译为“日内瓦”

⑤ 极点：终极目的。

⑥ 向点：努力方向；阶级性目标。

第一章　英法两国之社会的状态

英法两国之社会主义，果何故先于他国而发生乎？果何故先于他国而长成乎？而欲解说此问题，非于十九世纪之初而稽察此二国之状态不可也。盖当现世纪之初，其弊最多者，以下等社会为最甚。当时之社会党员，多为下层贫困之劳动者，于贫困之状态，或目击之，或身受之，故其社会改良之方策，皆由贫民救助之方法而现出。

至于法国，其弊害更有甚者。中心既倾于腐败，此社会者，遂依革命而打破封建之旧制，以压抑王侯之专横，绝灭社会之阶级。虽其如此，然而腐败之空气尚未能除，亦其政府之施政而失其宜，而亦当时之社会所处之时之不幸。其下级人民之惨状，殆出于想象之外者。因此等之恶害，随伴改革社会之计划而并生，故社会党遂以过激疏暴之举，以强迫其豪富绅商，此又当时自然之趋势，而出于不得已者也。

吾人先观察英国之社会的状态，以略悉其概要。盖英国因斯兹哇陆度王统[①]之虐政，久于争斗，以1688年之革命，渐脱专政之羁绊，破封建之旧制，改压制之恶政，布宪法，开国会，以出改革弊政之途。惜哉！其改革之步，仅止于此也。于政治上之权利，仍归于上级少数者之手，然此等少数者皆注目于一己之私利，而多数贫民之休戚[②]，漠不相关。其结果也，如劳动者之赁银[③]，其高低之额，任管理者之意而定之，且以各种之目的，而禁劳动者多数之结合，凡输入之物品，又课重税，以谋地主辈之便益，其课食料亦同。以种种苛刻之租税，于是贫民困于衣食，流离颠沛，日沈于穷乏之悲况，而残忍之富者视以为常。如教育之事，决不普及于庶民，盖欲养成其愚众，以为为政之秘诀，故其多数之人民，大都无学之文盲。加之刑律甚重，囚人不绝，囹圄[④]之中，为恶疫

---

① 斯兹哇陆度王统：今译为“斯图亚特王朝”。1371年至1714年间统治苏格兰，和1603年至1714年间统治英格兰和爱尔兰的王朝，斯图亚特家族起源于法国布列塔尼半岛。

② 休戚：喜乐和忧虑，幸福与祸患。

③ 赁（lìn）银：劳动报酬。工钱，工资。

④ 囹圄（líng yǔ）：监狱。

之巢窟，凡入狱内一度者，则人间之性情一变，其狱官绝无劝善惩恶之旨，大抵险恶狰狞之人，竟为世人梦想所不及者。社会上道义之颓败，一至于斯。下层之贫民，云集于街衢，无所归宿，社会绝不顾虑之。而富豪缙绅，高楼大厦，高耸于云表。

不独此也，更细察其内，而贫民困乏之状，更有甚者，绝无救济之良法。其所谓贫民救助法者，不过徒供惰民尘食之资，以八百万镑之大金，而庇荫无赖之辈，而贫民绝无被其恩惠者。多数之劳动与妇女幼童，皆服苦役。其妇女幼童等劳动于煤矿，腰缠铁锁，从事于搬运之货车，匍匐于狭隘阴郁之坑内，恰如牛马。幼童之六岁者，一日从事于劳动者，竟至十四五时之长，鞭挞殴打，属于峻严苛刻之监督之下，因之而夭折者，不知其数。甚且使役童子，以供扫除烟筒之役，盖当时之烟筒更狭，非若今之阔大者。令儿童匍匐于筒内，有不入者，则鞭笞之，而雇者又不注意，每每烟筒未冷，即迫令其扫除，儿童每有烧死于筒内者，或烧烂未甚而仅免者。其惨虐之状，大抵如此。彼等所得生活之资，仍苦不能自给，饥寒交迫，民不聊生。其教育卫生等之不完全，更无待言者。据1818年之计算，已及学龄之儿童，有一半无教育者。全国学校之数，不过三千三百有余，后五十年，其数增加至四万四千，足见当时学校之不足。至于关涉卫生之事，十九世纪之初，伦敦死者之数，多于生者之数，其人口幸赖他方人士之移住者以补足之。今日所称文化之中心，世界之富国者，其当时社会之状态，乃如斯也。

加之机械应用之术，日益进步，工业界之面目又一变。独立之小制造家（原注：即以手工而自制造货物者）亦已全灭，遂不得不夺劳动者之职业而谋生焉。于是以前之制造主①而兼劳动者并其家内之职工，亦皆俯首哀愿于资本的制造家之使役，否则饥饿而死。大抵不出此二途。而资本家但谋其私欲私利，其酷待劳动者，日亦加甚。而工业界自然之趋势，劳民之数同时而非常增加，其赁银遂日低一日。即如从事绵布制造之劳动者，一周之赁银，不仅六希庐②厘额。而劳动之时间，其延长无制限。且迫于生活上之必要，妇女并幼童，悉投

---

① 制造主：制造业业主。

② 希庐：今译为“先令”（Shilling）。英国的旧辅币单位，旧时英国多数殖民地也使用相同的货币单位。也是奥地利的旧货币单位。肯尼亚、索马里、乌干达、坦桑尼亚也使用这一货币单位。相当于人民币里面的“角”。

丁劳动社会之毒涡中，而小儿尤甚。仅能步行者，亦强其而就职业，其执务之时间，与成人等。且其监督严密，如上者之所述。悲惨之状态，凡各处之制造会社，视为普通之事情，无怪之者。以故当时之诸制造会社，发表之报告书，宛然一种悲惨之哀曲，今日读之，令人酸鼻，而惨毒之状，跃跃若绘于纸上云。

英国之社会的状态，既已如斯，则经济上之发达与机械之发明，资本家与劳动者之间，画若深沟。而贫民之状态，日增困惫。1817 年之顷，社会惨淡之悲境，殆已达其极点。自拿破仑连横欧洲诸国，试一大决战以来，战后之余响，国民之经济界乃大扰乱，而国家之前途，日即于非。于是英国社会党派之巨擘洛威托·拿尼①，乃献救济之策，尽力斡旋，以经营社会组织之改良，乃于此时应运而起。

于是英国社会党派之泰斗拿尼唱导社会主义，全英国为之风靡，自由民权的运动之势力，视法兰西更为丰富。社会党派之勃兴，日益强盛，更唤起法兰西国民之注意。于社会突增一大势力，乃为社会主义之前锋。

更察法兰西当时之状态。布路贺王统②积年之余威日渐于弛，于社会阶级而抱不公平不满之念者，皆与贵族僧侣辈而反对，唱导社会之公益者日多。1789 年，为救治国家之积弊，召集 1614 年以后国会之会员，下层社会郁屈③平民等，结为议会，更结合唱导自由平等之辈而为民权党派，以反抗国王及贵族僧侣等，以占国会势力之地步。于是新旧两派之争斗，不绝于时。跋扈跳梁，内讧大起，党派之岐，倏分倏合，乃有契洛兹斯托党④、雅可宾党⑤，是为过激党。激之愈甚，遂成为破坏党，遂杀国王路易与王后马利亚托亚尼托⑥于处刑坛上（原注：

---

① 巨擘（bò）：大拇指，比喻杰出人物，在某一方面居于首位的人物。洛威托·拿尼：今译为“罗伯特·欧文”。

② 布路贺王统：今译为“波旁王朝”。欧洲历史上曾断断续续统治纳瓦拉、法国、西班牙、那不勒斯与西西里、卢森堡等国以及意大利若干公国的跨国王朝。波旁王朝在法国的统治于 1589 年开始，1848 年最终结束。其在意大利的统治于 1860 年告终，在西班牙的统治于 1936 年被推翻，但于 1975 年第三次复辟，即为目前西班牙的王室。

③ 郁屈：郁积，郁结。

④ 契洛兹斯托党：今译为“吉隆特党”。1789 年法国大革命的政党。

⑤ 兹可卑党：今译为“雅各宾党”。1789 年法国大革命的政党。

⑥ 国王路易与王后马利亚托亚尼托：法国国王路易十六和他的妻子玛丽·安托瓦内特。

又称为断头台上)。主其事者，为米拉贺、达托、贺卫斯卑陆[1]等，是为恐怖时代。法兰西之纷乱，达其极点。贵族压抑之弊虽除，而乱民暴逆之政，袭之而起。自由之奋斗，民权之抗争，纷纷扰扰，自由民权之至理，用之而失其宜，反为世所诟病，国政之改革，反无其期。其国民又大希望英勇杰士或早一日而降临，庶以调理国政。而朝野之间，大都竖子，舞弄政权。强者立于上，以苦其在下者，而在下者理必起而反抗之。互相杀戮，以为毕生之能事。槛车相续，囚人充狱，处刑坛上，受绞首之刑者，前后踵接，日几盈千。天日梦梦，阴气沈郁，民不安枕，旦握政权而立廊朝，夕受缧绁而泣楚囚，友谊交情，全然废绝，社会之中，纯为恐怖之时期。国家之政治，紊乱如麻，革命之惨剧，为前古之所未有者。呜呼戚矣！

世运变迁，达其极点，然而社会主义之实说，于此际亦顿发达焉。唱导“四民平等说”与“财产共有说”者，亦渐不少。当时野心之士，欲得国家之势力，必先得多数贱民之同情，故其唱导学说者，极求恰适下等贫民之意。然各种之学术，虽受其余弊，而自然社会主义之统系，由此而注入焉。

先是法国一派之论客，咸论“土地私有制”及“财产制度”之不可，其对现社会之组织，全然已漏其不平之念。其党魁卢梭以《社会契约论》而显其名。以论难社会之现制，而决其“虚伪”“虚饰”“不条理”“不平等”之甚大者，以伦理道德而排斥人心腐败之结果，以文明而战刺于人间之心意，以华美之域而非难狂望[2]之名称，论定“教育不善之结果”，以“流毒害于世界，不知学问为何物，美术为何物，技艺为何物，而人心之孱弱，已荡尽而无所存”；更决“不平等之根源”，列记现制度之恶害，曰：“以财产属于政府者，究为篡夺莫大之甚者。其先占领一部之土地，据之而为已有，子子孙孙相袭而握其私权。故曰：凡私有土地者，实无异于夺掠与强夺也。”

“岁月者，以积岁月而成；习惯者，以积习惯而成。以人间天赋之本性，而改铸于人为的熔炉之中，或称贵族平民，或分国王人民，或类别佣者与被佣者，或区分地主与小作人[3]，或为暴君，或为奴隶，是皆改造天禀之人间，而从于人

---

① 米拉贺：今译为“马拉”。达托：今译为“丹东”。贺卫斯卑陆：今译为“罗伯斯庇尔”。均为 1789 年法国大革命的领袖人物。

② 狂望：非分之想。

③ 小作人：打长工打短工的人。

为之强制法则。人生坠地以来，素有平等之权利与幸福，昊天[①]岂独私于彼少数之握强权者？夫自主、自立、自由及平等之大义，乃社会契约之大原则，故人间但营本来之生活，以求发达之途，无敢或妨碍之者。如彼贵族与僧侣，以政府而压抑之，则必一一打破，以达其终局之目的。若因是等之目的而起者，虽反乱谋逆，尚为合法之正理。况今日现社会之组织者，以夺却人间大赋之幸福，而众反称之为政府，实为百弊之源泉。现行之法律制度者，实为不法悖理，而妨吾人人类之权利，则吾人本其良知良能，理必起而反抗之。昊天授我以权利，赠我以幸荣，而彼人为之法制，妄于吾人之手里而夺却之，则彼之法律制度者，实为人间社会凡百弊害之根源，彼财产之私有制，实为人生困厄之根源。非打破而灭绝之，决心耐力以图之，吾人何以立于天地之间乎？”

其论如此，宛然急进的社会主义之议论，以表发[②]于天下。于法兰西未革命之前，先发其端，故社会主义萌芽，早已胚胎于法兰西人民之脑里。后来之社会主义，皆由彼之议论而发生，彼享受之系统，岂鲜少哉！而革命之大乱，亦由彼之议论之传播，故其迅速如此。故转瞬遂为其实演之期，盖当时法兰西，论士横议之时代既去，而凶徒暴动之时代继来，各本其平日之理想学说议论，复藉多数之腕力而直行之。但合当时之意旨者，无论其说之可与不可，遂试于国家之应用，遂排斥他党，以握国家之实权，其状态如病狂者。时势如斯，故极端社会主义之议论，最惹世人之注意，次第必得其赞同。而此种之议论，遂为运动之开始，以试实行其共产主义，如诺意陆·威卜[③]其人者，实为革命时代社会主义之先驱。

法兰西当纷乱争扰之极，而盖世之英杰拿破仑乃出，一时复归于静稳。而社会主义者之议论，于此专制君主之下，毫不能举其气焰以争衡，以十余年之日月，仅保其屏息之态，而蛰居[④]于国境一隅矣。

法兰西社会主义之气焰，虽经一时之顿挫，而原质不灭，目的终存，依然而存其根蒂，视国势之机变，再乘机会而公表之，以布于天下，以勉社会的势力之作为。而彼等怀抱之目的，别之为三种：其第一者曰：“自由之普及。”各

---

① 昊（hào）天：中国神话中称上帝，苍天。

② 表发：表述阐发。

③ 诺意陆·威卜：今译为“诺埃尔·巴贝夫”。

④ 蛰（zhé）居：像动物冬眠一样长期隐居在某个地方，不抛头露面。

人皆有享有之自由平等，与政治上共和的思想。其第二曰："同胞主义之实行。"各人皆去其藩篱，互相亲爱而救助，所谓理想的兼爱主义是也。而其第三者曰：各人不限于有形无形，皆切望绝对的平等之境遇，决非难行之事情，凡世间一切之人，皆得享有同样之运命与幸福，乘机会而复其天赋之人权，是为"平等主义"。此最后之目的，实为社会主义之第一著，所希望而贯彻者。

英、法二国当时之社会的状态，惟其如斯，故此二国之社会主义，率先他国而发生。今吾人按其时期之前后，先叙第一期革命时代之社会主义，以卫布①、额倍②二人为首，其余之人次之。

第二章　第一期革命时代法国之社会主义

法国革命者，实乾坤一掷之大变革也，其余响之所及，不独法兰西之一国，且广及于欧洲之全土。干戈兵乱，相续不已，政权争夺之变，为古今之所罕闻，以自由平等而代压抑专制。然而政治的平等主义，虽经实行，而治者之施政，常失其宜。野蛮之自由而陷于疏暴，紊乱之平等而流为急激，是其弊也。既而灭皇室，逐贵族，覆灭现社会组织之根柢，以乱民之狂暴，交握国家之主权，开国会，定宪法，改窜更定，一再而不止，社会之秩序，因之全颓，国家之组织，因之失实。盖其久惩专政压虐之苦，反动之余势，举国之民心，皆心醉于自由之说，神游共和之政，而抱极端平等之理想，以企改良政治。苟有资产地位之社会而显于时者，虽为非常之权族，必目之为自由之仇敌，必欲杀戮平夷而后已。暴逆横行，至于此极。政权遂嚣嚣然归于群民之手中。无资无产之徒，与真正之自由民，固为可喜。而乱民暴徒之队，横行州郡，剽掠财货谷米，不知其厌。彼暴动者，误解革命之真相，残虐悖逆，愈剧愈惨，道义节操，扫地荡然。官吏居职，不能治之，军队拥兵，不能镇之。秩序混乱，天地冥冥，举世滔滔，一陷于铁血奇惨之世界。

当此扰扰纷乱革命之时代，社会秩序，崩坏不堪，诸事亦全归混乱。然虽

① 卫布：今译为"威卜，即巴贝夫"。
② 额倍：今译为"卡贝"。

如此，而其间有一种之思想渐次发达，而占其势力，遂果占有最后之胜利焉。所谓一种之思想者，何也？曰：平等之理想是也。盖平等者，所以制万事。革命平定之后，初显其形，于政治上大改权利之不公平，以至全国之民，皆得参与政权者。既而拿破仑既殁之后，欧洲诸国亦皆认定此真理，建设政治的自由之制度，而革命者所狂望政治上之自由，至是渐达其目的。

革命者为欲得政治的自由，大启纷争，举社会极其纷乱。每有于其不相关联之目的，而为运动之开始。彼革命者企图社会之改革，当此大革命发生之际，考察研究，以企并得政治的自由、经济的平等。如卫布其人者，实为革命时代唱社会主义者之一人，决不容轻视焉。吾人欲叙革命当时社会主义发达之大致，则卫布一派之运动与其学说，急宜记述者。

第一节 卫布及其主义

列拉沙哇・诺野陆・卫布[①]者，以1764年生于法国野耶州之沙科野他[②]，父为奥国军队之佐官，幼时家计甚丰，得受充分之教育。十六岁时，父卒，学业中止，为小吏。后升进土地检查官，终推选为沙摩州长。偶因得罪，处禁锢者二十年。自狱逃出，遁于巴黎，遂投身于革命之运动。当时法国之学士论客，追想希腊、罗马之盛时，心醉其学说者甚多。心窃慕之，遂取加耶斯额拉加斯所唱"民之保护者"，登于自己之新闻，以攻击当时之社会制度，大唱共产主义之议论。盖卫布之共产主义者，多采于贺列[③]之《自然法》[④]，错综变化，以社会之平等为唯一之目的。曰："社会之人，假使有一人有多数之财产，必破社会之调和。"又曰："社会之目的，在全人民之幸福。而欲全人民之幸福，先于凡关系社会者，企图一切平等。"又曰："欲得若是社会之平等，必先以一切为牺牲。"

彼所唱之平等主义，如是其专，更举社会凡百之弊害，畅说其不平等之原

---

① 列拉沙哇・诺野陆・卫布：又作"弗朗斯瓦・诺野陆・卫布"，即威卜，亦即巴贝夫。

② 沙科野他：今译为"圣康坦"，在法国皮卡第大区埃纳省。法国没有州这个说法，最大的行政区域叫大区，其次是省和小区。

③ 贺列：今译为"摩莱里"，著有《自然法典》。

④ 《自然法》：今译为《自然法典》，为摩莱里所著。

因。凡犯罪暴虐压制及战争等社会的害恶，皆归因于天然之大法，而期平等主义之普及，更平贫富之悬隔，以增进共同之福祉，为平等主义实行之第一义。以革命为目的，而灭现时之不公平，而给与各人共同之运命与幸福。

平等之目的，以共产主义为根本。平等而后自由，平等而后平和，以调和社会而改良人世，皆以一平等之主义为基。而如何贯彻此一大目的，而谋平等主义之实行，是真欲解释而不易于解释者。虽赞平等之本旨，而欲企图其实行，共产党及其一派之党与，亦因此问题而焦心已久。卫布亦知此主义实行之困难，故亦徐图其计划，以达终局之目的。彼即先以公有及国有之财产，造一公同的之一大资产，全废旧行之相续制。人民之死亡者，凡其私有之财产，归于共有。然自今50年之后，凡财产始为共有云。

财产既不为私人所有，则监督及生产之方法，又如何而处理之？卫布乃以任命共同的生产监督与官吏，而归人民之投票。但此官吏者，供给调查国家全体之需要，而计其生产额之多寡，以勉其过与不及。

凡官吏之管理生产者，各限其方域，监督亦如之。彼国家之制，分之以县，而县又分之以郡，中央政府统辖其县，而县即支配于郡。一郡一县劳力之不足者，则需于他郡县，生产物者，亦以其过不及而相交换，而泯其不公平，且于丰年之际，则贮藏以待他年之凶歉。私人不得贸易外国，有犯之者，其货物没入于官，国际间之交通，政府所严密监督者，仅许其举发共产主义不良之结果，则禁止之，若书籍之出版，凡说明平等主义者，必得赞成之许可。

世界劳动之种类，不一而足。卫布之共产主义，则区别其种类为无用之劳动与有用之劳动二种。有用之劳动，则许之；无用之劳动，则例得禁止。有用之劳动者，如渔业、船（航）海业、机械工业、手工业、小卖业、运送业等，于农业尤特殊而奖励之。文学与美术，为无用之劳动。

平等主义既行，更进而支配男女日常之行动。如衣服之制，则以男女之年龄为等差，其服制则唱一制。食物亦合同量之食品。美华高尚之物品，皆除之。高等教育，亦为无用于社会。

卫布所唱共产主义之理想，既已如斯，而其发极端平等之梦想，欲致社会于一模型，以讲无味单调生活之法，变化世人之乐事，勉为平平坦坦兴味索漠之社会。至其极也，则必反抗社会之进运，而谋其退步。举世而为蒙昧顽愚之徒，以阴郁太平无事为乐。滔滔社会之潮流，凡社会组织经一度之破坏，则导世界而进一层冥暗之境。以此种种之计划，大抵不可思议者。而彼等所说之平等主义，以受法国社会之欢迎，遂惹一时世人之注意。其实行之方法，奇怪偏僻，众人汶汶而不知，且欲求实演之机，以达其目的。

彼等以自己之新闻而述其所说，更集同志，以反抗当时之政府。恐怖时代之主宰者洛海斯卑陆①之一派，以攻击温和党，政府乃因之而投于狱。彼等于狱中复集同志，又复出狱，更直组织一党，而称为平等派，欲代政府而组织共产主义之国家，以画颠覆政府之阴谋，秘密而调诸般之准备，而善掩其迹，徒党共至17000人。将实行其计划，为政府所探知，1796年5月10日，徒党就缚之65人中，有56人不能举其证迹，皆得受无罪之宣告。卫布及他陆托②等，遂处死刑。于1797年5月24日，法兰西第一之共产党员卫布乃就死。

第二节　额海及其主义

卫布组织共产的社会于法兰西革命之时代，既已失败，而受断头台上最惨之死，其余之地唱共产主义，欲实行于国外以图经验而创立共产党者，则野兹耶·额海③是也。额海之出世在卫布死后之二十有四年，其时革命时代之人虽存其半，然当布陆贺王朝复古之时，法兰西之革命既收，唱导共产主义者亦渐少，然彼竟唱社会主义，无异于革命时代之际，可与卫布而并传。盖卫布与额海两人者，皆为法兰西唱导共产主义之第一人，故并为一章，而系于革命时代之社会主义之条下，以纪其大致焉。

额海生于1788年法兰西之兹希幼，父为桶匠，尝运动额贺那利党④而为一爱国者。额海幼时，受充分之教育，初修法律，遂为辩护士，后选为代议士，乃出巴黎，以运动政治社会。受怀抱极端共和思想之嫌疑，为政府所逮捕，遂去伦敦，由托马斯·摩亚⑤之《由托卑耶》⑥ 而养成共产主义之思想，曾著一

---

① 洛海斯卑陆：今译为“罗伯斯庇尔”。

② 他陆托：今译为“达尔德”。

③ 野兹耶·额海：今译为“埃蒂耶纳·卡贝”。

④ 额贺那利党：今译为“烧炭党”。19世纪后期活跃在意大利各国的秘密民族主义政党，追求成立一个统一自由的意大利，在意大利统一过程中发挥了重要作用。

⑤ 托马斯·摩亚：今译为“托马斯·莫尔”。

⑥ 《由托卑耶》：今译为《乌托邦》。为托马斯·莫尔所著。

书，题为《伊加利耶国渡海》①，时1839年。书中所记，假设一伊加利耶国，人口稠密，制度整顿，胜于英、法两国之人民，得数千倍愉快之幸福，欢喜游乐，以送一生。描画安乐国之状态，即以此伊加利耶为实行共产主义理想上之国，采用自己之说，世界之国皆得为伊加利耶。托于1848年，彼自行于北美之野，送数队之人民于合众国之特歃沙斯州②，乃得让受此广大之土地，不幸移此之住民，为恶疾而失其大半，其余之民皆离散于各所。其后额海自率一队，渡合众国之耶哇，其殖民地称为伊加利耶，遂实行其多年之理想。于是伊加利耶之上，不数年人口增加达千五百人，额海统御失其宜，田园荒芜，耕耘业绝，谷果之收获，不能满足其人民之思想。击壤鼓腹之乐，徒记之于梦想；同志之间，又生衅隙，遂至解散其团体。于是额海又集其一部之人士，而移于西托陆伊斯，以1856年，遂死于此。而其余之同志，自亚伊拉哇而移于可野之附近，又称此地为伊加利耶，组织共产主义之一团体，续额海之素志，今犹存在。其人员并男女老幼，不满四十，渐已不能保其给绳之命脉，其势力之微，殆不足数云。

额海欲实行其如斯之理想，其局终归于失败，止存残迹于美国之一小地，不过仅能实行共产主义一种之事迹。然彼卫布之怀，徒画空中之楼阁，而欲件件试于实行，犹有最难之事。盖以额海之共产主义与卫布之平等主义相比较，两者之间，颇多径庭，先后犹难实行者。

额海所唱之共产主义，虽与卫布同以平等主义为本旨，然其实行之手段，则以友爱之发达为起点，而非卫布无策无谋之比。盖彼希望世界之平和与人生之幸福，而忽观如斯之扰乱，深叹社会缺乏友爱之真情，故欲扩四海同胞之主义，以救助此混沌社会。故彼实演平等之主义，而营共同之生产，亦以此友爱为基础，作亲爱和合之人，而谋相倚相助社会之改良，人人冀悟友爱之真味，而抱万人皆兄弟之思想，一扫社会混乱之状，整秩序，进道义，以期美善共产的生活之方法，而达其目的。

额海欲以友爱之真情，而作为高尚美善之社会。如彼卫布所唱导高等教育之无用，则益奖励之，不欲人智之开发。何以故？盖友爱之真情，不由学问之进步，而无俟其发挥。故彼之时，尊敬妇女，视结婚如神圣，夫妇之爱情，终

---

① 《伊加利耶国渡海》：今译为《伊加利亚旅行记》。

② 特歃沙斯州：今译为“得克萨斯州”。

世而不渝。夫助其妻，妻励其夫，互相辅翼，而营和乐之生活，以尽人生之义务。且劳动之时间，女子亦减缩于男子。男子则五十六岁，女子则五十岁之后，为闲散无为之时。日常之劳动，男子夏时则七时间，冬时则五时间；女子则减四时间，且视如何之场合，则午后之职业，亦禁女子之就职，而大庇荫于女子。

惟其如斯，乘卫布以极端平等主义经营社会组织失败之后，额海一意依赖友爱以计划共产的社会之组织。盖友爱之真情，于人间社会为高尚之美性，开发诱导古来之志士者不一而足，额海亟欲希望此等真情之发达而救济之。然滔滔人世，孰非挟其一片之私念者？既有私念，则于人己之差别极难完全圆满，而阻碍友爱之发达。故人己平等博爱一切之念，庶永劫亿万年之后，人皆圣哲，爱人如己，撤去胸中之藩篱，洞然和合之时，则友爱之真情与共产主义或相并而发达，富者散富以与贫者，世界各人之资产庶几平等。然今日社会之风潮，方急谋其私利，毫不顾虑他人之不幸。颓义灭亲，汲汲于利，况欲以友爱之发达而改良其社会乎？额海唱导友爱之福音，诚为可敬，然时运未至，决不能注意于此好主义而实行之，则额海之计划，空陷于失败，盖彼之时势限之。以此热心救世之人，徒从事于劳而无功之业，谁之责欤？

当革命时代之法国，卫布之社会主义既不能容，卫布既去，而额海继兴。当时已归宁静，而法国之社会，亦有实行之机，盖彼远循他邦，事业蹉跌[①]，终其身于异域。然当卫布之死去，与额海之远徙[②]，而又唱导社会主义以显于法国，大惹世人之注意者，则又沙希贺[③]是也。

第三章　英国之社会主义　洛卫托·拉野

当十九世纪之初，英国之社会的状态，日（悲）沦于悲境，富者益富，贫者益贫。劳民之生活，极其贫乏，国家之财产，紊乱之事实，既如吾人所说者，当此时而讲改良之法，以解释社会之问题，如拉野其人者，决非偶然也。

① 蹉跌（cuō diē）：失足跌倒。比喻失误。
② 远徙（xǐ）：迁移到远处。
③ 沙希贺：今译为“圣西门”。

洛卫托·拉野[1]者，以1771年生于英国之贺托额那利希耶伊亚之意野达乌[2]，父为鞍匠。拉野幼时，极有敏捷之性，受规则之教育。方十岁时，直为斯他贺陆度[3]吴服商[4]之手代[5]，事务鞅掌[6]，然以其余暇，极力读书，专研究宗教上之议论。成年后研究神学上之议论，以排斥当时之耶稣教派。1789年为绵布之贸易，赴马兹意斯他[7]，出其持意之才干，大得利益。至十九岁时，役使职工五百名，为一纺绩会社之一管理人。技量渐进，名声益隆。其执事务敏捷与巧妙，殆压倒其前辈，遂为意野拉那科[8]纺绩会社之主者特陆所知，而嫁之以女。自是奉其大舅纺绩会社之事业，而日臻发达。而彼又一面务其职业于其傍，遂大研究贫民的问题，举行慈善的改革之事业，于是其名轰于全欧。

拉野夙研究人间之本性与理解，抱持一定之主义，以独特之见解，解释人性之本能。即彼所谓人性论者，分吾人人类之性质为二种：一为先天的性质；其大部在感化社会万般之境遇，而为习惯的性质。盖人类常欲长成于和喜欢乐之里，而因外围之状况，以扰乱人间之本性，以此境遇之养成者，则人间之性质，至善至高，以除去社会残虐悖逆压抑专横等之喜恶，而成无垢清净之人世。盖为此等混浊之社会，而考案其改革之设计，以企图其改良。则一朝社会万般之事物，各适其度，而入于佳境，诸事整顿，则社会之不幸与弊害，庶几自此而永除。

彼之初入意野拉那科也，服幼童之劳役甚多，先发念而留意于儿童之教育。盖意野拉那苛之地，劳动之数不及二千，其中五百为年龄初达四岁之小儿，自古拉斯卑之养育院导之而来就职，以谋（顾）［雇］主之利益。然而大害小儿之本性与身体之健康，精神之修练，而陷终生于不幸。拉野心大不忍，急求改良之方法，画采各种之考案，儿童渐得步行，又用种种之手段，以谋智力之发

---

① 洛卫托·拉野：今译为“罗伯特·欧文”。

② 欧文生于英国北威尔士蒙哥马利郡的纽塘。

③ 斯他贺陆度：今译为“威尔士”。

④ 吴服商：绸布商。

⑤ 手代：日语“伙计，学徒”。

⑥ 事务鞅掌：工作繁杂。鞅掌，众多。

⑦ 马兹意斯他：今译为“曼切斯特”。

⑧ 意野拉那科：又译为“意野拉那苛”，今译为“新拉纳克”。英国罗伯特·欧文创建的工业社区，这种社区模式在19世纪到20世纪颇为流行。

达，抚育之而教训之，终为今日之所谓幼稚园教育之滥觞。当时未为人所知，至近代大著其果效，是为诸国之教育家研究儿童教育之开始。

拉野更进而求改善劳动者之状态，凡酒店及饮食店，皆远于劳动者之居宅，以抑制劳动者之酗酒。又教妇女家庭之整理、料理之方法等，谋造家庭和乐之素。又设共有之会食堂，个个分立消费，以节减食料[①]之冗费，于是劳动者每年得节减至五百镑云。

其余彼之计划，又开一杂货店，以原价而购善良之货物，而卖与劳动者。又为老人与小儿试无数之游艺，以设置游艺所，以发育身体，而谋精神之娱乐，于规定课业以外，时时试其实演。拉野既于意野拉那科而试种种之计划，为儿童而谋心身之发达，为劳民而改善其状态，彼之事业，日月而赴于盛运，每年而扩张，而其改革之方案，亦着着而奏其功。既导意野拉那科之劳动社会而至安宁幸福之乐境，渐已成功，于居英国之各所，渐多采用其方案。彼自著之传记，谓其居意野拉那科时，凡来访问者，每年在二千人以上，自贵显绅士政治家商业家等至奴隶贱夫，皆集其膝下，讲究其计划与实效，以供后日之用。俄国之意野拉斯亲王亦来访问云。

至 1817 年，英国贫民之惨状益甚，疲惫困穷之状，殆不可睹。政府命拉野调查贫民增加之原因，拉野即呈书于贫民法审查委员而详述之，以公白其社会主义之议论于当世。

其所论定，确立为三段：其一曰，改良人间生活之方法，各人皆享有同样之福利，除去社会之害恶；其二曰，改良之，救济之，以尽国家当然之义务；其三曰，国家以慈善为基，依共同的生活之方法及劳动者之教育等，而谋社会之改良。乃大考案此议论，经营惨淡，以冀达其目的。

其所谓贫困之原因，归于机械发明之结果。必自政府购求机械，以供给劳动者，而享受一般之利益，而为救助贫民之最良法。于各州各部之贫民，或千野额[②]（原注：一野额者，日本四番零八步[③]有余），或千五百野额与之，以供千二百人民之生活，以耕以牧。而营一大家屋，以谋各自之生活，而节冗费。

---

① 食料：日语“食品”。

② 野额：即英亩，一般在英国、美国使用，1 英亩 =0.4 公顷 =40.47 公亩 =6.07 市亩。

③ 反、步：均为日本耕地田亩计量单位。1 町 =10 反，1 反 =10 亩（日本亩），1 亩 =30 步。折算公制：1 反 =991.7 平方米，1 步 =3.3 平方米。

附加而设劳动所及商店，适从其所好，以谋一己之劳动。冬时与夏时，各异其职业，毋空过余裕之时间，而怠其事业。而此大家屋者，劳动之家族亦居之，每一家族，各有特别之自室，如食事等则数家族相会于一堂而办之，以减节巨大之冗费。于小儿，则如意野拉耶科①所设之共同幼稚园，且依托学校，以谋心身之发育，而养成健全之后嗣。不但劳动者及贫民享受其利益，而国家之利益亦由此而增进之。且依其所得之利益，又配当于贫民相互之间，以组织社会之幸福繁荣。国家于贫民，乃免一大重荷之负担，而社会上贫民之怨声，由是而渐泯。

拉野之建此方策，既为现社会所适用，又论人类以分四阶级：第一为贫民，第二为劳动者，第三为商工业者及农夫，第四为富豪及贵族。从其阶级，各自为隶属，以组织一团体。自第一迄三阶级，全然为独立团体之形成，其劳动亦各自任之，不藉其余之帮助，独第四为富豪及贵族之阶级，劳动者与其余之阶级则不供给之，以组织各阶级混合之一团体。贵族富豪之对劳动者，必与以适当之赁银，其赁银之割合②，由劳动者之选出一任委员之认定，则各团体所得之利润，分配于各阶级之间，以免不公平不均一等之弊。其组织犹不止此，然已为纯然一个之共产的组织，其劳动之功果，无有差异，其利益之均配，因之均一。盖其如斯，则人间之欲念必寡，且易顺从。彼盖深体人间之性情，故皆得其满足。盖当现时之社会，而欲施行此共产的方案，必先比准劳动者之功果，以配当其利润之等差，而采宽容之策。其劳力多者，则与以多分，少者则配以少许，以求社会渐次之改良，进教育而养德性，励劳役而增福利，人人各享安宁和乐之幸福。于是共产主义乃真实行，劳动之功果与利益之分配，全然均一矣。

拉野之计划，一时得国民非常之赞成，且其议论，亦便于实行。如女皇之亲父契托侯爵亦表同情，深赞许其议论，欲共公私而试实行之，乃运动此共产的组织之团体，共拉野之高弟可布③共极力组织，且试设立于他所。

1818 年，拉野更撰他种之著述，以特发明一新之原理。其议论皆关于劳动

---

① 意野拉耶科：意野拉那苛、意野拉那科，今译为“新拉纳克”。即罗伯特·欧文在英国创建的工业社区。

② 割合：日语“百分比”。

③ 可布：库姆，即艾布拉姆·库斯，制革商人。

之生产为唯一之要素，各以其出产物品而交换之，以费同等之劳力，所得之物品，则交换互易。且欲废货币之制，而代以劳动之手形[①]，以几时间之劳动，记以记号，而供货币之用。相互交换，则劳动之多寡，一目了然。

拉野又以人口之增殖，而与马陆沙斯[②]而抱反对之意见。据彼所说，以机器发明之结果，产物之增加而相比例，而人口之增殖，尤超过之，限制人口之增加，以补货物之不足，不若以正当社会之组织，以分配其富于公平。假令世界之一部，人口增加已达其极度，而人口虽弥满于世界，则世界必更新生产物以济之，而社会必不为人口超过所苦，彼爱兰土及其余之诸国，虽受人口伙多之害，盖彼等弃其未开未垦之地而不知，徒踳踽于一小天地之中。盖人口万无充满世界之期，继有其期，则社会之事物，亦必改良进步，以成完全之组织。若现社会不秩序不整顿之下，虽人口不满，亦足为忧。人口过多，不足为患云。

拉野至其晚年，述其经济上之一新原理，以求应用之实地。以劳动所生之生产物，而交换其所好之物品。既而悟其终难实行，亦欲废绝此举。

其后复组织数面之团体，以试企计而实施。乃于额拉斯可之近傍拉陆卑斯托，由其高弟亚布拉哈摩·可布[③]管理之下，以试验其实行。经无数之困难，乃见略约之成功。然至1827年可布死后，其团体之组织渐弛，秩序坏乱，团体之中自生矛盾，遂陷于无政府之状态，竟至解散而后已。是时拉野方共同志而渡亚米利加[④]，时1824年。翌年，乃于伊希耶兹洲兹幼陆兹拉[⑤]购得一顷之地，名之为意野哈贺意[⑥]，而组织一团体。时八百余人，自美国之各部而来集，大讲教育，以谋共同的生产之方法，而求将来之发达，以欲实行而期成功。然团结之力微弱未振，党内纷扰不绝于时，或拉野为唯一之管理，又或选委员以托其管理，以常展其秩序。然而组织愈渐坏乱，1827年，竟无成功，乃归废灭。

---

① 手形：日语“票据，凭证”。

② 马陆沙斯：今译为“马尔萨斯”。托马斯·罗伯特·马尔萨斯（1766年2月13日—1834年12月23日），英国牧师。1784年被剑桥大学耶稣学院录取，主修数学。1791年获硕士学位，两年后当选为耶稣学院院士。他是英国人口学家和政治经济学家，其学术思想悲观但影响深远。

③ 亚布拉哈摩·可布：今译为“艾布拉姆·库姆”，为在英国拉纳克郡创办的奥别斯顿公社的主要投资者。

④ 亚米利加：今译为“亚美利加”，即美洲。

⑤ 伊希耶兹洲兹幼陆兹拉：即美国印第安纳州蒙哈尼地区。

⑥ 意野哈贺意：“新和谐”“新协和”的音译。

既经多少之挫折失败，然拉野至1857年其弥留之际，尚确信其自说，以冀计划之施行。其晚年为社会之改良，又复攻击当时流行教派之信仰者，而设立正教党，大展布其布教之热心。一时虽向盛运，至1840年之顷，渐次衰微。于是拉野之学派之社会主义，亦渐失其势力。而英国社会之状态，亦未进于改良；下层之贱民，其困惫穷乏之状，日益急剧。而求各种改革之方策之志士亦鲜。不过政治社会之改良，当时渐发其萌芽。或与劳动以共同之利益，而得贫民救助之方法，如非谷物条例之运动。以同业组合之组织相依相俟，而奏社会救济之功。然至于今日，具效果之迟缓，不无遗憾。而人工之改革，终托之于梦想，其目的之辽远，终无其期。成功之美果，果待何时而收乎？盖自1857年拉野未死之前，英国社会党派之势焰气力，已显衰退之色。其运动之不振，职是之故欤？

第四章　复古时代之社会主义

法兰西之革命，经拿破仑铁蹄所蹂躏，自由平等之议论，埋没于兵马倥偬[①]之里。再经强盛专制君主之统驭，法国之国威，发扬于此大帝之治下，耀耀如旭日中天之势。以临四境，或运隆隆，压倒欧洲之全土。既而欧洲列国同盟军之抗争，一败涂地，乃刑戮国贼，而流拿破仑于荒岛。以绝路易王之血统，再复王位，布路贺之王朝又握天下之主权，于是制度文物，一慕革命以前之旧态，凡自由平等之议论，斥为邪说误国，而坚禁之。内之则举朝之风仪悉遵古则，外之则神圣同盟之武力，以抑革命之气运。天长地久，永堕于独裁政体之黑暗世界。史家称为复古时代云。

法国革命之目的，初因误于歧途，于是，革命之结果，因之压抑。自由之反动，变为专政。民权之拘束，较昔日而倍之；社会之组织，日即于非。王室上独握其主权，以凌视一切，而人民下抱不平之念者，怨嗟之声亦渐高。宫中府中，为人民之怨府。滔滔社会之气运，养成此不平之分子，以备再次革命之元素。当此复古之时，愈压愈激，于是图社会组织之改良，经济社会之进步，

① 倥偬（zǒng）：繁忙迫促。

以图政治的自由经济的平等者，又渐露头角于法国之舞台。遂祖述一派之社会主义，以大耸动世界之耳目者，前后之巨子二人继出，则希贺、布厘①是也。彼等之时代既同，其目的亦一。但希贺先布厘而出社会，唱导相异之论议，以张其旗鼓。丁经济社会两者之议论，各放特异之光彩，两两相共，以研究社会主义，实得无量之补益云。

第一节 沙希贺及其主义

沙希贺之家统，其远裔为希耶列马②，占法兰西上流之地位，有贵族之荣爵。至希贺生于1760年，亦长成于贵族的家庭之里，交豪富，接贵绅，金殿玉楼，极其骄侈。当幼年之顷，性质粗野，有奇癖，不屑以贵族而终其一生，常抱大望之野心，欲其生涯而特出他人之上。年龄未弱冠，头角颖异，已特别于他童。十九岁时，与拉布野托及法而援美国之义战，单身而出入虎穴，武名渐振，以挫英国之骄心而折其锐气。幼陆科达乌③之役，奋斗最有功。然彼功名之心极其淡薄，无长留美国之意。既而义战胜利，美军奏凯而归，十三州之人民欢呼自由，乃飘然而归故国，时年二十三。政府知其武勇，任为科伊特联队之大佐。蛟龙得势，志望将成。然彼之本旨欲投身于军国，终世而与干戈为友，而素志渐违，又去职而脱军籍。及后放弃军人之念虑，以营一私人之生活，独居静习，以研究诸般之学理，就中以生理及物理学尤为精致。综合百般之学，以开发一新之原理。当时革命之气运渐兴，有志之士，集壮士而谈政治，以冀变更政体，而定国家之扰乱。然而举动疏放，多失其宜。希贺深以此浮薄之举动为监戒，而豫期后来之成功。以为高名富贵既不足恃，而徒投合时势之风潮，以泛送一生，亦非真正忧国之能事。乃弃其爵位如敝履，轻裘缓带，奔走于社会之间，而察黎民之疾苦，慨然而怀救世之志。佶局勉励，无敢怠惰。每朝离蓐④，辄谓从者曰："伯爵阁下！后来有成就大业之责任，伯爵记之。"日日如之，以之自励。又时默念其祖先希耶列马之伟绩，以为自己后来之前途。初志

---

① 希贺、布厘：今译为"圣西门、傅立叶"。

② 希耶列马：今译为"查理大帝"。

③ 幼陆科达乌：今译为"约克郡"。

④ 离蓐（rù）：起床。蓐，陈草复生，引申为草垫子，草席。

企图开凿太平洋与大西洋连络之运河，又欲通海洋而至马度利度府[①]之运河，后平列西卜终成开通斯野斯运河[②]之大业，为世界交通之一大进步，亦由彼工业的之智识之诱导也。

希贺既抱企图大业之素愿，又常与平民而表其同情，自弃其世袭之爵位，终始尽赤诚于社会。当时握法国之政权者，为计邪可卑党[③]，以希贺身为贵族之一部，而抱不平之念，乃执而囚之，而系于陆契西布陆科之监狱，凡 11 月。计耶可卑党灭亡，乃得赦而出。楚囚[④]之苦，既已身受，一变其从前之目的，而以社会改良为急务。当彼未经入狱之前，本其天禀之时质，未尝倾注一定之方针，既而呻吟狱中，慨愤法兰西国家之失政，而陷于无政府的悲况，奉身命而讲究政治上及社会上之诸问题，而立社会经纶之大策，以图社会之改良。乃遂案出一定之方法，以希望贯彻其目的。

希贺之财产，因革命而被收没，日用衣食，遂大困难。单瓢陋巷[⑤]，且不可得。昨居华屋，今卧穷檐，盛衰荣瘁之感，不禁悲从中来矣。于是共其友人托列檄共同而试投机事业。适政府没收寺院所领之土地，大博奇利，渐裕生计之资，安然而勉事于学。时年三十八。自是退隐世事，委身于学，勉励困苦，殆十余年。乃大研究诸般之学理，及天然之原理法则等，并生物学之范围。其所学者，上自哲学、心理学等形而上之科学，下涉博物、生理等诸般之学科，穷究万理，然后阐明宇宙之一大原理。故彼于寻常之经世家，崭然而显其头角，迥非庸庸者之所比。其所说幽玄深奥，发明无限之真理。其门下高足颇多，如拉额斯托・可托[⑥]、兹耶利[⑦]等，皆有名之学者，群出于其门，诚非偶然也。

希贺积学如此，刻苦勉励之后，其所得之学理，为实地之应用，以解释社

---

① 马度利度府：今译为“马德里”。

② 斯野斯运河：今译为“苏伊士运河”。

③ 计邪可卑党：今译为“雅各宾党”。雅各宾俱乐部，也被称为宪政之友社或雅各宾自由和平等之友社，是法国大革命中最著名的政治团体。

④ 楚囚：本指春秋时被俘到晋国的楚国人钟仪，后借指被囚禁的人。

⑤ 单瓢陋巷：即箪瓢陋巷。箪，古代盛饭的圆形竹器；瓢，古代装水的小容器。一箪食物，一瓢汤水。形容生活简朴，安贫乐道。

⑥ 拉额斯托・可托：今译为“奥古斯特・孔德”。1798 年 1 月 19 日—1857 年 9 月 5 日在世，法国著名哲学家、社会学和实证主义的创始人。开创了社会学这一学科，被尊称为“社会学之父”。

⑦ 兹耶利：今译为“梯也里”或“梯也尔”，常被称作阿道夫・梯也尔（1797 年 4 月 16 日—1877 年 9 月 3 日），法国政治家、历史学家，法兰西第三共和国总统（1871—1873）。

会之诸问题。既而年近五十，积年苦学之结果，乃始大显。鬓发霜白，形容枯槁，颜色憔悴，当其与托列檄辞其共同事业之时，尚余七万法郎之财产，因历年从事于研究学术观察社会，尽消费其蓄财，遂至赤贫如洗，依其旧仆檄河陆之救助，或乞其家族而得仅少之资金，以保其生命。又或从事于刀笔之小吏，以糊其口。其灵魂落魄之际，一时绝望，恒抱自杀之思想，亦诚苦矣。

然其不屈之精神与自重心，处大难局无一毫之变计。自 1803 年至 1825 年，及其死时，二十二年之间，其所说之主义，所以耸动世人耳目者，尚可就其事迹而稽之。而其注心于哲学及社会学上之诸问题，其从事研究之间，至 1821 年之顷，其所说者，徐自一面而渐进转化于他面，纯然而为社会主义派之人，遂受世人之所认定。

希贺之性质上，人称为学者理想家，与拉野之运动上之称为事务家者齐名。彼尝自谓："余之事业者，为社会文明进步与发达，但求如何而开发进畅人智而已。"又其所自任者，当时法兰西方实演其无政府的状态，其凶暴之焰战栗恐怖，而为畏惧之共和政体，其时独于贵族社会之问题，以天下万般之事物，苦心积虑而发挥之。

希贺之经历既又如此，而其思想，则以和合调理时代之精神与人民之状态，以营各自生活之事业为必要。而注意一种之有机体，而此有机体者，必求完全圆满发达之方法，整理其运动，诱导其发育，适合其理情而后可。盖当中世时代，治者有二种之阶级：俗界之主宰者，其权为国王及封建的君主之所占有，精神上之主权者，则在罗马教会之手；以组织社会而统御人民。既而革命之暴动一时爆发，在上者以无限之权力而握政教两者之主权于一手，毫无分与于人民，故因革命之扰乱，人民扰攘，社会混淆，大破社会运动之调和。而究其原因，实因一切不过当之行动所致，妨进步而害发育。希贺欲救此弊害，而谋社会之调和，于宗教界，严定政教两界之分划。罗马教会之监督者，必推荐有德之君子以当其任；于俗界之权力，则废封建君主及贵族富豪握掌政权之旧制，必选学识技量共备而通晓社会万般之事务者，乃委任以统御之权，以相互之权力，主张其平衡。欲以此道而改良社会，第一欲变更政体之组织，必选择万能之治者。故希贺于社会经营之一着手，此其最先唱导者。彼既画策此方案，又深注意多数贫民之惨状，而表同情。因伴政治组织之改良，乃并计划贫民救济之方法。盖下层之贫民，其对社会之义务，甚重无比，而其享有利益之程度，则甚鲜。两者之权衡，常不得其平，以故一度改革，贫民加入一层沉沦，终生不能脱其困轭，实为现时社会之一大痛事。所以救护贫民之事，不容一日忽也。

希贺忧之久矣，以为政治之组织未改革，贫民救济之目的终不达。假令智能出众勉励执事之士，得以政治之全权而委任之，当政治之要务，则心安理足，始能注意于社会多数之贫民。而世甚乏其人，故欲政治一新，以解释贫民问题，虽有为之经世家，终不可致。乃于1821年，自著一书，题曰《职业制度》，以切论多数人民蒙无量之害恶，必求绝对的紧要之救济，以希望工业制度之改革。曰：现社会之组织，曰怠曰骄曰穷，以悖逆天理人道，故至如斯。今后之新社会，必求万人尽职以从事，劳逸应其度，报酬适其宜。社会者，劳者有应得利益之义务，逸者不能夺之，唯依各人之天才，而计劳动果效之差异，而报酬亦有其等差，以求绝对的平等，而绝今日经济社会不平等之大害，是为社会调和必要之要件，则贫民救济之功，庶几得之。

希贺既著《职业制度》，又著《新耶稣教》，风行于一时，是为其晚年之著作，毕业而遂卒。其书就宗教上而立论，以论关于宗教最高之义务，发明耶稣布教之旨，而加以新理。卒后其子弟以此教义，而开发诱导于世人者不少。

《新耶稣教》之论曰：基督之教义，布于四海，以四邻皆兄弟之大义，而导社会以厚邻保之交谊。然后来此教义者，社会失其实行之功，而社会之组织，亦因之而坏灭。四邻相犯，毫不之怪。交谊既废，友道不存，四海同胞主义之福音，杳然而没其影，世道益浇薄①。有以改革社会自任者，必须普衍此根本的教义，以务四邻亲厚之谊。盖结四邻，即所以顾贫民；顾贫民，即所以救贫民之端绪。

社会主义者，其对“相续制”之意见，迥然不同。其反对之大致，在于保存者但知社会暂时之事情而忽之，或用酷法以相遇，故相续制之赋课，主张其过重者。希贺即为反对相续制度之一人，曰：相续制度者，是与逸者以过分之财产，积巨万之富，以养成游惰之民，高居上位，而不事勤勉，而满口腹之欲，尽衣食之奢，社会之调和，亦因之而败。盖关于相续制反对各种之议论，多本于社会主义之唱导者，以下各章所记述，凡关于此种之议论者，可以参考而对照云。

---

① 浇薄：社会风气浮躁，人情淡薄，不淳朴敦厚。

希贺将死之数年前，其思想愈丰富，其学说愈深远。少年之从其问学者，大增势援，其中如法国之有名历史学兹耶利，及实验哲学派之泰斗可托①，皆为其高足，以赞助其著作。故希贺派之学者，其数愈增。各种学术技艺，名振一时者，大抵出其门下，本其主义学说，扩布唱导于世间。

今举希贺派之子弟所唱导希贺派之学说，而为社会主义之大纲者，条录于左：

（一）为欲得才能技术拔群之人而为政府，则必于社会全体中，精选其技艺兼备者，立为学术、技艺、工业三大部之长官。

（二）全国民组织一大团结之社会，其党员等必宜相互亲睦和合，各自励其劳动工作之业。

（三）而欲亲睦和合，必以诸般之事业与作为为本源。人与人既相和合，则社会自相亲睦。且于宗教上，其第一之义务，则谋增进人间完全之智识；其第二义，则研究智力，以求应用之法。

（四）凡人为之区别，及不平等，皆废除之。但较其效力之多寡，而计其报酬。

（五）凡人以其才能而事劳动，则应得劳动之报酬。彼世袭财产者，断必废黜之。盖相续制度者，毕竟为破坏社会发生不平等之原因，故于某人死去之时，其余剩之财产，纳付于政府。政府之报酬者，代计划其父母之义务责任，与养育保护儿童之事。

（六）政府必营国家的教育，利导各具智慧之儿童，教其所好之职业，而考究其效果。于儿童、成人各求职务之际，分与其资本若干之资金，而视其成业如何，其天才与勤勉何如。故人皆重职责，而无游惰淫佚。

以上即希贺怀抱社会主义之大要。至若关于“资本主义”及“竞争”等之问题，虽未专发明其议论，然其宿论，亦有可采者。曰：古代封建君主之间，私斗争阋②无绝期；近代之社会，私人间政权境土之争，资本主间经济之争，今为最旺盛之期。然文明进步之极，政权境土之争，必归宿于中央政府，经济之争，必归宿于国际的。故私有资本主义竞争，必归于政府之管下。要之，唱导

① 可托：今译为“孔德”。

② 争阋（xì）：争斗。阋，争吵。

希贺派之学说者，以“平和”“亲睦”“本义”别称一种之宗教。彼等于实际之应用，徐徐而图发达进步，不欲颠覆破坏其政府，而为暴举。且凡一事一物，皆有一种之模型，必与之适合而后可以作为，故不主唱偏僻之社会主义，唯期渐以进步，依赖社会之气运，而徐图其改良。其学说与主义，必求适用为主，此外别无他事。

再考希贺派发达之历史，颇富于奇态之事迹。今不能述其精细，但记其概要，以见一斑。盖其子弟各个结合一小团体，而后渐成为一大团体。其学说固足惹世人之注意，而其唱导之诸学者，其学力技能之拔群[①]，亦其一原因，而助成其发达之势力。

试就卫梭[②]直之所讲述，卫洛[③]之所演说，而考其学派发达之原因。因此学派既发明，其子弟遂日增加。1830 年革命之际，彼等畅其所欲，而弘布其教，更得卑意·陆列洛[④]助其运动，以自己之新闻名《世界》者为其机关，以大唱导其学说。希贺派之势力，一时扩布欧洲之全土。

希贺派之势力既日增加，彼等于其本部陆贺希额意，而设一大会馆，为其运动之首部。其首部自法兰西、白耳义[⑤]为始，而及其余之诸国，以派遣其布教师，并于各国之子弟，设置支部及教会。

希贺派之首领，其二高弟为卫梭及野列兹[⑥]，初则讲演其著述，为斯学之强固确实有力之议论家，其后复得多数支配陶冶之天才，又为一种之务实家。因彼等子弟团结之巩固，其势乃日增进。既而卫梭与野列兹性质相异，又生波澜，实野列兹以一种奇癖之性情，多粗暴放肆之举，渐失子弟之舆望[⑦]，其势力遂渐衰颓萎靡。

野列兹之事迹与行为，既多奇异，其言论亦具一种之异趣。彼能集合各种各色之人而团结抱合，鼓舞奖励之，出其赤诚以演说其主义，故于同志之上，

---

① 拔群：才能高出众人。

② 卫梭：今译为“巴札尔”（Amand Bazard）。

③ 卫洛：今译为“奥伦德”，名“罗德里格”。

④ 卑意·陆列洛：今译为“比埃尔·勒鲁”。

⑤ 白耳义：比利时。

⑥ 野列兹：今译为“安凡丹”（Bartholemy Prosper Enfantin），法国人，著有《圣西门学说释义》。

⑦ 舆望：众望。

而具魔力之势力。其间有特异之二种性情：一则坚固自信而确守其所说；一则凡对他人无不厚其同情之念虑。

卫梭、野列兹两者之交情，其始甚密，既而相反，加以各出其见解，以异其趣，既而野列兹以关于结婚之件，而发奇异之见解，卫梭抗争，遂共同志而解其团体。

于是野列兹遂为希贺派之总首领，其子弟视其势权殆如神圣，且对希贺之学说而参以自己之见解，且行子弟礼拜之式，渐开默从神秘的教则之端绪。其同志者，别成一种之服制，著青色之礼服，而长其须髯，以与人民示异，俨然而欲组织一宗派。

野列兹组织希贺学派之基础，而为一种之宗派，自后渐传于世上，益求扩布之方策，以扩其布教之手，为改革社会之应用。于巴黎之贫民，而试演之。然而希贺之学说，当实际之局，其细条每多不完全者，终不能见其成功。

1832 年，野列兹所唱导魔术之学说，其中婚姻之事及关于其余男女两性之件，其于本部陆贺希科意之会馆而闭锁之，政府以为紊乱风仪与教义，乃召唤野列兹及其子弟于法庭。其时方共其子弟五十人，共围绕一大庭园，退匿于那意陆贺他，而营禁欲制的僧侣之生活。至 1833 年，处禁锢者已及一载，其宗派渐次溃乱而废绝。

希贺之学派，其始则见非常之成功，其结果又遭不幸之溃灭，实由野列兹一派，采用奇异之手段而坏之。彼等若注心于其学派之要点，而谋其发达进步，依赖学理的基础之实际，而举行慈善的改革，则其发达也，于历史之局面必有一变。而臻于上境，固不足道也。

希贺之宗派，其死后亦未全灭，其子弟又采其师说，于是法国之文学教育及工业界，又现一时之光荣。野列兹之失败，而希贺派于法国之社会，终不能销灭其影。而其影响所被于天下后世者，彼等运动之事业，感化于十九世纪之世界者不少。研究者可推测而知也。

第二节　列厘陆及其主义

洛列希列斯他伊曰：法国社会主义者之中，沙希贺独于巴黎，精励刻苦，而试社会改良之法，于茫茫漠漠之间，而定一绝大之目的，亟力而图达之。其一派对中外之敌，辩难抗论，颇为勤敏。当时法国无不知希贺者。而更有宗旨本同，但径路颇异，而日日计划以达其同一之目的者，希耶路·列厘陆[①]即其人也。盖二人者，既复同时，同为历史上必要之人，其伟杰之异质，诚未见其比例矣。

列厘陆富于创造之才，事务之见解既精，又有经营精密事业之才能，远出于拉野、希贺等之上。但其偏守学理，不好实地之应用，以独学远大之理想，创立自家之学说，以大启发智识。然其学说至希贺派衰微之时，深惹世人之注意，盖亦深得其同情也。

希耶路·列厘陆者，为吴服商[②]之子，以1772年生于倍沙那[③]。五岁而父没，遗有十万法郎之财产。其后复受普通之教育。或为绢布贸易商于里昂，奉职颇勤，受其主人之命，使于法兰西之各部及和兰[④]、日耳曼等诸国。至丁年，乃以父之遗产，营独立之商业。当恐怖时代之暴动，里昂市亦蒙其害，其财产之全部，尽失之。且尝缧绁之苦，未几遇赦而出狱，乃投身于军营，执军务者二年。其勇气与机敏，大为军队所称举，前途升进之希望甚多，渐次将得长官之知遇，又因病而脱军籍，再投身于商业界。虽漂泊流离，仍注心而研究学理，如物理学尤其所最好云。

列厘陆亦欲创社会主义，以谋社会之改良，遂感时势而起。岂彼天性富于博爱？而宅心仁慈，与下层之贱民，深寄同情。廉洁刚直，恶奸邪如仇雠，如昧己欺人而谋利者，最为其所卑下。故世之商人辈，对贵客而炫商品之善良，贪价格高下之暴利，或弄不正之手段，以博奇利，则必切责其不可。然当时之社会，其商贾多用奸计，以贪暴利者。富者则积多数之财产以虐劳民，乘生产之分配，不得其平，天下之富皆集于一部之少数者，视其余之多数者陷于穷乏之状态，以为常事。滔滔社会，遂为一世之习惯，无怪之者。

列厘陆独以博爱仁慈之慧眼，照此困穷之现象，虽欲放弃之而不能。偶值法国之饥馑又起，民皆菜色，马路西可米价暴腾，穷民无食，饥饿之状，不忍目睹。米商等则贮多数之米，以为奇货，乘机而博暴利。若此腐败残忍不法之

① 列厘陆：今译为“傅立叶”。

② 吴服商：绸布商。

③ 倍沙那：今译为“贝藏松”，法国东部法兰孔太省首府。

④ 和兰：今作“荷兰”。

行为，列厘陆愤怒不堪。而当时倍沙耶有售林檎者，一钱八枚，运之巴黎，腾贵而至一钱一枚。一切之事情，其缺德义者类此。即此足为社会不备不完之证。列厘陆心大不忍，乃弃其一己之职业，而投于社会之涡中，以冀图其改革而欲偿其大愿。

于是弃其一己之业务，而变身为仲买人（原注：即中人也），仅受薄给，以自满足。且以其余裕之时间，而从事于学问，专志力学，以为将来自立之基。大欲变革社会之组织，苦无助者，乃全然独树一学派云。

列厘陆性寡言而慎重，当其二年从事于兵役之时，直接应答，绝无支离。其无事时，则守三缄之戒，沉思默考。有阻障其目的者，则忧郁之念，不能自抑。且有一种之奇癖，每日必以数时为散步之时期，必高声独语，以为常。终身不娶，一身之事业，以社会人类之改良，为唯一之大目的。

1808 年，以其历年苦学之所得，而著一书，题为《四种运动之原则》，公刊于世。是书为彼三种著述中最有名者之一，以观察动物、社会、无机、物质四者之着点，以示支配社会同一之法则之理，以改造社会，启发人智，而除人生贫困、贪欲、残忍、刻薄、不伦、不义、不幸等之弊害，而谋救助之。然以此高尚之著作，初不为世人所知。及至希贺派之衰，彼之行为，始为世间所识认，渐惹世人之注意。凡读其书者，无不赞其主义云。

1812 年，列厘陆之母死，其遗产每年收入六十镑，衣食渐裕，日常乃有余暇。乃退于卫厘[①]，以远世俗，而益勤勉，遂乘机委身而研究学理，且欲溅热血以冀社会之改良，计划其考察。既阅数年，而世无一人表其赞同之意。经纶之志，苦无由施，壮图莫展，蹉跎自叹，颇有人莫己知之悲。热诚所注，仅获同志一人，名美可利拉・兹可斯托。盖兹可斯托因读列厘陆之著书，感其思想而表同情，犯种种之困难而来相访，幸而相遇。

两者之理想，无不吻合，一见如故，交谊日亲，乃结兄弟师友之义。得其赞助，于 1822 年更著一书，名为《世界调和之原理》，自赴巴黎，刊而行之，以唤起公众之注意。其出版之目的，虽欲公之于世，而人智未开，未聆此种之议论，未得社会之欢迎，空费经营，自嗟遇薄。自后生计渐乏，再无同志之补助，虽欲委身学事而不能。1826 年，再居巴黎，为刀笔之小吏；仅得薄给，而

---

① 卫厘：今译为"安纳"，法国省名。

勉励学业，以期大成之志不衰。

1831年，乃得同志者之力助。至于此时，希贺派方生内讧，卫梭之一派又与意列兹[①]而分离（原注：事详前节），其中二三之有力者去希贺派而依列厘陆，主张其学说，而谋发达扩张，乃出一《社会党》之杂志，为其机关，并其余种种之方法，以助其热心之普及。

列厘陆所得之同志渐多，其势力乃日增加，其学理亦渐为世人所注意。1832年，其弟子一人，以其学说而求应用实地之目的，乃共计划于贺特他拉之附近，结合共产主义之一团体，即于可特沙卫施计陆[②]而因众议院议员贺特·他拉列[③]之地，而建公所，以为基础。更得二三之赞助者，遂仿共同家屋之制度，集同志以采用共产的生活之方法。然此计划，未几又经失败，而列厘陆之学说又增无数之污点。人皆以其为难行，而彼则颇自信，不以为计划有缺点，而以为彼等资本之不完全，以故至于失败。若欲真行其方策，以实施其经纶，复得百万法郎之资金，乃可实行其计划，必能设计奏功，以贯彻其社会改良之大目的。忧国之士，果有能助之者，则终生之愿乃毕。乃日日闲居，以待同志，至十二年，终无一人访之者，而其自信愈坚，历久不变。千秋之憾，终无日偿，1837年溘然而逝。然自1840年至1848年第二次之革命，其弟子之数，一时至数千之多。生前不获得展其事业，没后乃有余荣，风靡一世。

当此纷乱革命之时代，遂为一大势力之作为，其学说扩布于欧洲各国，且远涉于亚美利加。更得有力者赞同其意，因列厘陆之考案，设立共同家屋制，以为适用之实地。如马额列托、列陆列野那陆厘及卫额等一时之名士，皆赞助之。其各等之计划，一则组织不完全经济上之事情，一则熟达习练其事业，以防其失败废绝（原注：与第四编第三章参照），于是英、法二国之唱社会主义者，发现无数社会改良之希望，以启运动之开始为十九世纪之一新时期。至1848年第二革命，更得扶植社会之一大势力。列厘陆之学说，大惹世人之注意，其势力顿加，而其气焰亦甚炽。第二革命扰乱之结局，社会之局面又归于黑暗，于是列厘陆之主义，并其余之社会主义，亦皆匿迹销声，研究社会主义发达之

---

① 意列兹：前译为“野列兹”，今译为“安凡丹”，法国人，著有《圣西门学说释义》。

② 可特沙卫施计陆：地名，在塞纳－瓦兹省。

③ 贺特·他拉列：今译为“博德－杜拉利”，傅立叶的门徒。

历史者称为一时中绝之时期。

吾人欲进而稽其余社会主义之学说，而研究其历史，则必先于列匣陆唱导之学说而序其纲领。

列厘陆之学说，其哲学之著述，散见于各书中，其性质富于理想，巧于考案，以应用数理，以测度社会之森罗万象，事事物物，虽未能组织新规，而其计划巧妙，始托于空想，而欲臻实行，其所说多以假设之想象，敷衍真理之议论，于茫漠之中，而能理解其本义。其所著书，自信以为能阐明世界之真理，每出一书，世人辄以为荒唐无稽之议论，一笑付之，或且冷嘲热骂，不为社会之欢迎，其原稿每有旋印刷而旋弃去者。

1808 年，自发刊《四种运动之原则》以来，前后共有三部之著述以行于世。《四种运动之原则》者，观察社会四种之方面，说明动物、社会、无机、物质四世界，而支配以同一之法则之理。有意野托[①]者，独悟引力之理于物质界，以发见一般运动之原则，彼则独于物质界而究运动之原则焉，其余三种之世界，亦以原则而支配而论明之。且曰：欲改良现时社会的状态，而调和之者，则必适顺此运动之原则，而采用其方法。然此解说，概出于臆测，而未考于实理。或就儿戏的考案，或谈梦幻的虚理，其议论之本旨，未能征实而发明。故世人辄以空理轻之，而不能满其意，及后再版行世，人智渐开，始得同志之赞同。

其著作之第二种，则为《世界调和之原理》，较之前书，其茫漠之议论，更富一层。不徒以想象的推理，断定世界之运命，且集天下之森罗万象，而论其调和整顿之理。其论曰：永劫世界，虽不可以数理之指示而穷其到底终局之期，而其运命，偶然而繁荣，偶然而衰颓，可推而测。今之世界，为蒙昧之时期，混沌之时代，质而言之，乃未进步之时代，决非退步之时期也。故能整社会之秩序，以诱导其发达，自增一层之繁荣，而达文明之域。而人间愚昧者，不知所以进步发明之理，徒龌龊于纷乱混浊之里，而不知开拓平和之乐土。故余欲溅终生之心血，以发见其方法。盖人类生存于此间，凡八万年，前四万年为进步之时代，后四万年为退步之时代。就中以最初之五千年，为幼稚之时代；后

① 意野托：今译为“牛顿”。艾萨克·牛顿（1643 年 1 月 4 日—1727 年 3 月 31 日），爵士，英国皇家学会会长，著名物理学家。1687 年发表《自然定律》，对万有引力和三大运动定律进行描述，奠定了此后三个世纪物理世界的科学观点，并成为现代工程学的基础。

之三万五千年，为人间最繁荣之时代。而移入于退步之时代，最初之三万五千年者，尚能维持其繁荣；至最后之五千年，世遂衰老以至告终。

然现时之社会者，尚为幼稚之时期，故进步发达之活气，充满于内，必能诱导之以期发达，以采用余之方案，而实行于社会，以期直入于繁荣之时代焉。其描写繁荣时代社会，则曰：依余之计划，以进繁荣社会者，以脱却万民之痛苦困难，而享无事太平之乐，以转祸为福，而入天国。如以猛恶之狮子而挽吾人之车，自法国始，以推及其余。又如鲸鲵之运船，而助其运动，吾人与以至大之便利。日光遍照，寒暖无等差，虽南北两极之寒地，亦必变为人间生活适当之乐土。凡事之先苦者，实为后乐之媒介。举世和气阳阳，而社会之改善，乃得其结果焉。

彼二种之著述，殆始荒渺无稽之空想，其所记等于儿戏，殊无足采。1829年，彼更出其第三种之著述，议论稍近于正，以画现实社会接近之策，名为《工业及社会上之新世界》，与其前著《四种运动之原则》中，论述应用引力之理。以行于人间社会一种之引力为基，以区分人间之性质，即以其引力，而支配人间社会一般之行为，以分出人间本来之性情，名之为性情引力。而此性情引力者，自人间固有而发生，以情欲为基，社会万般之事物，皆自其情欲基因而发动，以生多数之变化，以此复杂之引力，以至组织一切之作为。故欲亟知人间社会之本质，如何而组织，必先知此性情引力如何而作用。

其说则曰：一曰娱乐之情性；二曰对群聚之情性；三曰社会对种族之情性，即彼所称 passloiszeclziee 者是也。而此三种之情性，更生十二种之异。第一种娱乐之情性，而生视欲、听欲、感欲、味欲、嗅欲；第二种对群聚之情性，而生恋爱之情、亲族之情、名誉之情、交友之情；第三种社会对种族之情性，而生好变之性、竞争之性、集会之性是也。而尚有一层最细别者，其种类又分八百十个之多。故社会之组织，必适应此八百十个之情性，以充分而求发达，同处于完全圆满制度之下，人人而享和乐之生活。然社会之现制度者，皆于此发达之情性，熟视而无睹，而矫人间本来之特性，以妨害其伸畅，或设反背之规则，以束缚而压抑之。以故残虐暴戾谲诈奸谋等种种社会的弊害，随处而发生，而秩序因之而不整顿，社会之状态愈沉沦而不堪，而人心之和合与调和愈不可望。故欲谋社会之调和，必先整顿其秩序，以改造社会之根底，而求适合此情性，而觅如何组织此社会者，以冀图其改良。而案出共同家屋制之计划。

共同家屋制[①] Plhalalin 者，自彼一代之考案而成。其社会主义实施之计划，与此制度必求适用，即社会之单位，而定组织之团体，以建筑其宏大壮严之共同家屋。其住此家屋者，营共同之生活，服共同之业务，其人员自 4000 名乃至 1800 名之间，以适宜而限定，其中以 22 名乃至 24 名而为“一群”。其中自 7 名而至 9 名而为一“体”。此一体者，有同一之嗜好与情性，从事于一致之事务，或耕耘土地，以其各自情性之所好，而求充分发达之机，整然而保其秩序。合此多数之梯“体”及“群”，以其生产，而营各种之物品，采用其方法，以备需要之用。凡一个之共同家屋者，不须别藉其余之团体之力，全然自立自治之规模。

共同之家屋，其组织如此，其利益之分配，及对劳动之报酬，亦依共同之方法，以一定之规则，而分配于各自之间。因此等之分配，而求一切平等，采用绝对的平衡之制，而知劳动功果之多寡，以别人间之知识与贤愚，则利益之分配，而附以正当之多少等差。故其规定配当之割合[②]曰：一共同家屋，以其总收入共同之财产，并其共同之财产，以最低额之标准，扣除其生活费，其次则供不时之费用。凡贮蓄之财产，以极少许之部分，而保存共有之财产，然后以余剩之利益，区分“劳动”“资本”“才能”之三者。劳动者，占其十二分之五；资本者，占其十二分之四；才能者，占其十二分之三。若有富于才能而技俩拔群者，与以名誉之标证，以区别于他人，并许可其有世袭权。

共同家屋之内部，其组织如斯，择其四方一哩半之地，建一家屋。若现时之都会与村落之制，全然废之，改为此共同家屋。以一方之人口过多者，与一方之人口稀少者，互相均平，以过而补不及。全社会皆设立此等之家屋，以世界之都府设置于君士但丁府。其一家屋之长，为“乌耶陆科”；其支配二三之家屋者，为“特乌阿陆科”；选其上者，为“托利阿陆科”“特托利阿陆科”“卫托利阿陆科”等；其最上之统御者，为“渥摩意阿陆科”。此“渥摩意阿陆科”者，以君士但丁府为首府，而统御全世界。然世界之广，此种之家屋甚多，于是又设相互交际法：于此一家屋之内，以其选出之议员，而组织议会；别家屋

① 共同家屋制：有的译本称“共同的家屋”。恩格斯称它为共产制家庭经济，后来又称为“母系家庭公社”，在易洛魁人中有完整的保存。

② 割合：百分比。

之人而来相访者，必郑重待遇之，以谋交谊友情之亲厚。于不毛未开之原野，则征集联合组合之劳动军，派遣而开凿之，及其开垦之业既完成，又以新规而建设共同家屋，以加入共同组合之中。

以上皆列厘陆终生所计划者，是为社会改良之方策。其述此制度之利益，曰：现社会之组织，徒使役无用之劳动，生产饶多之物品，而为无益之竞争，以占有伙多之利益，其资本与人力，因之而浪费者益多，而谋社会之公益者则甚少。

共同家屋之制度者，所以去此无益竞争之弊，而以土地、资本之功力，全然而求其有用。其日常之生活，若三千二千之家族者，个个分立，而营生计，以其浪费之薪炭品具，集于一处，而定同一之时，则可节无益之费用。且此共同家屋之下，凡人类之结合，各选择其适合之情性，相互之间，自相亲睦，自泯无益之竞争，而公谋其利益，于各家屋需要之物品，预测其所用之多寡，而后制之，则于必要之外，无弃于市场之忧。故此社会之生计，人人皆满其欲。终生劳动之期，自十八岁至二十八岁为止，各勉励其事务，其余生者皆为安稳无事度日之时。

于劳动之方法，更有无数之考案，而尽愉快之策。盖凡有职业者，每多不愉快之感，而厌其劳苦，乃现社会组织不完全之故。而强劳动者以从事于反其情性之职业，此其困苦之由；故改革社会者，必以各自之情性而适合其劳动，则人皆不嫌恶，而有欣慰之情。且更为劳动者而谋愉快，又特短缩劳动之时间，每于劳动之间，又奏音乐以助其精神，而增劳动者之愉快。

彼又分劳动之种类为三类，依其种类而付报酬之差等。其从事于困难必要之劳动者，始受多额之报酬；其余从事于有用之劳动者次之；服愉快之劳动者，则受少额之报酬。若限时而受劳动之报酬者，则由其资本主而给与以充分之额。

列厘陆改造社会之法则，亦认许其资本家，与希贺之议论，大异其趣。希贺曰：贮蓄资本者，所以诱起社会之不平均，因社会之不平均，遂酿劳民之不幸。故财产偏集之害，如相续制者，则必废止之。而私人之私产，其死后必纳于政府。故希贺派之学理，纯集主权于中央政府，凡事业皆由中央政府之经营，以制限私人之权利。而列厘陆之共同家屋制，大概之权利，悉委任于此一个之团体，其所谓中央政府者，不过监督支配相互之国际的关系。质而言之，前者之说，为中央集权之理仪与基础；后者之说，为唱导地方分权之嚆矢①。

列厘陆为社会最用力而计划者，则为劳动者之教育法。其教育详细观察之，而命严密之监督以行之。自幼年之时，从事于学业，而谋完全体育之发达，从儿童之所好，而施其教授，且发疑问以诱其儿童，习练各机械之业务之实用，与实务之方法。又凡幼稚之童，令其共入制造所，以诱其注意职业之趣味，为后来自选职业之机，凡幼童之年龄达五岁者，授以各自应分之配当，与共同家屋之生产物。

凡所述者，皆列厘陆社会改良之方案。其所著书，皆详载之，兹仅录其大致。然欲实行若此之计划，至拉野反得暂时之结果，而其失败，在于俄顷②。

吾人则试研究其失败之原因与计划之误。然此种之议论，已成过去之历史，非今日所宜研究者，然其一二紧要之地，可为后人之鉴者，则试述其大略，以为来者之前车。

列厘陆之理想而不合于实行者，其失败之原因，必要之点，盖人智发达之程度未能充分是也。彼因现社会之人类，额限其私利私欲，而经营共产的生活；然而现时之社会，未适合如此高尚之组织。小之则个人之竞争，大之则国家之竞争，日剧日甚，四海同胞之议论，终不过一种之空想。而彼欲举国家之别、人种之差，而施共同家产之制，岂非至难之事乎？盖世界之进步，尚未能人人皆了解社会共同的生活之利益，一旦而以同一之目的而营公同之生活，势必不能。而其共产的组织之通弊，则在智识道德未至完全，而欲强行此高尚组织之实行，此其成功之途，所以迟迟而不能竟达也。

吾人且于列厘陆之理想，如共同家屋之制，信其终无成立之期。盖世界之事物，逐日变迁，其摇动不定，不可预测。如列厘陆之企图，共同家屋之事业，如彼之计划，以一定之法则与一定之事情，而毫无移动，此又必阻于势而不能行也。

更就经济上而观察之。而欲若此理想的社会之成立，必不得充分之成功。今试举其例：若列厘陆与拉野，同居各个之社会，凡自己社会之物品，毫不供给于他人，此则井蛙之见，不能行者。盖已集合多艺多能之人类，而成立团体，

---

① 嚆（hāo）矢：响箭。因发射时声先于箭而到，故常用以比喻事物的开端。犹言先声。

② 俄顷：片刻；一会儿。

则社会所需要万般之必要品（原注：如奢侈品不在此例），一局一部之社会，必不能供给之；又或有人为人力所不能制造者，其一部必借天然力之援助，若气候，若地味，若天然之地形，不但于人体发育之上而有至大之关系，而欲造美丽之货物，制巧妙之物品，凡原料所仰给者，亦不能不需于他人。如列厘陆一派之见解，不独外国贸易输运交通等各别紧要之事业，概行绝之，即内国之商业，亦必趋绝灭之势。况当经济学者由分业之原则，奖励贸易事业之发达，世界商运之隆盛，而热中于贸易竞争之时，而以若是之癖说[1]，欲以改造社会改革国家，而欲达其目的，不其误欤？

盖当时社会主义之通弊，其思想陷于儿戏的不稽[2]，不独列厘陆之学说，其余诸说，莫不皆然。其理想亦不合于真正之理想，而无实行之期，谓之痴钝迂远，亦非为过，绝鲜适当者。然列厘陆之论锋，虽为全部之议论所排斥，徒述儿戏的空理，无异痴人说梦，然驳杂之中，则独尝解说真理，后世心服其议论者，亦决不少。即彼所观察现时之资本的制度，颇能中其肯綮[3]，议论明快，严正之点不少。当时合资会社之利益，尚未充分发达，彼喋喋而诱导，实称千古之卓见。至其教育上之议论，尤为明快秀拔[4]，垂一种之教则于后世。且念劳动者而谋幸福，以发达道德上之思想，又大施其手段，而增劳动者之功果。盖当时之舆论，视劳动者为最卑下，其劳动之力与机械的动力等而视之，甚且以贵重之人类，与动物而混视，以人力与马力而相比较，以其力量之多寡，判定人间之高下。而才能知识者，措诸不问。下等之人类，不知道德教育为必要，劳力之外，不觉人间之价值。且不知劳动者之教育与劳力之功果有至大之关系，故其教育之发达与否，漠然不问。

列厘陆乃独发明关于劳动者之自身，与其雇主而有间接莫大之利。独认贵重之真理，乃更进一步，以改革雇者与被雇者之关系，而去主从的关系之弊。两者之间，以德义之念相规，不独恃其契约与赁银[5]，或抚育之，或教训之，宛然如亲子，而有相互亲睦和合之意。于伦理公道之上，论定其紧要之要件，以

---

① 癖（pǐ）说：自我癖好的说法。

② 不稽（jī）：无可查考。稽，核对，查考。

③ 肯綮（qìng）：筋骨结合的地方。比喻要害或最重要的关键。

④ 秀拔：美好特出，秀丽挺拔。

⑤ 赁银：劳动报酬，工钱。

冀图其改革。凡此之类，皆其所精到者。盖彼之著述，虽荒唐不稽之说，充满其中，而黄茅白苇之中，而有金科玉律之宏议，人毋徒眩其异样之光彩而忽之也。

第五章　第二革命时代法国之社会主义

法国之第一革命，既不能达其目的而失败，其反动之力，遂变为复古主义。一时欧洲全土，气焰极高。诸国之制度，一事一物，皆归复革命以前之旧制。欧洲诸国，貌为安宁，干戈兵乱，一时暂免，乃皆注意于生产事业，于殖产社会诸般之事业，渐就其绪。生气日增，工业社会之面目，渐渐一变。“资本家”“劳动者”“小制造家”，次第皆失其业。资本主与劳动者之间，徐徐判然而生区别。于是资本的殖产制度之发达，乃渐次而诱起。

先是资本家与劳动者区别未判之时，此二者之结合，甚为巩固。而贵族僧侣之上流社会，别为一团，把持多数之特权，其于此二阶级（原注：指资本家与劳动者），属以专横压抑为事。故彼等自相团结，以抵制上流社会，而互相睦。自1830年之改革，中级社会，亦得政权之分与，其权力乃日增加。殖产工业，同时亦伴其发达。彼等乃得积贮其财产，以增倍其资本，与劳动者遂不同其休戚。而其利害之关系，亦因之而异焉。于是中级社会之人，皆隐然以资本主而以一种之阶级作为，以望劳民。其劳民大失其势，加以赁银亦愈低廉，且难安执其职。因之社会贫富之悬隔，由此而盛。而资本家之势力，一面日亟其旺盛，劳动者之境遇，一面日沉沦于悲境。

大势如斯，于是下层之贫民，不平不满之状态，愈形满足，相依相会，而遂组织社会党，乃广播其教义于巴黎劳动者之间，以大纠合同志。当时社会党之多数，皆集于列厘陆之麾下，乃更组织一大团体，树立一新社会党，以颠覆政府设立共和政体为纲领。凡军队之统御，租税之征集，立法之权能等，一切政权，皆归其掌握，而成一全国民共产制度，以成一新社会。前者之社会主义派，未尝注意唯一之利器。今之新社会党，鉴其前弊，断行改革诸般之利器，以演振天动地之大活剧于舞台，以养成其势力。所谓利器者何也？即政治上之权力是也。

盖前者之社会主义，概视政权于度外，仅依赖区区私人之经营，以求达其目的。今日彼等则视此政权为实行改革社会之唯一之利器，始知欲求社会组织之改良，必先企政治之改革，而收政权于自党之手中。然后实施其所欲计划，且以当时民心，渐厌王政，陆列亚王朝[①]之权力，日即于衰，希望变更政体者，次第其数亦日增加。改革社会之目的，与社会党之意气，自相投合，遂养成革命之举。自是法兰西之社会，乃再紊乱，互相争夺政权。秩序既紊，王政亦微。1848 年 2 月，巴黎又复骚动，颠覆王朝，布告再建共和之政治，再入纷纷扰扰之革命时代。史家所称为第二革命者，即指是时也。

第一节　路易·布拉及其主义

第二革命之爆发，社会党派，又增一度生机。政界之势力，渐次扶植。政权亦归其掌握。当时建设社会主义的政府者，其首领果何人乎？则路易·布拉[②]其人是矣。

社会主义者，自英、法二国而发生，以讲社会改革之方法，虽注目于经济社会之改善，而未留心于政治之局面，依赖国家之机关，以企图贯彻其目的。如卫布者，处身于革命时代之混乱社会，目击政权争夺之事，而其社会主义，徒以空漠之理想为基础，不过企图经济的组织之变更。及至额倍、希贺等，其学理渐赴密致，其计划亦渐精巧。至列厘陆继出，计划多数之考案，以企图解释社会之问题。而其方法，于变更生产社会之组织，以平贫富悬隔之外，别无异常之奇策，亦不过分人间之性情，或勉博爱仁心之普及，说宗教之本义，唱四海同胞之主义，所归著者，驱社会之人类，各自条出，而纳于模型的组织之下，以企图社会之无事太平而已。

彼等以经济社会与政治社会而分离，故不能达此远大之目的。故前者之社会主义，虽得劳民多数之赞助，惹社会之同情，然其全局之势，未能大振，此

① 陆列亚王朝：指路易·菲利普为代表的七月王朝。1830 年，法国资产阶级对被剥夺选举权大为不满，因而发动七月革命，国王查理十世退位。查理十世指定香波堡伯爵亨利（1820—1883）为继承人，然而亨利并未继位。奥尔良公爵路易·菲利浦依靠资产阶级的支持登上王位，史称奥尔良王朝。七月王朝在 1848 年法国革命后被第二共和国取代。

② 路易·布拉：今译为“路易·勃朗”。

即一人深囚。布拉深鉴前者之覆辙，故欲解释经济问题，必先解释政治问题，依国家之权力，以欲改良而成就。于是一面向劳动者养成政治之思想，一面又对当时之社会，要求解释社会之问题。以故布拉与前此社会主义者相比，而有一种之特色。于是社会主义之声名，与活泼之政治家结合，而革命时代之大业遂成。

路易·布拉者，以1813年①，生于西班牙之首府马度利度②。其又当拿破仑一世之时，蒙其任用，适拿破仑之弟幼西列·拿破卫陆托③登西班牙王位之时，为其大藏总裁，而赴西班牙。时布拉方幼，遂随而赴。既而拿破仑失败，其父亦罢职，其家族复归巴黎，暂止于可陆希加④。布拉乃游学于洛特⑤及巴黎等诸学校。积学有年，适革命之骚乱，遂失其家产，流离漂泊，备历艰苦。然天性长于文笔，渐以能文显，为杂志之记者。每以流丽之笔，以吐露其意见。1840年，乃著《进步评论》题于自己之杂志。以公论劳动组织之改良，后又著《劳动组织》。出版后，大惹世人之注意。

布拉欲混和政治与经济，依两者之力，举行社会组织之改革。故先变更政体，以启劳民救济之途，以试解释社会之问题。其言曰：依个人主义而成立现时之政体者，必先变更之，以谋增倍国家之权力。今日社会与政治之方法，不特秩序混乱，工业社会，亦无宁日，生存竞争之剧，民不能堪，不能安枕。加以自由竞争之主义，又支配于社会，而投于竞争之涡中，平和之战争，吾人相战于不觉。处世之秘诀，大抵排抵他人，而谋自己之利益。人皆汲汲于私利，而不救恤他人之苦难。相互救济之美性，渐失渐离。刻薄残忍之人，愈跋扈⑥于社会，虽政府亦无如之何。其秩序与治安，所以保全国家之职务者，亦极狭隘，而陷于消极之行为，以干涉私人之事业。而政府亦不能保护其劳民，资本家亦不能以无用之行为，而抗政府，以法律而救穷民，立法者亦不能采其救济之策。

布拉以为政府之职务，在于未来之机关，以保护人民之生命与财产，又从

---

① 路易·勃朗，法国社会主义者，1811年生于马德里。

② 马度利度：今译为“马德里”，为西班牙首都。

③ 幼西列·拿破卫陆托：今译为“约瑟夫·拿破仑”。

④ 可陆希加：今译为“科西嘉”。法国最大岛和地中海的第四大岛。

⑤ 洛特：今译为“罗得斯”，路易·勃朗曾就读于罗得斯大学。

⑥ 跋扈（hù）：霸道，蛮横，独断专行。

而扩张之，以求其发达。生产社会之竞争者，自然放弃之，一任其优胜劣败，以俟自然淘汰之期。所谓真正之自然淘汰者，富者拥生产社会无二之利器与资本，以向不幸赤手之劳民，则劳民之败衄[①]，自居自然之数，今不急救之，必至再沉沦于奴隶之域。故必改革现时之制度，以㢠伸国家之权能。以政府之力，而改善此混乱之生产社会，而后谋改革劳动之组织。是以欲改革生产社会者，必先要求变更政体为必要也。

布拉之说如此，故欲改革社会，先以变更政体为第一着手。然则如何改革此政体，以统御此社会？其言曰：必纯然设立共和政体，以平分政权与一般人民，各任其责，以转运政治之机关，依政府之力，而配与劳动者之职业。且曰：其必设立共和政府者，为全人民之利益，以谋其幸福之进步。然今之人民，穷乏者已占其多数，彼等自己之职业，不能谋其生活，其资本亦不能从事于生产，故政府必供此等人以职业与资本也。夫人之出世，为谋一己之生计，必服适宜之劳役，故日常相应之劳动者，乃人间本来之义务，不能以嫌恶而不从事于此。然必于彼等所好之劳动，以谋日常生计之资，自其一面而视之，不啻彼等之权利。质而言之，人于社会，必有劳动之义务，又有适宜之职业与权利，所谓"劳动之权利"是也。故政府者，第一之职务，必先确立此劳动权。凡社会一切之人民，必讲与以职业之方法，而于政府监督之下，设立公立之一大工场，吸收天下之劳民，渐以扑灭私人之工场，与天下之人，以服适宜劳役之机会。于是为改革劳动之组织，乃倡导设立"社会的工场"之方法。

"社会的工场"果以若何之方法而设立之？彼之"社会经营策"之骨子，其最苦心焦虑者，曰社会的工场者，于政府建设之。整理其秩序，监督其职业，以统御其劳动者，皆任政府之支配。于最初之一年间，为其劳动者，选择其职业，亦以政府任命之官吏为之，何以故？盖劳动者之初入此工场，以何种之职业，为各自之恰适，不能自择之。然执业及至一年，及职工得以各自之自由，而选择其职业。且于相互交际之间，得知人己之知识才能，则各自之间，自组长及管理者而选出，其工场则工场自管理之，渐次而离政府之支配，政府唯立于监督者之地位，以监督之而止。

此建设大工场者，必需莫大之资金，则由政府征集国民之租税，或经营矿

---

① 败衄（nǜ）：挫败损伤。

山、保险、银行业等，谋其利益，以供建设工场之资本。工场之建筑既完成，则诸般之组织，亦能整理其工场。每年所生之利益，为充分之给料[①]，而给与各种之职工。其余私设之工场，则必不能成立，而来集合于此大工场之下。则富者供其资本，劳民出其劳力，此工场之职工，贫富各应其分，而受各自之报酬。然此等多数之利益，仍不许其滥费。于各自应分之报酬，则为预备金以贮积之，以供他日之用。而其使用之割合（百分比）者，以其中之二割五分，以备他日事业失败之时之用；其余之二割五分者，则充老人与病者及不幸者之扶养料；又其余之二割五分，则借用于国库或中央银行，以供资本返济[②]之用，其残余之二割五分，则为劳动者及其余之偿与金[③]，以为巩固工场之基础之策。

“社会的工场”既得设立，然其分配职业与多数之职工，其依如何之方法，以配当其报酬，以保相互之权衡，亦为至难之问题。而彼分配职业之方法，则立一定之定则，曰：“各人以其能力之多寡，比例其负担义务之大小。”即吾人有多数之能力，与多数之才能者，则从事于多数之职务，以勉多数之职业，此吾人之职务。天之生人，亦不外于此理。质而言之，吾人有职业之权利者，即有职业之义务。而更设其利益分配之方法，曰：“人各应其必要，而受分配之货物。”吾人既从事应分之职业，则必负担应分之义务，且必应受其必要之分配，是为人类社会之权利。然其必要者，并非绝对程度之问题，既名之为必要，则人间充分之欲望，皆为吾人之必要。然此理吾人自能明之。但于社会之财产，而有要求之权，若害他人之生存安乐者，非天赋与吾人正当之范围，不能分配而与之。

以上所述，为布拉所著《劳动组织》之大要。彼所图社会改良之方案，亦如此书之所论。其“社会的工场”设立之实行，当1848年2月第二革命之期。拉陆列亚之王朝既倒，专制政府既颠覆，于是变更政体。一时设立预备政府，举布拉为预备政府之一员。乃与同志而实行社会主义之政策，于政府提出多数之方案，以求其赞同。然政府员之多数，不喜布拉之主义，于彼所提出之方案，概行排斥之，不能实行其所说。心窃不乐，遂有辞职之意。政府知之，百方慰

① 给料：日语“报酬、俸给”。
② 返济：日语“利息”。
③ 偿与金：日语“奖金”。

藉，强留其职。盖预备政府之委员，虽不附和其主义，然亦不欲其辞职。而暗中其心服之职工，有多数人，群起而推戴布拉，为其首领。布拉乃二十余万之职工，以示欲举其为主宰之势，其势力甚炽。

政府颇忧虑之，急切劝诱，而留其任。政府不得已，乃迎其意，效其议论，而设立国民的工场，采其分配劳动者职业之策。然新设国民的劳动工场者，而与布拉之设计社会的工场，大异其旨，徒吸引无赖之徒，而与之赁银。且此工场之监督，舍布拉而委之于意米陆①，且曰采用法律家以管理其放肆粗暴之制度等，一反布拉之意。而职工使用之器具器械，亦不整顿。监督既失其当，又不能统御职工，以故分配之职工，咸抛业务而擅谈政治，实务不能举，而工人则日加多。设立之后，未经许久，十余万人之职工，自国之各部而来集，皆愿备此工场之采用。然此工场，依当初设立之规则，不能毅然拒斥之。于是浮浪之徒，充满其内，日费日加，劳动者所得之赁银，得一周八法［朗］之割合。故政府之财政，欠乏不能支持，乃征集人民四割五分之直税，以应一时之急。其费用尚不能支，终至闭锁。于是职工反归罪于布拉，恶之如仇敌，其名望渐次失坠，遂至退出于政府。

1848 年 5 月，巴黎之暴徒，再举而袭政府，政府以布拉及其徒与其事，是年 8 月，遂下逮捕之令。布拉觉而逃亡英国，以免缧绁②之苦。遂居英国，观察本国之政变，时寄书于《陆他新闻》，通报英国之国情。既而革命政府灭亡。拿破仑三世之威，压于国内，遂称帝号，建设法兰西帝国，布拉乃归故国，委身文事。居英国二十年，著《法国革命史》及《1848 年之革命》二书，刊行于世。

1870 年，普法构衅，干戈扰攘。法军一败涂地，拿破仑三世降于敌军。普军乘全胜之锋锐，遂围巴黎。国内摇动，人心激昂，帝国之组织，又复坏灭，再建共和政体。举兹野陆③为大统领，以整秩序，渐欲挽回国务。布拉乃于 1873 年，又归故国，为巴黎之代议士，至 1882 年 12 月，及其卒去，极左党之一员，终始列于议场。

---

① 意米陆：即爱弥尔·托马斯，路易·勃朗的反对者。

② 缧绁（léi xiè）：捆绑犯人的黑色绳索。借指监狱，囚禁。

③ 兹野陆：今译为“梯也尔”。他镇压了巴黎公社的革命者。

布拉者，盖政治家之持重者也。其当革命时代，又为社会主义者案出多数之社会主义的方案，欲施社会改良之计划，以乘革命时代之好机。其理想虽难实施，然彼一代之考案，如社会的工场，不能自由管理，以应用其自说，而滥用他人，以误其目的，竟至毫无经验，而彼一身之名望，反因之而失坠，则固施行之不当，非其咎也。他邦流寓，至二十年，终世之经纶，无由而施。彼博爱仁义之宗旨，激昂之热血，雄大之议论，郁而不施，而世人弃之而不顾。呜呼！不其戚欤！

第二节　布露度及其主义

卑意陆·幼希列·布露度①者，父为桶匠。以1809年生于列利陆②之故乡卫沙耶③。家计赤贫。幼时励于学事。年十六，入其乡之大学，欲购教科书，而苦无资，借之于学友，誊写以便其用。终学考试，得优等之赏而归，乃备食物云。至十九岁，为某社之编辑员，后进校正挂④，因校正宗教上之书物，大扩神学上之智识，更习海布利语，由希腊、罗甸及佛语比较而研究之。至1835年，居卫沙耶之中学者三年，每年得千五百法郎之学业奖励金之赠与。后又移于巴黎，贫困日甚，乃勉励而营逃世的生活。于此际乃大研究社会问题，修养社会主义之思想。

1840年，研究经济学，颇有所得，乃著一书，题曰《财产者何也?》，公刊于世，为彼著述中之最有名者。其书盖述财产之事之疑问而自答之，以“财产者，掠夺之品 Apropriatedebblevol”之一语，开陈自家抱负之宿论，以惊一世。卫沙耶之中学，大喜其说，将赠与多数之奖励金，既而以事而中止，遂罢其议。

1846年，又著一书，题为《经济的冲突论，即贫困者之哲理》，以述社会及经济上之组织，以试痛快之批评。其后又于卫沙耶，设立一小印刷所，将近成功，至1847年而止。再移于巴黎，遂为社会革新派之首领，大著其名。1842年2月之革命，颠覆王朝，布露度立身局外，虽痛憾当时之革命党派，计划未

---

① 卑意陆·幼希列·布露度：今译为“比埃尔·约瑟夫·蒲鲁东”。
② 列利陆：即前译“列厘陆”——傅立叶。
③ 卫沙耶：即前译“倍沙那”——贝桑松。
④ 校正挂：校对员。

熟，轻举暴动以误事，然关于国家改革之事业，甘心投身于扰乱动摇社会之涡中，以求社会革命之策，声名大起。其年 4 月，乃为《人民之代表》杂志之主笔。于6月，以希伊耶州选举区多数之人民，选出为代议士，终占代议院之席。其间之唱社会主义者，一兴一废，不知其纪。为社会之改革，尽无数之方策。然此等之党派之相对立者，终始注意于贫民，以徐俟时机。虽革命之事业，忽兴忽败，而社会党派所企图经营之事业，终始不断，以图其成。

7 月 31 日，为实行自己之计划，依信用组合之组织，与劳动者以保护奖励，而给与以各人之机械，乃提出此法案而议之。然此法案者，不但不能得议员之赞同，且遇六百九十一之大反对。然彼尚不屈之，欲藉政府之力，企其事业之成功。乃欲设立一银行，以五百万法（郎）之资本，以充其川，然其应募之金额，不过一万七千法（郎），数周之后，其事业之失败，已公白于天下。又为其谈论所说之过激，不合出版条例，受禁锢于巴黎者三年。其时当 1851 年，更著一书，题为《12 月 2 日科特他社会之革命》，以期社会之欢迎。出版方6 月，已至六版，至 1852 年 6 月 4 日，刑满而解放，乃纯然而营私人之生活，以静养其思想。1858 年，又著《革命及教会之正义论》，其书出版，以论耶（苏）［稣］旧教之外之真上帝宗教、神学及信仰等，以与旧教信徒及保守的宗教说相反对，又列举旧教寺院与正理正道所以相冲突之故，对宗教上之现制，加以苛刻之驳击论难。出版后仅八日，押收其书，著者定以禁锢三年，且罚四千法（郎）之罚金。布露度闻之，乃逃至白耳义①。1860 年，遇赦而免，乃归法兰西。健康渐衰，于 1865 年，遂逝于卫希②。

布露度以法兰西以前之社会主义相比，其所说之极端，流于过激，盖近于破坏党与无政府党，而彼所常服膺③唯一之格言曰：“余以为凡百事物，非破坏不能改造之。(Nastmametararinroaloo)”然彼之行为，究非破坏，到底为建设之人。吾人今由其学说，可以说明其主义思想。

布露度三个之论点，其主义之所说，第一财产，第二政府，第三积极的改革是也。

---

① 白耳义：比利时。

② 卫希：今译为“维希”。位于法国阿列河畔，阿列河发源于其南部不远处的 Massif Central 山脉（法国中南部高原）。

③ 服膺（yīng）：铭记在心，衷心信奉。

“财产者掠夺之品”所列布露度之所说，其企图理想的社会与作为，终始以破坏现制组织为目的。世人往往依土地先占之学理，确认为其所有之权利，毕竟其土地之所有权者，只占人口之数及土地之面积，可以比例之。至各自之做定，与偶尔事情之外，若彼等出世之期稍迟，则土地所有之额，必因之而大減。然则土地者，本非属于个人之私有，悉皆社会共同之所有。彼之主张一人私有之权者，不过吾人偶尔开辟一段之土，即为吾人之所造。然此土地者，果属谁之土地乎？夫土地者，上帝之土地，吾人仅可受耕作土地之报酬，以奉献于上帝，而代上帝奉纳之。故吾人之对土地，岂有自由之权利？谁得私其自由之权利者？彼之主张占有土地所有权者之学理者，亦如共同财产之制，不可预期。更自劳力上之原则而观之，世之财产制，亦无求存之理。故吾人劳力之生产，是即吾人之所有。吾人耕作于其间，其土地即为吾人之所有。然异日他人来耕耘之，则其所有权，亦可移归于他人之手。然则劳力上之原则，私有财产者，终无存立之理。则土地与物品，绝无主张为一人一个之私有物之权，不过土地及劳力之机械等，各人皆有自由之使役而已。则所谓私有财产者，必然消灭而无疑。

更有论曰：世所称为财产者，其实则盗财品而已。自其所造而言之，则不过收其劳力之报酬。而彼资本家及地主辈于吾人生产品之中，分取其一割①，若于物品价格之外，而高一割之价格者，是即资本家及地主于其货物之价格中，多掠夺一割而已。故曰：财产者，掠夺品也，财产家②者，盗贼也。

然则改造社会之法何如？亦归复社会的原始之状态，仍行共产的制度乎？曰：是亦未可也。盖私有财产者，原为不正悖理之事，欲改社会组织而为共产的，而亦不能绝灭财产制度也。则必曰改善，曰改良，果可期乎？彼现时之私有财产者，皆强者掠夺于弱者之掠夺品耳。而共产制度之下之财产，则又弱者掠夺于强者之掠夺品。强弱虽异其地位，而不正之财产制，终不能成立。要之现时之财产制度者，皆由其体力智力及其余偶尔之事情，与不平等之状态，而发达为不公平，苟存以上之财产制度于共产的制度，则必因其才干力量之多少，而显多数财产的不平均之现象。若欲以平医匡正（原注：即补救之意）而望于

① 一割：日语“一成，十分之一”。
② 财产家：日语“豪富者”。

强力者，更增其不平不满之声而已。然则果以如何之组织方法而改良乎？夫财产之存在，全然而为非理不正之社会，非灭坏而改造之不可。盖吾人享有绝对的自由之权利，岂能别受束缚压制之权？

所谓政府何者？以人制人而已，固为吾人所不愿。若共和政，若代议政，毕竟属吾人之理想。专制政治之下，与共和政治之下，又将有立宪政治之下者，而谓吾人能享有绝对的自由，以发达天赋之权能，吾人不信其然也。然则吾人所期望社会之组织者，果何在乎？曰：无政府的组织，即是也。则此组织之下，所谓君主与王者，岂能一日而隶于吾人之社会？盖君主之等级，推而言之，有天下一人之君主，又有隶属之臣下，而国际间遂生各种之问题。试即统计的论基而决定之，各人有立法者，又有服从者，皆所以妨害吾人之自由。则于吾人之社会伦理道义之发达，其进步甚阻。而惨杀强夺等不正之行为，终不能敛迹，且必设律以拘束之，而政府遂生各种之葛藤。盖政府之组织，终不外以人制人，无论其政体如何，究不免压抑专制之弊。故欲求社会之完全，国家之完美，非求之于无政府的制度整然[①]状态之下，势必不能。

然则无政府的制度之主义，而欲举行积极的改革，其方案何如？曰：设立一大国银行，而依此银行之力，如货币及其余之媒介物，以交换物品为主，而废现时之组织。以物品而交换物品，以绝彼等以所有之金钱，及私有之货币，而交易利用之物品，与妨害生产等之弊，又以纸币一切流用[②]，以充补其过与不及之法。然其所谓纸币者，不过仅记明劳动时间，别为一种之手形[③]，与其余同时之劳动者，以交换其物品。且依其所得，而与以相等之价格，以全灭财产之资本家及地主辈，而掠夺其不义之利润，以防货物价格腾贵之弊。故彼当为议员之时，曾提出国民议会，以谋国立银行设立案之事。

布露度又臆断现时经济的趋势，对资本的利息，必至终无付与之时。故此“国立银行”之设立，亦不能永远烦累国家。乃推论信用制度之扩张，曰：所以设立此银行者，以财产家所得三分之一，即课三割三分三厘余之租税，且用累进法，以官吏给俸之课税，而造银行之资金。更设立支店于法兰西之各地。此

① 整然：日语“有条不紊”。
② 流用：日语“挪用，不正当地使用”。
③ 手形：凭证，票据。

等银行之事业，于既往数世之间，其经济上之趋向，则资本之利息，徐徐递减，以至于全无此等利息。一朝既至于无，则其结果，则地代[①]及其余之利润，亦同归于无。而劳动者，单依赖其信用物，以求劳动之器械器具，则地代之利息，地主及资本家，皆不得而侵占之。于是劳动之全额，悉归于自己之所有。其生产品，亦不能有腾贵之价格。社会组织之状态，果至于此，则素饕坐食之徒，悉驱逐之。于是私有之财产，遂至于全灭。则暴富与困难之悬隔，及不公平之现象，再无发生之忧。则各人皆平等，上无统御之人，下亦无服从之义务，最高最美之社会的组织，于是乃告其完成。

是即布露度之怀抱。其主义之大要，大抵如此。试研究而察之，彼欲维持国家之现制，而欲渐次变形改良之社会主义者，不过独反对于资本主义。以驳击土地财产之私有制，而举政府之组织与国家之机关，悉破坏而全灭之，由无政府的制度，以谋社会之幸福安宁，纯然为无政府党。又如其骂财产家为盗贼，目财产为掠夺品，如希贺，如列厘陆，亦未尝抱如此极端杜撰粗笨之思想，以计划社会之改革。至于布露度，乃更至最甚之极端，然此粗暴过激之议论，究不能动当世之人心，不过一时挑动民心，以博一辈粗暴之徒无理之赞赏。故彼当时助其计划实行者，大都此辈之人。而欲国立银行之设立，以杜绝私立之银行，故亦不能达其目的。徒发空想的极端之议论，以耸动一世之人心，而无一人赞其实行的计划，采用其企图经营之方案，以奏社会改革之功者，盖其绝灭行政之机关，单依伦理道德之力，以维持社会之团结，而经营国家之事业，要皆一片架空之理想而已。

布露度之所说，其过激大抵如此，其势力又微弱，自后仅保其命脉，以存一派之学说。然大集同志，以期其实行，伏于社会之里面，以试秘密之运动。其无政府主义之议论，其死后，自其子弟，盛唱导于一时，而其首领为俄罗斯之名士美加意陆·卫科意[②]。1847 年，卫科意游巴黎，与布露度面接[③]，而受其教化，信奉无政府主义之说，传于各国民之间，名望隆隆，一时甚盛。于是集欧洲诸国之同志，以组织无政府党，以试粗暴过激之运动于社会，屡加危害于

---

① 地代：日语“地租”。

② 美加意陆·卫科意：今译为“米哈伊尔·巴枯宁”，俄国无政府主义者。

③ 面接：日语“见面、会面”。

高贵者之身，遂招社会之嫌恶，其基因实本于布露度之所说。别分章而叙其无政府党之行动，并记其现状，与其党与如何感化其说，且怀抱如何之思想，而讲求研究之（原注：参照第三篇第一章）。

法兰西六月革命之举，忽呈腥风血雨之惨状，祸乱纷扰，人民空毙于暴徒之毒手，战战栗栗，而现不秩序的社会之状态，渐增社会之嫌厌，于是感悟财产之平等，生产社会之变革等，皆不过社会主义者，徒抱一种之空想。于是民政之组织渐弛。政治机关之转运，时或又生支障[①]，一时旺盛之极。又为拿破仑治下之法兰西，且欲伸势权于他国，唱霸功于中外。昔日虚空之理想，恍然如梦。外事日多，内讧渐息，国民皆厌民政，而戒轻举妄动，以尽力于国家之能事。革命反动之余势，又变为旧时之专制君主。崇拜英雄之感念，风靡一世。拿破仑之旧勋，追思敬慕，达其极点，误认其甥路易，以为再世之拿破仑，奉戴拥护，而再建帝国。于是所建设第二之法兰西帝国者，再隶于拿破仑三世之名下。国家之民心，皆倾向于拿破仑，皆以发扬国威，为施政之方针。而社会主义，竟有偃息之状，其余波所及，移于邻邦德意志之联邦，反为首唱社会主义之国际的运动，渐有转机。其余诸国之相关连者，亦复组织各种之党派，其势援虽大，而法兰西则独处专制之下，旧有社会主义之势力，则全萎靡，虽欲藉其盛大之势援而不能，不过于他国指导之下，列名于运动之间，而不能占有绝大之势力，再试活泼之运动。至1870年，普法战争之开始，帝国再当倾覆，法国之社会主义，又发生焉。

自社会主义发达之时期，从其所区划，其属第一期者，社会主义之发达及其运动，不过英、法两国之间，而其学说，多流于空理，驰于空想，与事物自然之理相矛盾者亦不鲜。故其企图实行计划社会组织改革之业，遂不能成，同轨一辙，皆归失败，其空议仅存于简策之间。古代之布拉托[②]、贺亚[③]一派之

---

① 支障：日语“障碍”。

② 布拉托：今译为“柏拉图”。柏拉图（约公元前427—前347），古希腊著名哲学家，写下了许多哲学的对话录，并在雅典创办了著名的学院。柏拉图是苏格拉底的学生，也是亚里士多德的老师，他们三人被广泛认为是西方哲学的奠基者。

③ 贺亚：今译为“摩莱里”。约生活在1700—1780年间，法国学术史上最神秘的人物之一。一生写了许多著作，都用不同笔名发表。“摩莱里”是笔名，真实名字不详。他认为，道德的真正基础是自爱。所谓自爱，“就是以简单而无害的方法来维护自己生存的持久的愿望”。（摩莱里：《自然法典》商务印书馆1982年版，第19页）

辈，共唱导空想的学理，以成世界一种之幻影的哲学，而注意之者甚少。希贺、列厘陆、拉野等之名，世人殆不复记忆。不过以一种之空理空想目之，无深讲究其学说。一时以耸动天下之耳目者，社会主义之运动，几乎与世相忘。然下等社会之穷状，依然如旧，劳动者之困难，日加无已，改革之目的，终无由达。社会贫富之悬隔，益更加剧，经济社会之大势，竟为社会主义发达之趋势之前驱。反动之力，激荡所生。于是乃企其改革，谋其改善，乃别唱导一新说。而社会主义之运动，更由别途而现其机，遂造社会主义发达第二之时期，又复热中于社会改革之事业，而其发生之地，实以德意志为原始。故欲知第二期社会主义之发达长成何如，必先研究德意志之社会主义焉。

第二编　第二期之社会主义——德意志之社会主义

绪　言

英、法二国之社会主义者，为“空想的学理”与“儿戏的企图”，故全然失败。社会主义之第一期全时代，全为空理空想之一夕话而已。于是社会主义之气焰，渐即于衰，有不可挽回之势。德意志中之忧国者，深知社会改革之不能已，相应相呼，而唱导社会主义于第十九世纪之后半纪。卑斯马克[①]尽力剿灭其窃盗强贼之德意志社会党，受无数之击打窘促，勃然开运动之始。

1842 年，斯他伊以社会主义发生之患，公言于德意志，其后无几，而社会主义之发生果起，其势力亦极其旺盛。盖与英、法二国之事情，其趋相异。前二国之社会主义者，以社会组织之不平均，贫富悬隔之趋势大异，感动激刺，欲起而救济平匡之。而德意志当时之生产社会，发生多数之贫民，下级劳动者之数，既日增加，乃仿英国设保护此等职工之“工场条例”“职工组合”等，加之生产事业，日渐隆盛，资本之功力，亦大增加，独劳动者之劳银[②]上腾，仅得仅少之赁银[③]，不能自给，衣食困穷之状，目不忍睹。肉食者[④]流，酣歌于高

① 卑斯马克：今译为“俾斯麦”。俾斯麦（1815 年 4 月 1 日—1898 年 7 月 30 日），普鲁士宰相兼外交大臣，德国近代史上杰出的政治家和外交家。

② 劳银：劳金，工钱。李大钊《我的马克思主义观》十：“故惟资本家对于劳工所给的劳银或生活必要品，其余生产工具，都是不变资本。”

③ 赁银：劳动报酬，工钱。民意《告非难民生主义者》：“故生产所得财货分配别之四，曰地代（租），以为土地之报酬，地主之所得也；曰赁银（庸），以为劳力之报酬，劳动者之所得也。”

④ 肉食者：古代把礼制规定的食肉的统治者称为“肉食者”，这里指统治者。

楼大厦之上。下层之贱民，营营旦夕，而无糊口之资，其惨状不忍目击，有力者乃起而救之。故其社会主义发生，与英、法二国之不同也如此。

惟其然也，故德意志之新社会主义，与英、法二国之旧社会主义相比，其议论徒驰于空理，而倡荒唐无稽之说，以其儿戏的计划，而为克成之目的者，全然大异其趋也。以深远之学理，精密而研究之，以讲究经济上之原则，而认信真理与正理，故于多数之劳民，容易实行其社会主义。得多数雷同之赞助，而其事易底于成，故学者与经世家，咸以德意志之社会主义，多为可采。其所说富于深远巧妙之学理，虽嫌恶社会主义者，于其学理，亦苦无反驳之余地。其议论固不免或有失者。若以为彻头彻尾，完全而无缺点，津津而赞扬之，以为社会主义之极点，虽尚未能，而其一派之学问，可研究而实行，实不能不归功于德意志之社会主义。其学理之论据，最为坚固。故其势力，至今日而不衰。其与英、法二国之社会主义相比较，而大有别者，非偶然也。

加之德意志之新社会主义者，与第一期之社会主义相比，其目的更为广大。第一期之社会主义，其计划往往局限于一地方，或国之一部，或数部，促促于一小天地之间，社会主义之实行，空属梦想。而德意志之社会主义者，其初实行之范围，虽亦限局于一地方，其性质则实注重于世界，故可成广大之场所，而集多数之人，勉强而实行。视彼等以一国之结合为满足，而不企列国之结合，甘居一政府之下，或二三政府之间，以扩其运动，而不企图国际的劳动者之联合，以匡合多数之劳民，故与第一期之社会主义相比，其理想之悬隔，其计划之大小，诚不可同日而论。如马陆科斯①，如拉沙列②，周游欧洲之各国，以传播其思想教化，薰陶最为广至。其运动之活泼，与前者大异其点。吾人今特唱导此新社会主义，其抱如何之思想，如何之运动，如何之方面，其势力如何之发达，而述第二期之社会主义。

---

① 马陆科斯：今译为“马克思”。卡尔·马克思（1818 年 5 月 5 日—1883 年 3 月 14 日），全世界无产阶级的伟大导师，科学社会主义的创始人。主要著作有《资本论》《共产党宣言》。

② 拉沙列：今译为“拉萨尔”。拉萨尔（1825—1864），德国早期工人运动活动家，机会主义代表人物之一。提出在资本主义制度下，工人阶级的贫困是由“铁的工资规律”造成的这个规律。

第一章　加陆·马陆科斯及其主义

第一节　其履历

既述第一期之社会主义，而入于第二期之社会主义，吾人脱理想而入现实，离空中楼阁之议论，确然而究所说定则之基础。所谓真个之社会主义，其怀抱如何，始得而研究之也。

第一期之社会主义，所唱导议论之中，固与德意志社会主义者之所主张，其归著之点，大抵相同。然法兰西其从来所唱导之社会主义，不过即自家一人之假定，其立论之根底，说明其原理原则者甚尠。希贺派曰：资本家之所得者，大抵收没劳动者之所得也。布拉和之，布露度赞之。马陆科斯[①]虽论资本家为无用之徒，而收没其余之劳力，然彼从来之社会主义者，仅假定与猜疑，非能断定此重大之议论也。其于制度资本之改革，则必先考察德义正道之许否，稽资本发达之历史，与现时之资本制度相比较，而究经济上之学理与历史上之事实，以驳击他家之诸说，而造自家学理之前提，以结论资本为强夺之结果，以表发其学说。

德意志之社会主义，既已如斯，其学识之深远，其思想之精致，与从来之社会主义者，大异其趣。非如前者之徒驰无稽之理想，以筑空中之楼阁，费用有用之时间，而为儿戏的事业，以招世人之嫌忌，识者之嘲笑。熟虑专攻，以考究其深远之学理，以观察其精致之事物，恰适社会之现制，以探寻其主义方策，是为彼等之特色，所以与其余相异之点也。其学理上之基础，以论理及心理上之原理，以谋确实。其唱导之首领等，百折不挠，而以忍耐勉强之力维持之。

盖殖产社会之弊病，以残忍、刻薄、非理、非道等不伦之行为，充满于其间。雇者与被雇者，时现相反嫉妒之状态。资本家之暴富，与劳动者之困穷，

① 马陆科斯：今译为“马克思”，即卡尔·马克思。

视为社会之原则。彼等以不正之手段，逞其伎俩，使之不敢乞社会之怜悯。且以劳银之铁则，为千古不磨之真理，贫富之悬隔，为人类社会之通则。于是彼等以非理之要求，以逼豪富。其所论非理者，皆未尝于历史、法律、经济、统计及哲理、心理、论理等万般之学理，为研究之材料，广探深稽，以确定其主义方针，然后计划改革社会之方策。宜其所说，招世人之攻击。然其运命，竟能持续至今日，随处有其党与，迭经变迁，迭经改良，其势力之所及，不独柏林及巴黎，若纽育[①]，若芝加阜[②]，若维也纳，若列拉科列渥陆托，苟有唱道社会主义者，其统系皆自德意志之学派而发，岂偶然哉？

德意志之社会主义之创立者，为列野陆兹拿度·拉沙列及加陆·马陆科斯。前者为社会主义运动之发起者，其名最显。后者则确立其议论之根底，出无二之经典，以闻于世。两者皆生于德意志，而为犹太人。

加陆·马陆科斯者，以1818年，生于托利乌斯[③]。父占普鲁西[④]政府枢要之地位。长于名家，入贺龙大学[⑤]，修法律。后再入柏林大学，委身以研究哲学，尤倾心于海科陆[⑥]派。大悟人间之本性，后为急进自由派之机关《列意希野额西特新闻》[⑦] 之主笔记者，大振笔锋，以攻击政府，且非难当时之社会制度，以唱道革命煽动之说。柏林政府特派检察官以察之，而文意婉曲，不能得其证据，然政府终恶之，1843年，乃严命禁止新闻之发刊。马陆科斯益与政府对抗，欲继续其攻击，愈讲究于经济上之议论。乃再移于巴黎，以研究斯学之余闲，辄执笔为文，以攻击本国之政府，公表自己之意见。其自柏林而移居于巴黎者，盖以当时德意志斯学之发达，甚为幼稚，而法兰西之研究斯学者多，以便讲求。

当时内阁大臣有契耶[⑧]者，欲得普鲁西政府之欢心，命放逐其政敌于国外。

---

① 纽育：今译为“纽约”。

② 芝加阜：今译为“芝加哥”。

③ 托利乌斯：今译为“特里尔城”，在德国莱茵省，马克思的故乡。

④ 普鲁西，今译为“普鲁士”。

⑤ 贺龙大学：今译为“波恩大学”。

⑥ 海科陆：今译为“黑格尔”。格奥尔格·威廉·弗里德里希·黑格尔（1770—1831），德国19世纪唯心论哲学的代表人物。出生于斯图加特，卒于柏林大学校长任内。他的思想，象征了19世纪德国唯心主义哲学运动的顶峰，对后世哲学流派，如存在主义和马克思的历史唯物主义都产生了深远的影响。

⑦ 《列意希野额西特新闻》：今译为《莱茵报》。

⑧ 契耶：今译为“基佐”，在1847—1848年间任法国首相。

马陆科斯既不容于法兰西，不得已，又移居于布拉西渥斯[①]。益从事于经济上之研究，以讲究社会主义。以自己之新说，发表公论，以达劳动者之事情。乃批评布露度《关于贫困之哲理》发刊于世，题为《自哲理上所见之贫困》[②]。又论贸易上之政策，题为《自由贸易论》[③]，二书最有名于时。1843 年，假寓于法兰西之间，始与唱导德意志社会主义者野契陆斯[④]相见，互相交亲，共订生死，共试其运动。又自巴黎而移于列拉西陆斯[⑤]，又至伦敦，而开共产的同盟会[⑥]，以组织一团体。1847 年，乃草其宣言书，公刊之，为国际的劳动者结合同盟之端绪，以待他日社会雄飞之机，养成劳动者之势力。

马陆科斯既得野契陆斯为有力之同志者，各等之运动，藉其帮助者不少。野契陆斯亦与马陆科斯相亲善，终始同其难苦。1845 年，又著一书，题为《英国劳动社会之状态》[⑦]，以扩张马陆科斯派之意见。1849 年，又为普鲁西政府所放逐，马陆科斯等共去本国而移于英国之伦敦。仍与马陆科斯往来，共其运动，至马陆科斯之死，四十年，无异趣焉。

1848 年革命既兴，马陆科斯再归德意志，野契陆斯初与其友乌拉陆列[⑧]及诗人列拉伊利科拉托[⑨]等相谋，兴一杂志，题为《意希野额西特》[⑩]，盛唱民主主义，与劳动者之味方[⑪]，以倡一世之舆论。而其所说，与日耳曼联邦之共和组织相反对，与当时支配社会复旧的运动，大示攻击之旨，为劳动者而吐万丈之气焰，保护其利益，而怜其不幸。于劳动者以外之阶级，其利害休戚，与劳动者相反背者，则必痛论之，以故政府又禁其续刊。其设立后，仅一年，至 1849

---

① 布拉西渥斯：今译为“布鲁塞尔”，比利时首都。

② 《自哲理上所见之贫困》：今译为《哲学的贫困》。

③ 《自由贸易论》：今译为《关于自由贸易的演说》。

④ 野契陆斯：今译为“恩格斯”。弗里德里希·冯·恩格斯（1820 年 11 月 28 日—1895 年 8 月 5 日），德国思想家、哲学家、革命家，全世界无产阶级和劳动人民的伟大导师，马克思主义创始人之一。马克思逝世以后，他将马克思遗留下的大量手稿、遗著整理出版，并创第二国际，众望所归地成为国际工人运动的领袖。

⑤ 列拉西陆斯：即“布拉西渥斯”，布鲁塞尔。

⑥ 共产的同盟会：今译为“共产主义者同盟”。

⑦ 《英国劳动社会之状态》：今译为《英国工人阶级状况》。

⑧ 乌拉陆列：今译为“沃尔弗”。

⑨ 列拉伊利科拉托：今译为“弗莱里格拉特”。

⑩ 《意希野额西特》：今译为《新莱茵报》。

⑪ 味方：日语“一方”，指拥护劳动者一方。

年，忽遭废止。同时共其创立者，咸被放逐，流寓于他方。马陆科斯再至伦敦。至1882年[①]乃卒。

《新意希野额西特》唱社会民主主义，喷满腔之热血，刊行于时。其创立者为一诗人列拉伊利科拉托，尝为一诗，刊于其上，乃其告终之绝命词。革命之精神，跃跃于纸上，以助马陆科斯之指挥焉。

马陆科斯既逐于本国，而移伦敦，以余生之运动，以集注于国际的劳动者同盟[②]之结合。1864年，于伦敦结其盟约，发表宣言书，以集同志者，开第一之总会于希渥卫[③]。自后欧洲各部，咸注其总会。此同盟会之势力，震动欧洲之全土，一时极其旺盛。马陆科斯之名，轰于全欧，大受劳动者之尊敬。1872年9月，哈伊科[④]之大会，同志忽生分裂，卫科野[⑤]之一派，引率无政府党而脱会，其党势次第衰微。一时本部又移于纽育，以谋恢复其势力，然亦未见其成功。1873年，最后希渥卫之会合，其同盟愈分散解体。然其影响所及，于欧洲诸国者亦已不少。其主义纲领，至今尚为诸国所认识。各团体之精神与作为，各种之运动与助成，皆基于此。若此国际的劳动者同盟之运动，更分章而详记之（与本篇第二章参照）。

国际的劳动者之同盟，既已消灭，自后马陆科斯退隐公共的生涯，而从事著作。1850年[⑥]出其著述，题为《经济学之评论》[⑦]者。博采群书，窗下研炼，费十余年而成，探学理之蕴奥，以讲究资本之原理，依其研究之结果，成彼一代之大著述，题为《资本论》。其著述初完成，未出版之先，以1882年[⑧]3月14日，以永逝，行年六十六。

马陆科斯之于家庭，常保和乐，其幸福颇胜于人。闲居伦敦时，营静稳之生活，以从事于著作，或寄书于纽育之《托利卑》[⑨]之新闻纸，或以论说出版，

---

① 原文有误，马克思于1883年逝世。

② 国际的劳动者同盟：今译为“国际工人协会”。

③ 希渥卫：今译为“日内瓦”。

④ 哈伊科：今译为“海牙”。

⑤ 卫科野：今译为“巴枯宁”。

⑥ 马克思的《政治经济学批判》应为1859年6月由柏林敦克尔出版社出版。

⑦ 《经济学之评论》：今译为《政治经济学批判》。

⑧ 原文有误，马克思应为1883年逝世。

⑨ 《托利卑》：指《纽约每日论坛报》。

而饷同志之士。曾娶普鲁西政府大臣列呜野托列亚列[①]之女，生二男二女[②]。其女名路契野[③]者，及详《资本论》者拉列陆契[④]，同有时名。二人皆嫁法兰西之社会党员。一男幼卒。妻亦于1881年，先彼一年而死。

马陆科斯者，一代之伟人，长于文笔，其议论之精致，为天下所识认。以故教授拉契者，称彼为一大经济学者。又如教授科意斯者，乃有保守的思想之人，亦称扬其才能而不错。彼之死也，可洛额西持进纪其事绩曰："彼于文明社界之内政，独具感化之功力。无论其同时代之如何人，无出彼右者。其经济学感化一般人民之程度，德意志之学者，亦无其比。彼于经济学上，最精细之观察，且为确实推论家之一人。故其著《资本论》，实为社会经济上之学者之良师，亦可窥见彼之一代之性行，及其思想云。"

彼于社会之势力，绝鲜其比。其死后，讣报达于欧美各地，吊者随处开会，以慰其英魂。纽育又集合其多数之人民，开大会而决议曰："天下自由之真友，与吾人以劳动者之自由，而除其重大之损害者，惟加陆·马陆科斯君。今其永逝，追悼不已。吾人以君之芳名与遗稿，传于万世，且扩布其思想，以垂示于世界。须尽其全力，以记忆君之永逝，遵君所开拓之行路，抛吾人之生命，以发挥彼之高尚之经典。吾人敬诵于君曰：将结合全世界之劳动者，以奠君，永世无忘。"而此类之决议，不独纽育，卫陆兹贺亚、希加可、他利、布拉度[⑤]等之各市，亦采用以遥表追悼之意。马陆科斯之英名，隆于一世。故劳动者感化之力甚深。一则由其性行使然，一则其思想之激刺于人脑者亦多。兹吾人特记其履历，并其学说，以见一斑云。

第二节　其学说

加陆·马陆科斯（马克思）创设社会主义之实行，与国际的劳动者同盟[⑥]

---

① 列呜野托列亚列：今译为"威斯特华伦"。

② 二女：应为三女，马克思与燕妮有三个女儿。

③ 路契野：今译为"燕妮"，马克思之妻。

④ 拉列陆契：今译为"劳拉"，马克思之女。

⑤ 卫陆兹贺亚、希加可、他利、布拉度：今译为华沙、芝加哥、特里尔、波尔多。

⑥ 国际的劳动者同盟：今译为"国际工人协会"，即第一国际。

以期社会之雄飞，其学理皆具其《资本论》，大耸动于学界，为社会主义定立确固不拔之学说，为一代之伟人。其学理与主义，吾人不能不进而采之也。

马陆科斯之《资本论》，为一代之大著述，为新社会主义者发明无二之真理，为研究服膺之经典。彼从来之社会主义者，大都架空之妄说，不过耸动社会之耳目，以博取其虚名。其立论之前提，稽其资本之变迁与历史，述其起源与来历，以明经济界之现组织，全然为资本之支配。生产社会之原则上，随资本旺盛之现时代而一转，则社会之趋势，与社会主义，终不能达其目的。故欲反抗资本万能主义之潮流，以保劳动者之味方①，则虽主张反对资本的生产制度而不辞。

彼述殖产界之变迁，为三种之时期。其第一期，为手工劳动者以自己之资本，从事于各自生产之时期，是为资本势力未盛之时。至其第二期，为资本者与劳动者之间，生多少之分离，资本家依其利益，劳动者依自己之劳银，而为生活之端，是为资本将盛之时。其至第三期，大工场之大资本家，于工业界，有无限之势力，于土地，则资本与劳动者，名为保其自由，实则系留于劳银之桎梏②，其利益之全额，悉归资本主之所有，自己仅得仅少之俸给，而有满足之状态，是为资本极盛之时。殖产界之现状，以是三者而分之。

依此殖产界之变迁，而考资本制度发达之结果。凡欲企图事业从事生产者，必借资本家之力，得其用意，而后可以经营。以故资本家之势力，日赴旺盛，全然与劳动者隔离，社会遂组织一特种之阶级。劳动者尽其全身之劳力，以讲一生自活之计。资本家贮蓄其所得之利润，倍增自家之财产。贫者愈贫，富者愈富。然资本家所以蓄积其利润，增加其财产者，则以生产社会余剩价格之故。即为殖产界③制度资本发达之历史，专占此余剩价格，蓄贮之以为增殖之途。欲知今日之资本主义，须知余剩价格④之性质如何，马陆科斯乃分离其价格与本质，而著“价格论”。

---

① 味方：自己这一方面。

② 桎梏（zhì gù）：古代的刑具，在足曰桎，在手曰梏，类似于现代的脚镣、手铐。引申为束缚、压制。

③ 殖产界：即资产阶级。

④ 余剩价格：剩余价值。下文中的“价格论”当为价值论，以下原文中的“价格”皆当译作“价值”。

马陆科斯之“价格论”，以价格之分离为始。彼论价格分离之道，分“使用价格”及“交换价格”二种。以供给人类之必要，满足人间欲望之价格，即使用之价格。吾人非空气不能生活，非水不能生存，又如日光，如食物，如金银衣服，皆为吾人之必要，吾人之所望者，故有此等为总使用之价格。然此等之总使用价格，不得误为交换之价格，如日光空气，为吾人日常生活之必要，在于衣食之上，然吾人不得以他物而交换之，而此二物，又为地上随处而有。此等为有使用之价格，而无交换之价格，而为吾人必要之物品，而又无从交换之。然又有交换之价格，而无使用之价格者。盖有交换之价格者，必有使用之价格，而有使用之价格，不必有交换之价格。人皆欲充自己之欲望，不能以其必要之供给，而交换无用之物品。夫交换使用者，盖以天下无数之物品，为人生之必要，而后交换使用之。故此二种之价格，为人类实用之点。虽共相等，而交换之价格者，乃以无用之物品，变形为必要之物品。有一种共通之要素，存乎其间，即吾人有若干交换之价格，得几多物品，比较而发见之，必有共通之要素，比较交换而后能行。

譬之吾人以一之物品，与其余之物品，比较而交换，何以得其均平？设有砂糖一斤，而交换其余之物品，谁能得其平均者？非比较之而不可。其间必有一种共通之要素。其要素者，即人间之劳动力是也。以劳动力与劳动力相比较，因社会之平均的劳力，制造砂糖一斤，为费几何，劳力几何，以比较而判定其价格之高下。社会以一定之时间，计算普通一日之平均劳力，及关于机械及技艺等之劳力，其功力之多寡，以平均之劳力换算之，以规定社会的平均劳力之功果。且以复杂混合之劳力，与单纯平易之劳力相比，而二倍之。又以“熟练”“注意”之劳力，与普通之劳力相比，以规定其适宜之割合。凡劳力尺量标准，单纯之劳力为单位，以与其余之劳力而比较计算，则一切之价格，量其劳力之原则，而案出之，为价格算定法之大要。

价格之分类，即以使用、交换之二种。此两价格之区别，判然而不能淆。彼资本家，但求自己之富，但利用劳动者，而不知其难。质而言之，劳动者，资本家之牺牲，以其劳力之过半，而食其力。而资本家之使役劳动者，不过以交换之价格，给与彼等之生活。而此等最低之生活费之标准，自生产物之全价格，而扣除其剩余，以收入自己之私橐①。譬之劳动者，日常之生计，不过二十钱之物品。以彼等自活自营而计之，岂止于每日二十钱之物品与生产？彼等每日以六时间之劳动，则已足充分而自给之，而此时之资本主义，强彼等每日执十二时间之劳动，则每日应得四十钱之物品与生产，彼等即应得四十钱之报酬，乃割其一半而为己有，是资本家强割六时间之劳动于劳动者，而诈取其所得之二十钱。故资本家之利润之所得者，不出此诈取的价格之外。

然劳动者，以其从事于生产之原料与机械，为其所把持，不能不应资本主之雇聘。若反之，则资本家随意于其市场，彼等购求其余之物品，不依定额之交换价格，以与劳动者之购求使用，而从事于生产。而其使用驱役劳动之度，资本家又于市场，以定多额之交换价格，以倍拾其使役之度。资本主以一分之交换价格，而得二分之使用价格，其使用、交换两价格之差，以是而比，其余剩之价格，又为资本家之资本，更以维持扩张其事业，以蓄积增集其财产。是彼资本制度之发达，其余剩之价格，而所以专归资本家之占有。

马陆科斯以此等之见解而解释资本制度，且谓此资本制度之下，其经济的组织，而无旧时之专制压抑，无丝毫之异。其言曰：

> 昔者地主使役奴隶以供生产之用，王侯强制其领内之臣下以奉献其劳动之力，今之资本制度之下之劳动者，其契约虽有自由之形体，而其强迫劳动者之事情，以从事其生产事业，其于生产品之全部所要求之权，不过仅得一少部分之分配，而劳动者即以为满足，故虽有自由之契约，仍不出自然压制之外也。

马陆科斯以劳动之生产为唯一之要素，其价格必依劳动之量而定之。其一切之生产品，必属之于劳动者。若以资本而节约为贮蓄之结果，是即资本家强夺行为之表征。所谓资本者，终不免悖理之贮蓄。其资本既为背理之贮蓄，则生产社会资本家之权利，亦必有消灭之理。于是更以关于资本之事情，而立一新说，以社会的关系，而定一种之名称。其为说曰：

---

① 私橐（tuó）：私囊，私人的钱袋，亦借指私人的钱财。

黑奴者，初非定其为黑奴，以关系上而自沦为奴隶。其于关系上，资本之一部，不过因其资本与生产的方法而成立社会的关系。而其生产机关与直接生产者，皆不问之，运用其资本，而营生产之事业，以使用劳动者。或自为农夫，则自荷锹锄及种子以从事其生产。手工劳动者，以自己之器械与原料，以制造其物品。盖此等之制造原料，与其种子器械等，以供给他人，自己仅从事于劳动之事业，则此等之物品，即可称为彼等之资本。质而言之，资本之成立，则资本家与劳动者为分立之时。然今各人无共有土地及其余之特权，大抵皆归个人之私有。而无资无产之劳动者，苟欲从事于生产事业，则必以其资本供给于此等之阶级，而仰其鼻息。于是生产社会，自资本发生以来，其发达之极，即造现时之资本制度与作为，而为资本万能之素因，而为资本上一大必要。此不可不知者也。

马陆科斯对资本而下若此之定义，彼即以资本而于生产社会以定劳动者与资本主适用之时。与其余之经济学者比，以解释其狭义的。彼于生产社会，以资本家之职务为甚重要，如现时殖产社会之状态，劳动者不能支办器械与原料及生品与物产。又如现时之生产社会，其生产的要素，惟天下唯一之劳动者，而资本主分取其利益，皆由于强夺诈略之非行，故资本的生产组织，实为悖理不法之组织。然则以器械与原料，欲从事于生产之劳动者，其藉资本家之力。果如何而为生产之必要，乃得此等之物品？若供给原料与器械之资本家，而分预其利益之一部，以从事于生产事业，则资本家与劳动者势必不能，而劳动者亦不能以其原料器械而附之。必如何而后可？故今之所谓资本者，实为生产社会必要之一要素，故彼虽反对现今之资本制度，而解释资本无用之说，以唱导社会主义，而于国有财产制，彼不能舍而不采之以为国家的之生产事业。且曰：

吾人之社会，皆处于共同生产的组织之下，以定自由劳动之制。各人以劳动而成劳动社会之一部，于其劳动之出产，割其全生产数中之一部，以供他日生产之用，贮藏社会之财产，分其余剩，以与各人，以供其日常生活之费。而其分配之多寡，又依各自劳动时间之短长为等差，以价格算定法而定其标准。

马陆科斯计划殖产社会之改革的组织，同时又复主张反对资本制度，以唱财产国有主义。虽其计划实行之方策，而如何变更经济社会之现制度与国有制度之手段，尚未说明，只就社会之趋势，自然绝灭其资本制度，而缩私有财产之区域，以归着于国有制度。故其所画剿灭私有财产之方策，亦唯随其社会进步之趋势云。然不过及察变迁之事情，以预想未来之运命而就历史而论之耳。

彼之观察历史之眼，先描画其原始之状态，次述进步之阶梯，以稽察过去与现时，以进未来之社会，而待变革一新之期。断言之曰：

社会原始之状态，生产之业未开，人人皆汲汲可于自求其衣食。上下贵贱皆粉身碎骨，而不暇他图。当此时也，社会无甚贫富之差，又无资本主与劳动者之别。自后社会稍稍进步，饱食暖衣之乐，渐普及于人民。或生游乐之情，或以其余暇而注心于文学美术之嗜好。于是多数之人民，日日从事于劳动，以从事于生产。故上古希腊、罗马之盛时，其生产事业，悉使役其奴隶，乃确立奴隶制度。而奴隶乃为生产社会之一要件。其奴隶自为人间之一阶级，私有私产，皆属于各人之所有，得转而卖买之，毫不为怪。恰如现时土地资本，公许其为私有，而许各人之自由。

降及中世，以农业为生产社会，渐次而发达，乃唱道人权之贵重。生产社会之奴隶渐灭，以至于奴隶制度亦全废，而创立资本的生产制度。于是资本主以巨大之器械，宏大之工场，以使役多数之劳动者。不识不知，秩序整然于组织之下。其利益之多分，则分取而少与之。自今日而溯上古，考察其殖产社会变迁之事迹，则资本的生产制度，现时实为旺盛之时。然而彼奴隶的组织，卖买人身，古代之制度，亦似无怪其然者。何以故？当生产事业未进步之时，各般之艺术工艺，皆颇幼稚，衣食器具生产之道，亦其困难。其所制造必需多数之日子，社会多数之人民，从事于劳动生产者，不得不应社会之要需。故当时之生产社会，与现时之生产社会，与代器械之原动力者，各人皆用奴隶以服役，其用乃延及于各种之生产事业。其生产社会奴隶之劳动者，为货物生产上必要之要件，皆此制度自然之必要者，故当时亦无怪之者。亦如今日土地资本，据为私有，于现时之制度，不过经济社会进步之一阶梯。

今日奴隶制度，皆已消灭，而私有人身财产之习惯亦既废止，则生产社会私有财产之区域，亦减其大半。至社会发达之度更进一步，则私有财产之区域更缩一层。此资本及土地与私有财产，为过去社会进步之定则，自其实事而证明。既而社会之状态，渐渐发达，货物生产之方法，亦渐改良，藉机械之动力，其生产力亦大增加，断无二六时中，长服劳动者。社会必要之货物，其余力而制出之，绰有余裕，故社会者，不过使役一部人民之劳动，改革现时之资本的生产制度，为国家的生产制度与作为。故现时社会之进步，渐促此私有资本制度于灭绝。如以蒸汽电气之力而代人力，以制出饶多之物品，而二六时中，不必时服其劳动，而社会之需要，必无缺乏之感。

外界之事情，既已如此，其内情则必扰乱。故反抗资本制度之声，日高日溢，而不可止。盖封建时代之农工业，受贵族之保护。既而发达，而“市民”乃勃兴。顿搜世界之富，以使役多数之劳动者，以故现时之生产社会之作为，与社会组织之次第，渐失其平。百般之弊害簇出，而人民大苦。虽助一时生产之发达进步，为资本制之良法，而一部少数之人民，其利愈厚，则其余多数之劳民，嫉妒愈深。生产社会上不平不满之声，亦日甚，渐将纠合此等之劳动，企图运动，而反对资本家。谋略既成，待时而举。至劳动者一旦运动之开始，资本制度之外部既破，其内部亦从而陷落，而资本制度遂至告终。再以贫民而主宰生产社会，则生产组织之面目一新，社会之进步，至此而告其完全矣。

马陆科斯既说殖产社会发达之结果，依其自然之变迁，资本私有制必归全灭，而让步于国有制。乃更进一步推论社会组织之未来，今之所谓政府所谓国家者，皆为治者抑制被治者一种之机关，然社会进步之极，资本制度之颠覆，共政权而归于人民之手，此国家必然之结果。其告终之例如此。盖国家一部之人民，即以治者为代表，而真正为人民全体之代表者，于生产社会，必为国家的生产，而绝生存竞争苦斗之迹，以制其阶级，以御其人民。国家成立之要，必支配其人民，代政府而设生产的方法之监督。现时行政的组织，必灭其迹而自然消灭。

以上马露科斯[1]之主义，虽欲设立无政府的组织，而其归著，与无政府党之希望颇有异者。盖无政府党之目的，以暴力而打破国家之组织。马陆科斯则由自然之趋势，以俟国家绝灭之期。即前者欲谋其强行，后者一任自然以达其目的。而其志愿，两者皆以人类之自由结合为基础，为其社会之组织，其余则欲以强制的势力而制驭之。

马陆科斯经济上之主义，其概略如右所述。彼与从来之经济学者，以土地、资本、劳力三者，论定为生产上之三要件相反，而生产上之要件，限于唯一之劳动，排斥资本家之利益，为分取不正之行为。土地虽为生产之必要件，其性质上，不许私人之专有，故对土地之报酬，无论何人，皆得分配生产之利润。而生产富利之全部，应归劳动者之所有。故马陆科斯自其毕生之研学，虽特发此大议论，于经济学上树立一新说，然向之而表反对之意者亦不少。故余辈欲研究彼之学理，亦必即其驳论者，而反复研究之。

马陆科斯关于资本之议论，对之而表反对之意者曰：

马陆科斯以劳动为生产社会唯一之要素，而斥资本万能之说等，不免为狭义之解释。不知昔者生产事业之发达，甚为幼稚，各自可求机械与原料而制造之，且自从事于贸易，以自己劳力之量，而得自己之利益。今则工业社会之发达，市场之范围亦扩张，对全世界之制造品与贸易贩卖，皆有甚大之竞争，其事业必费经营，则物品与制造. 除劳力之外，皆投于剧甚竞争之涡中，非大备机械与原料，不能与他人而竞争。而投机心，又必具经营之才智才能等，与劳力之必要，皆为生产社会最大之一要件。故于劳动者，必有保护监督，而后不蹉跌其事业，始能雄飞于世界之市场，增进物品需要之额，亦为今日生产社会之一要件而不可缺少者。而能任此者果谁欤？则资本家其人之任务也。

资本家之任务，既已如斯，彼又主张对生产事业，而受若干之报酬，即分配若干之利益，决不为悖理之要求。且又如生产事业，必要固定之财本[2]，不能万世保存其原形，则机械之磨灭，亦必与土地生产力之渐灭等，

① 马露科斯：又译为“马陆科斯”，即马克思。

② 财本：日语“本钱”。

必时时修复补理之，始可永久使用其功力。若此等之物品，不为资本主所有，彼等不复修复补理之，而更要求若干之利益分配，劳动者仅六时间之劳动，其生产价格之量，日定二十钱，彼等所产出此二十钱之物品，决不能使用机械与原料，而机械原料，既非劳动者之所有，而徒要求生产部全部之权。若应供给其人者，其供给者更出机械及原料之使用费，其对生产物而要求一部之分配，决非不正义之要求。质而言之，此时之劳动，仅以六时间之劳动，而出二十钱之物品与生产，而其生产又不能补助其机械与原料，则补助者，自当与劳动者而分配其权利。是即资本家正当分配之利益，所以得要求其权利也。

资本家所分取自己之利益，马陆科斯所谓剩余价格，收没劳动者之劳动是也。然资本家既有享当然利益分配之权，则此余剩价格者，亦为生产社会必要之价格。劳动者以其赁银以上之劳动，乃仰原料及机械之供给于资本家，若中止其供给，则其事业亦必中绝，劳动者之劳力，亦无任用之途。则劳动虽为产出富利之一要件，而劳动之生产事业，必有经营持续之者，必推定为生产社会唯一之要件，其说不免谬误。盖殖产社会之现状，其生产必要之二要素，惟土地及资本。必搜集于比较的少数者之掌握，以驱役多数之劳动者，而与以仅少之赁银。其分配虽不均一，而劳动苟为过重，则必忘却资本家之职务。其分预富者之配当，仍为不均平。马陆科斯所称余剩价格，是即对资本家报酬之量。其生产事业之所以能继续者，终由此劳动者余剩价格之所产出，故其算定之权利，必收于资本家一人之掌握，不容劳动者置喙云。然资本家专断之弊渐生，独谋增进其利益，于是悲惨之劳动者，仅得最低之赁银，乃为殖产社会之通弊。资本家之暴富，既日增盛，则劳动之境遇，日益穷乏。其利益分配之方法，一任资本家之专断，劳动者定额之赁银，不能满足，是固背于正理。因为经济学者专心熟虑之问题，而欲资本家全然分与其利益，则终非正当之议论云。

以上对马陆科斯之驳说，其大要如此。然单就彼之学说而驳之。然社会主义者，非仅欲分取资本家之利益，且企图绝灭其资本。故资本家于生产社会之权利，唱社会主义者，断无不攻击之。乃其怀抱议论之根据。故社会主义之唱剿灭资本家，皆如马陆科斯之议论。彼等共马陆科斯之唱道此议论者，其计划生产组织之改革，皆识认资本为无用之物，而企图绝灭之。盖资本之功用，于生产社会者，虽时代未至，或不能免，而劳动为生产之必要，必不以资本为要件云。此等之思想，仅出于社会主义者，其余之经济学者，所不附和，且决不吐露资本无用之暴说。然而资本与资本家，二者各别。以资本为生产社会必要件者，不必认定资本家为必要。则唱道社会主义者，以资本家为无用之议则可，直推定资本为无用之说亦非。然议者往往不能区别此两者，辄混视之，以攻击社会主义，互鸣其非。此吾人不能不为社会主义而诉其冤也。如对马陆科斯资本说之驳论，为此谬见所误，则哆口而妄道之。故凡讲究社会主义者，必须区别此等，而后下以明了之判断。吾人兹以一言，敢告读者之注意。

马陆科斯其著《资本论》，于解释资本之性质，果断定其正当之资本为掠夺之结果与否，尚未定之问题。彼非但举排斥之议论以攻击现时之社会制度者，彼亦鉴于前者社会主义之通弊，徒唱荒唐无稽之暴说，驰于空理，流于空论，不顾社会之大势何如，单诉人间之感情，而计划社会组织之改革者可比。若资本家之专横压抑，大背正理正道者，亦未尝企图社会制度之改革。此前者之通弊也。马陆科斯之所以绝叫社会之改革，企图劳民之改善者，以认识夫正道与正理，以公平之权利，为正当之要求，以分与一切之人民。非如彼狂奔于社会问题，徒激发人心以鼓舞社会，而博一时之虚名，其事业倏忽而可解散者。故彼所采社会改革者，非仅就其面目，必以学理为社会主义之根据，以攻击现社会，以反对现制度。而创立新社会主义，以唱道于天下，舍加陆·马陆科斯其人者，其谁与归？

第二章　国际的劳动者同盟

社会文明之进步，共诸国之交通，益赴频繁。近时世界之趋势，万国共同，而向于一目的。诸般之计划，亦多采于国际主义者。于是诸国之劳动者，亦以共同之目的而相结合，以设立国际的同盟，亦社会之趋势，无足深怪者。

国际的劳动者同盟，成于马陆科斯之设立，又依其指导而发达。因之马陆科斯，乃受本国政府之嫌疑，共同志而逐于国外，1836 年，集于巴黎，而称

“正义同盟”①，结合秘密结社。1839 年，巴黎骚动之际，移于伦敦，使用日耳曼语，集合北欧诸国之劳动者，乃启国际的劳动者同盟之端。自后“正义同盟”之会员，为欲达其目的，而避革命的暴动之举，以谋扩张自党之主义，又其同盟之精神，尤在“各人皆同胞”之一语，且服膺共同的教义之箴言。又本马陆科斯之学说，欲举劳动社会，以脱资本家之束缚，以学理之指导，而观察其成立之状态，历史之变迁，然现时之劳动社会，终不能免革命的运动之开始。然此等劳动者之革命，与社会进化之趋势，必相出于一致。彼等深信马陆科斯之学说，欲以经济的方法，而支配社会之组织。故其所谓革命者，只此改革经济的方法而已。

1847 年，“正义同盟”于伦敦，变更其组织，改名为“共产的同盟”②，新表其宣言书③，以开陈同盟之意见。先述其目的曰：“同盟之目的，以平民（即劳动者）之束缚者，与市民（即资本主）而平夷，全灭阶级之争阋④，与旧社会之基础，撤去阶级制与私有财产制，以组织一新社会。”且大攻击经济社会之现组织，绝叫社会制度之改革，为劳动者吐万丈之气焰。更结论之曰：“同盟者望无隐蔽其意见及目的，宣布吾人之公言，以贯彻吾人之目的，惟向现社会之组织，而加一大改革，去治者之阶级，因此共产的革命而自警。然吾人之劳动者，于脱其束缚之外，不敢别有他望，不过结合全世界之劳动者，而成一新社会耳。”⑤ 此宣言书之执笔者，即加陆·马陆科斯，以其共产的意见，发为公论，以布于天下，而为一大雄篇。

自后社会之大势，劳动者益非，而资本家暴富之势则日盛。于是其同盟乃再改其组织，大集注其势力，以激各国之同志，而助其运动。1863 年，于伦敦开设万国博览会，同盟之气运乃日高。既而国际的劳动者同盟之结合乃成就。当时法国之劳动者，亦派遣委员于博览会以察视，且此委员者，受皇帝之指命，

---

① 正义同盟：今译为“正义者同盟”，不久改名“共产主义者同盟”。

② 共产的同盟：今译为“共产主义者同盟”，其成立宣言为《共产党宣言》。

③ 宣言书：即马克思、恩格斯 1847 年合著 1848 年发表的《共产党宣言》。

④ 争阋（xì）：争吵，争论。

⑤ 此段引文，是目前见到的《共产党宣言》结尾段最早的中译文。今通行本译为：“共产党人不屑于隐瞒自己的观点和意图。他们公开宣布：他们的目的只有用暴力推翻全部现存的社会制度才能达到。让统治阶级在共产主义革命面前发抖吧。无产者在这个革命中失去的只是锁链。他们获得的将是整个世界。”

而支办其用费。然其委员遣派之本旨，不过以博览会察视之名，欲于两国之间，一扫猜疑之邪念，与劳动共相互之休戚，而作一大联盟。该委员于六十三年，再至伦敦，结交英国之劳动者。1864 年 9 月 28 日，于伦敦之西度马陆兹贺陆①，创立国际的劳动者同盟，会合各国民之代表者，开设一大联合会。此联合会者，以教授卑斯麦②为议长，马陆科斯为监督。为委托国际的新同盟之设立，选定委员五十名，造规约之草案，草宣言书。规约既成，宣言书亦脱稿。开其第一回之集会于列陆西陆斯③，为白耳义政府所拒斥。1866 年 9 月，集六十名之代表员于西渥卫④开其集会，以决议宣言书，开陈同盟之意见，以设立国际的劳动者同盟，公表于天下。其宣言书曰：

我党以解除劳动者之束缚，须自劳动者自身之运动。劳动者为解除其束缚，所以有奋斗之举，以谋分与其特权及专有权，与万人共负担平等之权利与义务，以全灭阶级之组织。我党专有之生产机关，为生命之源泉。而劳动者隶屈于资本主之一事，是即屈从之所由生，即社会之贫困所由生，是为招精神上之耻辱，致政治上之服从之原因。

以故解除劳动者之经济的束缚，为我党毕生之目的。其余政治的运动，只为附属此之目的，不过为运动补助之一切。

然至今日为企图运动此目的，以致招致失败之不幸，以各国之劳动者，乏巩固之团体。且万国之劳动社会，不足以相提携，而欠乏同胞的亲情之缘因。夫劳动解放者之问题，决非一地方一国民之问题。关于近世之社会的组织之成立与存在，必先于此种之问题而解释之，与开明进步之诸邦国，与实行的及学理的互相合同，而谋扩张其基础。

故我党尽其忠告，搅破欧洲劳动者之昏睡，向未来之好望而运动，协力同心，以鉴前车。

以上之理由，敢告第一回国际的劳动者同盟。凡属于此同盟之团体及个人，此同盟会员者，必以正理公道及德义为标准，必遵守之。不以国民

---

① 西度马陆兹贺陆：今译为“圣马丁堂”，第一国际成立大会在此举行。

② 卑斯麦：今译为“奥哲尔”，第一国际总委员会主席。

③ 列陆西陆斯：今译为“布鲁塞尔”。

④ 西渥卫：今译为“日内瓦”。

信仰及人种之异，而差异于其间。义务者权利之随伴，尽义务者必保其权利，保权利者必尽其义务。

即此可以知其同盟之精神。

希渥卫之开会，为第一回之集会。以上宣言书议决之后，劳动者规定劳动之时间，议决八时间劳动之问题。其意盖欲施行八时间之劳动制，于现在则短缩其劳动时间，渐次减少，以至八时。而其余之智育及技艺上之教育，皆普及于劳动者之间，并议决上中级之人士，相并行之条项。

1867 年，国际的同盟，开第二回之会议于洛沙①。以讲究一层进步社会上之诸问题，为通信运输之诸机关，以绝私立社会之垄断其利益，且厉行合资的组织，以图国家之事业。次则讲究劳银腾贵之策，且更思虑其将来，一朝此种合资的组织之发达，与现时之生产机关相对立，则劳动者之状态，又增一层之困难，与现今第四阶级者（即劳动者）之下，其第五阶级之人民发生，其于社会，有增进不幸之虑与否。乃以合资的生产组织之奖励法，为此会议之一大问题。

1868 年，第三回之会议，又开会于布陆西陆斯②。初则英、德、法三国，既而白耳义③、意大利、瑞西④及西班牙等之诸国，列席者共九十八名之代表员，专论运输交通诸机关。举土地、矿山、山林等，皆为民主的国家所有，自其国家而贷与劳动者之组合，决定为社会之基础。依其正当之分配法，以经营生产事业，而讲究其方策，以图进步。其信奉布露度之学说之代表员，为此生产组织之完成，关于生产之机关，以立共同社会，且依信用组合之组织，以保其不信之弊，采用布露度之计划，加之此会议者。关于同盟罢工之事，更研究之。更议关于教育上之问题，以完成学理的实用教育之组织。又议定劳动者之劳动时间，必求短缩，乃闭会云。

生产物之全额，亦定为劳动者所有，此为社会主义之根本的理想，亦为同盟会所公认。同盟会乃以关于此件之意旨，而议决曰："各个之社会，其设立为

---

① 洛沙：今译为"洛桑"。瑞士西南部城市，是瑞士第二大讲法语的城市。

② 布陆西陆斯：今译为"布鲁塞尔"，比利时首都。

③ 白耳义：今译为"比利时"。

④ 瑞西：今译为"瑞士"。

共和主义之基础者，其地代、利润及地息，以如何之名称与手段，而分与之？其充分之权利，全额之报酬，皆独为劳动者之保有。自是国际的同盟，每年于欧洲之各都府，以催其会合，以讲究各种之问题，其势力遂日旺盛，会员之数亦日多，1869 年 9 月于卫沙陆①会合之时，同盟之势力，正达其极点。诸般之议案，皆已了结。其余所议之问题，如废止相续制之议，再现于议场，遂能占其多数。”

国际的同盟之精神，既为各国劳动者所识认，而表赞同，其数年年而增加，其势力波及于欧洲诸国之社会者不少。先是巴黎之青铜职工一揆②起，遂致同盟罢工，与资本主而讨战。国际的同盟援之，以供于罢工中之需要品，职工遂得胜而归。

同盟会又援英国之国业组合，以防欧洲大陆而输入廉价之职工，又奏大功。1868 年之初，于北日耳曼百二十二个之职工之团体会合于耶列卫陆科③，与国际的同盟，遥表赞同之意。1870 年，美人加那洛④为美国八十万之劳动者之代表，又赞成此同盟之旨趣，而定布其公言。

犹不止此，此同盟之势，更远及于波兰、匈牙利等之诸国，且及于东欧诸州，以杂志及其余之机关，而谋各团体之亲睦和合，以贯彻同盟之精神。1870 年，同盟又自其革命的运动之发生地，开其例会于法兰西之巴黎。时际普法战争之爆发，乃于弹烟炮雨之间，以扩布其旨趣，论述战争之弊害，以防兵乱之未然，而救民生堕落之苦。然其举国之民心，热狂于敌忾，又不能倾心于生产事业，以谋劳民之改善，加之英国同业组合者，亦渐变其意向，而日远于同盟，德意志社会党内，又生内讧，资金亦大缺乏，政府又以苛法加困之，而同盟又无余暇以致其力。自后同盟之势力，乃渐衰微。

以是等之事情，同盟之例会，因之而休止者二年。至 1872 年 9 月，又集六十五名之代表员于哈伊科⑤，以开其会议。然哈伊科之会合，不幸同盟之运命，

---

① 卫沙陆：今译为“巴塞尔”。瑞士第四大城市。

② 一揆：武装起义。日文词汇。本意是指同心协力，团结一致。后泛指百姓、土著、当地势力人士等非政府组织因某些目标而集结之团体，也通称百姓起兵反抗统治者。

③ 耶列卫陆科：今译为“纽伦堡”。德国东南部城市，与美因河畔富尔达组成双连市。

④ 加那洛：今译为“左尔格”。美国和国际工人运动活动家，第一国际领导人之一。1828 年 11 月 9 日生于德国东部萨克森的托尔高城，1906 年 10 月 26 日卒于纽约霍布根。

⑤ 哈伊科：今译为“海牙”。荷兰第三大城市，排在阿姆斯特丹和鹿特丹之后。

终不能隆盛。党内异说之士，又生内讧，同盟遂终分裂。当时马陆科斯采中央集权政治之主义，欲把持重大之势力，以指挥其同盟，而达其目的。然无政府党派之领袖卫科伊，不喜其策，乃提出联合组织之说，依地方分权之主义，而分与其权力于各团体。两者之议，不能相合。加以卫科意又唱道极端之破坏主义，绝叫全灭国家及政府，以覆灭社会之组织与根底，然后再出改革之举，与马陆科斯之民主主义派之议论，相互竞争。卫科意乃引率其同志而脱同盟，别组织无政府党，企图自说之实行。而弄狂乱疏暴之手段，以招社会之嫌恶，终世而为社会党之敌手，暴动乃达其极点（与第三篇第一章参照）。

无政府派既脱党，同盟之势，一大顿挫。自是党员之结合渐弛，前途之形势日非。1872 年之会合纷扰之后，乃会于亚摩斯拉路他摩①。为其结局，同盟之本部乃移于纽约，谋藉美国而扶植其势力。其会于亚摩斯拉路他摩也，马陆科斯大试勇壮活泼之演说，以鼓舞同志曰：“在前世纪之专制时代，于各国之君主特权者等，讲究各自之利害，乃会于哈伊科。今日吾人又会于此处，与诸君而讲究。吾人所讲究之问题，全为自己一身之问题，未尝为天下之劳动者分其休戚，而为全社会之问题。”乃就历史的进步之状态，与时势之变迁，而论定其所以。乃更说曰：“吾人但知英、美及和兰，其国之劳动者，以平和之手段，遂得行其目的。然不知欧洲诸国之大半，皆自革命之力，而后贯彻其目的焉。故吾人待时机之熟，蓄此力而待应用。”又于演说之结尾，以自己之决意而公言之曰：“吾人之过去者，既已如此。而未来之实行，不奏社会问题最后之凯歌之不已。”马陆科斯，虽素希望平和的改革，而不知其腕力，于经济上，自有一种之势力。至事情不得已之时，虽至举行非常的手段而不辞。

马陆科斯一场之演说，以活泼之运动，而刺激同志，以谋回复其势力。然大厦颠覆，非一木所能支持。既而国际的同盟，其本部自伦敦而移于纽约，同盟瓦解之端绪，自是渐显，仅保其一缕之命脉。1872 年，再开会于希渥卫②，同盟之形体，竟全解散。然亦不过事实上表示同盟之解散，其精神自存于社会之间。既而再历年岁，其气焰日高，各团体之主义纲领与作为，又自一国一部之结合，以谋其事，竟至列国协商，凡处理万事，必至采用劳动者之方针而后

---

① 亚摩斯拉路他摩：今译为“阿姆斯特丹”。荷兰首都，也是著名国际大都市。

② 希渥卫：又译为“西渥卫”今译为“日内瓦”。

止。各国之政府，亦协同而企诸般之计划，如“邮便同盟”“版权同盟”“国际讲和会”“赤十字同盟”等，皆依国际主义，而设万国合用之规约。1889 年，瑞西政府提出设国际的工场条例，规定万国劳动者之保护法，德意志今帝，亦以此种之议论，咨问各国之可否。于是国际主义之势力，极旺盛于朝野之间。是时国际的同盟之感化，渐显于各国劳动者之间，其团体皆为此同盟之系统，其矍铄[①]之精神，活泼之运动，普及于现时之社会。欲知社会党之基础之主义之状态，与欧美诸国社会党之现状（与第四篇参照），则于他编而记述之。

第三章　洛度卫陆他斯及其主义

主义学说，与马陆科斯既同，其对社会之地位亦相等，而其研究学理，以求社会组织之人为的改革，尤在马陆科斯之上者，虽其避轻举，慎疏暴，与其余之社会主义者比，全然异其趣，而深讲究社会主义之学理，为学理的社会主义之鼻祖，崭然显其头角于学者之社界，为研究社会主义之人，讲究学理之必要者，吾人仅于洛度卫陆他斯[②]见之。

加路·幼哈·洛度卫陆他斯[③]者，以 1805 年 8 月 11 日，生于普鲁西之额拉伊列斯拉陆度[④]。父为其地之大学教授。幼时尝游卑兹契[⑤]及柏林等，修法律之学，访一时之法律家，历游各所。后又为农夫，于贺那拉意耶[⑥]与耶契兹[⑦]（Jagetzow），以购求土地。故世人又称彼为“洛度卫陆他斯·耶契兹”云。1836 年，乃辞其社会的生活，退隐于耶契兹，讲究经济及其余之学理，更尽力于其地方商业。

1848 年之革命既终，乃选洛度卫陆他斯为普鲁西国民议会之议员，继升文

---

① 矍铄：形容老人目光炯炯，精神健旺。

② 洛度卫陆他斯：今译为“洛贝尔图斯”。普鲁士“国家社会主义”反动思想的鼓吹者。

③ 加路·幼哈·洛度卫陆他斯：今译为“卡尔·约翰·洛贝尔图斯”。

④ 额拉伊列斯拉陆度：今译为“格里夫斯瓦尔德”。德国东部的一个镇。

⑤ 卑兹契：今译为“布列斯劳”。德国布列斯劳，现在是波兰境内的沃洛克劳市。

⑥ 贺那拉意耶：今译为“波美拉尼亚”。波兰北部与德国东北，位于波罗的海南岸的地理及历史区域。

⑦ 耶契兹：今译为“亚格措”，德国地名。

部大臣之位。在职仅14日，辞之。其后1848年之革命虽平，而欧洲各地，又再扰乱，普鲁西之民心，又大摇动，乃辞迹于社界，绝意浮世之荣华，功名利达之念，胸中淡然，遂隐于其乡里。适北日［耳］曼议会之第一总选举之际既现失败，自后独营闲静幽雅之生活，于寂莫萧条之地，学窗之下，讲究学理，别无余念云。曾与拉沙列①相识，共谋组织一党派，与保守的社会主义家之陆度陆列耶幼陆及拉沙列之同志哈西科列陆②助之，欲实行其计划，然终不能成功。彼对社会企图之事业，至是遂止。自后虽有计划，不过讲究其方案而已。彼以为社会党派中之一人，有为其运动者，又必为其指导者。乃于静中研究学理，以解释社会问题，观破社会之病源，而说明其本性，奖励社会自然之进步，以为毕生之目的。静养素修者，前后凡三十余年。费毕生之岁月，以研究其学。于1875年12月8日以逝。

彼为解释现今之混乱错杂之社会问题，为社会主义之学理的讲究之开始。且其学理之根据，亦甚巩固，实为洛度卫陆他斯之功。彼之性质，素好静稳之生活，非如马陆科斯及拉沙列立于社会之表面，以试活泼之运动，广传其名于世间。又其著书，意味深远，富于高尚之理论，虽非劳动者之所能解，而不能得其欢迎，然于学者之社界，彼之令名，今犹啧啧，为识者称道弗衰，群推之为博识精通之学者。柏林大学之教授哇他渥陆尝称扬之，与社会主义之利加度同称为稀世之大才，可想知其为人矣。

洛度卫陆他斯对社会之观念，设立纯正之经济的组织之点，与德意志之社会民主党，其说虽同，然如拉沙列直欲依赖国家之权力，而出改造社会之举，洛度卫陆他斯则一任社会自然之进步。其目的以为社会共和政，早晚必有设立之期，试观后日德意志皇帝，宸断画策，建设社会主义之国家，以君临一国，于是一辈之真正爱国者，始终奉戴皇室，徐图社会变迁之气运。固由彼之社会主义之唱道者，虽对社会民主党之运动，而置身局外，而其关系如此。

洛度卫陆他斯之意见，一任社会自然之改革，抑制劳动者之政治运动，而希望其静稳。然其观察社会之巨眼，深察病毒之深因，心窃以为其毒害之由来如斯其深，人世德义之欠乏，亦如是其甚，而欲未来社会之改革完成，以成圆

① 拉沙列，今译为“拉萨尔”。

② 哈西科列陆：今译为“哈森克莱维尔”，德国人名。

满完全之组织与作为，必需二百年之日月，与一亿万之经费。然其病毒之深因，果如何而去之，则彼讲究社会主义者所宜考察也。

洛度卫陆他斯之社会主义，与马陆科斯殆同其趣。如马陆科斯以富者之生产之要件，限于唯一之劳动，必与以正理之价格而后可。夫以生产品之利益对土地，以地代对资本，以利子①对劳力，分配赁银于三者，为必要之件。盖以富者之生产，乃得之于社会共同之利，必归于国家生产之一部，而劳力之赁银，必自资本而支办之；劳动者于社会既尽功劳，则必支给于国家所得之中。今之资本家，其于劳动之赁银，及支办于资本之中；于是国家所得生产之全部，皆收归而为自己之私有；地主又要求地代，以造个人之富；于现社会又生二种之病毒焉。

现社会二种之病毒者何也？曰：其一则贫困，其二则商业及财政上之恐慌是也。盖现社会于生产上之组织，以劳动者、资本者及地主三者而成。就中之劳动者，自己之消费且不足，且夺其生产之利与富者。其余之二者，或取地代之利子，或取劳动之余剩者。而彼等果有何道以分取之？质而言之，资本家与地主等，滥收劳力之一部，而为己有。是果何等之理由乎？是即不外乎社会上之土地及资本而为私有财产制之弊。夫土地及资本，固为生产必要之要素。故欲从事于生产事业，劳动之外，必借此两者之力而后可。而两者共为国家之有，而现时则为一人一个之私有。若地主若资本家，一部之辈，其使用料，必不分配其利益，而由彼等而把握之。劳动者空具劳力，而逼于饥寒之悲境，于是割其生产之内，以供地代，或充利子。而劳动者之所得，仅得其最低额，存其生命而止。其余之物品，又不得以廉价而卖买之。劳动之价格，大抵如斯。

今更以永久之劳动，而不能分与其余，即彼等劳动者，一己之外，不足养妻子，而造后嗣。及至劳力不能满足其程度之时，则劳动者之赁银且不能自给，故劳动之价格，不过依最低生活费之标准而计算之。劳动者所得雇主之赁银，不过彼等生产之余剩，地代与利子而分配之。故虽以经济机关之发达，其货殖之术，共大进步，而劳动者生活之标准，毫无进步改良，对劳动者分配之生产品，亦渐次而递减。十九世纪之文明，既征蒸蒸之进步，全世界之局面为之一新，殖产工业之术，亦日进而无已。而其利益，独为资本家一派所垄断，劳动

① 利子：日语“利息”。

者毫不与其恩惠。试以文明之殖产社会，与利益之程度而计算，自机械之发明，英国之工业社会应用之劳动者，节约至五千五百万人。英国之一国，机械应用之利益，即已如斯，则全世界之工业界，其利益之程度，可想而知。而劳动者之赁银，依然如旧，而购买力实际之赁银，则日增加。故社会之富者倍增，生产物之额亦倍增，而劳动者衣食之状态，则倍极其粗恶。

岂非社会之日文明，而吾人人类赋与利益之大部，纯为资本家一派所垄断之实事乎？此固富者贫者于经济社会一种关系的事实，所以指示绝对的状态，故于过去五十年前之社会，日得五十钱赁银之劳动者，于现时之社会，日得不过六十钱。其余之经济的状态，尚有一层进步之实，其赁银所腾贵者，不过数字之上，则购买力则未减少，其结果则赁银愈至下落。今日一切社会生活之程度，则日昂进，生产力之发达，亦极其盛，劳银腾贵之割合，常不能得其平衡，而劳动者之配当额，渐次减少，其困乏则日愈甚。于是社会之万事万物，无不进步发达，而不存其旧形，而劳力独不得其高价。劳民之贫困穷乏，岂非必然之数乎？故社会下层贫民之发生，毕竟由私有财产制之结果，富者之分配不得其宜之所致。此社会的毒病贫困发生之原因。

更有社会的毒病，则恐慌之发生是也。其原因因生产额之增加，而劳民之分配，而日渐于减少。试即吾人之社会而征之。假使于其一定生产之物品之量，有千万元之价格者，其中以三百万元丈与地主，以三百万元丈与资本家，以三百万元丈与劳动者，其残余之百万元，以充租税，而供国家之用。各自依其所得之富，以供给其必要品及奢侈品，国家亦依其机关之运动，而免支障。他日此生产额之变化，或有增减，而各自之分配额，亦必准此割合而增减，则生产社会，必能保其平衡。而需用与供给者，以相过而补不及，则商业及财政上之恐慌，决不发生。则于社会生产事业之发达，则世界一切之人民，皆得增进其福祉，普浴文明之恩泽。然今日生产品之增加，独地主与资本家专其利，而劳民赁银腾贵之割合，常不能相平衡。彼等因此生产品之增加，欲购求使用而不得其资金。而资本家与地主又以滥费而购求无用之物品，以堆积于工场及店头。于是市场之状态，因之牵动，是即商业上恐慌发生之端绪。而经济社会上之发生，由之起。

若采前者，因生产力之增加，从以前社会产出千万元之物品，假使更加一倍，其额则为二千万元，以各阶级之配当，依以前之比例，则资本家与地主二者，自占其多，而劳动者已占其少，资本家与地主，各得七百万元，国家之费用，亦增加至二百万元，而劳动者之分配，仅百万元，金额亦仅四百万元，于全生产，不过得五分之一，则从来之权衡，又复全破。而全生产仅仅高三分一弱，为劳动者之消费，今仅得五分之一而为消费之资，而其余二百万元者，又归于资本家与地主之掌握。彼等之所消费，不过如此，而生产品多过之生产，又必溢出于市场，遂造恐慌发生之素因。至于此时，其救治之策，资本家与地主，必出其余剩配当额于市场，以供购求过多生产品之资，而开生产品消费之途，则市场始能复旧，而恐慌庶可保全。而劳动者仍依全生产高之三分一弱，以营日常之生计，且持续其事业，以就资本家与地主等，得其余剩之配当，以备日用之资。

其将彼等使用之方法，不出二途：一则坐计日高，以供其奢侈，一则更欲扩张事业，以发达其生产力。而其余裕之财，以资本家者，一面则极其奢侈，以进物品消费之度，其一面则扩张事业，以大使用劳动者，故一时恐慌之状态，又复平静，生产社会，再振生机，市场亦再荣光，生产力亦复再进，生产品亦复增加。独劳民之赁银，不能进而比例，历之未久，而前者恐慌之状态，又复发生，市场又复沉滞。经济社会之状态，大抵如斯。而救治之策，不出于资产家浪费及扩张事业之二途，而绝无回顾劳动者之状态者。经济社会愈恐慌，而救助之策，其事业愈扩张，展转相循，劳动者愈益穷乏，益失购买之力，上流社会，独恣浪费，则恐慌之境，时时袭之，而欲生产社会之太平无事，势愈不能。故曰：对劳动者之配当愈递减，愈为恐慌发生之原因。此配当不得其平衡，则经济社会恐慌发生之时代，虽万世防之而无止期。

洛度卫陆他斯以二种之社会的毒病，为贫困及恐慌之二者。其发生之原因，生于劳动者配当额之减少。而彼所计划之社会改良策，必增加此配当额与其余之配当额等。而其方法，则依国家之干涉，以求生产额配当之平衡，而保其相互之平均。然国家之干涉，仅行之绝无实际之制度之下，则欲变更现时之经济组织，以规定劳动之平均时间，其策殊不易行。今试即吾人之社会，想象一年间之生产与劳动之时间，以人间普通之劳力为标准。凡四百万之时间，一年间之生产费，即得四百万时之价格。假令劳动者于其中要求四分之一之权，则一时间应付纸币百万个与劳动者，而国家之生产，以交换其纸币，以同样之劳动时间，而赋与其物品与劳动者，则生产制度之组织，不至混乱，而移于国家之手。则生产力之增加，而劳动者之分当，亦与增加，何以故？生产力之增加者，则劳力之价值，亦必随之。故劳动时间，即以纸币之价值为代表，生产力增加一倍之时，则纸币之价值，亦必增加一倍。劳动者与以前相比，亦得其一倍之分与。社会之组织，果至如斯，则贫困与恐慌，必绝迹矣。

以上所记述，皆洛度卫陆他斯之经济的议论，最有名于时者，其余论述社会变迁之顺序，以证明社会所以自然改革之理由，与马陆科斯之论，大抵相似。其言曰：社会之变迁，必经过三段之阶梯：其第一期，为私有财产与奴隶制度之时期，奴隶与家臣，全然隶属于一个人之时代；第二期，为废止私有财产之时期，生产机关，与资本及土地而为一人一个所有之时代；进入第三期，不独禁其私有财产，且生产上之要件，资本及土地，皆为公有，各人悉从其劳动之度，而享有其利益之时期。今日仅经过第一期之时代，仅能废止奴隶制度，未能撤去土地资本之私有制度，而此资本的生产制度之现时代，决非进步之极度。故社会必有自然之改革，而入于第三期之时代。以前例征之，社会能改奴隶的劳动制度而确立现时之劳动制，则他日资本与资本主而分离，以废除资本制度，必有可预期者也。

要之，洛度卫陆他斯之社会主义，与马陆科斯大同小异：皆反对现时之资本制度，要求国家之干涉其事业生产，以造富于劳动者，为唯一之要素；变更资本的生产制度，以匡正其分配之不均一，以土地及资本皆为国有，以企未来社会之作为。然马陆科斯，则用强力以企社会组织之改革，而欲组成党派，掀翻社会之波乱，依赖人为的手段，以行急剧之改革。二者之说，虽若相等，至其行动，两者大异其趣，马陆科斯为稍急进的，彼则为渐进的。若就学理学术而研究之，无他异也。

第四章　列陆檄耶度・拉沙列及其主义

第一节　其履历

1852 年，英、法二国社会党派之运动，未克成功，希贺及布拉等之计划，皆其失败之明证。社会党之气焰，乃顿衰颓，有落日孤城之状，不过于寂莫萧条之里，招集余党，婴残垒而自守。然而社会主义，虽衰于英、法二国，而超入于德意志，再为社会的大运动之开始。

1848 年之革命，扰乱及于欧洲全土，德意志诸州，亦为其气运所驱使，极其骚乱。德意志社会主义之各派，其气焰日高。然而社会的势力，尚未为当时之社会所持。至加陆·马陆科斯之新社会主义，渐次开发劳动者之思想，同时又推列陆檄耶度·拉沙列①为其首领，以试活泼泼地之运动，以大震动于社会，于是德意志之社会主义，乃勃然而再兴。

列陆檄耶度·拉沙列，与马陆科斯同为犹太人，1825 年生于普鲁西之布陆斯洛市②。父为其市之巨商。其父欲拉沙列袭其业，乃修养商业之教育，送于拉伊布兹可③之商业学校。然不欲执牙筹以争锱铢，别有绝大之志望，复去商业学校，移于布陆斯洛之大学，复游柏林大学，修哲学及原语学等，专攻哈契陆④派之哲学，更留心于研究政治学。1845 年，遂终其业。其学生之成绩，每出于侪辈之上。乌陆海陆摩·哈贺陆托⑤称之为神童。自后彼更研究哈契陆派之哲学思想，其哲学的著述，题为《海拉科利他斯》⑥。因伯爵夫人之诉讼事件，乃迟其出版之期，至 1858 年，乃公刊之，大为世人所赞赏。后 1861 年，更以法律上之著作，题为《既得权论》⑦，亦为世人所赞赏。当时之法学者卑意，尤心折之。以为十九世纪以降，无此著作云。自是著述家之名望渐盛，其学说亦渐广，大为社会所欢迎。

先是拉沙列与哈斯赴野陆度⑧伯爵夫人极相得，共结终世之亲交。时 1846 年，盖夫人之夫伯爵，放恣淫逸，素行不修，于夫人极形酷薄，毫无伉俪之情，

---

① 列陆檄耶度·拉沙列：今译为“斐迪南·拉萨尔”，全德工人联合会创始人。

② 布陆斯洛市：今译为“布雷斯劳市”（现弗罗茨瓦夫）。

③ 拉伊布兹可：今译为“莱比锡”。德国萨克森州第二大城市，歌德称它为小巴黎。

④ 哈契陆：今译为“黑格尔”。德国哲学家。

⑤ 乌陆海陆摩·哈贺陆托：今译为“亨利希·海涅”。海涅（1797 年 12 月 13 日—1856 年 2 月 27 日），出生在德国莱茵河畔杜塞尔多夫一个破落的犹太商人家庭。1819 至 1823 年，先后在波恩大学和柏林大学学习，1825 年获得法学博士学位。其诗歌创作包括抒情诗、时事诗、叙事诗、长诗等，丰富多彩；尤其是抒情诗，具有鲜明的个性、独特的风格。

⑥ 《海拉科利他斯》：今译为“赫拉克利特”。古希腊哲学家，此为介绍他的一本书。

⑦ 《既得权论》：今译为《既得权力体系》。拉萨尔著，4 卷本。

⑧ 哈斯赴野陆度：今译为“哈茨费尔特”。伯爵夫人。

夫人不耐其苛酷，决意而请离婚，诉于法庭，且要求离婚金。然诉讼迁延，胜败未定，夫人生计之资日穷，胜诉之后，请于拉沙列，每年与以六百镑，担当其诉讼，而救助其生计。拉沙列义不能不援之。适当社会有不幸之期，其父送金为救济之资，乃割其生计费之一部，以与夫人，自担任其诉讼事务，备极辛惨，出入法庭间者，前后凡八年，共三十七次，夫人终胜而归。乃践其前约，夫人以其收入之所得，每年受六百镑之报酬，拉沙列之生计，因之颇裕。然自彼与夫人结交而担任其诉讼，世之议论之者，贬为败德不义之污行，臆测两者之关系，乃流布一种之情说而诋之。然其时夫人年已四十，余香将散，芳颜渐凋，昔日之风姿，已伤憔悴。然天成丽质，风韵犹存，娇娜婵妍，余霞炫烂。拉沙列亦容貌秀众，举止温文，体贴温存，沁人心骨，痴儿骇女[①]，困难相助者八阅年，两者缠绵之情，谁能遣此？则世人之议之者，亦不容疑。然而拉沙列固富于义侠之奇男子，志趣远大前途修伟之青年，岂无故而眷恋一妇人，等于薄志弱行之人哉？况其放弃先人之产业，退隐于社会，与夫人而寄同情，费八年之日月，以谋夫人之胜诉，其义侠之念，岂庸夫俗子所能测者？彼日后运动贫民，绝叫劳动者之改善，亦不外抑强扶弱义侠之一念所鼓舞诱导耳。

然而拉沙列以此诉讼之事，苦无证据物件，乃嗾使[②]共同者二人，窃取男爵夫人所持之手函于可罗旅馆。此举最为世人所非难，吾亦不能不为彼惜，而吾乃愈敬其热情。盖伯爵夫人，得自其夫年金赋与之约束证书，藏于函中，此约束证书，并宝石数枚，同为窃取者所携出，乃拟共谋者与以窃盗之罪，禁锢六月，幸以法律上之罪科，未及构成，得免处刑。用此诡谋密计，一意以谋夫人之利益，甘受世谤而不辞，盖两情之亲密，一至于此。此其所以受世谤者，然而谅之矣。

1848 年，拉沙列乃结合马陆科斯、意契陆斯等之团体，发刊《新列希兹野额希兹特》[③]，以唱道极端之社会共和说。然当时之运动者，只马陆科斯等之支配下，仅受其指挥。然兹希陆度陆列（杜塞尔多夫）之地方官吏抵抗之，为其所捕，而受禁锢之刑，处囹圄者六月。当时引致法庭，辩明自己之意见，公然

---

① 痴儿骇（ái）女：即骇女痴男。迷恋于情爱的男女。

② 嗾（sǒu）使：怂恿，唆使。发出声音能够指挥狗。

③《新列希兹野额希兹特》：今译为《新莱茵报》。世界上最早的马克思主义报纸，德国和欧洲无产阶级革命民主派机关报.

自陈曰："余之志望，惟喜共和的社会民主主义而已。"是明以己之怀抱，与社会及政治上之主义说明，以此演说，大惹世人之注意，为后来运动开始之一进路。

其后至1858年，拉沙列移居来因州。因伯爵夫人诉讼之事件，事务鞅掌，而仍不废著述。且于1848年，一揆暴动之际，欲干预其运动，将入柏林市内，而不能。然至1859年，伪为驭者，而入首府，请于国王，得其赦免，遂定居柏林。是年又出其著述，题为《伊大利战争与普鲁西之使命》，以论伊大利战争与普鲁西国民之意向，而断定其去就曰：普国援奥而败伊大利，是愚之甚也。其故何也？奥为日耳曼联邦之盟主，吾人虽不能望其积年之余威，以统御四邻，今乘其国内乱，或以伸吾国权，吾人须杀奥之权势，而谋普鲁西的勃兴，以求自立之策。奥今与伊构乱，法国又不善之，普民方常利用此好机，以亲善法国，借此强大国之力，放逐奥国人与伊大利人于国外，而脱乌科托陆·野马意野陆①之手下，以建伊大利统一之事业与自由，北则连衡于法以当奥，逐之于日尔曼联邦之外，谋置普鲁西于现奥之地位。目下为普鲁西之谋，莫愚于助奥，莫善于亲法云。是为后年卑斯马克采用其策，以大发扬国威，而为排奥政策之骨子，然其当时之发此议论，无一人顾之者，即以一事，已足见其识见之明透，议论之雄大，非寻常之比，为卓越一世希有之大才，可察而知也。

拉沙列于诉讼事件既结之后，出其著述，其名渐播于社会。伟才卓识，往往受世之欢迎。然其痛念劳动者之味方（一方），为救济贫民，乃翻社会主义之旗帜，为此社会的大战斗之主动者。1848年之一揆暴动，其所运动，虽于其全生涯之事业，不过仅见一部，而非其新案奇说，则不足以耸动一时之耳目。其谓社会改良之目的，必自劳民之改善，而劳民之改善，必保政权分配之平衡，普通自由之选举制者，为我党之最大主眼。以如斯之平温单纯之议论，以结劳动者而表其同情。故他日万丈之气焰逼天，震动社会，而演惊天动地之大活剧，非当世人士之所预测。而不知其此等平易之议论，而暗运动于其间，以试其第一著之事业，威名渐显于世间，其后次第渐进。数年后，普鲁西之政府与反对党，互相争阋，彼劳动者自成中级社会，组织自由党派以惹政府之注意与同情。

① 乌科托陆·野马意野陆：今译为"维克多－艾曼努尔"。维克多－艾曼努尔二世，为撒丁国王，后为意大利国王。

随伴时势之变迁，徐企前途之计划，凡一举一动，皆纠合同志，以静待时机之熟。自后社会之风潮，益益变动，日耳曼之羁绊渐弛，普鲁西之国势渐兴，社会改革之期，日逼日近，岁月循环，乃有1862年之举。

1862年，拉沙列初公表自己之社会主义于天下，公然为其运动之开始。建设未来之德意志帝国，以展宏大之志望，是为德意志史上最重要之时期。

昔者仅驰哲理之空想，研智于书册之上，究幽玄微明之理，以为毕生之能事，是为德意志学者之风潮。今则渐变其旨，以收实地应用之利，以讲富国强兵之策，变哈契陆①之德意志而为卑斯马克之德意志。于是普鲁西乘奥大利之衰运，夺其霸权于掌握，以成新德意志之联邦，而为其盟主，驱逐奥国于联邦之外，以期他日之霸业与作为，志气勃兴，臻臻日上。他日新德意志帝国之建设，其第一之皇帝维廉第一者，以1861年即普鲁西国王之位。其铁血宰相卑斯马克②，亦于1862年而为维廉第一陛下之总理大臣，国势勃兴，普鲁西之气运大炽。

普鲁西势既勃兴，而能称霸于其联邦内，以奏新帝国组织之功者，其策如何？曰自扩张兵备始。于是新王乃与卑斯马克谋，提出军备扩张之议案于议会。自由派之议员斥之，不从内阁之意。两者之确执甚强，事局颇困难。拉沙列调处其间，说明宪法之本性，全然与自由党相异之意见，盖宪法之成文的律令，与法理普通之解释乃相反对者，曰："宪法者，乃其时代之政治界最大势力之表号，王者、贵族及劳动者等，皆于普鲁西之现政界，不能与其势力相违。就中最有势力者，无加于王者。何以故？彼有整然之武备军队于其手下，操纵如意，不难排异论而贯彻其意见。彼虚空之辩论抗议，岂能敌之？今日普鲁西宪法之基础，其势力不出此军队之外。徒为无用之辩，以争是非，多见其不知量也。"乃更进一步，预想其议会与王者冲突之意见，而演其最后之手段，曰："议会与国王之意相反，不欲贯彻其意见，议员不过退席于议场，解散议会之策。议会既不能成立，则内阁议案之可否，不能咨于国民，代议政体，必失其机关，政治之转运，必生支障，而政府之组织，必有摇动之势云。"

拉沙列此等之议论，盖以调和其党与自由党，而孰知为后日对自由党相反

① 哈契陆：今译为"黑格尔"。
② 卑斯马克：今译为"俾斯麦"。

对之进路，自由党乃渐疏外之。两者之关系，至后日而始明，然其事实，彼之讨论，不过证明议会之否决其军备扩张案为当局者之计划，而政府持续前来之考案，乃大扩张军备，大反议会之意见，着着而实行之。于是国民之非难攻击，痛骂毒詈，兴于四方，舆论或以政府为逆贼，或目卑斯马克为乱宪者，非难攻击，万口沸腾。至1866年，乃承认此违宪的行为，而颂扬于卑斯马克。故拉沙列以其卓识巨力，断言于其事之前，以推论当时之国状，群推之为名说焉。

既而拉沙列之意向，渐与自由党相反背。彼更大试其演说，以绝其断然之关系，自后乃遂分离。时1862年，乃著一书，题为《劳动者之宣言及劳动社会之观念与现时代特别之关系》是也。此演说之要题，为社会进步之结果之一新阶梯，与劳动社会之支配者与代表者之事（与第二项学说之条下参照）。而彼之演说，竟为与自由党之绝缘，而于社会的运动之进路，别开生面，又为其生涯历史之新时期。然政府以其对富者而煽动贫者，乃拟其罪，以禁锢四月。彼不服，更控诉，请其再审，出十五镑之罚金，始免刑体之辱。

不独此也，其劳动社会之政治的思想，亦次第与自由党相反离。自1848年之革命，养成政治上之共和主义，唱道者渐多，其一派之人，欲确立普通选举制，以举行政治的改革。当时之政界，最怀抱进步的思想之进步党，于采用普通选举制之事，党议尚待踌躇。于是彼等与其余之劳动者，团结而成一团体，树立一新党派，以抱贯彻其希望之感念。拉沙列当时本离自由党，而思别造自己之党派，乃出其新思想，传说于劳动者之间，冀得其赞同，以俟时机。于是劳动社会之各团体，皆大欢迎，而倾听其意见。自由、进步之两党派，不满之辈，亦相结合，而集于拉沙列之麾下。当此时，进步党则归依于希由路野·特利兹野①之指挥，采用信用组合法，以企改革社会之组织。其党与虽炽，而其方策，固不能与拉沙列之计划者比，故其趣旨，全然相异（希田陆野之信用组合法，于本章《拉沙列之学说》所解说者详述之），故两者不能一致。

1863年，进步党乃向拉沙列而要求明示其运动之方针。拉沙列于是乃作《公开之文书》以答之，以述劳动社会之状态，与改良之必要，劳动者于政治社界，以把持其独立的势力，且论断社会改革紧切之要件，曰："与劳动以同一之

---

① 希由路野·特利兹野：今译为"舒尔采—德里奇"。德国资产阶级经济学家和进步党的首领之一。

货物，为赁银上之定则，支配于生产社会之间，必改善劳动者之状态而后可。且其生产物之多额，常归于他阶级者之专有，劳动者不过仅得其一小部分之分配。如现时社会改革之实，必以劳动之生产，与生产物之金额，而为劳动者所有。国家以其权能，而组织一生产的共同团体，且依普通选举之制，实举真正之代议政治。”（委细与本章第二项参照）乃问于拉伊列兹可[1]之劳动会议之委员等，于此议论，可否表其同情。乃达之总议会，其会议乃请求出席，而开陈其意见。拉沙列容其请求，乃演说于会场。拉伊列兹可劳动者之会议，得三千百多数之容认。

拉伊列兹可劳动者议会深赞拉沙列之说，彼更赴列拉科贺陆托那[2]自述其说，亦谋得其赞成。盖列拉科贺陆托拉那者，亦日耳曼州内之一大都会，劳动者之数甚多。然其多数，则欲组织进步党，且奉希野陆野—拉利兹野之说，其赞成彼之议论者颇少，不能得多数之赞成，而难助其一大事业。其第一次之演说，多为反对者所压，喧嚣杂复，不能尽其词，费二时间之辩舌，仍未合众人之意见。越二日，乃试第二次之演说，听者乃渐表其同情。希野路野派退会席者四十名，而有四百名之多数，同表赞成之意，乃占最大之胜利。翌日，又与耶拉斯再试其演说，得赞成者凡八百人。

拉沙列之说，既为日耳曼州所欢迎，其党员亦次第增加。劳动者之多数，渐信奉其说，有依赖其指导之意。彼遂贯彻其多年之志望，计划为一大同盟之团结。1863 年 5 月 23 日，会合劳动者于拉伊列兹可，组织日耳曼劳动者同盟的团体，虽为他日德意志之政界，雄飞于世界，以耸动天下之耳目，卓卓而为德意志社会民主党之种子，然当时深隐匿其锋芒，以避危险之革命，导行社会之风潮，而为平稳无害之说。而其所期，一意以政权分配与平衡，而赋与普通平等之权利，曰：“同盟之目的，乃欲得普通选举之权。苟非和其伏在各阶级间仇敌之情，以调和日耳曼之劳动者，又为全社会之利益，而出真正之代表人，必依公平之（真）［直］接普通选举法，以变当时普鲁西之选举法焉。盖当时之选举法者，依财产而分三阶级，初以普通之选举，既而由选举者而选举议员，

---

① 拉伊列兹可：今译为“莱比锡”。德国萨克森州最大的城市。

② 列拉科贺陆托那：今译为“法兰克福”。处于莱茵河中部支流美因河的下游，为德国第五大城市，德国乃至欧洲重要的工商业、金融和交通中心。

更由此选举而选举代议士，为间接选举之制，故欲变更之，而达此目的。故于同盟，欲以正当之平和的手段，而冀全国舆论之赞同。”日耳曼劳动者同盟既成，推选拉沙列为其首领，以五年之任期。各联邦之劳动者，皆加入此同盟，助拉沙列运动之势，援以唤起全国民之舆论，而惹其同情。

拉沙列又赴伊大利，再张同盟之势力。时春光渐谢，炎威渐振，酷暑口逼，势不可耐，乃避暑于他所，其运动乃暂休止。同盟之势力，竟因之而不能伸张。至1863年秋，再至拉伊[①]之地，大纠合同志，以为运动之开始。自是年之冬，至1864年之初春，乃评论其敌手希野路野拉利兹野之经济主义，更著一书，题曰《卫斯兹阿-希野陆野》[②]，为劳动者吐万丈之气焰。是为拉沙列公表经济的议论之唯一之大著述，笔阵纵横，以攻击旧派之经济学。虽昌言反驳希野陆野派之方策，然议解往往流于偏僻，加之文字粗野，议论不确，出问于世，未足赞扬，乃自发愤，修饰其著作，励精刻苦，日以继夜者三月，乃得完成。文笔拔群，深刻显达，其绝大之忍耐力，可察而知。

彼尝自述其当时苦学之状况曰：“余以刻苦勉励之极，劳殆将死，其感觉乃觉非常之敏锐，而精神耗散，夜不能眠，终夜辗转床上，翌朝五时，抑头痛而出床，精力消耗殆尽。而勉强执笔，著录不休。又复勉强其余之事务，且于从事职业之旁，又从事于《卫斯兹阿-希野陆野》之著作，凡三月间，卤莽以成功，其不恰意者不少。且身体之康健，又以过劳而损。质而言之，盖文界之劳动者欤！”

拉沙列既以过劳成疾，身体之康健渐损，暂避于闲静之地，谋其回复，再准备社会之雄飞。1864年5月，身体复旧，更为运动之开始，而游历诸州。于那利契、卫陆耶、锝洛及乌野陆那陆斯契路兹[③]等，皆大试其演说，以开陈其意见。彼之游历诸方，随处皆有盛大之仪式，与多数之人民，而送迎。如国王之警跸，老幼云集其路旁，目击其盛观，数千之劳动者，以得拉沙列之一顾为荣，咸围绕其身边而欢迎之。

---

① 拉伊：今译为“莱茵”。德国地名，指莱茵河流域。

② 《卫斯兹阿-希野陆野》：今译为《巴斯夏-舒尔采》。

③ 那利契、卫陆耶、锝洛、乌野陆那陆斯契路兹：今译为莱比锡、巴门、佐林根、韦默耳斯基尔兴。

5月22日，为劳动者同盟第一回之祝典，举行于落计度陆列[①]。劳民热诚之情，达其极点。老少男女，闻拉沙列至，自四方而来集者，相互而称万岁。拉沙列所经过之地，女工等辄投以花饰，布满其地。全市之劳民，咸狂奔而迎彼，欢呼之声震动天地，以表示祝贺之意。拉沙列身受此盛典，曾致书于哈斯列野陆度夫人曰："余之所经历，人心之倾向，实有出人之意外者，即欲设立一新宗教，谅亦非难。"可想见当时之盛云。拉沙列之势力，一时极其旺盛，劳动之信仰，亦极其致，立于社会之地步，亦渐巩固。初志殆将彻贯，然物盛则忌，事与愿违，自后数月，竟以非命而死，毕生壮图，遂嗟蹉跌。然彼前者之成绩，后者之事业，皆关系于一身。加以当时同盟之结合，运动之机关，渐有成势，其社会的运动之行路，亦大进步，旷世而忽失此伟人，此所以不能不为社会主义而痛惜也。至其死时，异变悲惨之事件，尤可痛惜者。

1864年，拉沙列出席于柏林之文学会，席中有一妙龄之少女，容姿艳丽，娜婀轻盈，姑射神人，殆相仿佛，与拉沙列共谈，意气相投，拉沙列遂寄深思，深情妍婉，花容月貌，仿佛时现于目前，寐寤转侧，终不能忘。无何，再相邂逅于利檄[②]，两心之秘密，暗泄春光，遂订结婚之约，以俟日期。盖少女名列拉度意额[③]，自卫利耶[④]派遣于希渥卫（日内瓦）一外交官之女，时年二十，豆蔻春浓，遂与多情多恨之拉沙列，订终生之约，白头共誓，指水盟心。而其父顽固迂拘，闻而大怒，监禁其女于一室，严其出入，断然而绝拉沙列之音闻。盖其女已许伯爵列拉特可乌沙[⑤]，已承诺其结婚。故百方设策，以绝其心。或甘言抚慰，或加鞭挞之刑，鸳鸯好梦，未卜其成，玉惨花愁，幽闺深锁。拉沙列知之，愤怒不能自禁，裁书与其父，及许嫁之伯爵，要求决斗。许嫁者乃承诺。于1864年8月28日，会于希渥卫（日内瓦）近郊之加洛苛，炮声一发，中丸而死。浓情义侠之伟男子，竟以身殉，时是月31日，行年三十九。

新社会主义的运动之发起拉沙列既死，然其为社会改革之先驱，于劳动者之味方（一方），振其滔滔悬河之快辩，振新思想，注入下层之劳民，演说社会

---

① 落计度陆列：今译为"容斯多夫"。

② 利檄：今译为"里吉"。

③ 列拉度意额：今译为"海伦·冯·德尼格斯"。

④ 卫利耶：今译为"巴伐利亚"。

⑤ 列拉特可乌沙：今译为"腊科维茨"。

主义之本义，而求其赞同。劳力之势渐盛，劳民之多数，乃相团结，而兴一大同盟，以欲贯彻其目的，彼生前所计划之大事业，谋达社会改革之大目的，仅启端绪，而未见成功，遽赴幽冥之域，而其精神，则常鼓吹劳动者，以觉社会之迷梦。结合同志，以扩充其势力。1878 年，卑斯马克发布镇压社会党之令，始知社会党之势力，非政治界所能止。皆彼之精神所继续培养之所至。其生前所布画，死后乃显于社会焉。吾人既记述其经历，故略述其精神与议论之纲领如此，而知其思想之何如。

第二节　其学说

列陆兹耶度·拉沙列者，旷世之战士，德意志之社会党，为彼而生，为彼而动，为彼而增进其势力。今日社会民主党，所以把持政界之势力，而有多数之党与者，彼之力居多。然彼所唱导之社会主义，不立前人未发之奇说，以耸动世人，不过袭用马陆科斯、洛度卫陆他斯等之学说，润色而敷衍之。故拉沙列之社会主义，其半皆自马陆科斯与洛度卫陆他斯之学转化而来。马陆科斯之解资本，分价格之类为二种，余剩价格之贮积者为资本发生之基因，断定资本为强夺之结果，拉沙列亦效其说，论定资本之性质曰："收入与共有之财产与土地，而归于少数人民之私有，自由而使用其余之人民，故现时之财产制，窃取全人类之权利，而私之于少数者，是为不类不伦之制度。其掠夺的资本之存在者，遂起悖理之制度与作为，以酿成多数人类之不幸"云。其对资本而发如斯之根本的理想，与马陆科斯分二种之类相同。故拉沙列之经济的议论，往往与马陆科斯同其轨，以攻击经济社会之现制度，而庇荫劳动者。

然彼能自逞其辩，以述自己之思想，或执笔而说明其学理，则秩序整然，毫不纷乱。无论如何至难之问题，皆能阐明其原理，毫无余蕴。无论枯窘艰涩之议论，一经彼口，则津津而乐道之，必令听者忘倦而后已。故无论知与不知，莫不信奉其说。而其快辩，更得雄文以佐之。彼风行于天下者，读其社会主义之三种著作，可测而知。其三种者：一为《劳动者之宣言》，1862 年之演说笔记；二为《公开文书》，1863 年答进步党质问之书简；三为《卫斯兹阿－希野陆野》，1864 年春之所出版。是三种者，其平生之唯一之著述也。

1862 年《劳动者之宣言》之所演说者，为拉沙列最初发表此社会主义之持论。其首章论述历史的进步之状态，曰：

> 近世于历史之进化，区分之而为三段。其第一者，为1789年以前，即法国革命以前之时代。当时之社会，凡土地之所有者，其全权皆掌握于国家王侯贵族之徒，依赖其门阀，以统御其下民。既而法国革命之风潮，横溢弥漫于世界。于是社会之组织一变，政权渐移于中级社会。殖产工业之术，亦自此等人之计划，其富产则从其次第增加，资本之势力，亦极旺盛。立法与行政，两者支配于社会，贫富之悬隔，因之愈剧。是即近时为第二之时代。
>
> 自是半世纪之后，至1848年，第二次革命之爆发，政权之分配，乃稍得其平，万人之权利，一概平等。多数之劳动者，乃得参与国政，普行诸般之改革。于是中等社会之权利，移植于劳动者，自少数之政治，改为多数之政治。是为劳动者建设确固基础之时期。然旧日之因袭，未能尽去，于保护市民之利益各种之法律，未能销除。而中等社会，隐然于此法律之下，逞其骄横。然今日彼等之根底既破，彼等之命数，亦不能久保。世界之权利，将移于劳动者之时代。故当今日则必改此诸般之规则，变此各种之法律，以成四民平等之社会与作为，劳动者乃握社会之主权，以经营万事，以其所享一种之权利，而尽其正当之义务。

以拉沙列之说，则劳动者之新时期，乃发现于1848年2月24日第二革命爆发之时。劳动者乃设立预备政府，自是遂伴社会之进化，施行普通平等之选举制，二十一岁以上之男子，不拘财产之有无，悉得把持为政者之政权，一变其阶级政治，而支配于劳动社会，全灭各种阶级特有之特权，预期四民平等之新制与作为。盖人间之生存于此世，苟欲以自己之力，增进社会之公益，无论从事如何种类之职业，皆有劳动者之天职。所谓劳动社会者，是即人类之全体。劳动社会之目的，即为人类全体之目的。劳动者之自由，即为人类全体之自由。劳动社会之支配，即为人类全体之支配。相须相成，无有异者。故劳动社会之势力既增进，而人类全体之势力，亦随之而增进。

然则欲全劳动者之天职，其统御权确立之策如何？曰普通选举制之实行是也。普通选举制者，不关财产之多寡，以分配政权平等之制，以普通选举，而成立真正之代议政府，而为人民舆论之代表，打破少数为政者之专横，注意于多数人民之利害休戚，终始即劳动者之味方（一方），渐求社会改良之功。盖社会进步之目的，非增进一人之利益，乃增殖全人类之福祉。而增殖全人类之福祉，必自社会共同之力。而普通选举制，与政治之社会共同制，与此种之目的乃相一致。故谋人类之进步，企图社会之改良者，舍此制度之外，别无良制。此拉沙列所划之社会改良策，其要求之第一要件。所以必以确立普通选举制为急务也。

普通选举制者，为社会改良之起点，又为增进劳动者势力之起点，诚为完全无缺之良制。然识者往往非难此制度之施行。其言曰：移政权而委于多数民之手数①，彼等妄用其权利，以压伏富豪，复灭社会组织之根底，暴加于少数资本家之上，遂造扰乱社会之因素，实为多数专制之最显者。则普通选举制，非社会改良唯一之良策，乃扰乱社会无二之恶制。此等之议论，为反对普通选举中之人士所唱道，彼等盖以少数者之权利，为多数之人民所侵占。以一部少数之人民，行持过大之特权，以压多数之人民，乃国家最良之组织。加之社会全体之分离，阴发于一部之阶级与作为，以害其中级人士之地位及其利益，且及全社会之公利公益。盖社会之进步，而欲增进全阶级之利益者，恐终不能，则彼等之多数，个个分立，汲汲于其私利，而不顾虑社会之公益。

假令政权归于劳动者之掌握，必不能充其希望。盖普通选举制之效用者，必得天下全体之协力而发挥之。多数劳民之结合，岂能服膺②此等之真理，以充成此制度之运用，而图社会全般之进步发达？若国家采用此制度，分与政权于一般之人民，包容多数之人民，于劳动社会，其对社会，一变其主宰者与被治者现在之状态，一跃而皆登于治者之位，岂非社会组织之一大变革乎？拉沙列对劳动者之宣言，警告人民天赋人权之意，毕竟不出此意旨。故彼之演说，于普通选举制之真理，缕缕说明其效用，更于其结尾，大为劳民诉讼曰："吾人论述前者之论旨，凡属于劳动社会之人民，必负担其一新大职务，以高尚之议论，与适切之举动，以期登于治者之地位。其主义为全时代之主义，其思想为支配全社会之思想，改铸社会之形模，以负天职。故吾人于此历史的一大名誉之职

① 手数：日语"麻烦、挫折"。

② 服膺（yīng）：铭记在心，衷心信奉。《礼记·中庸》："得一善，则拳拳服膺而弗失之矣。"

分，必先锻炼其思想，以觉悟一般之人民，必求一定不动之地，确然立其基础，以建设未来之伽蓝[①]。”

以上所述，皆彼《劳动者宣言》之演说。拉沙列绝叫社会经纶之第一策，与政治上之改革，及所以唱道普通选举制之设立者，彼于答进步党之质问，其《公开文书》，开陈经济上之宿论。自生产的方面而论述社会改良之方策，彼更解释利加度[②]之“赁银论”，而说明其本质，乃题其书而加以残忍之名词。名之曰《赁银上之铁则》，即此文书之要旨。

拉沙列所著《赁银上之铁则》之议论，与马陆科斯之“余剩价格论”同为经济学上最有名之立论。马陆科斯于历史之分配，而观察资本家之状态。拉沙列则于劳动者之侧，以观察生产物分配之方法，推论使役劳动者之残忍，其结果也，驱吾人之同胞而伍牛马[③]云。

《公开文书》说明赁银之原理，曰：“劳动者之赁银，定限需要供给之法则，其平均额，无论如何之时，于劳动者生活持续之必要，不得以最低之生计费当之。”是即利加度之“赁银论”反复详说之本义。彼论生产之分配，对劳动者之定额（即赁银），先及劳力“自然之价格”与“市场之价格”而区别之。且曰：“此二种之价格，一昂一低者，变动劳动者之赁银，其结果或进劳动社会之幸福与繁荣，或增生计之困难。其需要供给之大则，于‘自然价格’与‘市场价格’。复同位赁银之分量，随劳动者之人员，而增减其阶级，与生活持续之必要，依其程度而定限之。于劳动社会如何繁荣之时，与如何衰微之时，以谋调和回复之道。”此固利加度所唱道赁银之本旨，即拉沙利所目为残忍非道之铁则，而著为宏大议论之骨子。

利加度所著名之“赁银论”，以劳动者之劳力，与货物一视平等，依其需要供给之大则，以定其价格之低昂。或如其分量而增减于劳力之价格，及劳动者之人员，亦依此大则支配之下，随其分而低昂增减。故拉沙列之议论，凡物品者，依其于社会之需要何如，以定其价格，或腾贵于生产入费以上，与或低落

① 伽蓝：梵语僧伽蓝摩译音的略称。意为众园或僧院，即僧众居住的庭园，后称佛寺为伽蓝。

② 利加度：今译为“李嘉图”。大卫·李嘉图（1772 年 4 月 18 日—1823 年 9 月 11 日），出生在伦敦，犹太人。英国资产阶级古典政治经济学的主要代表之一，也是英国资产阶级古典政治经济学的完成者。

③ 伍牛马：以牛马为伍，过着牛马一样的生活。

者，必复其两者同样之价格。盖劳力之真价，其对自然价格与劳力者于市场价格，其结局有同位之性质。而其所谓自然价格者，则必与劳动者生产入费相准。劳动者之赁银，与此自然价格相一致之时，则劳动者普通之状态，必能持续。彼等既得享有此自然价格与相同之赁银，其额或下或上无定额者，则称之为市场价格云。

质而言之，市场价格者，以需要供给之关系，自劳动者供给于其资本主之赁银之额是也。（原注：此时劳动者之生活费，其日用之常费，以最低之生计为标准，依劳动者之人员而增减之，仅足持续其生活。）至劳动结婚之数日增，则人口亦从而增加。然人口之增加者，即劳力亦因之而增加，即超过其需要之供给，则赁银自必减少。其极则市场价格，必下落于自然价格之内。劳动者之生计，渐至困难，则彼等之死亡，又必超过其出产，而再减其数。故赁银之一低一昂，乃生产社会之状态自然之理，其赁银之平均额，以劳力之生产入费为标准，不得超过最低生活费之期。而生产物对劳动者之分配高者，终不能脱此范围之外。劳力之价格，必依此法则所规定，则生产事业之发达，其资本之利益而增进，则彼等而欲享多分之配当，终无其期。

生产物对劳动者之配当高者，以如斯之限定，则彼等终生欲高其生计，势必不能，终必浮沉于一昂一低之里，而与牛马伍。是即利加度所唱道“赁银论”之本旨。拉沙列所说明赁银之原理，乃无二之真理。且此赁银规定之法则，于劳动者详说其残忍刻薄之理，以开陈自己之宿论。赁银规定之原则，既已如斯，故彼遂断定劳动社会为拘束无慈非道之铁则。于是乃欲变更此法则，破碎此铁锁，以求生产组织之改良，策划社会主义的方案，以为应用之举。

《公开文书》者，乃彼说明社会主义的方案。然彼之所讲究者，先向其余之方面，以计划社会之改良，而反驳希野陆·野特利兹野之方案。当时希野陆·野特利兹野，为进步党之领袖，主持政界，注意社会问题，以画贫民救济之策，而其方策，则以信用组合之组织。彼之信用组合者，集贫民零细之资本，造一个之团体，以会员相互之融通，以供资本之制度。而其组织，不免于偏屈狭隘。彼等所常服膺之语“合组员之外皆勿贷之”云，即此可察而知。乃于全国之各处，组成此种之小结合，以集劳动者之资金，颇为姑息之改良策。与拉沙列之计划根本的改革策相比，两者大异其趣。此则于劳民之权利，付诸等闲。加以希野陆派欲扩张其信用制度，给各劳动者生产品之原料，使劳动者各营其生产事业。其计划如此，不过变现今之资本制度，改手工劳动之制，以期信用制度之扩张。而拉沙列则反对之。然手工劳动者颇喜其策，以为救济劳动社会之妙策，趋时势者则赞同之。

更为计划劳动社会之救济策，欲设立共同店铺。共同店铺者，以消费者之同盟而成。以廉价之物品，而给其供给者，以改善一时劳动者之状态。彼等割其少许之生活费，余剩以为资本。然其结果，劳动者之利益，终不敌资本主之利益。何以故？彼等共同店铺之制，以供其廉价之物品，而以其生活费之减少者为资本。彼生活费之减少者，即劳银之减少。是即最低生活费之标准，即为劳银之率。则此等生活费之减少，是为低落之由。名为救济劳动者，实则与以资本者之利。

其策如斯，则果如何而后改良？非改革生产社会现组织之根底，变更富者之分配法，终不可。彼赁银之铁则，羁束劳动者终生之运命，终无救护之期。而此法则者，终不恰适人间本来之天性，适应天赋之权能。劳动者一种之阶级，终不能除去之，则文明之进步发达，独为少数资本家之利益，而不顾多数之劳动者，岂改革之必要乎？拉沙列素以改革全社会之负担以自任，今睹此劳动者之状态，沉沦于悲惨之域，必先就其速改善而改善之，则必先改善其现时之生产组织。而欲改革现时之生产组织，则必打破利加度所发明赁银之法则，以变更富者之分配法，而排除与劳动者以货物同一等视之经济的观念。

普通选举制者，为社会改良之必要，拉沙列之议论，吾人既已述之。彼为劳民以传檄，大唱选举制度之改革，以唤起天下之舆论者，岂贪政界一时之虚荣？盖欲于殖产界，抱持无限之势力，以左右劳动者，与资本家之一派，占有政治界同等之权势。故拉沙列之唱导者，欲依普通平等之选举制，先夺政治上之权利，于彼等之掌握，企图收之于公众之手，以组织众多平等之政治，为改革社会之起点，为彼实行其计划第一之阶梯。

选举改正法之计划，既达其目的，政权既移于公众之手，则国家者，初为少数人民之专有物，今为社会全体之共有物。于是其计划生产社会改革之方策，始得实施。然彼所谓社会改革之方策者，袭踏前人之计划，而行姑息之改良，故彼于消费者同盟之店铺，信用组合之设置，其初亦有采用之意。既而一变其组织，全废资本主与劳动者之关系，直以劳动者为资本家，驱除资本、劳动两阶级之区别于社会。然则以如何之计划，如何之改良，乃足以救之？其决行之法又何如？曰第一著之事业，先组织国家保护之生产团体。即自此团体，以融和资本家与劳动者，置之于休戚利害相共之地位。而此生产团体者，又设多种类之分业，以使役多数之劳动者，并以利用之器械，以助其经营生业，设立大制造所。然此大制造所者，非区区之劳动者所能设立，是必对国家而要求其保护。

彼如斯之计划，为社会改良之第一策。依国家之保护，以改革其生产组织。然国家果能不干涉其生产事业，但尽其保护助势之权与否，不能不先虑之。拉沙列乃以关于国家之议论，说明“国家之原理”，可以窥其论定。彼与自由主义派相反对，以解释国家保护个人之自由及财产，导诱社会之进步，为最高机关。如彼自由主义派之说，以为借国家之职务，而保护个人之自由与财产，则国家者，不过守鸡鸣狗盗之番人。贵重国家之职务者，岂独限于此等二三之事业，不顾社会进步之事迹？盖人类社会者，其对天然之苦斗，不胜其扰，或天灾、地变、饥馑、恶疫、贫困、暴戾等，遭无限之困难，或启愚鲁，或制蛮行，社会之事实，不知几经变迁，忍此等多数之困厄，排除多数之障害，而后人类社会所以进于今日之域者，决非偶然。若放弃于一私人之手而不顾，举此等万般之障害，一切一任个人之排除，则社会之进步，何日可望？吾人之幸福，何时可期？而所以除之排之者，以谋社会之进步发达，是皆国家之力。

故助自由之发达，谋权利之伸畅，以增进人类社会之福祉，使国家尽社会之义务。则一人一个之力，终不能举万般之事业，以成完全之社会，而导诱自由幸福教化等。故国家之于社会，乃当然之职务也。拉沙列解释国家之职务，既已如斯，苟和社会之不调和，匡社会之不均一，以谋社会全般之改良进步，乃国家当然之职务。必当其任者，毫不容疑。若资本制度之发达，而及减缩劳动者之自由，生产品之增加，而反减少劳动之价格，如现时者，则调和匡正之责任，亦国家应尽紧切义务之一。故谋改革生产之组织，必借国家之助援，可确信而无疑义者。

以上所论，即拉沙列《公开文书》之论述，为社会经纶策之大要。然彼所言此国家保护之生产团体，以完成社会改良之目的，充分以解释此社会问题，固可信者。然而此社会问题者，乃至难之问题，岂一朝一夕能预期其完美乎？彼之计划此等之团体者，不过欲变更此不和调之生产组织，而进调和整顿之域，案出过渡之一方策，实行于工业之中心点，渐波及于各部之地方，以除无益竞争之弊害，厚其相互之信用，以助共同一致之念，庶几一新殖产社会之面目。彼之所希望最后之社会组织者，皆以马陆科斯及洛度卫陆他斯①以公有主义为基础，即共和的社会是也。彼其所著《卫斯兹阿－希野陆野》② 所论述，其言曰："于生产社会劳动之分业，以寻其实际。结合生产社会之共同劳力，此共同劳力，以物品与生产为真正之要素。故社会者，于全生产中，必先除去私人之资本，以役使社会共同之劳力，即以社会共同之资本，于从事生产事业之人，应其功果之割合，而分配以生产物。"

《卫斯兹阿－希野陆野》之所论者，已说明拉沙列之公有主义，而讲究经济上之诸原理。彼所采用马陆科斯等之学说，多于其书发见之。就中之议论，其彼此相等之要点，以解释资本者，马陆科斯之解释资本，以狭义，其理想在希望绝灭生产社会之资本。而拉沙列则依社会变迁之状况，以现出历史之现象，于其《卫斯兹阿－希野陆野》而解其理由曰："资本者，自生产社会之状况，而发现一种之现象。质而言之，资本者，历史的发达之径路，以现出一结果，于法律经济及社会的组织之下，别成一种之名称，与大工业之发达，必生分业之方法。其产出之物品，贩卖于市场者，亦从而扩张，自自由竞争之盛行，劳动之器械，归于一阶级者之特有，于是自由劳动者之阶级，利用赁银之铁则，强夺余剩之利润，次第收贮其财产。所谓资本者，其所有者，非自自身之勤勉，乃收没他人之功果，以为资本之作为。其势力乃愈强大，愈自由，遂成过大之繁殖力。故资本之势力者，乃压倒其余之生产业。而富者愈富，财产者愈生财产，以强夺其贮蓄。于是过去之劳动力，全然变形为资本，以压现在之劳动者。故今日者，乃过去而压现在，以死器械而擒生劳动。器械与劳动者，乃转换其运命。而器械则日月而发达。劳动者仅为运动器械之机关，非运之迫，日见其盛，而器械又变为资本矣。"

玩味以上之议论，马陆科斯及拉沙列使用资本之意义，与其余经济学者之说相比，无所大异。此两者于生产事业，皆唱道资本之无用者，不过于使用上之措语，微有差异。其解释资本，以为"富者造富，非生产事业之名称"，与其余之经济学者同。彼等则认定此种资本为必要，盖就时代而立言，以为生产社

---

① 洛度卫陆他斯：今译为"洛贝尔图斯"。德国经济学家和社会主义者。

② 《卫斯兹阿－希野陆野》：今译为《巴斯夏－舒尔采》。

会之事业。而社会主义者，则匡正富者之分配，以压抑资本家之专横，故于资本之功力，皆视之为无用者。今虽资本在于个人之掌握，而不能逞其跋扈于殖产社会。故社会主义者，全收之于社会全体之手里，以扩张其一层之功力，而谋生产事业之发达。其所以反对殖产社会之现制者，盖不欲归于一人一个之私有，而搜集未来之富与少数之资本家。彼等所欲改革现组织者，变个人的而为社会的，以绝灭资本之功力移之于一私人之手，而收于社会共同之手。是吾人记述马陆科斯之《资本论》，所不可不知者也。

拉沙列所计划社会主义的改革案，即已如斯，然彼之抱负，未曾实演而先逝。虽其计划，不能充分而实行，而其党与，续其衣钵，乃祖述其说，以造日耳曼社会党之基础。自后社会民主主义之议论，渐为世所注意，而唤起其同情。日后于日耳曼之政治社界，试活泼泼地运动，耸动天下之耳目者，拉沙列其功首也。

第三编　近时之社会主义

绪　言

第一期之社会主义者，皆荒唐无稽之空说，试诸实地，辄形失败。降自第二期，对社会主义所研究之学理，渐进其步，于是经济上之原理，异论叠生，马克斯[①]、拉沙列等之名，一时喧传世上，举世皆倾听于社会问题，以求社会改革之法。温和和急激，互异其趣。一派则为疏暴急激之破坏的急进党，一派则为温和著实之渐进的平和党。其议论之根底，互标异帜。其运动之方针，亦大径庭。两者之背驰，竟成仇敌。于是社会民主党乃宣言曰："必以国家干涉生产事业，而后赁银的劳动之组织，乃可打破之，以收一切之利权，置诸劳动者之掌握。"而唱无政府主义者，其说更激，曰："用国家以打破无益之政府。凡现社会之组织，必破坏而全灭之。"其后乃进而讲社会改革之法，用国家社会主义，以公共之性质，而营事业，收之于政府之手。严其监督，勉其保护，以谋现社会之改善。以与前二者之议论相比，其差异殊别，相去何等。今吾人分章别目，以寻温急两派运动之径路，以考其如何思想，而后近世之社会主义，乃可得而稽查之也。

① 马克斯：今译为"马克思"。

第一章　无政府主义及其党与[①]

与社会现制度反对之社会主义等，如希望贫富平均之社会主义，与对阶级特权及财产制之观念，皆为一派之社会主义，大致有相似者，若主张共产及共有之制度，而排斥一切中央政府之干涉为无用，必绝灭之而后已。其唯一之目的，盖注于此，世遂称之为无政府主义[②]云。无政府主义者，其非社会主义之一派，不容疑问，然其思想之根底，实自社会主义而胚胎之。其议论之程度，亦与社会主义相近；其所作为，亦多与社会主义之计划为一致，以尽各种之方策。希望社会之现组织，以企一大改革，而保永久社会之平和。上自王侯，下及奴隶，共造一大美善之社会。故彼等最后之目的，亦不外打破阶级制度，而匡正贫富之悬隔为宗旨。

无政府主义者，一言以蔽之，其对现组织，则主极端之破坏主义，于社会之制度、文物、阶级、特权，及其政府，一切皆破坏而全灭之，以达其目的。然彼等之方法，而欲社会之改良，自由之伸畅，贫富之平衡，终难实行。故用过激粗暴之手段，于现社会之制度，加一极端之打击。或造秘密的结社，以企放火、暗杀之非行，暴裂弹与刀剑等，常为彼等之利用。甘为社会之公敌，以杀戮显宦贵人，袭击帝王妃后，种种之暴动者不少，其狂暴如此，颇为紊乱[③]社会之安宁秩序云。吾人欲知无政府党之目的，与怀抱与主义何如，兹就其四十七名党员所决议于利拉公会无政府党之宣言书而述其大要：

> 无政府党者，第一则唱道言论之自由，而又唱道无限之自由。
>
> 公然表发多数之意见。吾人之组织无政府党，吾人既得所希望绝对的

---

① 党与：党羽，同党之人。

② 无政府主义（Anarchism）：又译作安那其主义。无政府主义包含了众多哲学体系和社会运动实践，其基本立场是反对包括政府在内的一切统治和权威，提倡个体之间的自助关系，关注个体的自由和平等；其政治诉求是消除政府以及社会上或经济上的任何独裁统治关系。这一概念引入中国之后，庄子被认为是最早的无政府主义者。

③ 紊（wěn）乱：扰乱、杂乱、纷乱。

自由之外，更有无限之愿望，以对天下数百万之劳动者。

吾人切望自由，各自详言其所欲。苟非自然的不可能之事情之类，凡其余之裁制，必以人己一致为标准，全然满足其要求。

吾人既切望自由，而此自由者，与其余之权力，无论其如何之起源与形体，与在于何人之手，终无并立之势。即如其有权力者，不问其为选举制与委任制，王制与共和制，与论天赋之神权，与人民之公权，及神圣的方法，及普通选举之法。虽最良之政府，吾人必深恶而痛绝之。

无政府党于组织党派之制度，与所发明之公理，以布之于人民。

凡人民财产之所有主，为求平等自由，搜集其资本于少数者之手，且日递减其资本主之数于社会，以期人人皆自由。

吾人深信，资本者乃同时代之人民，协动之结果，乃全人民之共有物，应供社会全体之使用。

他人或目吾人为极恶疏暴之徒，然吾人为天下之同胞，要求学问，要求职业，要求独立与正理之外，不敢别有他意。

呜呼！果为同胞而要求学问与食物，要求其职业及独立，要求正理之党派，则何故而废政府全灭国家之机关，而不能达其目的?！而无政府主义之首唱者列陆度曰："政治学所说明自由之学问，以组织人间之政府，无论其有如何名称与形体，皆为不理不正之举，以束缚自由而妨害权利，此吾人之所谓与政治之意志相反者，故欲求高尚社会组织之方法，必求之于秩序整顿之无政府的状态之下。"其举暴戾、悖戾、无道、压抑等社会百事之罪恶，其根本的病原，悉归之于政府，以故凡信奉无政府主义之人，欲剿灭此等万般之罪恶，而得极端之自由平等，必先覆灭政府，全废官吏。于是隐谋暗杀爆裂弹等之手段，皆为彼等所袭用，而其最有势力者为俄罗斯。

唱道无政府的议论，为法兰西之社会主义者，为列陆度。尝欲集其同志，以实演其议论，未果而先逝，然彼之议论因卫科意①遂占有俄罗斯社会确固之地步，其势蔓延，至1870年，遂为虚无党组织运动之开始。

米加野陆・卫科意者，出于俄罗斯之名门，以1814年，生于托陆希幼科，

---

① 米加野陆・卫科意：今译为"米哈伊尔・巴枯宁"，俄国无政府主义者。

曾投身军籍，为炮官，奉职波兰之联队，其从事业务之际，因波兰之人民，困于俄罗斯政府之苛政，目击其极于困难之惨状，乃激动其仁慈之至性，遂发达而不能自禁，断然决意，遂脱军籍，乃抱社会改良之素愿，以委身于举事。1847 年去本国，游巴黎，与列陆度而订交，依其熏陶，遂为信奉无政府主义之巨子，而为列陆度门下之高弟。

1848 年之革命既兴，卫科意亦预此举。1849 年，度列斯特府之运动，大尽其力。然革命之势力，终屈服于诸王侯之手，竟至误其目的。卫科意亦革命之主动者，为复旧的政府所逮捕，居于纱科耶意、墺大利（奥地利）、俄罗斯等之狱者，凡八年，既而为俄罗斯政府处以终身放逐之刑，护送于西伯利亚极寒之地，义魂侠魄，将埋没于淅沥风雪之中。幸而当时西伯利亚之知事摩拉卑幼列，为彼之姻戚①，待遇极宽。于彼一身上之自由，皆不拘束。刑名之重虽无比，而辛惨之遇则甚（经）[轻]，故处西伯利亚风雪之中，既历四年，备尝艰苦，遂犯无数之危险与困难，乃脱走配地，越重洋而走于加利贺陆意耶。1860 年，本国之警戒渐宽，遂移居伦敦。卫科意既尝无数之禁锢追放之辛苦，前后共十二年，以可惜之光阴，而断送于暗淡阴郁之里。既至伦敦，为文明界之中心点，观察社会之状态，四顾风物，皆不足满其意，而复旧的政府之势权，依然旺盛；革命之反动，愈倍压抑，自由与平等，皆为各专制君主所障害。况以久抱义愤于囹圄之中，如卫科意者，睹此种种不满足之状态，乃又愤然蹶起，以鼓吹民间革命之气焰。

既而劳动者同盟既成，乃榜示无政府主义，以示破坏政体之策，彼之说曰："人间只服从天然之法则，若其余一切万事之拘束制裁者，不问其为神权与人力，不论其为多数团体与一个人，皆无服从之义务。"于是彼乃对现制组织，全然以破坏为目的，匡合同志，而组织无政府党。1864 年，劳动者之国际的同盟成立，乃共同志而投之，扩布传说过激无政府主义于西诸欧洲，以至瑞西，为最有力之国际的无政府主义之代表者，群震讶于卫科意之名，而占最大之势力。1869 年，更共同志以组织社会的共和主义之同盟，不能完成其目的。至 1872 年，哈伊科之会，抗争国际的劳动者之团体，与马克斯之中央集权之制，以国家而经营生产事业之说，大相反对。彼主张国家及政府，为存在百般罪恶之根

---

① 姻戚：姻亲。儿女亲家。

源，凡政体官吏法律，皆为束缚人间之自由，必全然排除于社会。凡社会之现组织，必一一覆灭其根底，与马克斯之一派，全然相反，故共同志，乃脱同盟，而传播自己宿论之破坏主义于各国民之间，以试其活泼之运动，以大张其势焰，于是其党派之势焰，极于极点，然至其晚年，乃渐衰歇。至 1876 年，乃逝于柏林。

卫科意一面以过激流暴之改革案，唱道破坏主义，一面又主张无政府主义，与俄罗斯相类者不少，如卑托陆科洛贺托希公，如拉乌洛列，如卫陆兹。其手段方策，全然与卫科意相同，其希望社会改革，皆主张无用政府，与绝对的自由平等。科陆贺托契出于俄罗斯之名门，其父有广大之耕地，家财丰富，地望①甚隆，故彼幼时受扈从之教育，出入宫中，与王侯贵人相交接，目击上流社会骄奢之风习，居常深顾下民困乏之悲境，大激其同情之念。虽身居贵族豪富，极反上流社会之奢侈骄淫，见下层贫民之境遇，日赴穷乏，遂认社会改革为必要。然当时民权自由之压抑，言论出版之束缚，达其极点，政权独握于君主之掌中，而慑伏于专制之下，徒欲唤起民心之舆论，以举行平和的革命，终难实行，故彼于社事改革之方法，采用非常手段，以破坏现制为目的，左袒颠覆政府剿灭官吏之运动。

俄罗斯当时之形势，外难频臻，岁无宁晷②。其兵马勇健，为万国之魁，常驱扩张领土之野心，以干涉东欧之事件，前后二次与土耳其构难，招各国之猜忌。国帑罄于内③，兵势竭于外。君主不能尽忠于人民，不能致力于国家，徒充皇帝之欲心，而驱无数之民生，以殒于锋镝。蠢尔苍生，凡仗剑以抗敌国，集锐以御外寇者，不过为皇室充欲之牺牲，亦不顾其争斗开战之理由，绝非为正理为人道而出于不得已之义战者，彼等皆为专制政府所压抑，专制官吏所跋扈，殒身丧命，人民不堪。1878 年，俄土战争之结果，于是无政府党员，乃传檄于人民曰："吾人所敌者，非暴戾无道之土耳其乎？然彼等尚布宪法，以脱专制政治之旧态，而所以激成卫陆额利耶州内之逆杀，致三十万俄罗斯人民之流血者，皆为启此卫陆额利耶不幸之民众，启其立宪法开国会以施民政之途，而免无道

① 地望：中国魏晋以下，行九品中正制，士族大姓垄断地方选举等权力，一姓与其所在郡县相联系，称为地望。

② 岁无宁晷（guǐ）：一年中没有一天安宁的日子。晷，日影，时间，日子。

③ 国帑罄（qìng）于内：国库空虚。国帑，国家的公款。罄，尽，用尽。

之压抑。然此等俄国之人民，能以仁心而怜他国之无辜，而反于自国内之专制压逆，不能满足，此无道之政体，何以服人心乎?”其正理正论如此!

俄罗斯之形势，既已如斯，当时科洛贺托希为可沙科兵营之一将校，留于西伯利亚者五年。1867 年，乃归俄京，遂脱兵役，委身以研究学术，为地理学会之书记。1872 年，游白耳义，大受国际的劳动者同盟之感化，乃共卫科意而为共产的无政府党之设立者，既归俄罗斯，更加入革命团体，开秘密之讲筵，鼓吹革命的精神于劳民之间，运动甚盛。为政府所逮捕，拘留于希托贺路及希托卑路之狱里，然以病笃，移入陆军病院，乃遁走英国。1877 年，又赴瑞西。于希渥卫[1]著一文，题为《革命》，发刊于新闻，时 1879 年。然居无几，又为希渥卫所放逐，坎坷不遇，不能容其身。1882 年，被捕于沙陆兹意耶。1883 年，又拘留于里昂，处五年之禁锢，既而由法兰西大统领之命，乃解其刑。1886 年，为英国无政府党之机关，乃尽力创立《自由》之新闻，遂卜居于伦敦近郊之哈亚洛。然其公爵之爵位，先已褫夺[2]，欲再得之而不能。

于是俄罗斯国内之无政府党员，其巨魁多放逐于国外，或处流罪于西伯利亚。加之政府又命锐敏熟练之间谍，视察党员之动静，防事于未发之先。然而秘密结社，依然存在于各所，以造党结派。自 1874 年，社会革命党之结党以来，与 1876 年，平民党之结党，咸望破坏现在之政治组织，别组织社会平权之新政府，党势益益[3]扩张。又新生恐怖党，至 1879 年之中，顷乃有用严极之过激手段以达其目的之虚无党发生，于是下层之人民，憎恶王侯贵族之感念，更加一层。农民亦复大起，以示反抗政府之趋向。政府遂命各地之长官以逮捕其党羽，但有嫌疑所届，不拘罪迹之有无何如，悉依行政命令，追放之于西伯利亚。人民之处流刑者，前后接踵，自 1869 年至 1870 年二年之间，凡六万之人民，其审问判决，悉任行政官之任意。其罪人遂流窜于西伯利亚极寒之地。

于是其反动益甚，辄以阴险疏暴之手段，加荼毒于高贵。将军耶希那陆先被刺，知事科洛贺托希（原注：非前出之科洛贺托希公，仅同名耳）绝之，佐官托列特亦几蒙其祸。先是，有名乌野拉沙斯利兹者，乃一少女，怀短铳，托

---

① 今译为“日内瓦”。
② 褫（chǐ）夺：依法剥夺。
③ 益益：日益，更益。

事而谒俄京之市长托列驾卜，乃刺杀于市厅之公堂。沙斯利兹虽受审问，然当时之法庭，赦刺客之罪，与以无罪之宣告。沙斯利兹度获赦，再出社会，仍欲再毙其所谓“残忍悲道之恶鬼”（原注：即指官吏）无政府党员等，深赞美其猛勇大胆与行为，以迎彼女之热诚。于是彼等之疏暴手段更甚。又有刺客摩洛希斯契者，欲刺行政委员长那利可列，不成，将处绞杀之刑，将死之时，从容于官吏前曰：“余之所为，无他人知者，又非他人所能共者。然余虽死，而那利可列终必为余等之所杀。”放言无忌，举动激昂，人心激为激动。加之虚无党员又传檄语，以挑拨民心而胁迫帝与官吏。其檄曰：“我党确认政府为国民自由发达之大害障，必令皇帝亚历山王让与其权力于人民之手，设立立宪的国民议会，以讲社会改革之法。我等无论何时与政府应战而不辞。”呜呼！彼等之毒刃，引率于其所谓“残忍悲道之恶鬼”之巨魁。以俄罗斯皇帝之尊，尚不能免。1881年3月13日，彼等又施其毒手于其所谓“俄罗斯社会之公贼”亚历山王第二世，于是亚历山王，遂殒身命于虚无党之手。

盖俄罗斯无政府之一派，既变而为虚无党，既不能抱光明活动之希望，而专制压抑，益复难忍，同抱绝望之念，遂乃自暴自弃，以杀戮贵族显官为泄其忿懑之计，如彼卫科意之说，“于社会现存之制度，无论天下何物，皆无永远存在之价值。若法律，若政府，若警察，若议会，凡妨害社会之自由平等者，吾人必破坏绝灭之，而后为后图之计。于对现制组织，吾人无一采之者，必破坏绝灭而后已云。”放言肆议，诚说破破坏党之真想。盖以俄罗斯专制政治之国，出版言论之自由，全然杜绝，加以苛政刻法，拘束彼等之举动，凡一举一动，政府之干涉，无所不至。彼等之郁愤，亦置之而不理，故虽以间谍周备，而秘密的运动，益密益巧，政府遇之愈刻，彼等亦对之愈暴。而虚无党之势力，伏于社会之里面者，虽不能得其真相，而其一面之发于暗杀阴谋之非行，则以示威运动之强迫手段，以逼当路。其一面于逮捕审问之件属，流窜于西伯利亚内地之囚徒，日益无已。故俄罗斯现时之虚无党，其势力亦困于退缩之极矣。

夫无政府主义者，不局限于一国一家之下，必无国家，无宗教，无帝王，无大统领，破坏一切之现组织，以除其不平均，而造一切平等贫富均一之新社会，而为世界的组织。其党员不独在于俄罗斯，欧洲各国以及世界各部，随处皆有散在者，但俄罗斯之无政府党员，于比较上，其势力极为旺甚，盖其国情使然，无足怪者。然而彼德意志社会民主党之一员如希幼贺斯托者，亦绝然为无政府主义之人。彼之所唱，亦以暗杀为社会进步之好手段。然其所说，过于奇矫激烈，不容于本国之党员。乃走合众国，盛传播其自说，大得劳动者之赞同。如1883年2月11日，演说于卫陆兹贺阿之时，天将阴雨，听者无立锥之地。彼之言曰："吾人当绝望于借投票者之力，以驱除其压制吾人者。欲为劳民诸君，断其钳制禁锢之苦，莫如以暴力，痛快而扫除之。吾人敬告诸君，诸君若欲达其平等自由之目的，必须购此枪炮。若此枪炮，不用之时，藏之于室之一隅，何烦之有？一朝机运就熟，以备使用之时，则弹丸之所发，以毙此压制者与暴逆者，岂不快哉！诸君当今之时，谨依赖吾人之纸笔而望自由，吾人断信其无效；百人之投票，不如一人之铳炮，枪得吾人之自由者，舍火药弹丸而何措也？（Lead and powder alone make us free）"以德意志之人民，而唱如斯激烈之说，此种之议论，竟搏遍国之劳民之所喜，于是无政府主义之暴说，于社会之里面，把持无限之势力，以试其秘密之运动者，则未易窥测也。

依无政府党派之所唱，其对压制者之手段，肯悉正理，而彼等之所谓压制者，乃指于君主及政府，乃指于顾者，乃指于资本家，及劳动者以上之阶级，暨凡百有势之人民，故彼等成队组派，动辄同盟罢工，与资本主应战而不辞，而其专走极端之徒，或杀君主，或刺大统领，全社会之民，咸战栗于彼狂乱之非行，憎之之念，乃益炽。如1894年，意大利之无政府党员额卑利渥刺法兰西大统领加陆诺于里昂之市；又如1897年，意大利之无政府党员铳杀西班牙之首相加诺乌斯。而狂暴自喜之徒，往往为此无故之杀戮，所不能免，不问其主义与目的如何，而轻举暴动之态，愈出愈奇，不但政府及人民，视如仇敌，其所连络，其余之社会主义者，渐亦恶其无谋之举动，而摈斥之，于是所谓无政府党者，孤立无援，独自挑拨下层之贱民，加祸害于国家，妨其安宁，乱其秩序，以成其疏暴狂乱之举。彼等所谓自由平等最极之目的，终无能达之期，徒自取暴乱之污名，以自暴其身而已。

至于今日，天下渐苦无政府党员之疏暴，警戒其过激之手段，以法律与警察，两者相俟，欲尽力而剿灭之。然而其党近日之举动，更涉一层过激者，残虐暴戾，殆无其极，列国相互妥协而开国际会议，以求镇压无政府党之策。而其近因，其由来颇久，若1898年之逆杀事件。1898年9月墺大利[①]皇后游瑞西，

---

① 今译为"奥地利"。

至希渥卫，而为意大利无政府党员陆契意所逆杀之事件，是年 10 月，德意志皇帝游历卫列斯他伊之际，而为无政府党员要之于亚历山王港而狙击之事件等，于是民心汹汹，流言百出。道途相传曰：无政府党者，欲尽杀各国之皇王高贵而后已；分派其决死之党员于四方，徐图资杀之计划，如墺国皇后之逆杀，此其一例也。浮言所至，举世骚然，咸抱危惧之念。各国政府，不能默视之。意大利政府，遂为首唱开国际的秘密会议于罗马，以画镇压无政府党之策。是年 11 月，列国之委员相会意大利，乃提言其各种之要求。曰：

第一为监视无政府党员之动作，新设国际的警察部于柏林，自法、德、英、意四国为始，而俄罗斯、意大利、瑞西、白耳义、和兰九国，各出一名委员，以监督其事务。又此国际的警察部者，与欧洲诸国之警察，必互通其气脉。其经费，则九国等分其负担而维持之。

第二则欧洲各国之政府于关于无政府党员者，高议其引渡条约。

其事未经审议，不能知其详。然于无政府党近来之暴动，其于世情何如，可察而知。于是彼等因法律严禁其行动及结合，且深注目其举动，故于社会之表面，不能大高其势焰，仅于其里面之秘密运动，散在各国同志之间者，脉络相通，以求其势援，故吾人于无政府党现在之势力，不非知其强弱之度何如，若欲详记此等详细之运动，非本书之要素，不过举其无政府之怀抱与理想一二而已。

前所记述，以政府为社会上所不必要，且为百事罪恶之根源。其论定之所出，始于列露度之所唱道。从其说者，不拘其政体之组织何加，凡有政体，凡有政府，皆为国家所不必要，所以免社会之不公平。盖以吾人所应享有之绝对的自由平等之权，或藉治者之威力而始振，或因被治者之屈从而放弃，皆为于社会上以传播其不公平不均一之种子，而卫科意传之于各国民之间，遂唱道政府为不必要，以破坏现制组织为目的，而遂组织破坏的无政府党。然无政府党员唱道之所说，与社会主义之所说相比较，两者之间，虽有非常之差异，而二说亦有相同者。今略述其异同之点于左：

无政府主义与社会主义相异之第一要点，其主权之所在，社会主义与无政府主义相同，虽皆以希望人类之自由平等，或借人民之手，而得其所希望之权利与自由，且以其所得权利之一部，或托之政府与国家，为社会秩序之保护者，若无政府党之目中，无政府而仅有国家，热望是等绝对的自由之党员，必欲破坏现制组织，以贯彻其目的。人人以各个之力，以自御而自守，论社会主义者，以主权现存于国家，而无政府主义者，则欲收之于个人之掌中。

无政府主义者，以政府独立自主之权，为屈从外部之意志。其解国家，以一定永住之土地，方为全人民之代表者，君主个人及团体，皆不能侵入他人之权内，以其主义而集合为团体，故彼等以国家及政府，为侵蚀人民之权利之结果，故于社会主义，每每反对此解释，而社会主义，皆不但不附和之，且欲依赖国家或政府之手，以企图增进其自由与幸福，其怀抱如此。

不但此也，其两者之方法，又互各异其说，但其主义思想，两者之间，又有全然一致之点。如共产的无政府党，以“凡物各有所属，以必要之物品，与必要之生产，而供相应之劳力，无论何人，不能限之。其对各物品之供给，以公之于社会”。此与社会主义之根本的理想相一致者也。然其依各人劳力之多寡，而定各人所得之标准。其议论与洛度卫度他斯及马克斯等相比，则迥相殊。而求社会之自由，进劳民之幸福，以打破贫富不均一之念虑，则为两主义之怀抱与根本的理想。故深溯其根底，探寻其思想，玩味其议论，两者归著之趋向，相去不远，然其手段方法之末枝，每生相互之冲突，忘其相合之感情。如 1871 年，哈伊科之会，卫科意与马克斯之分离，全然组织成独立之一派，于是两者再无相结合之期。社会党派，今渐然组织于欧洲各国之地盘，为确固社会的势力之基础与作为。其所分离之无政府党派，则狂乱疏暴之举愈剧，背宪法，废法律，屡屡危难其生命，社会乃变战栗之时代，以致各国政府之恐惧，而誓心必欲剿灭之。故今日彼等于法律上，不许其存在，不能得政府公许之运动，而仅以秘密之结合，暗集同志，时时逞其阴谋。曾因德意志社会民主党之党员，怀抱极端之无政府主义者，如希幼贺斯度及哈西陆马等，既被驱逐之后，1891 年，开会于卜陆希陆斯，为万国社会主义同盟会，自相会合，而驱逐无政府党员。1893 年，斯利兹之会，亦不认无政府党员之列席，自是两者之隔绝愈甚。

昔之握手一堂，以企图经营改革社会之大业者，今则如仇雠云。

第二章　社会民主主义

主张生产的民主制论者之中，议论亦分二派：一则于生产界放任其竞争与自由，唯采其所有独占的性质，而不委之于政府之手；一则置其独占的事业，置于政府之管下。凡属生产事业，必强迫之而为共同，相互之间，而泯其竞争之举动。此其二派也。

拉沙列[①]所唱道之社会主义，稍类于后者之议论。彼即依于国家之帮助，案出生产界共劳动的生产之方法，全灭竞争之弊，救济弱者之穷乏，以企图人间社会之改善。彼不拘人间之材能与勤勉何如，万人皆抱绝对的一致，而为怀抱社会的共产主义之人。而社会民主主义[②]之议论者，继续彼之思想而祖述[③]之，而主张过激疏暴之派之论者，忧其议论之温和缓慢，而欲加变更，乃用协动生产之法，以试组织共产的社会，以狭义而解其所谓自由平等，而抱绝对的意味，以达天下一般万人一样之真正之目的。不问各人之智识才能何加，必置万人于绝对的平等之地位。

以著实温和派拉沙列之议论，颇不为社会民主党中过激派之所认许。彼等盖希望国家之保护劳动者，以其土地及资本等社会一切之共有物，依共同的方法，以从事于生产，于个人间之竞争，全然废灭之。官吏豫测人民之需要，而造统计，量生产之额，以监置劳动者之劳动，以现今之货币及纸币，记载劳动之时间，而采用劳动币纸，是为此党派中极端之主义与理想。凡社会民主党，大抵皆然。彼等虽或有稍主温和之说，喜着实之主义者，然不易见。1875 年 5

---

① 拉沙列：今译为“拉萨尔”。拉萨尔（1825—1864），德国早期工人运动活动家，机会主义代表人物之一。

② 社会民主主义：19 世纪晚期和 20 世纪初期开始浮现的政治意识形态，是从马克思主义的支持者里分离出来的众多分支之一。社会民主主义最初包含了主张革命路线的社会主义者如罗莎·卢森堡和列宁及其他主张渐进式改革的如爱德华·伯恩斯坦、卡尔·考茨基和饶勒斯。第一次世界大战和俄国十月革命后，社会民主主义成了非革命路线的社会主义者专有的称呼。当然，“社会民主主义”一词，也可以用来称呼另一种社会民主主义者所拥护的社会形态。

③ 祖述：效法，仿效。

月，德意志社会民主党员利卜科渥希度及卫海陆等，会同志于咢他（原注：委细与第四编第三章参看），发表其决议。其同党之宣言，即社会民主主义之主义纲领，传播于世界之文字也。今录于左：

> 第一，劳动者为富者及职业之泉源。一切必要之劳动者，即所以经营社会，故以其生产物之全额，凡社会所需要者，即以组织此社会而隶属于人间，而人间之组织此社会者，皆有一切劳动之义务，又当从其正当之要求，以分取其生产物，而享有平等之权利。
>
> 然于现社会劳动之机关，如土地资本等，皆归资本主及地主之专有，以屈服劳动者，故劳动者沉沦于悲惨之状态，而欲救助劳动者，必赖劳动者之力，何以故？盖劳动者以外之人，皆为反对之人。
>
> 第二，采用以上之主义，日耳曼之社会民主劳民党者，依正当之手段，设立自由之国家，以绝灭各种之私利的事业，以改善社会上及政治上之不公平，而打破赁银上之组织，破坏赁银上之铁则。
>
> 日耳曼社会民主劳民党者，当初其运动，定限于一国内，盖吾人劳民之运动者，实含有国际的性质，故四海同胞之主义，可以实行。各国之劳动者，必复行义务而不怠。
>
> 日耳曼之社会民主劳民党者，其社会问题解释之方法，要求设立社会的生产团体，以劳民之民主的管理，于国家保护之下。而此生产团体者，为劳动者全体之社会的机关，所以发达之方法，以工业及农业而终营之。

日耳曼之社会民主劳民党，要求国家设立之要件如左：

> 第一，关于国家及各种之团体，会合及其选举。凡三十岁以上之人民，以义务的秘密之法，用普通与平等，而行直接选举之制。其选举日，限于日曜日及其余之休息日。
>
> 第二，与人民以直接立法之权，且宣战讲和之事，必决之于人民。
>
> 第三，军事上一切之义务，与其常备兵，则以人民兵代之。
>
> 第四，凡例外之法律，皆废弃之。凡束缚出版、集会、结社，就中思想及议论之自由之法律，亦全然废弃之。

第五，国家用普及之普通平等教育法，且设强制的教育之制，而教授上之自由教育，必于公共上之场所，于一切私人的关系之宗教，则禁止之。

更录日耳曼之社会民主劳民党于现社会之要求于左：

（一）以以上之所要求为宗旨，以期大扩张政治上之权利自由。

（二）国家及社会现行税率，就中最苦人民者，以间接税代之，以施行累进的所得税之赋课。

（三）凡结社者，无制限之权。

（四）社会之需要，必求适当于范围内，且定正当之劳动时间，于日曜日，禁止劳动。

（五）凡妇女及小儿之劳动，损害健康及风俗，必禁止其使用。

（六）保护劳动者之生命及健康之法律，对劳动者之居住必注意于其卫生，且选定劳动者之吏员，巡视矿山制造所及家内工场等，以注意于社会。

（七）狱舍劳动之管理。

（八）管理劳动者之资金，及劳动者全体之事。

以如斯之法则，而改造社会，收生产机器之全部，于国家之手，凡土地及资本，皆为社会之共有，故社会民主党曰：社会所共有者，只限于生产机关及必要之物品，其余之物品，皆不许各个人之私有，如书籍、家具、图画及乐器，苟许为私人之所有，则必子孙相传，而妨害社会。且如此种之物品，既非使役劳动者，又不能营货物之生产，徒为增殖财产，以助贫富悬隔之势。且此等之物品既多，则必归之于富者，则此等之富者，于现社会，占有生产社会非常之势力，以压其贫者，而劳民遂屈服其膝下，以陷于唯命是从之苦境。于是富者大振其富者之威，贫者日陷于贫者之苦。职是之由，故必禁绝之。

而且社会民主主义之议论，于社会之阶级制度，虽不全然主张而废弃之，若徒依赖祖父之旧勋门阀，以占上流之地位，子孙相传，而徒袭其勋爵者，决非彼等之所认。盖吾人必以其劳力而劳其生活，以造其地位，量其才能，而后可占社会之上层。若退而居其下层者，则必依各自应分之报酬，以求生活之方法，则能敢依赖先代之旧勋，而擅其显荣，以肆其傲然自尊之态。吾人之社会，虽素希望于平等，然天下万众，未达划一之期，则智愚贤不肖，性质各歧，其地位亦因之而异，此亦诚有不得已者。如窃取他人之功，而贪其显荣，则断非社会民主主义所认，故彼等于社会阶级之等差，于人间有不得已之事情者，亦宽容之。然如确立阶级制度以定世袭之制，则决弗彼等之所认。

社会民主主义，关于社会阶级之威念，既已如斯，故彼等虽论社会万人为绝对的一样，而与共产主义之徒，大异其趣，依其材能勤勉之如何，以等差其报酬。苟各人同服一样之劳动，或为勤勉熟练之劳动者，与怠慢不熟练之劳动者，同受一样之报酬，则必无肯为勤勉练熟者，彼逸乐送世之徒，其生计必至于穷。夫人民之甘于劳动，皆所以营其生计，故于现社会之素餐坐食者，必驱之于社会之外。彼依赖祖父之遗产，世袭衣袭之富者，必全然排除之。则立于此社会之人，必用力以教育其子孙，以造充分独立独行之素养，且既有种类之职业，自不必世袭其祖父之业务。则土地与资本，皆为社会所有，必求得其职业而后可，且必各自从事其所好之职业，从其所欲而勉励，以营安宁和乐之生计，则贫富之悬隔，必绝于社会，而社会乃由之而调和，社会之上流，必不敢纵其骄奢，而置人生之悲哀于不顾，而他人之劳力以谋衣食者，亦不至屈服压抑于富贵权力之下，而后吾人之敌可以除，而后民生之贼可以灭云。

怀抱如斯之主义，以企图改革社会之社会民主党，其依托国家以监督其劳动，且要多数之保护，以期社会之调和。如曰制限劳动者之时间，（原注：制限时间劳动之长短者，或依其国与其党派而定之，大抵自十时间与六时间之间。而德意志之社会民主党者，即以八时间之劳动为该党之主义。）曰废日曜日劳动之制，曰禁止使用未满十五岁者（原注：或云未满十二岁者，或以十七八岁为标准），曰禁妇女之劳动。其余或就职工之卫生、遇疾病及不时之灾害，而设充分保护之策。本篇第四章之末，揭载比西马克斯之三保险法者，亦多采此以为精神云。

彼等以此种之议论，非仅欲行之于一国或一政府之下，乃欲广布于社会之全般，不论人种之异同，宗教之差异，皆必蒙其平等之恩惠。于是日耳曼之社会民主党与墺大利①之社会民主党，亦同抱此种之思想，希望广行于世界，乃遍传檄于各州，以开陈其意见曰：

---

① 今译为“奥地利”。

吾人为全人类开放其经济上之系留，匡正政治上之不公平，要求教育之普及。不问国民之异同，人种之差异，男女之区别等，必求一致。今现制度之所以不公平者，无以关系之政治的为起因，凡全社会之生产机关皆为少数之财产家所专有，多数之人民，与劳动者，全为资本主之奴隶。凡于生产机关而为其所有者，则于近世之社会，独占政治及经济上之最上权，而此生产机关之私有制度，于政治上与国家，依其阶级的区别而成立，故经济上贫困者之数既日增，历年既久，则人民悲惨之境遇，亦愈陷溺而不可救云。

其言如此，凡单指一国民一人种与以全社会之生产机关为私有者之制度，皆反对之。而欲变更改革，则社会民主党，果以如何之方法以改造社会之组织乎？彼社会主义民主之理想，即欲以军队的组织，而改造社会。拉沙列之死也，社会民主主义，乃一转步，渐倾于共产主义。今则虽希望共产的制度之设立，而其奉社会主义之辈，则欲以军队的组织，为社会改造之一方策。彼等之所谓军队的组织者，则谓其下曰：人间之才智才能，到底不能平等，既不能平等，则不如以生产机关之全部，而收之于国家，以为社会之共有。劳动之多寡，与才学之深浅，不相应，则社会更生多少之不公平。此固出于不得已者，然虽出于不得已，则必量其才能智识之何如，各与以适应之地位，智者以驭愚者，能者以导不能者，相互之间，以森严之规律而采调和之策，则社会庶几于平和。而此等之模型，必依军队的组织。不见夫今日之军队乎？上自将官，下至士卒，凡才与不才，能与不能者，各以服类而别之。或为上将，或为裨将，或为下士与兵卒。于严正规律之下，整然依持其秩序。故人类社会之组织，亦必如斯，各量其适应之才能，才者能者，占于上层之地位，不才者不能者，退服下级之职。各励其应分之技量，在上者无独占的制度，而邀幸于世袭之富豪；在下者无终生之劳苦，而沉沦于饥寒之悲境。各自勉励其才学，或超位于众班之上，或抑置于众庶之下，皆量其分而相与，更何怼而何咎乎？

夫土地与资本，为全然社会之共有物。虽有非常之才能者，亦不能积蓄自己之所得，以供生产机关之要，以役使劳动者，以营自己之事业。而下层之劳民，亦不能谓社会上之生产机关，非其所有者，如现制度之下，劳动之多分，皆归于资本主之所有，而自己虽欲得其一小部分，而亦不能满足，于全所得之中，将来除去其资本，以其余剩，悉以各自应分之分配，以增加其割合。其生计之余裕，欲造恒产而不能。世情如此，故暴动之徒，时有所见。不独此也，且现制度之下，生产社会之弊，各自逞其私欲之念，以贪暴利，而热中之极，往往以无益之竞争，而制造无用之产物，不察社会之需要何如，浪费资本与劳力，惹起经济社会时时之恐慌，为失败事业之结果，以陷于家产荡尽之悲境，更延及劳动者一层之大不幸。若以军队的组织救之，则此等之弊害，决不发生于此社会的制度之下。何以故？此制度者，为社会上唯一之资本主，以求社会共同之利益，应其需要之多寡，以从事于物品之生产，如彼以无益之竞争而制造无用之物品者，则决无之。即以此等无益之竞争之资本与劳力，转谋其余有益之事业，以谋全体社会之繁荣，以谋全人类之满足与幸福。社会民主主义之计划如此，故其目的或能达之。

然此亦不过社会民主主义之理想，为全然无稽之议论。其为劳民要求短缩劳动之时间，切望卫生及道德之改善，主张禁止妇女幼童之劳动，企图劳民一切教育之普及等，皆为学者与经世家之所赞同，苟试之于事实之上，诚为适用之计划，如彼之工业条例，如同业组合，其制定之目的，亦多采用此等之议论，为保护劳民之实举。此等之目的，其成功何如，虽未知之，然彼等既造此点，自谓必达其目的，至如生产机关为社会之共有，以废绝土地资本之私有制度。此固凡社会主义者之所常唱道，未足以动世论者。但其以社会之组织，改用军队的制度，以严正的规律，支配万众的举动，其果能实行与否，则未可知。盖军队之中，所必要者上官之命令，与绝对的权力。故对其下也，以压抑与专制为支配军队之精神。若夫社会之人民，岂能忍此等之压制，甘此等之专制，为顺从上意而行服从主义者？则彼等之计划，亦无实演之期。而且喜自由爱平等者，人间之本性，其屈从于无限之拘束，无上之压抑，其终不能耐，可想而知。吾人于彼以社会的组织改造为军队的制度，断信其目的不能终达，加之彼等既反对于现制度，绝叫保护其劳民，慰其不幸，怜其压抑，以切望一切之自由平等，而社会之抑压专制，不与彼等之目的相反背乎？逃一方之抑压，而受他方之专横，求一面之自由，而购其余之不自由，假令其理想，虽能贯彻其目的，而其结果，终至现出穷屈不自由之社会，是社会民主主义之议论。其理想虽云如此，然终未能得吾人之首肯也。

附言：社会民主党之运动，及其现状，与第四编《欧美诸国社会党之现状》相参照。

第三章　国家社会主义

保护劳动者，以进人生之幸福，驰贫富之悬隔，谋社会之调和，于生产界抑制资本家之跋扈，救济可怜之劳民，举行其他政治，及经济上百般之改良，依赖国家之力，以达其目的，是即国家社会主义①之持论。

然则国家社会主义者，非如其他之社会主义，必以贫富均一财产平等，及绝对的平衡等为目的，全灭财产之私有制度，收之于社会之手。举其生产事业，一任之于国家。不过彼等之希望，任放一切万事与自由，以保护干涉之，于妨个人之自由，阻碍民业之发达者，则唱自由主义之议论，抱绝对的反对之意见，必以国家之保护与干涉，为民业发达，而除其妨害。或奖励之，或监督之，以期生产社会隆盛之气运与作为，于现时之生产社会，一面抑资本家之暴富，一面救悲苦之劳民，以国家当然之职务，而断行之。依个人主义之议论，以国家之职务，限制其不平，以扩张社会主义，不问事业之种类何如。必以国家之权能干预之，以求至当。盖于个人主义者，一面则为个人而抑国家，限制缩少其权力，以希望个人自由之进畅，于社会主义者，一面则为社会而抑个人，减少个人权力之发达，以期社会之调和，与国家之安宁，而屈服之。两者之所论，如冰炭之不相容，于社会则全然抑压个人，夺其事业，收其资本，于国家则以个人为国家之奴隶，而为社会人生求补救之方策。是即国家主义之议论。

不独此也。国家社会主义者，于经济学上议论之根底，与自由主义，全然而异其趣。英国学派之经济学者，其解释经济学，断定为“富”之学，与国家社会主义者，以“人”为斯学之基础相反，如洛希野陆所谓“经济之发起点与

① 国家社会主义：属于一种社会主义形式，并非马克思主义阵营。是反对无产阶级暴力革命，试图利用国家权力进行社会改良的思潮。国家社会主义本不含种族主义，是民族主义和社会主义的结合体，是高度民族化的社会主义。后期希特勒对国家社会主义做了修改，认为马克思的民族消亡论是极荒唐的，民族实际有优劣之分，优秀民族是领导人类前进的动力，而恶劣民族是阻碍人类前进的阻力，它们才是真正应该被消灭的对象。

归著点皆注重于人”云，即其证也。故彼等以斯学而研人间社会学之一部，以涵养其德性与智识为目的，而及伦理学之一部。若夫主张自由主义派之议论者，以富之生产，求适用之手段，为经济上之正理，希望经济社会之发达与健全，盖人之最热望者。利欲之念愈高，则利己主义之活动愈旺盛。乃奖励自由竞争，以为优胜劣败天理之应用，而谋产业社会之发达。苟社会之人类，极其克分自利之见，则利欲之念愈高，则经济界之进步发达愈速。凡害其自由，阻其竞争者，凡一切之法则，全然排除之，各自以利己主义之活动与自由，以释其束缚羁绊，逞其自利私欲之技，即为生产社会之好手段。经济社会之发达者，皆由之。其论如此，盖自由放任主义之经济学派，与福利主义经济上之指针，皆感奖励自利心之发达。于经济学抑贫拔富，断定其为无慈悲之学问，适投彼等之所好。然彼等于社会以自利主义之支配，重置于伦理之上，故其产业社会大势之结果，其倾向往往抑贫者以利富者。苟非认其干涉，则愈助贫富悬隔之趋势，则下级贱民怨嗟之声益高。其势如斯，有必然者。今于产业社会，纯然为自由竞争之发达，此等经济学派之议论，于不知不识之里，而唱无慈悲之说，放任个人之私利私欲，以谋社会之调和，终难达其欲望。于是此派之本据者，英国乃欲施行职之条例，土地规则，贫民法等，各种之法履，以讲贫富调和之策，以试解释社会之问题。盖人既为社会之一员，于利欲之念，则必多少抑制之，依于伦理公道，以养克己之心，非议排斥道德上不正之行为，于经济上，每以反覆之劝诫，于利己主义之发动，加以多少之限制，于国家社会主义，以解释经济学与伦理学之一部，调和社会主义与个人主义，以保其平衡。职是之由，彼等乃图多数人民之利益与幸福，杀个人之利益，增社会公众之利益，虽以私人之事业为牺牲，亦所不辞。

故国家社会主义者，虽于经济社会之发达，全然放任其自由，而谋几多之保护，与涉干之必要。然究以如何之事业，而与以如何之保护，以如何之事业，而与以如何之干涉，终未尝确立一定不变之定则，其所以未立者，盖其不能确立也。被英国学派之经济学者，说明经济上之原理，与一定不动万古不易之真理，无论于何时何国而用之，可信其决无谬误。若如彼等之所采，彼等经济上之议论，以彼之自然法，决非千岁不易之论定，或从时势与国土之异，而异其适用，于一国则为真理，于他国则为悖理。今日许为正当之方策，百年之后，渐渐而成不法之所为。凡诸般之事情，而欲以抽象之论断，确立千古不磨之法则，于经济学上，到底难望其信。故欲以经济学之原理，定国家应用之政策，稽其历史，而察其国既往之状况，又再统计其现在之时势，必彼此参酌，以规定适用之法则而后可。要之，彼自由主义派，与经济上之议论，与世界的，断然相反。彼等乃判定国家的，从其研究之方法，兼采其绎演的，以定理论上之事实。先采用历史之方法，搜集事实，然后加以理论。盖此等之两派，其学理之根底，与其基础，本有相异者，故其学理研究之方法，亦不能相同，其结论之归着，不能一致者，无足怪也。

国家社会主义派之中，其最有力者，为希可托列陆及哇科渥陆，以历史的观察，而解释诸事物，如哇科渥陆者，论国家之职务，及其范围，亦反对彼之限定千篇一律之法则者，曰："政府之权利，所以确立一定之原则者，不过自其从来之经历上而规定之。"故彼一面于国家对社会万般之事物，立全然受动之地位，以非放任之论；其余之一面，则加以极度之保护，而主持不容不干涉之说。即彼立论之脚步，确认社会及经济上现制度之设立，且保存现行之法律，以企社会之进步发达，彼之企图社会改革者，先欲改善劳动者之状态，而欲改善劳动者之状态，则国家对国家之活动，必加一层，以保护救济劳动者，或干涉制造家之事业，纵或夺其事业以为国家的，亦所不辞。且更以自活自营之说，普及而勉励之。其对悲惨之劳动者，亦以此道而求其改良。然而自动自食者，实天下之真理，彼徒依赖国家之保护，社会之济救，以励其劳动者，故彼之所素望，亦认自营自活之正理，而奖励其手段。今日劳动社会之状态，功不足以偿其劳，故其生计，易至穷途。则如何以自营自活之方策，以收救济之功，于是彼乃以团结合力之机，试办同业组合及合资组织于日耳曼国内，欲于社会改良之上，而收几多之补益。然其时因劳民之团结联合，颇有欠点，其结果遂起资本主与劳动者之争阋。然当今日资本主之跋扈，于生产社会之事业，几为其蚕食所尽，可谓之为真正之自由竞争。其对劳动者同盟团结之手段，于必要之际，则不得不以同盟罢工应之，亦诚有不得已者也。

且当资本之权力旺盛如斯之时，其抑制劳动者之自由，与阻碍其同盟团结等，则必以国家之权利，与国家当然之职务，以匡其不均一，防其暴动，责其不正，亦固其所。今因穷迫而欲赤手而援劳动社会，以脱资本主之羁绊，而归复生产社会之自由，终难达此目的。于是非以国家救济之，终不能贯彻，而沐自由之恩惠。故干涉生产事业者，为此事之必要，则如自由之竞争，其益亦大，于生产社会，实惟唯一之好组织，故彼等之所采，以自由竞争为生产社会万事之主宰。而至今日，虽有多少之利益，而倍蓰之弊害亦由之而生，目之为自由竞争之害者亦不少，是过去之实事，以自由竞争为社会组织之明证。乃不得已，而抑之压之，欲断其自然之趋向，加以无限之限制，复借国家之力，以掣其肘，永无达其希望之期。

既用国家的裁制，哇科渥陆又谋伦理之发达，依其指导，以期社会改良之功。依彼之说，于生产界，以劳动者之劳力，依其赁银而推定其卖买，而斥不伦理之甚者，如雇者与被雇者之关系，生产者与消费者之关系，以及人与人之关系。苟不测定人之劳力，而以其余之物品，以一样之价格，而定其评价者，皆斥为残忍之苛法。以文明之进步发达，其功多出于劳动者之劳力，而彼等之蒙其惠泽者甚少，仅于利益之分配，略得最少之价资。若能计算彼等真实之功劳，国家且为彼等而授以高等之教育，则彼等亦可对有形的福利之分配，而要求多分之权利。质而言之，生产社会者，为事业之所产出，富者之大部者，彼等以当然之所得而自取之，然必先变现时不公平之分配法，如何而使富者之多分，而为劳动者之所有，则不外于两策：其一则以多数劳民之劳动者，增加于生产社会之收入。然是策也，则又有不安者，假令以现今生产收入之高者，从而增加劳民之利益，则岁月既久，何以处之？哇科渥陆乃再案出一策曰：“增加劳民之利益，即以资本家所得之几分而分与之。质而言之，以致下级社会之地位而扬之使高，以减杀上级社会之利益，如其利子，其所得，其地代等，皆可割其几分以配与劳民，且曰杀减其如斯之利益，以分配劳民，则上级社会对之，必诉为不法。何以故？上级社会与下级社会，分与其所得，则下级劳民与上级社会之交涉者，大殊，其轻重难易，非同日可比。假令上级社会分与其利得之几部与劳民，其地位与资产，劳民亦得两者之优利。”故哇科渥陆之利益分配法，与纯正社会主义之利益分配法，颇异其趣。盖社会主义者，以希望绝灭社会贫富不平衡之根底，而哇科陆渥不过低减其度而已。

更研究哇科陆渥所主张经济上之意见，彼欲增加劳动者之赁银，以高涨其生活之地位，而短缩劳动之时间，以备其心神修养之日；禁止日曜日之劳动，以得伦理及宗教上之素养；欲得机会而要求之，且以国家实行之手段，豫规定劳动之时间，定严密监督之方法，以杜反对之意见。若劳民议会者，则谓之为仲裁局，为新设之机关。以上之诸件，必由监督之议决。凡监督劳动之时间，及其状态者，于劳动者之卫生，有至大之关系。如日耳曼所施行之现行职工保险法，实为哇科渥陆之所首唱。其初彼之创此法律也，盖以关于疾病老衰及不虑灾害等，于职工社会，创此法律以安之，且更希望赁银契约之公平，而劳动者使役之契约，必以年为限。若于解雇之时，政府当任其充分之保护，乃更采用洛度卫陆他斯一派之说，凡劳动者，以生产的组合与组织，而易劳动者为企业者，咸取之于资本主，更借国家之势力，或矿山事业等，举变更为劳动者之合资的组织之例，又变更私人之事业，改为合资的组织等。其所主张者，大抵如此。要之此种之议论，不外于抑制资本家之权能，置劳动者于最高之地位，又就生产之方法，而为劳动者尽其忠谋，以限制资本主之权势云。

更有救济劳动社会之一方策，即关于劳动者，减轻租税之割合是也。盖哇科渥陆于租税之种类，乃主张间接税之论者。其摭择之课税品，与劳民之有关系者不鲜。如谷物、麦、酒、咖啡、盐及茶等之租税，则轻减其税率，而对富者奢侈之物品，则税率极高，且全废劳动者之直接税，而课中级社会以适度之直税。又定其所得之税，依各自之职业及劳动者之所得，而减轻其税率。于地代及利息等，则对其所得，而课以此较高的税。于关于何等之所得者，即以是等之租税为率，而以累进之法用之。又课其遗产相续者，为相续税，其税率则取之于遗产相续者，依其血族之远近亲疏，与遗产额之多寡，各异其等。且对其遗产者与相续者之血族，皆疏远之，国家不认许其遗产相续之权，而其所得之方法，若谷米之取引若株式之取引[①]等，如对投机者，而赋其过重之租税。

哇科渥陆又论定国家之干涉权，及讲究其课税之方法等，与国家社会主义之议论，毫无所异，其关不动产者，彼所讲究之议论，益无国家社会之所说，而得感悟之一致。哇科渥陆承认沙卑意及拉沙列之所说明既得权之学说，其对财产各种之契约，必剥夺之，以别定适当之条项，以要求于社会，何时实行此条项，以得变更社会之所有。至于此时，乃以适当之报酬，而与其前所有者，虽认拉沙列之说，而与拉沙列之意见，不无少异，又其绝对之土地所有权，亦与沙摩度陆之说相反对，以为土地者得于人间之制造，虽一寸之地，一尺之地，非人力究无如之何。夫以人力之所辟者，必与其私人以绝对之权利，决非以公众之利益，而得至当之处置。人之欲保其生命者，必借生产力从事于物品之产

---

① 株式之取引：日语“股份之交易”。

出，故彼对土地之私有制度，虽唱议而排斥之，而于土地国有及土地共有之制度，亦唱道为社会之好制度，而欲其实行。依其财产物品之状态，或为私有者，或为社会所有者，又有于其所有认许为两者之便宜。举其未来之经历，及社会之状况，依其方法，类别其为公有与国有之土地之种类，附记其理由于左：

第一，国土及财政上之理由。凡森林者，必为国有与公有。日耳曼森林之大半，悉为国家所有。或如一州之制，依其岁入所得之大部，为国家之公共团体，天然的收入之伙多。凡其土地所有者，同时而增加国库之收入，以轻减一切之租税。

第二，耕地之小者，不妨为其私有；至其大者，则禁止其私有。搜集土地于少数者之手里，于公共上之用益，渐减少其倾向。其多数之小耕地者，则集之于少数之大耕地，而为大地主之所有，俾得支持其此较多数之人民，而国家则分割大地主之土地，以配与自作之农夫。

第三，都会之土地为私有者，乃最危险。何以故？一以不便卫生之因，二以奖励不德义之投机业，以社会之公益，而归于富豪地主辈之专断。都会之土地者，殆有独占之性质，故其价格亦渐次的上腾。为地主者，要求法外之地代。至人口之增加，事业之发达，以及土地暨家屋，一依投机之计划，以为成功之目的，而肥投机者之腹。哇科渥陆以此类之投机业，为经济上不正之行为，亦为道德所不许，且断定为误用所有权，而欲除去此弊害，必夺此土地与家屋于一私人之手，而为社会公共之所有。但此等土地家屋，为社会之公有者，或以此两者而置于地方厅之管下，与人民之适宜之贷与。又土地既为国家之所有，则土地家屋，必任地方厅之支配，不能出于二途。社会之组织，果至于斯，则投机者事业之盛衰，人口之增减，及不法暴戾之作用，皆不得施其技，而土地及家屋之价格亦常保其平准。若必移两者为国有公有，殊为难望之事情。以时价对租税与土地家屋之赋税，采其利益，以供天下公共之使用。

第四，道路、铁道、运河等之交通必为国有，或为公共团体之所有。铁道之布设者，其目的收益不少，非仅谋利之途。若经营配当全目的之事业，必求其完美，以谋公众之便益，为最后之目的，其事业之性质上，当然而为国有，且既为国有之时，其对投机业以止垄断私利之弊，以其所生之利润，增加国库之收入，于交通行政出于一途，于军事上亦大有益。

第五，石炭、盐等日常之必要品，与产出之矿山，亦为国有与公有。就中工业社界之食用品如石炭等，为社会必需要之件，今为私人所有，擅其专占，于社会之公益颇多不利之憾。然如金银矿等，必得多数之劳动者，与精密之监督，与其国家自营其业，不若移为民业之利益。以上哇科渥陆类别为国有与公有之不动产，彼更类别其生产事业之性质，依其如何之种类，必归于国家之经营，如列拉特及烟草等之制造，必为国家之独占，不独于财政上有绝大之关系，于社会风纪之上，亦有至大之关系。其余于国家的事业，如保险事业等，亦筹适当之计划。盖此保险事业者，不仅扩张生命之保险，凡及动物产之保险，皆所注意。盖社会者，必受至大之便益，庶几保公众之安全。此种之事业，固可以个人营利之目的以营之，然以个人与国家比，其利益又相悬绝，一则可保其事业之安全，二则节减莫大之经费。何以故？对社会信用之厚者，虽如何富豪，无出国家之右者，且国家的事业之性质，与个人的事业之性质相比较，则贮藏纯多之利益，以所余之配当为必要。

哇科渥陆对国家及社会所要求改良之诸点，如上所述。而其议论，直与国家社会主义，毫无所异。若置哇科渥陆于国家社会党中之地位，殆无异其代表者，而其意见相同，共把持其党派者，如科陆他斯、希野贺列陆，及亚度陆列、海陆度等。于国家社会党之中，铮铮名于一时者，皆与哇科渥陆同时，同受日耳曼各大学之教授，各自以其怀抱与学说，以教授其学生，于是唱道此主义者。学者与学生之间，大增其数，世界乃附之以讲坛社会主义之名称。

讲坛社会之起因者，当既往二十余年之时，当时世人嫌恶社会党之情甚炽，目之为破坏安宁秩序者，群相论难。哇科渥陆一派之经济学者，于世之所谓社会问题，独认识其存在，热心以解释之，而讲究经济学上之实地问题，遂成一派之学说与作为。然反对此议论者，与其余之经济学者，皆冷笑嘲骂，以当时世人之所嫌恶社会党之名目，遂附之以讲坛社会党之名，盖当时世人所常用之语，彼等亦甘用之。其说置重国家，又称之为国家社会党（原注：第四编第三章参照）。

以学理的研究之基础而成立国家社会主义者，与其余之社会主义大异，决不发荒唐无稽之议论，又不希过激疏暴之改革，徐行以图进步之经路，渐以达其目的。而其目的所在者，国家之事业，必求与年而增加，以缩少民间之事业。质而言之，移私人之事业，而收之于国家之手。哇科渥陆述国家之定则，不外说明此种之理由。其言曰：政府所执之事业，每随年而增加，人口之增殖，与社会之进步，相依于政府之事业，以为扩张增加之基，然必察各国政府之状态，与国家事业增加之度，与人口之增加为何如？如英国之例，令 1841 年之公费，与 1685 年之公费相比较，增加约四十倍之多。人口增殖之割合，仅不出三倍以上。是政府之事业，所以明示以年年增加之明证，而民间之事业，岁岁自见其减少，其势之趋向如此。于是民业渐变为官业，私人之资本，皆移而为国家之所有，吾人之希望于国家社会主义者，则共时运而进步，徐徐乃得实行于社会焉。

以如斯国家社会主义之议论，较彼等向社会而施急激之改革，尚觉易于实行。故各国之政府，采用社会改良之政策者，亦不少。如德意志现行各法令之精神，以此说为基础者为尤多。其宰相卑斯马克，本此议论，1878 年，以关税改正法案提出于议会，次则如烟草专卖法案及编制三种之保险法案（原注：委细与次章参照），亦明示以国家之权力，使用民间事业之实例。近来德意志之政策，采用哇科渥陆之思想，尤为显然之实事云。不但德意志如此，假令无论如何确守任放主义之政府，欲求社会之改良，则于不识不知之里，必借国家之力。试问今日之政府，何故而设立卫生会议，干预劳动者日常之卫生？又如工业条例之编制，及工场监督之紧切，将于电信邮便及教育等之事业，凡民业之不适当者，皆将干涉之。则政府之职务，专以解释消极的，其行动不可狭隘，而限于范围之里。其此等之计划，于无用之事业，则免其不正之干涉；所谓无用之事业，免其不正之干涉者，仅电信、邮便等一二之事业而止。如铁道、运河及教育等，诸般之事业，必经济营于政府之手，即今日各国之状态，可想而知。于是国家社会主义之理想，其一部之目的，业已贯彻，吾人可断信其可由此而扩张发达云。

惟其然也，故以国家之权力，干涉私人之事业，扶贫者弱者整理富者之分配，解除劳动者之困厄。既如斯矣，而以如何之法则干涉之，此则未易明答，而为不容不疑问之问题。盖国家社会主义以经济学为目的，而讲究富者分配之理，必以最高等之伦理学解释之。而国家之干涉权，与工业之监督，及其余一二之事业而止，而不能干涉其他权。彼等既各满足，且无下级贱民之利害休戚，表其同情，移富豪独占之事业，为多数人民之职业，以干涉之法则，抑制其一方，以救助其他方。质而言之，则依国家之权力，抑富者以扬贫者，以维持社会之调和，与经济社界之平衡，同谋公利公益，以道德之感念，加于其间，涵养其高尚克己之美性，为比邻相扶助之计，复人间之本性，与社会之本义，能致此善与此美者，为国家对社会之最大职务。盖国家者，为人间偶然组织无意味之团体，其本来之性质，必有至圣至高者，始能为万事主之宰，而为万众之望，如教会之望其信徒，依神意之发现，谋德义之涵养。故国家亦与教会等，其为人间道德之指挥者，共享天帝之司配，咸有谋社会之进步，与完美之职分。试思自有国家以至开明之世，其历史孰非如此？过去者既然，则未来者亦必依国家之力，以谋社会之进步发达，可测而知。故教授希野贺列陆曰："国家者以人类至高之教化训育，与道德的所组织者也。"希野贺列陆之一语，是为国家社会主义之理想之国家。

其国家之改释，既已如斯，故其社会改良之方策，必主张以可成国家之权力，以干涉私人之事业，而谋其大利益。然彼等不愿行急激之改革，生现组织非常之变更者，盖欲渐次开发人心，养成智德，望平和之手段，以施行其政策，而达终局之目的。虽费无限之岁月，亦所不辞，而以秩序的进步之径路而冀其成功。

要之，国家社会主义者，其视国力之权力，为万能，欲依赖其力，易于处理万事，以举行诸般之改革。然此等国家之万能主义，果从而深察之，其说不免于谬误，即如其自由竞争，于社会之上，其弊害不少。即国家万能主义发现旺盛之时，亦不免多少之弊。然较之其余之社会主义，或涉于过激粗暴，以紊乱秩序安宁；或述荒唐不稽之说，以为识者所嗤笑；或虽唱道新学说，而其实行多迂。凡社会主义者，比比皆然，独国家社会能开拓经济学崭新之一新派，崭然发表其旗帜，其议论亦最适时势，而实易行。德意志及其余之诸国，皆应用其实地之政策，真为国家主义之特色。故此主义者，于各种之社会主义中，断定其为特出，洵非虚誉云。

第四章　卑斯马克之社会政策

如前章所记述，国家社会主义之发生地者，自德意志始。而采用此政策者，亦以德意志为最多，故吾人欲讲究此国家社会主义之学理，则必次述德意志如何应用此主义，而实行之者，则卑斯马克其人也。

卑斯马克者，为社会党之深仇，颠压社会党之令，实出之于彼手。社会民主党遂为彼所压服，而卑斯马克至蒙窃盗草贼之污名（原注：委细与第四编第二章参照）。然彼独当实务之冲，而总掌国政，其终生之经纶，多倾注于社会问题。其策画考案，盖非常之辛惨，胸中热血之所郁结，乃布社会党镇压令，与民主主义之党与，加一苛刻之击打。其画贫民救济之计，而期社会政策之实行。其对社会民主党，虽视为贼子，然时或借一臂之助力，夙夜鞅掌于国事，衷心注念于国家。其外交上则用其大手腕，发扬国威于中外，内治经营之功，亦甚多，故卑斯马克者，本为一代之人豪，与稀世之大政治家。故彼之计划，其一面则讲究社会政策，而其勇才智略，卓越一世，可察而知。

卑斯马克之社会政策者，与国家社会主义之说，同依国家之力，以期改革之成就。彼于自由放任之经济主义，则所最反对者，其所信者，奖励社会之发达，以期于健全状态之下，尽国家当然之义务。若生社会变动之状态，而兴不均一之倾向，则国家有调和恢复之任，若仅维持公众之安宁，社会之平和，尚未为尽国家之职务，盖仅能于人民团结包合于无事平稳之里，而营日常之生活者，仅为半面之义务，而改善其状态，启发而诱导之，其余之半面，尤为国家最大之职分，于是国家者，以干涉私人之事业为必要，遂有或束缚其行为，或掣肘其事务之举。故国家而欲真为社会而谋其改良进步，如干涉生产事业束缚私人之行为等，决非不法之举动，乃国家对社会之义务。约而言之，国家之职务者，以消极的而为积极的，以受动的而为他动的，故国家为贫民之谋，而讲其救济之法，或以支出之国财，而去少数私人独占利益之弊，为图其均一之必要，以收其事业于国家之手，亦非不正之举。要之，当社会改革之冲，企图国利民福之增进，匡正社会之不平均，而保其平均，以图其进步，而勉其改良，皆决之于国家权能之上，以干涉为义务，而不嫌其越权者，是即卑斯马克持论也。

卑斯马克对国家之观念，既已如斯，彼为国家之要冲，三十年间，其所计划，社会政策实行之方法，概依国家事业之经营而成。或出铁道国有之议，或画烟草及列拉特专卖之策，又案出有名之三种保险法。而以上之诸法案者，皆以国家为主，以经营是等之事业。1882 年，又提出烟草专卖之法案，抗议之者，议论沸腾，辩难历许久。彼依前述之理由，以经营国家之生产业，为此等之事业，虽却夺于私人之手里，确信其非悖理。其观察社会经济之点，识认亦极其紧切，以图国家岁入之增加，与财政整理之完成。国家自任专卖业者，其効颇巨。故提出议会，以要求其协赞。然当时之国论，未认国家事业之利，反对其为不稳者颇多，审议讲究，历时颇久。先是，政府命任命之委员，以烟草税率之问题，共专卖问题，同附审议。委员先请否决其专卖法，与岁入不足之填补策，课烟草以重税等，以待决议。当时委员之总数十一名，有八名之官吏，与三名之实业者（一名为烟草制造业之代表者，一名为烟草耕作人之代表者，一名为贩卖烟草业之代表者）。而普鲁西大藏省代表管理之委员，于专卖法，反对者三名，赞成者得八名之多数，时急激党领袖利嘻拉陆，于当时之议会，提出“所课烟草现行税，以上之商税，及实行其专卖法，与经济上财政上政治上不正之处置”之决议案，而察人心之趋向，以视其对烟草专卖这何如。

专卖法实施之件，国内之异论亦炽，反驳攻击愈出愈剧，专卖法将来之运命日非。然而卑斯马克尚确信其专卖法之利益，毫不异其主张。其对社会政策，开陈自己之意见曰：“为社会多数之幸福，吾人所采用多数政策之中，偏于社会主义者固不少，然吾人于社会改革之方策，或踌躇而采用社会主义，咸夺人民之土地，以与其余之人民，其与专卖法之施行相比较，尤为一层过激社会主义之政策。故吾人今日采用此等之政策者，为社会莫良之策。何以故？盖因此而增中级社会之安全，复得劳动社会之改善。吾人之所望者，岂独专卖法之施行乎？今日之社会主义者，四面楚歌，以敌社会主义实施之政策，改良之日，殆不可预期，余自身得以目击其实行与否，亦不可测。然诸君试思，为国家企图善策者，必须计划其适当，如为农夫而伸张自由者，目之为社会主义；为国家而主张收买铁道者，亦为社会主义；奖励水道规则之普及，为一般人民讲供水之途者，亦为社会主义。要之，社会主义者，凡讲究贫民之法，唱义务教育之普及，强行道路桥梁之建筑者，诸君皆以‘社会主义’之语，以战栗人心，若抱奇异之感觉，而故为警语者，诸君之反对者，非为余不保立脚之地步，而余之言，不能作退婴保守之观，吾自信为不能变更此地步，盖以为吾帝国之立法之必要云。”

议会仍无赞成卑斯马克之社会政策，与否决烟草专卖法案之意，于是卑斯马克更提出决议案，而加修正之，并审度其文字。对专卖法者必许政府之主张，乃得百八十一之多数，而反对者，仍有六十九人。专卖法之议仍不决，乃开普鲁西之经济会以议之。是会也，以1880年11月之设立者，盖欲表发赞成政府之意。1881年11月，政府布发敕令，以辩护专卖法之利益，曰：近年将图租税之改革，其向后之手段，欲得间接税丰富之财源。政府依之，全废直接国税，减轻贫民之租税，与学校之授业科，又轻其土地及人口税之附加。其过重之直接输入税，亦渐减少。而对此改革确实之财源，征之近邻诸国之实验，于烟草专卖法，皆认为最适当者，故欲立帝国之团体，必须裁决，以企图其实行。

卑斯马克既诸般准备，乃提出烟草专卖法案于议会，今录其数件之条项于左：

一、制造原料烟草，及制造精制烟草，必得政府之认可，乃得于制造场之外营之。但烟草耕作人所自手制者，不必官许，而得营业者之制造，不在此限。

二、政府发卖之制造物，并其所制造者，于烟草以外之用物，得以变造刻烟草卷烟草及臭烟草等。

三、得政府许可制造烟草之人，专卖法施行地贩卖之外，不得贩卖之。

1882年5月10日，为该法案议事日程。其开第一读会，卑斯马克于席上，未及说明，众论纷纷，未能了结。6月12日，及开第二读会，卑斯马克于议院出席，述其提出法案之理由，以开陈自己之意见。曰：“专买本来之目的，不过专卖夫自身之弊害。吾人之所认识者，然此法案，与搜索其余之税源，及实行诸般之改革，为第一着之事业。故吾人特敢提出之，而欲速决可否为第一之问题。专卖法之弊害，与其余诸税则之弊害相比，孰大孰细，盍讲究之?”乃更续语以示自己之决意曰：“吾人审议讲究之结果，已认专卖法之利益，兹故提出之。然对此法案无论舆论之向背如何，吾人皆无所关。何以故？彼舆论者时时刻刻其变转无极者也。”卑斯马克之炯眼，已早窥破议院反对之形势，同法案之运命，心窥危之。既而果然，4 月 14 日，赞成者仅四十七，反对者乃二百七十七之多数，不能决之。然卑斯马克已豫知其结果，故毫无失望落胆之色。

卑斯马克之烟草专卖法，既已失败，于是彼更讲究列拉特之专卖法之可否。以烟草专卖同一之理由，于 1886 年，提出此法案于议院，议院亦以烟草专卖同一之论锋而非难之，又不能决。且于岁入之欠额，为填补之财源，高其税率之议，亦未为妥。彼乃再向专卖法之实行，屡经计划，而究未能达其目的。

二种之物品，皆不能得专卖法之施行，卑斯马克以舆论之反抗，不能达其意见，于是社会政策实施之计划，其目的愈有难达之时，然谓彼之社会政策，全然归于失败，则亦未然。盖彼之专卖法，虽失败，而保险法之实施，竟得成功，铁道国有之实行，亦得着手，其计划一部之社会政策，为实行于天下之机。

铁道国有者，为社会政策之一，卑斯马克之所深研究者也。1838 年，编纂普鲁西之铁道规则，其精神则采英国之铁道规则，以私设铁道之原则，而参酌之，政府则任命监督，自营业开始后，经过三十年。其前五年，平均之利益，不过仅有以二十五倍之价值，收卖之特权。自后八九年之间，民间更与十二大铁道会社，于是铁道事业，徐徐着手，世渐入于铁道繁荣之时代。政府助其事业之完成，或保证其利益，与补助其事业，并以多数之国财，附之于铁道会社。至 1878 年，向政府支出之全额，殆出三万磅（原注：三百万元）巨额之上，于是无数之小铁道会社，勃然继兴，铁道之布设，日进其步，其统辖之方法，渐流于粗杂而失统一者。乃从铁道线路之延长，年年倍增其利益，交通之频繁，共之而加，乘客货物，亦益益增加，铁道营业之种类，亦甚多，故政府统驭，极其不便，旅客之手数，亦谋统一之道，以求铁道行政之完全，共社会文明之进步，皆认以为急务。加之补助其事业，保证其利益，诱导其发达。铁道之事业，愈益旺兴，今为最大事业之一，其性质渐显独占之姿，为少数私人，供其利益专占之机。此卑斯马克所以主张社会政策之一以铁道为国有也。盖其唱道斯论者，由来已非一日。1847 年之时，彼既唱铁道国有之议，以求舆论之赞同。1878 年，发布镇压社会党之令，于是彼之政策，明系袭用国家社会主义之议论。镇压令发布以后，一面从事于社会党之镇压，一面则计划斯论之适用。1870 年，普法战争之结果，阿陆沙斯洛列二州为德意志所有。铁道国有论之萌芽，乃渐显于德意志，以供卑斯马克多年所经纶适用之机。然欲统辖全国之铁道，纯然而立铁道国有之制，则尚未能。盖德意志当时之铁道，其组织极其驳杂，管理之方法，殆分六种之差异。即如国有铁道，其权利全然归于国家之手，亦其一也。又或私有之铁道，其监督委之于政府，又如布设营业，共归于私人之手里，如陆契西卫陆科者，以私人之布设，其铁道货与其政府，而营其业等。又营业及管理之方法，亦非常之乱杂，加以国体与联邦诸国之合同未成，故此等混乱之铁道行政，未能全然统一于政府之手里。以期国有铁道之实行，虽以卑斯马克之敏腕，亦不易达其目的。当时评此紊乱错杂铁道行政之状态者，谓之为"六十三种铁道的国家"，可知当时之时弊。某记者又谓"自柏林至加陆斯陆海，其各自独立之私设铁道线，凡六种，自那斯至可科意斯卫陆科，而欲输送货物，其赁银表殆有百五十之异，其赁银颇难计算"云。则其临时之铁道行政，其状态如何，可察而知也。

其事情如此，故国内之舆论，其对铁道国有，亦如对专卖法，其反对之气焰，强盛尤倍之。既而铁道国有实行第一之手段，新设铁道归于政府之议案，1873 年 6 月 16 日，得议会之认许。翌年 5 月，新设之铁道局，为铁道行政改良之第一者，以发表国有铁道之法案。此法案者，最惹世人之注意者，还延竟至数年。至 1876 年，卑斯马克遂决意提出普鲁西议会一种之法案，"以普鲁西州内之州有铁道让与于日耳曼政府，附议院而议之。然而反对者终占多数，始得两院之认许。"

卑斯马克之国有铁道政策，既得普鲁西之承认，向日耳曼帝国之各州，订其充备之章程，移州有铁道而委于帝国行政管理之下，而联邦议会，则未能服从此提议，故因铁道国有政策之实行，于是更放胆以图采用之必要，然如度列斯特、沙科西、米可哈等，极论委任州内之铁道于帝国行政之下之不可，斯希托加陆托之大臣，亦极论让与普鲁西铁道为变更帝国之宪法，乌陆卫陆科亦唱反对之旨，抗议之者，又盛于一时。

移州有铁道于帝国行政之下，卑斯马克之政略，除普鲁西之外，皆表反对之意。其铁道政策，不能达其目的，于是卑斯马克，乃决意收买私有铁道为着手，自 1879—1882 年之间，共买收九千五百契洛沙托陆（原注：六百九十里余）之铁道，其余二千一百五十九契洛沙托陆（原注：八百二十里余）之铁道，同时亦离于私立会社之手，而直辖于政府全国之铁道。虽未全为国有，而联邦诸国，亦以统一州内谋铁道州有主义之实行。卑斯马克之理想，乃着现实之进步。盖铁道国有之问题者，不独为财政上经济上之关系，且必于政治上立法上见之。众论未知所归着，可否之辩论故未定，故确立国有主义，以统辖铁道之全者，实非易举之业，于已身果能期其完成与否，虽卑斯马克亦不敢豫期。然而日耳曼联邦者，以州有铁道一般之原则，再转一步，则移州有而为国有之期，亦所不远。现今（原注：指1869年）日耳曼国内铁道之总数，于二万八千八百十二哩之中，属于国有及州有者，达二万六千六十五哩之长，殆已占其大部。其私设铁道者，不过二千八百十七哩，而其中百八十三哩，其营业权，仍属政府之手，彼此合算。州有及国有之铁道，占有全铁道九割以上。此国有主义之政策，实行于德意志之原因。

与铁道之国有主义相关联而起之问题，如邮便、电信之行政，以谋交通机关之完全者。两者之间，必完其连络，以企图通信之迅速。然邮便、电信之国有主义，既为各国所承认，1871年，德意志亦发布邮便条例，禁止私营邮便送达者。1875年，以发布之条例，而与铁道相连络，以便交通。自是以来，通信制度，乃确立于完全。

以上所记述，皆卑斯马克之社会政策，于铁道国有既行其一部，乃更制定保险法，以供社会问题释解之资。故彼当编纂此法案之时，以关于社会问题，而开陈自己之意见。曰："吾人闻社会问题之名词，既五十年，社会党派之感兴，生产社会，每因之摇动。归因于此问题者甚多，故吾人提出社会党镇压令，向世人而讲究社会主义发生之真因，以解释其誓约，当亦世人所记忆，吾人所未能忘却者。然而社会问题者，素为至难之问题，以五十年之讲究，未能收其充分之效果，及余身果能解释与否，尚未可知。然衷心所不能已者，如提出保险法案，即其一也。"

保险法案者，以三种而成：第一疾病救助之保险法，第二灾害救助之保险法，第三老者及不具者①之救助保险法是也。1881年，于三种之保险法案中，先附灾害保险法于院议，乃先述其理由曰：

"上古及中世者，国家自代社会救济之劳。然今日国家之性质，非前世之可比，其趣有大异者。故国家当然之义务，必立贫民救助之策，以援穷迫而谋下级社会之改良，即以解释社会问题之思想，以国家制定此种之法律，而图贫民

① 不具者：日语"身体有障碍者"，即残障人士。

之利益。假令因此种之法律，为救助贫民而需国财者，则由国家富者之滥费，以济枯竭之财源。其结果也，于国家岂无些少之效?！虽依此法律，而谋全然改善其社会，固为至难之业，则此法律者，尚必有几多之改良。余所深信不疑者，此余所以提出社会改善之第一着也。”以4月1日之议事日程，开第一读会，乃遂决议，1882年，再加改正，添入疾病保险一案，提出于议院。盖前年之法律案，乃依官吏而改削，乃除政府直辖与保险局设置之条项，以国家事业，变更政府自营保险之计划，不问其为私立国立者，但依其会社之事业及性质如何，必加入，以保险之规则，直接以属于监督，区别灾害保险与疾病保险，假令为灾害而不能尽其职者，以其欠勤之日，日在十三周间以内之时，则依疾病保险法而扶助之。其以上罹灾者，则改正灾害保险之制，以扶助之。盖国家干预此等之事业，而加入保险等，而强行于私人，果为正当与否，颇为此法案之争点。故卑斯马克又述其自说，以裁断此争点曰：“以吾人之意见，援穷迫以救济国家之贱民者，本耶苏教的国家之急务。”而于其第二读会，更述自己之主张，曰：“劳动者之劳动权，自普鲁西之民法所规定，劳民有自检束其过失之职，国家有给以职务之义务。”附于议会之委员，其结果疾病保险法案，1883年3月11日，百十七反对者，而得百九十九之多数。议院之会议如此。是年6月15日，乃发布其法律；至12月1日，乃见其施行。而此法案，能得赞成所以通过者，急进党与社会党议员之力居多。翌年5月15日，再上灾害保险法案之日程，其21日，托附委员之议决，遂得多数之赞成。7月6日，议院通过。至翌年11月1日，乃见施行。其后于老者及不具者之保险法案，亦以1889年提出于议会，其6月，乃定其法律。所谓卑斯马克之三保险法案者，乃全告完成。其救助贫民之方法，与彼所计划之政策，渐渐乃施于实行。

疾病保险法（原注：1883年6月15日发布附则，1893年4月10日发布）

此保险法者，以强制的法律，每年收入四千马科［克］以下者，必须加入此保险。若被雇者之时，其义务皆其地主义所担负，然保险之手数料，可于赁银中扣除之。被保险人应得正当要求之扶助料如左：

（一）疾病之始，与以自由之医士之取扱[①]药料眼镜绷带，及其余疗治之必

① 取扱：日语“使用，办理”。

要品。

（二）于能执职业之时，自发病后三日，每日要求赁银之半额，非特别者，不得以上之要求。

纯然为家仆及农业劳动者，不在其数。目下被保险者之人，数实达于八百万人之多救助疾病之费，其金额约一亿马（科）［克］以上。

灾害保险法（原注：1884 年 7 月 6 日发布）

此保险法者，与病灾保险相待，其保险之效，颇为完全。亦以强制的法律，于各工场之劳动者，及年俸二千马科［克］以内之官吏等，必加入此保险，加之使用一部之器械，与从事于生产之劳动手工，亦必加入此保险。而此保险者，以帝国之保护交互的组织而成。顾生于一地方之各种之职业者，包合帝国全部之职业者，以组织组合之团体。

加入保险之目的，劳动者于雇主从事职业之间，于不虑之灾害，与负伤及死亡之时，则赔偿其损害。而此赔偿之标准，于负伤之时，则代其疗治，其未能从事于职业之时，则支给定额之扶给料①。然负伤者，若至死亡，其葬礼之费用，与妻子及两亲之扶助料②，则支给之。或负伤全愈，及不具者，则支给其劳动者所受，年给三分之二之扶助料。若自不虑之灾害，而负伤者，其初则受十三周间保险之救助。自十四周间，则受灾害保险之保护。本文概记述之。

扶助料之额，自警察官之检视后，于其地方之组合团体而决定之。有不服者，得出诉于仲裁裁判局。仲裁裁判局，自组合团体之选出委员二名，自被保险劳动者之选出委员二名，以一名为局长而成，于特别法律之下，审判此种之事件。

其上则为帝国保险局，为关于保险之行政及审判等之最高府，保险局者，以联邦议会之推选，受皇帝之敕任，为终身官之局长。其任命法，则任命数名之高等官，自联邦议会选出之四名之代议士，雇者被雇者双方之所选出，以两者同数之委员，而组织之。

此法律施行之范围，年年扩张之，今则百万之商社员，与二百之劳动者，

---

① 扶给料：日语“赡养伤者和老人的资金”。
② 扶助料：日语“抚恤金”。

皆加入此保险。依其赁银而谋生活之劳动者，及每年所得二千马科［克］以内衣食之小吏，其余如工业上之管理人，农业上之管理人，与劳动者等，其受此保险之恩惠者甚大。

老者不具者之保险法（原注：1889年6月22日发布）

赁银及俸给与谋衣食之官吏，奖动者等，与受疾病灾害两保险之保护之人，而救济之。行强制的法律，凡满十六岁以上，如所列阶级之人，必加入之。

（一）不问其职业如何，凡有赁银及衣食之家仆与劳动者。

（二）年受二千马科［克］以下之俸给之官吏与会社员①。

（三）一人以下之从业，及使役之小资本家。

（四）所谓家内工业者等，及其余之小资产家，皆得随意加入。

被保险人者，凡老衰之征证者，满七十岁，则受养老金。然既支受此养老金者，自其保险料之三十年内者而支出。

凡给不具者及老者之扶助料，及支出雇者被雇者之共同之资金，帝国于各人每年支给以五十马科［克］之定额料，支办劳动者与海陆军之兵役，所役服中之保险料，其余帝国支办保险局之经费，免税保险料回送之邮税。其余之经费，以雇者与被雇者同样之合割，而共负担，以支办通常之保险料。而保险料之支付者，则雇主担任之，更购求保险切手（原注：邮便切手之类）。贴附被保险人之受取账，以便保险料支付，故此切手者，于随处之邮便局及邮便切手②卖卜所，皆贩卖之。

此法律施行之结果，1891年，授与年金十三万二千以上，并六百有余万马科［克］之政府补助额，又支出千五百三十余万马科［克］之金额，其保险切手卖下者，收入九千五百万马科［克］。

卑斯马克之社会政策，其专卖法虽失败，其保险法则成效。如铁道国有者，今将为实行之期。其对劳动问题，与德意志社会之向背，及社会党之运动于卑斯马克之社会政策，虽相关联，吾人于后编始记述之。（原注：与第四编第二章

① 会社员：日语“公司雇员”。

② 切手：日语“邮票”。

参照）其对此等之问题，及社会之趋向，与卑斯马克之态度，今兹不赘。

第五章　基督教的社会主义

“爱汝邻人如爱己。”此基督教之根本的理想，为四海同胞之福音。基督教之所传说，故基督教之炯眼，视人无贵贱之别，贫富之差，又岂于资本主与劳动者之间，而划鸿沟之界线哉！四海皆兄弟，万物皆我友，又岂徒限于邻人哉！故圣书曰：爱尔之邻，而毋憾其敌汝曹所闻。然告尔曹，当爱尔曹之敌，诅尔曹者尔祝之，憎尔曹者尔善视之，虐遇迫害尔曹者祈祷之。如此，则为在天尔曹之父之子（原注：《新约全书》马太传第五章）。以博爱及敌，为教义之本旨。然今之人，不独憎恶敌人，即四邻诉寒之声，充满于耳，啼饥之状，激刺于目，而不之问，则基督教徒为社会问题而蹶起，无足怪也。

研究基督教之教义社会主义之议论，发见于其中者不少，一视同仁者，乃基督教本来之主义，实为扶助四邻之举。或散富者之财，以与贫者，此又吾人教义之所教。“凡贷于贫者，非自我而贷之，非自我而施之，而天自偿之”（原注：《旧约全书》箴言第十九章），“凡施惠于贫者，乃与贫者之粮也”（原注：同上，第二十二章）。“勿吝尔财，而慨施于贫者，则天之于财，将舍尔而谁福”（原注：《新约全书》马太传第二十章）。“众人问于幼哈渥曰：以何者而济我财？曰二而已矣。有衣服者，分诸其无衣服者，有食物者亦然”（原注：同上，路加传第三章），是实博爱之本旨，以除贫富隔绝之主义。

劳动之权利者，社会主义之所唱道，游惰者积财而为资产家，勤勉者饥躯而为劳动者，与社会之体义，乃大相反。社会主义，为天下所绝叫，故凡对劳动者，必求适用之原则，确立劳动之权利，驱除素餐坐食之徒于社会，乃社会主义本来之素颜，与基督之教义同其趣者。“汝等食于神之前，各劳其手足，凡所获物，以取快乐，以分于众人”（原注：《旧约全书》申命记第十二章），“惰者较蚁而不如，蚁尚有智慧，有首领，有有司，有君王，于夏时收获而收粮；惰者终日卧息，殆远不如蚁”（原注：同上，箴言第七章）等语，是皆劝告劳动之紧要者，是为劳动者自寻快乐之教义。

“资本者略夺之结果也。”此马克斯一派之所论，列陆度排斥债主取负债主，为不正之行为，亦曾发见于基督之教义，见于圣书之中者。“凡七年之终，汝必放释之，贷于邻者，勿呵责其债主。其视尔邻，仍如尔兄弟”（原注：《旧约全书》申命记第十五章），“尔勿取尔兄弟之利息，即金之利息，食物之利息，凡一切之利息，皆勿取之”（原注：同上，第二十二章）等，皆是也。

平等者，社会主义最极之目的也。基督教亦以平等为宗旨，物与物无等差，以去贫富之悬隔，即此教意之本旨。“以人人之名数，分与其地，以为产业。大众则与多者之产业，人寡则与少者之产业。各以其核数，而以而受产业之制。”（原注：《旧约全书》民数纪略第二十七章）

其余如以博爱之本义，而戒贪婪热中货殖之术，而逞残忍之行，以毁损人间之美性，是皆宗教的教义之福音，而为基督教之所深监戒。盖自由主义之学说，极其旺盛，于经济社会，凡放任之行为，与富者之贪婪，一任自然之趋势，于是社会组织之弊害渐显，而不公平不平等之显象，益益弥蔓。而经济学者，乃欲以伦理说加入其间，而芟除此社会的弊害，与基督教的社会主义，当其一也。基督戒饬富者贪婪刚欲之邪念，于圣书之全篇，散见于处处者不少。“得智慧者胜于得金，得聪明者胜于银。离恶之途，行己之直道，以守己之灵魂。”（原注：《旧约全书》箴言第十六章）“慎尔戒心与贪心，凡人生命所蓄之饶者，勿拳拳而不舍，譬彼富人，其田既丰收，终日日思，何以广我之所藏。又复自忖曰：我将毁我之仓而大建之。凡我之货物，而藏于其所。其所藏之货物，安心而自饮食之，而不顾尔邻，神则呵之曰：是无知者。贵而身外之物，而不贵汝灵魂，故神告其子弟曰：我告汝等，尔曹生命，以何而食，身体以何而著？汝有生命，自优于粮，汝有身体，自优于衣。”（原注：《新约全书》路加传第十二章）不过其教义之一部，而此种之思想，充满其全篇，故服膺基督教徒之心事，必欲反抗现社会此种之贪婪，其气焰日高不可遏，抑又如“心之贫者福矣，天国即其人之所有；哀者福矣，其人必得安慰；柔和者福矣，其人必得地与嗣；饥渴而慕义者福矣，其人必得饱；矜恤者福矣，其人必得矜恤；心之清者福矣，其人必得见神；和平者福矣，其人必为神之子；为义而受责者福矣，天国即为其人之所有。”（原注：《新约全书》马太传第五章）为众人而要求幸福，为义而希望社会之平和，以神之所谓人间之幸福，即基督教徒所唱之社会主义，亦不过欲得此幸福，而冀图社会焉。

盖欲研究基督教之教义，而社会主义之关系究何如，本为至难之业。如吾人之身，既非为宗教家，诚非其任，遍于尊重物质的观念，而怠精神之修养，决非所以救护社会人类之途，如彼基督教徒。向社会问题之运动，皆所以扩布此等之教义，以救护心性之惰落，与社会之腐败，而全其天职。果为宗教家社会问题适当之解释与否？暂为未定之问题，不过述序其社会主义讲究之顺序，与其运动之大要，为译社会主义者研究焉。

英国兹耶列斯契科斯列及扑列特利科贺利斯之一派，皆为基督之教徒，以研究社会问题。1840 年之顷，贺利斯以薄给额聘教师，为劳动者讲教育奖励之策，即为彼等研究社会问题之端绪。其后斯科契列又谋组织一协会，集劳动者讲教育奖励之法，尽力开发其智德。1848 年，两者相图，以合组员而开共同店铺，而供给廉价之物品。虽不过一时之成效，其结果甚不小。而基督的社会主义之创立者，博多少之名誉，果得达其目的。

1877 年，西托马希野之协会既兴，僧俗两者之间，有数百名之会员，以成一个之社会的团体。而其创立者之首领哈托拉摩，于此协会，乃设一月刊杂志，为之机关，问为寺院之改革者，以发表其意见，扶植协会之势力，以基督教之本旨，谋社会之改革，即彼等所称基督教育者，有拥护人民精神之义务，与救济其身体之职分。于是基督教的社会党，裨益于劳动者不少，不独生产组合之创立，且养成慈善博爱仁义之美性，面觉破贪婪无情之社会。以高洁之精神，与慈仁之心，奖励富者义侠之行，小之尽涵养德性之务，大之变政府施政之法。制定贫民救护之法律者，不得不推基督社会党之力为最多也。

拉耶渥以基督教而解释社会之问题，于法国为基督教的社会主义之开始。于“旧教信者”之唱主政“赞成论”者，于拿破仑之即位，痛切而攻击之，乃逃本国而走英国。1830 年，乃著公刊杂志，题为《未来》，以“神与自由及法王与人民”，标示其网目，使人民脱政府之羁绊，置于神之支配之下，以享受自由与幸福，故于教会则扩张其势力，以为毕生之目的。一面则攻击政府，以抗其压抑，欲以教会之改革，而企图教会政治之完全。时罗马法王科列可利十六世，辅其说，一时同表赞成之意。然于 1831 年，与法王因起争端，请赴罗马面谒法王，淹留七月，终拒绝而不得见，遂失法王之信任。当时彼等之思想，欲设教会于民主主义与罗马教之间，以举社会改革之事业。自后教会为寺院所放逐，终世误其目的，而不得达之。然法国之基督教的社会主义，与英美诸国之基督教的社会主义相比，大异其趣。或信托于宗教教义，或纯然为社会主义的党与，然法国之基督教的社会主义，其势力不免微弱。

日耳曼之基督教的社会主义之团体，有二种，一为旧教的社会党，以1850年，自牧师乌契托列陆之创立而成；二为新教的社会党，1877年，斯托契陆托度等之所设立（原注：与第四编第三章参照）。然与前者相比，后者之势力则甚微弱，未能占有社会的势力，故时或两者合并一致而运动云。

乌契托列陆者，以1871年生于摩斯特陆，游学于可兹契哈伊特陆海陆科摩西野等之诸大学。1844年入教会，从事教务，后自列拉科贺陆托，选出而为日耳曼议会之议员。1850年，进为耶希之僧正。彼屡屡依其教会，而结合劳动者，以助日耳曼基督教的社会党之成立。彼盖承认拉沙列之所谓残忍赁银之铁则，为今日生产社会之真理之论者，于其攻击现社会之组织，与社会民主主义之议论，亦多得彼之赞同。而其神学上之意见，以为神于教会，有全财产之最上权，而人间之权利者，不过占其一二。故教会之权利，救社会之贫困而助贫民，决非不当之举。盖现社会困穷之所以发生者，其基因不出唯物主义与自由政策之二者。夫唯物主义之旺盛，则精神修养，附于等闲。自由政策之施行，则每启个人之横暴。故欲救治之，必欲国家与教育，结而为一。必须干涉，其他人民日常之行为，故欲救劳民之穷乏，以企图社会组织之改善，苟仅国家独任之，必难收其满足功果之效。盖国家者，必依教会之力，教会者，必借国家之援。以此而图改善，庶几达其目的。故彼欲借教会之力，为劳动者而谋救济之策，其所唱道之议论条列于左：

一、教会者，为此劳动者之各得其职业而设，以管理之。而欲尽此等之温和性质，必受教会之训育，始能以温厚柔和之心，完此一切之职务。

二、教会者，劝诱劳动者，以造基督教的家族。

三、教会者，以基督教之经典，与真理，而教劳动者，是为劳动者真正之教育，如彼自由主义之议论。以自助为本，而不顾劳动者之教育，一任彼等之团体，而陷于粗暴之举。

四、教会者，为劳动者之团结力，以结合其人民，而助劳动者团结联合，且此种之团体，各勉其各具基督教之性质。

五、教会之团结力，以基督教为基础，设立生产的协同团体，富者出其供献，以图人之便利。

亚美利加基督教的社会主义之发生，为最近之事实。虽列利希斯等为其首唱之一人，而基督教的社会主义之理论，为无数之知名学者所论述者不少，其各派之间，虽有多少之相异。而现今劳动教会之主旨，录其大略于左：

一、必依神命以运动劳动之原因及生动力，以如何之组织而构成之。若个人之劳动运动，即为与神之反对。

二、以撤去赁银与奴隶制为目的，凡运动者，不问其有心与无心，其共神之运动者，即为真正教会之会员。

三、改善人间之性质，与社会之状态，脱却伦理上及社会上之束缚，以谋自由之安全。

四、为同胞以正理之运动，置劳动者于现时之基督教会，及吾国之历史上。

而彼等之所谓十戒，亦录之于左：

一、汝依自身之劳动，以谋衣食，决不得以利息地代利子等以谋衣食。

二、汝欲救助他人，其割合者必依其人之强弱愚钝贫困之度何如。

三、汝所有之投票权，使用最高大之利益，是神圣之与汝委托权。

四、汝视其余之劳动者，如汝之兄弟。

五、汝防战争于未然，且预先而绝灭之。

六、汝于其余穷乏之间，不得逞其奢侈及不道德之行为。

七、汝于不正之压抑，及社会的害恶，必抵抗而压伏之。

八、汝须知现在之义务，无幸福为最上之幸福。

九、汝凡为人而谋增进幸福者，即为汝自身而增进幸福。

十、汝不可忘三个之尊者：一曰神父，二曰人子，三曰爱圣灵是也。

以上所述，皆各国之基督教的社会主义，及其党与，盖基督教对社会主义之关系，与此党与之运动。不能详记者，非本书之所能详。今因论述一切之社会主义，顺序一言及之，以为讲究者得其大概，若欲知其精细，当于别策求之。

第四编　欧美诸国社会党之现状

绪　言

近世社会主义之理想，其种类如何，其发达如何，且于国民之间，其势力又如何，前数编既已叙述。今进而考述此主义之各种之党与，与其形态与运动之显于社会者，参考各国之事情，不难缕述其起因，乃纪述各国国民之社会党之现状。

社会主义之思想，其分派既多而歧；社会党之运动，其方针亦杂而不一。固守其自说，而设各种之名称，以集同志，汲汲于增进自党之势力。然其理想之根底，除无政府党之外，其余大抵相同。各国互通气脉，以相联合，如马克斯之组织之国际的劳动者同盟，近时于社会党运动之支配，一时殆为其中心点。然自哈伊科之大会分裂以来，同盟之势力，渐倾微弱，遂去欧洲而移于美国，其本部又移于纽约。至后数年，乃遂解散。然经此同盟一度之鼓吹，国际的联合运动，自后其势焰益高。一国之结合既足，又谋诸国之结合，以一致共同之力，企图社会改革之计划者，亦日多，各国社会党之联合，隐约日臻其进步，相互遵守其主义纲领，依其同一之主义。而立论虽间有相违之点，不过形容之文句偶异。至如计划之方策，以救资本主与劳民之不和，调贫富之倾轧，皆亦大同小异。吾人于本编，亦颇苦其烦渎，大抵相似之说居多。然欲发表各种之党派，则必揭载其宣言书及纲领，盖必借是等之宣言书，乃征社会党其对现社会之怀抱与意见，与其改良之方案，亦借是可察而知足，为来者之前鉴云。

各国社会党之种类，既分各派之多种，就中其势力之最巨者，惟德意志之社会民主党。德意志之社会民主党者，其党员之多数，与其运动之活泼，及其代议士之众多等，特出于他国之社会党。有各种之特质，如哿他①会之发表宣言书②，为各国社会党之模范。自后竟造宣言书之发表，纲领之明示，于社会党之运动上，竟成一般之风习。凡议定公表其主义日之宣言书者，皆以哿他之宣言书为基础，以自党之说，加附于其间，虽或改窜补订，其精神所在，则无有差异者。然以其运动之温激如何，与各国国情如何，其程度因之不免而差异，加之各国国民，皆有国有之性情，或喜过激之运动，或喜温和之举动，故其党派之外部，所以遂生各种之异色。故或因偶见 社会过激之举动，遂波及于全社会党，皆目之为过激粗暴之凶徒，急欲排斥而去之，是殆未能认识社会党之本质。吾人素知社会党派过激之徒，盖当时幼稚之时代，不免有失当之举，而着实之社会党，亦非其类。至于近时之风潮，彼等亦戒其轻举，费其无谋。因过激粗暴之误事，相导而为温和着实之徒，吾人今兹叙述彼等于各国之运动，所以描写其现状者，一则可知其对国家之势力何如，一则即其举动，而世之风潮之变态，可察而知也。

第一章　英国社会党之现状

洛卫托拉野欲破社会改良之策，英国社会主义之运动，一时殆归于绝灭。然事物推移，隐约之里，日进其步，社会主义，发达之趋势，决非所能遏断者。1850 年，英国同盟合组兴。至 1883 年，忽盛忽衰，暗有自然之进步，其势力之增加，遂占现时之地步，即其证也。加以加列伊陆及拉斯契等之一派，其所唱道［倡导］之新说，尤为世所注意，故当时其数日增，彼乃大展健笔，以攻击旧派经济学之不德义，倾听其议论者日多。1848 年，米陆之《经济原论》出世，为经济学上社会主义之一大势援，乃将自来之旧经济学，群皆唾弃之。其思维之感念日减。学问研究之结果，必得实地问题之应用而后已，而讲究之者，

① 哿他：哿（gě），生僻汉字，表示称许的意思。这里的“哿他”是德国地名，今译为“哥达”。

② 宣言书：指 1875 年德国社会主义工人党在哥达制定的纲领。《哥达纲领批判》是马克思为反对德国社会主义工人党内的机会主义派别而写的批评意见。

亦愈增加，且如米陆之自述，自称为社会主义之人，于现社会之组织，要求无数之大改革。其言曰：

> 吾人之于社会，必欲压倒个人之组织，而极力反对之者。吾人苟非区别社会之惰民与劳民，则食其劳力之原则者，不独至劳民而止，而欲望其适用之日，终恐不能。而且劳动者之结果，不但不能分配物产，且诞生无意味之事情，更不能望其得公平法则之日。盖吾人者，欲求自己之利益，必先求社会公众之利益为宗旨。夫未来之社会问题，于世界之生产原料，果如何而能为共有，以结合于个人的自由之下，且于结合劳动之利益，万人分配一样问题之外，而以如何之制度，始能得此种希望之满足，且何时能达此满足之制度。吾人所决信者，欲求社会改良之完成，必须于今日之劳动者，与无教育之人类，及其雇主之大半，必熏陶教化，一变其气质。若于现时欲汲汲于自己一身之利益，必于社会公众，以养其团结劳动之风气为必要。而此等之性情者，乃人间本来之特性，决无消灭之期，乃教育习惯及感情之养成者。故现时之人，为国家征战而不辞者，又或为国家而任耕耘机织之劳作而不辞者，盖自人智之开发，乃能如斯。本于历世之涵养，决非一朝一夕之所能，故有妨害社会之进路者，必非人间固有之性情也。

由是而观，则彼之理想，亦纯然为社会主义。其描写未来之社会，即采用社会主义之政策，其学理之趋向，益为当时社会主义之所倾仰。自 1848 年，马克斯漂流而来英国，至 1883 年，至其死后，居伦敦者，历有年所，加以其同派之骁将野科陆斯，亦至英国，两两相携，尽力以扩布社会主义，1847 年，两者相谋，设立正义同盟于伦敦，后变更此同盟为共产的同盟。翌年，于列陆希西陆府，发表其旨趣，以大唱道共产主义之议论。及后野科陆斯及马克斯为其领袖。来会同者益多，1862 年，开设万国博览会于伦敦。法兰西劳动者之一团体，闻风而至英国，以交通于英国同业组合。1864 年 9 月 28 日，又创立万国劳动者同盟于伦敦之西托马陆兹贺陆[1]，以教授卑斯列为之管理，马克斯助之。

此会唯一之目的，欲结合列国之劳动者，织成全然一个之团体，然各自之特性，不能相合，以议论之冲突，启感情之相违。会员之间，渐有不睦之势，其目的遂不能达，而欧洲南部之党员，属于卫科意之麾下者，唱道极端无政府主义。日耳曼之党员，则唱道进步社会主义。法兰西与白耳义，两派分歧，互相冲突。一方面尽力而组合，一面又立帜而树党，而与英国所唱道万国同业组合协会之所主张者。议论纷纷，极其淆乱，不能出于一途。1871 年，哈契之会，同志遂生分裂，马克斯与卫科意，各率社会党，与无政府党而分离。然英国之会员，亦以国际的劳动者同盟之所谓万国者，不过指示欧洲大陆，颇不洽于其心，乃先而脱其同盟，而属于英吉利同业组合之名下，以避当时世人所嫌恶社会党之名称，巧掩世人之耳目。于是国际的劳动者同盟之迹，殆绝于英国。英国社会党之结合，至 1881 年，乃以其名称与目的，公然发表于天下。

美国社会主义之勇将哈利兹幼陆兹，亦至英国，为公演其持说之一事，与英国社会主义与一大戟刺。其结合之气运，乃日炽于一时。自后乃唱道其持说之“土地国有论”。其所著书，题为《进步与贫困》，大受社会之欢迎。英国社会主义之思想，渐由彼之说而崭然一新。希度意乌野兹所著之《英国之社会主义》，记当时社会之状态曰：“科列度斯托者，时为内阁，其对爱兰士土地同盟会，而行强迫的行为，于是多数之急进主义者，相平而去自由党。加以埃及事件之难局，杂处其间，其关系更加一层疏阔。而内阁之视社会问题，亦若等闲，毫不注意，故欲解释此等问题之必要者，乃益迫切。”1881 年 3 月，卑度、马哈陆卫陆托、卫洛及哈列拉洛陆女等，又组织民主的同盟，当时如“意野、加斯陆、拉他伊”所撰出之代议士，兹幼希列可野，公然由此显名，而为最初运动者之一人。此同盟之目的，采用社会主义之政策，以解释无数之社会问题。而其主眼所在，即欲实行土地之国有。自后从此进步，乃改社会的团体之名，而为社会民主的同盟会，时 1884 年 8 月。此同盟会者，以其主义目的，传播于各所，以伦敦为工业的中心，于各都府设置其文部，以企图布教之功果之普及。

以上乌野列之记述，乘时势之必要，以织成此同盟会于英国社会主义的团

---

① 西托马陆兹贺陆：今译“圣马丁”教堂，1864 年第一国际在此成立，奥哲尔担任总书记，马克思的正式职务是总委员会委员。

体之中，其势力最巨，运动最灵。时或会合于野外，特示非常之运动，以张其势焰。其首领哈利马加斯卑度马，至今尚保其位置。

哈利马加斯卑度马者，1842 年生，1864 年学于契列利兹托利意兹之大学。1866 年，意大利之役，为卫陆马陆加西托之特别通信员。自 1868 年至 1870 年，漫游北美合众国及澳大利亚。1870 年，乃著一书，题为《意大利之饥馑及印度之危机》。1880 年，为马利列贺候补之议员。1881 年，当民主的同盟会设立之初，为其中运动之有力者。1881 年，又著一册，题为《向之英国》。1884 年，又著二书，题为《英国之社会的改造》及《社会主义纲要》。1892 年，又著《十九世纪商业社会之恐慌》，刊行于世。1886 年，乃共卫斯兹野卑契及乌伊利耶摩等，于托拉列亚陆加陆兵营，将有异图，乃受嫌疑而审问，然拘留仅三日，幸免其罪。自后乃为社会民主的同盟会之首领，系心于社会问题，兼为其机关杂志《正义》（原注：杂志名）之寄书家。要之，献全身于社会主义，其忠实如彼者，实为世所稀有也。

其余如哈陆卫陆托哈贺斯卑沙托兹耶卑拉托马摩乌伊利耶摩贺利斯计幼卫斯等，亦皆铮铮者，周刊《正义》杂志，以为机关，而补成其运动。杂志《正义》者，1884 年，发刊其初号。1886 年以后，乃聘科野陆为主笔，今尚继续其发行。

吾人今兹以发表社会民主的同盟会最近之宣言书，揭载于左：

其目的

社会全体之关系，依民主的国家之管理，以社会的生产分配及交换之方法，于男女两性间，确立社交及经济上之平衡，以免资本家之系束，全然开放劳动者之事业。

其纲领

一、自行政官为始，凡官吏之任命者，凡丁年以上之成人，皆依直接平等之选举，其俸给自社会支办。

二、依公众而定法律。且此法律者，必得公众过半之承认，其编制之法律，不得拘束其他事。

三、废常备军，置国家的公民军。收宣战、讲和之权于人民之手。

四、其教育，不问普通与高等，必行强制主义。于实业的通俗，一切无谢仪。

五、裁判之对社会，亦无谢仪。

六、铁道及其余交通输运之诸机关，及土地矿山等，皆为共同或共通之财产，以共支持。

七、凡生产分配交换之诸机关等，亦为共同，或共有之财产，以共支持。

八、富者之生产分配，以谋社会全员之共通的利益，由社会而管理之。

其救治策

救治现社会弊害之方法，直接采用社会民主的同盟会之方法。

以强制的组织，为公众建设卫生的家屋，且征集其家资，为建筑费及修缮费，以供其用。

废世俗的自由，以强制学术教育全阶级之人民。凡寄宿学校之幼童，皆任支持之事。

以法律规定产业上及工业上正当之劳动日，其劳动若八时间者，不出定限以内。又于一周间之劳动时间，限于四十八时间。若犯此禁者，以法律而罚其金。

一年所得三百磅以上者，以累进法，以赋课其所得税。

铁道者国有。瓦斯电灯及供水等之事业，为各市府有，或置其管理之下。凡铁道马车，有独占的性质之事业，皆为全社会之利益而为共有。

扩张邮便及储蓄银行，以利用金钱及信用之动，以除去私人独占利益之弊。

公债之收设。

土地为国有，收于国家之手。以组织农工的军队，以共有的旨意，而任各市府管理之事。

以上所计划，为平和的社会所应用，而社会民主的同盟会，更发表其主张曰：

国会议员及其余之地方议员，及官吏之选举，以公费而支办。

凡丁年者，与有选举之权。

每年开设议会。

上院断行议案。

废止国立寺院之设立，与资金之下附。

扩张地方独立之权限。

于帝国之全部，以保其独立立法权。

以上乃社会民主的同盟会公表其目的，及实行之方法。且此同盟者，各有其限，以驰驱于政治世界，而试活泼之运动。于议员选举之际，指定其候补者。且向劳动社会，而谋增加其势力。1884 年，社会民主以同盟会员，乌伊利耶摩贺利斯，脱其同盟，乃共其余之人，而组织新社会主义同盟会。然当时之会员，多为技术家及诗人，其旧同盟分离之原因，虽重自立，乃别组织新同盟。其同盟之政策，与社会民主的同盟相对，两两共相发达。然与此民主的同盟相比，则尚唱道一层社会的共产主义之议论。其于政府之感念，皆无关系之因。1885 年，其所出之杂志，题为《共同之幸福》者，虽为贺利斯得意之文笔，添志上一层之光彩。至 1892 年，此杂志与同盟者，共为无政府党派之所管理，贺利斯乃脱其同盟最初之组织，乃遂消灭。

其余尚有一层特种之势力，其社会党之结社，自列卑亚那沙伊兹而起，时 1883 年，至今其势益赴旺盛。而其结合者，以教育布教等之目的为始，以网罗吾团体之人，其结果甚佳。彼等之所讲演，无论会合何处，必列席以集众。伦敦之风物，为之一变。十年以后，伦敦劳动者倶乐部之特质的标记，皆消极之急进主义，今则一变其态度，皆为积极的之公有主义，且增几多之同业组合者，加之于政治界之势力，亦极扩张。而彼等又搜集新闻杂志等公布杂报及论说暨此派社会主义宣言书，以公表之于天下。1889 年，又搜集其党员中之有力者七名，为兹幼露兹卫陆那陆度希幼（萧伯纳）、希度意乌野列（悉尼·韦伯）、乌伊耶摩科拉科（格雷海姆·华莱士）、拉利卫（悉尼·奥利维尔）、科拉哈摩乌亚拉斯（威廉·克拉克）、亚意卫沙托（安妮·贝赞）、可卫陆托列拉托（赫伯特·布兰德）等之演说，而公刊之，题为《对社会主义列卑马之评论》[1]，其发卖达非常之巨额。盖此种之讲演，不过一年之间，已达数千之数。其本营置于伦敦之斯托拉度街，二百七十九号，盖以此处所行之英语，普及于各邦国。其论说与其余之社会主义，关于文学之发达者，论说不知其数。自1887年至1893之间，已及七十五万之多云。加之国内各权要之市府，其支部共有五十地，此类之团体中，为最活泼而易成功者。而此团体之外面，内部之实力，殊极其盛。凡改革的运动之加担[2]者，杂志新闻之执笔者，经济学之讲师，皆会萃于此会员之会籍中，可以察其势力之一般。

列卑亚沙伊兹之所揭其主义纲领于左：

列卑亚沙伊兹者，其道奉之社会主义，其目的以土地及生产的资本，属于个人者，皆夺之而归为数人之所有，以改造社会，以企图增进社会全般之利益。此方法者，于一国之自然的所得，及生产的利益，分配万人于一样。

以此之故，凡在此团体，尽力绝灭土地私有制，以除去街集地代之恶弊。

于此团体管理社会的于生产的资本，必移之于社会之手，以倾既往独占的生产之方法。变余剩之利纯，而为资本以造财产家之富者。而隶属劳动者于此等之资本，仅得支持其生活之境遇之积弊。

别段之出费，采用以上之方法，以地代及利息，增加赁银为劳动者之报酬。则为他人而劳动以谋衣食与游惰之民者，皆收其绩。而改革干涉个人之自由，如现制组织者，则经济上自然之倾向，方有持保平和之机会。

列卑亚沙伊兹者，为达此等之目的，而谋社会主义之普及，以切望社会及政治上之变革，而奖励此主义之普及，其于经济伦理及道德上个人及社会之关系上，以传播智德为必要。

---

① 《对社会主义列卑马之评论》：即1889年出版的《费边社会主义论文集》。作者有箫伯纳、悉尼·韦伯·格雷海姆·华莱士、悉尼·奥利维尔、威廉·克拉克、安妮·贝赞和赫伯特·布兰德共7人，萧伯纳主编。该书中译本为《费边论丛》（三联书店1958年版）。列卑马，为Fabian Mazimus（费边·马克西姆）的音译。（李继华注）

② 加担：日语“参加，支持”。

以上所述，即英国三个重要之社会的组织之团体。然英国社会党，以其实际之运动相比较，不过其一小部分。加以此等各团体之运动，于政治上及产业上，多抱不满之念，故遵奉社会主义之英国同业者组合之最后之会议，以大多数之劳动者，为候补之代表，必持公有主义之说以企图其决定以新同业者组合名称之下，与社会主义之同盟团体与同业组合相结合，而为一事，其关系非琐末之小者。故今日社会党派之运动，逐年而扩张其范围，以企图大同盟之气运，益为天下公家所认识。此等三个之团体，亦联合委员所署名，发表其宣言书于天下，以成一大联合之形。

其余于各社会主义之团体，有密接之关系者，又有二个之团体，以土地之国有，为唯一之目的。虽不能与其余之社会主义的同盟团体，借其帮助势援而成立，而两者之关系，能保其全然独立之态，如土地国有协会，即其一也。亚陆列卜度乌亚列斯为其首领，彼为著名之博物学者，近为全然公言社会主义之人。其二则称英国土地复旧同盟会，其所遵奉为哈利兹幼陆兹之社会，而诺兹科哈摩大学之经济学讲师，沙伊摩斯，及数名之国会议员，为其评议员。此同盟会者，传播土地国有之福音，于地方农民之间，以觉醒其迷梦。此二者，共为社会主义之别动队，于英国之现社会，颇奏多数之功果，以为社会改良之资。当今于社会主义的运动实际之上，所最紧切者，彼之市制，如地方会议之组织，于伦敦把持各种之权利，结合无数之小议会，以组织一大议会，实为社会主义的运动之进路之一转。教授野利曰："社会主义之目的者，决无蹉跌，何也？有二个之实例证之也，一则于近来伦敦市会，约其所有二十一哩之铁道马车，以为运转。而其所有权与营业权，皆握于市府之手，为社会主义者之大希望，然却非社会主义论者之所唱道，于伦敦此等之政策。则社会主义的方针，如何倾注，可测而知。二则为伦敦市之市权，禁止工匠于建筑住居业之请负组织。要之，此等之政策，地方议会之权力，由此渐进，其对社会，逐渐为一般专业之模范的雇主。"

卫米科哈摩及科拉斯可等之市制，皆人之所能知，然卫米科哈摩之市制，其整顿完美，世界中无其类例。如"事业家之经营事业，为事业的市府"之评语，决非过誉之辞。兹利亚拉陆列记其状曰："卫米科哈摩市自市街所布设之铁道马车，制造瓦斯，设供水，且备市民过半之食物，是等之物，皆贩卖其需要者。又有自由开放之博物馆，美术室，美术学校等。又设浴场于实费以内，令市民入浴，要之此等之事业，不外于社会团体自治自活之本旨，必求社会主义之实行。”于科拉斯可市亦然。此市近来除利卫列陆之外，凡英国群集杂踏弊害众多之市府，皆行市制之改良。水道瓦斯等，无市不有，所定公园制度，设于多人群集组织之市场。市之岁入，亦因之逐年而增加，渐升于最上等之市府。

希度意乌野列曰：“吾人于国际的关系，及海陆军、警察、司法等之外，今更注意于社会。凡社会的事业，与各般之事业等，如邮便、电信、小货物之建筑、扫除、点灯、生命保险，年金之下附造船事业，株式仲买银行事业，耕作，及金货等，皆其所经营。其余自生至死，凡关于人事之事业，其经营者甚多。又如产科术，如保姆、教育、寄宿所、种痘医药、公众之礼拜，凡关于快乐之事，以至埋葬之事，其类种不胜枚举。且于此社会，凡社会自身之所有，如图书馆、公园、博物馆、音乐室、里道、街道、桥梁、屠杀场、蒸汽机关、灯明台；水先案内者，渡船、浮船、蒸汽船、救助船、墓地、公共浴场、洗涤所、兽栏、港湾、埠头、病院、施药所、瓦斯制造所、用水工场、铁道、马车、电信、收场、学校、寺院、读书室等，及万般之物品。而社会之事业，如地质学、矿物学、统计学、动物学、地理学，及神学等之研究，凡关于是等之学理，与图书之出版，供公众之用者，无不备之。若于迷信之恶习，个人之欲望，无秩序的竞争，贻国家之忧虑者，必严察之。而于此社会私人之事业，未能充分发达者，其监督视察无忌。凡此等多数之改革，而当时之自称硕学鸿儒者，嘲其议论为迂愚，诽其为望外之要求，目之为痴钝事，摈斥而抗拒之，阻力极巨。而社会主义之事业家，排万难而奏成功，不其奇欤!”

社会主义的政策之应用，其着着进步，既已如斯，然其目的，犹未能谓之完全。如英国工业上之诸规则，年年发布，以研究八时间之劳动问题，且讲究此等限制，果应用各职业之可否？系心于世之社会问题者不少，欲谋社会主义于实行的政策之上，以实行其意见。至于近日为劳动党独立之必要，于是此等劳动者之代表者，或占议席，如 1873 年，选举总统之时，亦有十三四名之候补者，争逐于竞争场里。而阿列契沙科马科度那陆度及托马斯卫托二氏，遂膺劳动者代议士当选之荣。然而劳动者之同盟，及社会党派之政治的运动，增无限之戟刺，拉野之空想的社会主义，一时流行，其势再炽。自 1845—1885 年，其视各同业者之团体，与政治上之事件，殆如置之度外。当时之时势，实已如斯。

至1867年，改正选举法，大扩张其选举权。自1882—1883年，英国之劳动者，其同业者于会议，凡丁年以上之男子，改正而认其选举权，加之同业组合之组织，为1871年所公认，且其组合员者，为妨害职业，依组合之规则，而得当然出诉之权。至1875年，是等组合之事业，而其团体之成立何如，尚未可知。当时劳动者投票，又忽分离，自由党乃大失败，于是保守党之内阁，遂废弃此组合规则，一扫而空之。然此等各种之争斗，适以与个人主义之经济说所把持，且诫训同业组合，除机关组之亚拿，工匠组之阿列卜加斯等二三首领之外，其余多数之同业组合员，全离政界。其同会之动静，思虑别有所注。自后组合员之运动，渐得自由，其行为已倾彼等保守退委之徒，如列洛度卫托，本有为之人，尚反对八时间之劳动说。1889年，同业组合会，以大多数而非决之，于是新同业组合，更依新会员而组织，加以社会民主的同盟会，其所唱道社会主义传播之结果。故此新组合者，渐为多众之所顾。

1889年，船渠之工匠，以大同盟而罢工，其运动愈渐活泼。卫兹列希托女托马摩幼卫等，凡社会之党员，集而相谋，船渠劳动者组合之组织，乃见成功。当此种组织未结合之时，其余种类之职工，及是等新设之同业组合者而推新出之首领，其旧组合部下之运动，亦渐活泼。同业组合之面目，乃渐一新。1890年，同业组合会，以新组合之势力，遥出于旧组合之上，权势渐去旧派而移新派，然尚未见其结果。只1891年，意加斯陆之宣言书，采用自由党之意见，多数保守党员，亦赞成之，渐次发生，各派乃得一层进步的手段，谋前进主义之发达。然此主义者，社会民主的同盟会，受非常之攻击，卫斯马等遂脱同盟而退会，竟至自然之消灭。当此时，一而则进步的社会党，于伦敦公立学校，设立会，伦敦市会，及其余政治的议会，选出多数之党员，即1888年阿意卑沙哈度拉摩等选出伦敦公立学校设立委员。1889年，又自卫他希，选出兹幼卫斯为同市会议员。1892年，又选举国会议员。1893年，以同业组合之大多数，更推选议会之委任长。

公有主义之政策，舆望甚许，望其实行者亦多。1893年1月，独立劳动党，依国会议员契陆哈兹之指挥而组织。1894年2月，改正同党之规约。其目的者，以共有生产分配交换之诸机关，期共有主义之实行。其后此党派遍传于英国各部，于北部尤为发达。于是各种之团体，及同业组合，相应而附加之，其势焰益隆，是为英国社会党于政治社会之运动，及其态度之现况。前所述二者之党派，不问其主义目的何如，自渐采用公有主义之政策以来，渐次发达。国民之前进的性情，一般之趋向，皆向于公有主义，勇壮活泼，询不愧为独立劳动党之名称。其主义全遵奉社会主义，以社会民主的同盟会之党议，指名其候补者，而且袭用社会主义之名称与政策。凡其余之团体，及个人主义，全然排斥。其对社会主义，不问其敌之强弱，惟豫望将来之好运。哈卫托斯野沙以国会之议决为基础，而期社会的变革，且证明其余几多社会上之变革，渐次至于国家社会主义之侵略。此等社会主义之潮流，徐徐弥蔓于国家，无论如何，社会主义的政策，必察其实行之途，如1894年之教会条例，即其适例也。

不止此也，社会主义者，于英国之现社会，有势力之征证。英国之经济学者，亦变更其论旨，虽僧侣及教会，其地位亦渐变化，有趋向之势。希托意马野列曰："于现今旧派经济学派，横于经济的社会主义之间，学理上之相违者，不仅其名称之上，或非社会主义，则为有名之经济学者。当今社会主义的经济学者，多为教授。其青年辈，依其薰陶，全为社会主义之人，即前所举之现象。如教授马希耶陆于各所夸称其社会主义者是也。"而教授希兹乌伊科，以正确社会主义之大要，演绎正当之经济原理为主义，又编辑《大英百科全书》，皆出于有名英国之经济学者之手。其经济学之部门，斯学之大势，渐倾于社会主义。其风潮之趋向，有不可遏抑之势者矣。

要之，英国社会党派之现状，于实行的运动之上，经几多之考察，其势力亦决不易，当于学理上与社会主义之发达相比，未为逊色。经济学上之学理的趋向，亦渐倾注于社会主义之说。学者与议论家，无不倾心注之。故社会主义之将来，其发达之要点，吾人今日可豫测而知也。

附：壞大利亚[①]及新西兰之社会党

欧美诸国流行之社会主义，其运动之地，不独限于此二大陆，且远及于南太洋。壞洲诸国之政策，与欧美诸国相比，同倾于一层社会主义之说；而社会党派之人，却以此地为社会党派之乐土，故壞州诸国之政策，其方针如何，读社会主义不容忽之而不加以研究也。

壞洲殖民地之中，最富于社会政策之实例者，为新西兰，其余如乌伊科托

① 今译为"澳大利亚"。

利耶亦如之。如铁道国有、劳动时间之限制等，凡社会党之所唱道，皆征诸实行。其公共事业，大抵政府之所经营。至国立储蓄银行及国立保险会社等，皆国家事业之一部。1856 年之顷，乌伊科托利耶州之首府，那陆贺陆，兴列托马耶之团体，要求确立八时间之劳动制，初于拉他科之殖民地，颇适用之，后乃全国采用。欧美诸国所未决定此制度者，早于南太洋先见其适用焉。铁道国有者，欧洲诸国之政治家所常唱道之议论，未能见其采用，墺洲独率先而采种此政策。其铁道之大半，皆殖民政府所布设，绝少私设者。1897 年，于新西兰，凡百六十七哩（原注：政府线二千百十八里）；于新南乌野陆斯州，八十四哩（原注：政府线二千六百三十九里）等；于乌伊科托利耶州，三千二百十二哩；科伊斯拉州，二千四百三十哩，全线悉为政府线、国有铁道。其盛如斯，而政府之国财，亦从而增加。1893 年，其额既上二亿磅（原注：约二十亿元），中一亿千万磅，出于铁道布设云。

政权分配之程度，与欧洲诸国相比较，亦早为之扩张。如选举权，其全阶级，皆为绝对之普通选举制。1893 年 9 月 9 日，新西兰之立法议会，又决可妇人之选举权。

凡此等之事情，于政治界，足见劳动者之势力。于新南之乌野陆斯州，凡多数之劳动者，争为帐补之议员，以当选于新西兰，而驰驱于政界。当时劳动者之势力，殆压于下院之势力矣。

土地国有之可否，尚未决定宪之时，而墺洲亦先采用，非认土地之利有，以抑压地主之势。既而论土地国有者，势力渐盛。乃遂逼其实行，为他日事实之问题，所由显出，乃起点于此。

要之，墺洲近时之现象，无论世界之何邦国，皆非其比。其采用社会政策之度，亦无与敌者。故社会党派目之为乐境，洵非过誉。盖此新开之邦国，采用此等政策为最早，别无鄙恶之习惯，阻挠其间。其事多属于国家的，凡新开之邦土，所最要者，如拓草泽，通河海，开拓不毛之原野，放弃私人之事业，费几多之年月，皆为政府之事业，故其经营开拓之功，为最速。而南墺之诸国之殖民地，白人之移住者，尚未甚久，不能任政府试其开拓任其开垦，故进步发达之期，不免迟滞。但其国之国情，于国家事业之种类，悉夺之于私人之事业，于不识不知之里，与社会主义之政策相吻合，其原因盖在于兹。故墺洲之社会政策者，一面实行社会主义之学说，其一面则于开垦拓殖之事业，以期其速成，故其采用社会主义之政策者，其势颇胜于他国者也。

第二章 法国社会党之现状

1848 年之革命，为复旧的势力，告其终局之期。法兰西社会主义之运动，遂生一大顿挫。希贺列利陆旺盛之时代，再演于舞台。列拉死后，而无有继列拉而起者。额卫死后，而无有继额卫而起者。骂倒财产家之盗贼，如列陆度其人者，今则寂焉而潜其声。所谓第一期法兰西社会主义旺盛之极点，今兹则寂寂寥寥，归复旧态。天长地久，讴歌复旧的政府之万岁。然则第一期之社会主义，所培养之遗药，果遂枯死乎？未必然也。加之第二期德意志社会主义之感化熏陶，以扩布此主义，而加一层扩张，于法国现时之社会党，其党派各以类列于左：

第一，公有派，即马克斯派。

第二，无政府党。

第三，契度党。

第四，列陆斯党。

第五，列拉契党。

第六，阿列马意斯托党。

其余，尚有急进的社会党，然不过现时之势力，其发达之径路，一起一仆，或盛或衰。其对国家彼等之势力，渐向隆盛之域。其代议士之数，亦大增加。熟察其状态，此等各种之党与，亦足见社会的势力。吾人今兹欲知其现状，则其发达之顺序，不可不先讲究之，而后窥其涯涘也。1848 年之革命既息，国家讴歌于无事太平之里，社会问题，乃继之而渐起。1856 年，社会改革之运动，至拉列扑之手，乃再开始。然草创规模，未能为纯然社会主义之运动。自后此主义，再依国际的劳动者同盟，乃复兴起。其余如罗甸诸国，共脱社会主义之范围，而移于无政府主义，以唱道过激粗暴之议论。时际普法战争之终局，颠覆法兰西帝国，再建共和改体。中级社会者，其资本家之威，不能再振于社会，于是共产党派，得乘好机，以结会其党与，一时突兴于巴黎及其余之都府，时1871年3月18日也。

然其结果，又归失败。朝廷又复于其首领等处，以逮捕追放之刑，乃各离散，即如列露斯者，自希渥卫而再逃于伦敦，马洛则走意大利，契度亦走希卫洛，而与列陆斯相会。此时国际的劳动者同盟，亦因卫伊契之会而分裂，马克斯与卫他意全绝其气脉，一面则以平和的手段，以谋现社会之改革，一面则尽破坏的方策，以企现社会之扑灭。乃大匡合同志，以图暴举。轻佻粗暴，易激生事者，法国人民之特性，彼等岂让于前人？故附于卫科意者颇多，然亦渐觉此等粗暴之改革，终不能其成功。又注意于马克斯之社会主义，其赞同之数，亦次第而增加。1879年，契度自希渥卫而归，亦为马克斯派之巨子。1879年，开放共产党之令，既出共产党员，接踵而归国。马洛自意大利，列陆斯自伦敦，皆归其本国。列陆斯之在伦敦，直接而受马克斯之感化，其思想全然倾于公有主义，乃遵奉此主义，而组织此强盛之党派。加之兹野陆乌亚列发刊之杂志，题为《人民之声》，以扩张公有主义之势力。此杂志者，自1879年以后，益向感况。而公有主义者，更得志于同志与同业组合之间。1876年，开设劳动者之大会于巴黎，1878年又会合于里昂，其决意之旨意，大倾于社会主义之议论。1879年，马陆希野之会，仅除其会议之名称，与全社会党派之会合，毫无所异。种种辩论讨议，以多数之结果，议决土地为社会之共有，且并生产之材料，亦论断其为共有。

然而公有主义者，其对其余之社会，终未能奏终局之凯歌。盖科洛贺托契及列科拉斯，共戴法兰西之无政府党，张其势力。其志气益益旺盛，改革之热情愈昂。科洛贺托契于希渥卫发刊之杂志，题为《革命》，以为移入法国之机关。其运动之部步，亦复整然。于是社会主义中，又复数派分离，以马克斯之公有派为中心，左翼则为形成之无政府党，右翼则结托政治的急进党，以求其共同的运动。又有机变党与协力党之名称，皆其党派分离者之所织成。

1880年哈列陆之会议，分离之形迹愈显。全然分为三者之党派，成鼎足之势。然近独立之政治的公有派之议论者，终为多数，右翼则因现在之政治的团体，已陷于失败，而别组织革命的社会党。1881年，组织于巴黎；1882年，又开自党之会议于贺陆度，而其左翼无政府党者，议论行动，两者皆走于激烈粗暴，竟至放弃社会主义，而徒务暴举。于是其中心马克斯派之社会主义者，集自党之同志，乃得自由结合，遂得组织法兰西革命的社会主义之劳动团体。1881 年 11 月 21 日，开其结党式于拉希，发表《贱民》杂志为其机关。

先是，兹野陆契托所发刊之《平等》杂志，亦为社会主义之运动之一大势援，盛唱道公有主义之论坛。1878 年，其首领契托会劳动者于里昂，大论劳动者之不平者，不得其劳力。

相当之银赁，宜以劳动者之资本及机械一部之所有，而与以利益配当。然劳动者于酌当利益之要求，与社会主义者之议论，本为应当之举，而彼等乘其客气，采一层过激之手段。而其《平等》杂志，亦极口攻击现制组织，为求社会改良，更吐过激之议论，额倍他见之而大怒。一面于政府之机关纸反驰其议论，一面禁其《平等》杂志之发刊，且课其购读者之罚金。而《平等》最后之终刊，更呈一种惨淡之教气于纸面。其述告辞曰："吾人急图再刊之举，更加以一层极端一层过激之议论，使读者相见，知吾人必有再举，以企革命派之组织，必奏社会改良之功，而后止。"政府屡次设法欲其停止，而终不能禁压之。于是社会党运动之气运，更增一层之活泼。其势之所及，愈压之而愈开，滔滔社会之风潮，遂如长江大河，有一泄而不能遏抑之势矣。

其一面法兰西革命的社会主义之劳动团体既成，而契度之运动益剧。此新锐之团体，遂至分裂，其议论之争点，盖欲实行完全社会主义之教义，应时期之缓急，与部分之大小。其果实行与否之疑问，其后之不赞成者，因得可能党之名，遂脱劳动者团体。而前者之主张者，袭其首领契度之名者，自称为契斯托党，以组织一新团体，而集合同志，以大试其运动之方针。

希野陆契度者，以 1845 年生于巴黎，受父之教育。三十岁之时，执笔而为政治的杂志，于巴黎兹陆及贺托卫陆野陆等，草反对王政之文，遂革《民权论》题于发刊之杂志。政府以为煽动革命之文字，禁锢六月，后共有党之一揆，于贺托卫陆野隆，乃其煽动革命之功。1871 年，又受禁锢五年之宣告，乃逃而走希渥卫，虽与设立万国劳动者同盟会之一派，而于马克斯卫科意二者之争论，毫不干预。1876 年，被逐于意大利，后归于巴黎，初刊杂志，题为《民论》，又续刊《急进》《市民》等之杂志。1879 年，又谋于同志，以发行《平民》杂志，为公有主义扩张之机关。至 1887 年，又为《民之声》杂志之主笔。1889 年，又为《平等》之主笔。要之，彼为法兰西马克斯派之首领，社会主义所以能旺盛于法兰西者，彼之力居多。其著书最著者，为《公有主义之革命》（原

注：1879 年出版）、《法国之公有主义》（原注：1883 年出版）。

法兰西革命社会主义之劳动团体者，自可能党与契度党之分杂，各采其所主张之议论，毫不相让。然其党内分杂之状势，尚不止此。此党派中，又复分离二者之小党。1882 年，此党乃开会于由兹阿期，列陆斯乃起而代中央共集权的公有主义，以扩张地众村落之权限，以主张其分权，遂离可能党而新组织列陆斯党。列陆斯党者，其发达最速，为最有势力党派之一。其会员中，自议员而选出于巴黎市会者不少。1889 年，其会员兹列利，又选出为国会议员。然而列陆斯者，乃易变其性质之人，后日又称之为急进革命党之巨子。

贺陆列陆斯者，生于贺托卫利耶陆，初修医学于巴黎，1867 年，为医士。自 1870 年迄 1871 年，为《民权》杂志之副主笔。是年，同受三月之禁锢，乃逃于西班牙，乃结合万国劳动者，而开西班牙之无政府派。又自西班牙而赴瑞西，会卫科意，于其麾下，为兹陆拉联盟会之首领。次又为意大利无政府派之设立者，及无政府主义书籍之出版者。1879 年，于瑞西，将受刑，遇赦而免。再行伦敦，与马克斯及野契陆科相聚。蒙其训化，乃舍无政府主义，而奉马克斯之社会主义。1880 年，再归法兰西，1882 年，发刊《平等》《贱民》等之杂志。1882 年，又共马洛及其余之同志，离契陆托党而组织列陆斯党。1887 年，选出为巴黎市会之议员。自后于法兰西社会主义之中，为一面之勇将。其后来之持说，欲实行急进的革命之政策，纠合其同志，竭力不怠，而运动之进步，亦日进不已。其所著书有《普通选举关于人民主权之问题》（原注：1874 年出版）及《恐慌论》（原注：1879 年出版）等。

其余又如渥契斯托列拉契，亦唱道公有主义，而自组织党派。虽其势力微弱，党员亦少，然至今其基础尚存于法兰西社会主义中，而成一团体。其设立者，采列拉契之名，而称为列拉契党。而其所奉者，乃过激之破坏主义。此党之特色，与其总理以重大之权力，其全党而任其操纵指挥，如专制君主之驭其臣下者。其党员隶属于其首领，其运动皆遵其颐使。一举一动，皆为所束缚，而甘而忍之，是以此党不能有多数之党员，其势力所以微弱之一因。然其党员多猛勇壮胆者，其对社会不平不满之声，终不能抑制和融，而其运动，亦往往涉于过激，终企现制组织之破坏而后止，故其目下之首领乌度，于 1871 年，巴黎［公社］暴动之际，并无和平回复委员之一人，加之其机关发刊之新闻，题为《无神无主》者，而资力缺乏，今归废刊。要之，此派之现势，于社会的势力，终恐不足，然其党员虽少数，其结合巩固，亦不容易绝其命脉也。

路易渥契斯托列拉契者，以 1805 年，生于列契兹野陆，1824 年，出巴黎，从教师，修法律与医学。1830 年之革命，为人民而采铳炮，自是遂居巴黎。而组各种之一揆，以发刊杂志，题为《人民之友与社会杂志》，受三年之处刑。1837 年，先期放免。1839 年，又别兴一揆，尚无成功，又受死刑之宣告，减一等，遂处终身徒刑，禁锢于贺沙美契陆及希陆等。至 1848 年 2 月之革命，又得自由。4 月 25 日，又于巴黎组织中央革命委员。是年 5 月 15 日，乃再被捕，受十年之刑，拘留于卫陆伊阿陆斯及可陆希加。1859 年，刑满受赦。又谋异图，又受四年之禁锢。后 1879 年 9 月，法国布告共和政体，直赴巴黎，而投入极左党。乃著一书，题为《国家之危机》，公刊于世。越二年，至 1872 年，为大统领兹野陆所捕，又受追放之刑。然健康如常，于流于科野陆科拉贺等之各所。1879 年，依大统领科利乌之赦免。是年，又选出为贺陆托之代议士。至 1880 年，遂逝。盖彼素本神党论，好言革命，而不喜专制组织。然其思想，不能保其中庸，往往有走于极端之弊。然其常所遵奉者，为公有的社会主义。其著书有《恒星之无极》（原注：1872 年出版）、《社会之危机》（原注：死后 1883 年出版）等。

以上列序，现今法国社会党中之各派，只其列陆斯党，更分裂而生阿列马意斯托党，其首领阿列那之麾下。所运动之一事，为最近之事。而两者之间，实相径庭。此等各种之党派者，一离一合，殆无常局。于第一回总选举之际，是等各种之社会党，虽各自指定为自党之候补者，以待法国选举法之通则；第二回目之投票，为社会主义的团体，多数之制，各派又相互为一致。近来之风潮，不但倾注一致之结合，如彼国民社会党会议之际，各派之党员，皆得列席，其余尚有各种之国际的会议，以供彼等一层团结联合之机会。然此等社会主义之学说，虽年年进步，而各自分立。此种之运动，则不免有退步之虞。今则联合之气运渐盛，其势力亦大进步而发达。1889 年，选举之际，凡六百八十四万七千之全投票，而社会党派之得票者，仅九万千票，不过一分三厘之例。1891 年，乃得五十四万九千，对全票之合割九分之上。至 1893 年，其得票数，始达九十万之多。代议士之数，自十五人而增加至五十三人。更加以急进的社会主义者之可列卜卫陆他一派之人，其数乃更增加。是社会党各党派之势力，共年而发达，各派虽或不无各异，而其势力之根据地，无少异者，即如列陆斯党与其余之党派相比，则于巴黎之势力，已各不同。而阿列马意斯托党之势力，亦甚微微。又如马克斯派（原注：即公有党）独自占有地方之大势力，即其例也。

然而阿兹区之社会党派，悉附为阿列马意斯托党，是为异数。要之，法兰西之社会党者，于上院未有一员之议员，于下院约有六十名之议员，其中五十三名为社会党员，七名为急进的社会党员。就中各团体之所重者，如公有党之契度希幼乌依卑伊野陆乌，列拉契党之乌伊阿希幼野陆乌拉他野陆渥洛希，列陆斯党之拉乌伊列庐特铁陆乌伊野陆，阿列马意斯托党之列卫洛契洛希野科他特兹阿卫希希乌沙，独立党之米野拉兹可列乌产阿科洛乌伊卑可科希马卫托兹野利契列可兹阿托美陆马等，于巴黎市会，其十七名之社会党员，与十九名之急进社会党员，皆以其议论，而施运动之手段。

法兰西革命的社会主义之劳动团体者，凡社会之生产机关，各自以其才能，而采实用之职业，以其所要之气品，为润色社会之目的，以开陈其旨意，而发其宣言书。

第一，政治上之纲领

（一）凡市町村，自其长官为始，自撰一切之吏员。

（二）市町村会议员，及其吏员，而与其给俸。

（三）公债及豫算等，必要之问题，必依公民之投票而决。

（四）凡市町村公示之决议，且属市有之建筑物，皆许可劳动者及其余之团体所使用。

（五）于政治法律上之权利，男女共得同等。

（六）凡纷纭之市，必从其所选出仲裁人之仲裁。

（七）废常备军，采人民皆兵之制度。

（八）凡官吏之转任，必从劳动团体之地方支部之所命，其团体之转移，任其自由。

（九）劳动者团体之会员，于市会之委员，必得半数以上之社会党员，乃得辞受其任。

（十）凡二个以上互异之团体，其相互合同连结，许其自由。

（十一）各市会议员者，凡关于国会议员之问题，皆得投票。

第二，经济上之纲领

（一）凡市所现有之物之外，不得设别路之要求，凡将来所收没等，皆归之为市有。

（二）瓦斯铁道马车等，皆移于市之管下，其实费以内，则市民供给之。

（三）地代之支付，渐次禁之。凡货与及建物住居对地面之事，则课其二割之租税。

（四）凡儿童，其市任其教育之事。

（五）设各种保险事业之组合，以经营之，对老者与衰弱之职，必其市为之支持。

（六）全废市之租税，代之拟三千法以上之所得者为赋课，与累进法之所得税二万法以上之相续者为赋课，以为相续税。

（七）第一，防狱舍劳动者与自由劳动者之竞争；第二，禁同业组合之同盟罢工；第三，保公众之安宁，且规定同业组合，以赁银使役劳动者。

以其市之权力，而干涉其生产事业，是即劳动团体，公表于天下宣言书之概要，更可即马克斯派（原注：即契度党）之宣言书而察之。

第一，政治上之要领

（一）出版法、集会法及结社法等，皆得自由，废止一切拘束之法律。

（二）收没寺院之财产而归官有。

（三）公债之收没。

（四）废常备兵而用举国兵之组织。

（五）其市自行行政警察及自治之事。

第二，经济上之要领

（一）劳动者与以一周一日之休暇。壮年一日之劳动，限八时间。十四至十六之青年，限六时间。

（二）酌量各地之价物，定其每年赁银，以最低额为率。

（三）男女之赁银，必归一律。

（四）凡诸般之科学，及关于职业者，与儿童之教育，皆无谢仪。

（五）以公费养老者及不具者之事。

（六）为救济劳动者，凡劳动者之资产，有管理处分之权。

（七）雇人罹不时之灾害，雇主负其责任。

（八）劳动者于制造条例之制定，与以参定之权，且于制造所禁其擅课科料之事。

（九）凡银行铁道矿山等公共之事业，皆为官业，凡官业工场之管理，于其工场，任其劳动与职工之事。

（十）凡间接税，皆废之，代以三千法以上之所得者，以累进法而课其所得税。

（十一）凡直接统系财产之相续者，悉废止之。即如虽系直接统系之人，凡二万法以上之财产，皆得禁止其相续。

马克斯派对社会之要求，即已如斯，更至列陆斯派，于市之警察、兵备、行政及司法等，一切自治，且又于市自设瓦斯灯、水道、地方之输运事业、面包制造所、仓库及肉店等，以供给市民。又设立生产的团体及制造所，以管理劳动者，而允许其要求。

法国之社会党，其于工业社会之势力，即已如斯，彼等又生几多之分派，分几多之党与。其运动之方法，大抵出于一辙。其对他党而争胜负，而欲其相结合，以集中其势力，则亦甚难。九十年，社会党之势力，较昔日而倍蓰。彼等既振其威力，于法国全土，以至路卫加列贺托路耶那路贺米之诸市，全为社会主义者之统治，马陆西野之市长列卜希野陆，贺陆度之市长科斯托乌等，亦为社会党中铮铮之人。社会主义之状态，于现在与将来之运命，其希望不浅也。

法国社会党之运动，既已如斯，其学理之发达，与其所谓社会主义之学理的讲究，究为何如，是不可不深察之。吾人惊其进步之程度，过于迟缓，盖亦有由。盖法国之社会主义者，于第一期之时，当时之所唱道者，一时极其全盛。次则更受德意志社会主义之系统，以大助其发达，遂生几多之分派。其见于学理者，不过于前者之遗志，继续祖述之。马洛常痛叹谓“法国今日之社会主义，非以自己之思想，向学问界而开陈之，不过专以继续先代之思想”，于学界斯学之现状，一语道破。彼等徒向自由平等友爱之圆满，逐其发达而狂奔。而其能解自由、说平等，以归正当之途，实则未尝研究，但愤慨社会现制之腐败，而其举动，往往涉于过激，流于粗暴，遂至为社会之人所指斥，而投于无政府党之辈益多。然不独于法国为然，殆社会更转而察农业社会。此社会者，亦与工业社会等。如近来社会党派所欢呼而称道者，如拿破仑一世以英迈之姿，以君临法国，自举行田土平均之大改革以来，欧洲中所称最得平均之法国，而土田兼并之倾向，因之渐生。今则其三十万野科陆之土地，有二万九千，属之于大地主。其余六百万之农夫，其实不过所有六百万野科陆。质而言之，其农夫仅有一野科陆之土地者，实居六百万之多。故彼等之资本，机器之应用，其余利用文明之余意，乏者不少。而债主又时时来袭，彼等困于衣食，无以给之。其下等之农民，殆常时之状态。其事情如此，故社会主义之议论，自然为彼等之欢迎。而土地之国有，贱民之保护等，又为彼等而唱救济之长策。凡彼等之味方，皆占有其势力。而社会主义之议论，渐于此等农业之间，而作为其根底。

然而社会党派之势力，一时为列拉兹将军挫折其势焰。当此时，法兰西多数之不平党，与其王党贺那卫陆托党与为商为工者，接彼堂堂之威风，误认大英雄之再来，奉戴之而为首领，相拥以医积年之郁屈。于是社会党中，亦皆赞成此举，其去党者甚多。其党派一时颇呈寂寞之观，然而即知列拉兹非大才之器，不能统御之，彼等又相率而复归于社会党。千八百党派之通弊，然法兰西国民之特性，彼等之轻举暴动，最易感触，故虽能运动活泼，志气展扬，而欲其潜心而采真理之蕴奥，练学理之研究，是彼等之缺点。故彼等于社会主义，或采一种之科学，以从事于研究，非其所长，徒向实行之途而急进；于一般学理的研究，皆轻视之。只此一端，于法兰西社会主义之将来，颇为遗憾。至其运动之扩张，学理之发达，两者相许，而谋社会将来之改善，则法国之社会主义，为天下之所切望者，诚不浅也。

第三章　德意志社会党之现状

社会党之二骁将，马陆科斯、拉沙列之所生地，非德意志乎？自拉沙列之死去（原注：1864 年拉沙列死，委细与第二编第四章参照），马陆科斯之移住（原注：1849 年马陆科斯移于伦敦，度其余生，委细与第二编第一章参照），社会主义运动与发达，乃遂衰退萎靡。马陆科斯虽去德意志，彼于伦敦，遥为本国同志之应援。拉沙列之后嗣，卫希契陆[①]，亦继其先师之遗意，开社会主义运动之进路，添几多之势力。加以利列科渥卑度[②]、卫威陆[③]之师弟，及希野阿伊兹野路之徒，相继相率，尽瘁于此主义，至于今日，德意志社会党之势力，殆全冠于天下者，职是之由也。

惟其然也，故当今社会主义之运动，最为活泼，其研究学理，亦最进步者，莫如德意志也。自马陆科斯，拉沙列之并起，交相唱道，以其教义普及于全天下以来，德意志亦于此主义之中，生几多之分派。然其气焰，颇极旺盛。拉沙列之死后，卫兹契陆兹由阿伊希野陆袭之，继续为其运动。于拉沙列之死仅一月，1864 年 9 月，乃开会于伦敦，而成国际的劳动者同盟，为全世界增一最大势焰。利列科渥卑托、卫威陆等之徒，亦表赞同此同盟之意，即如彼等之主既赞成日耳曼同盟之政策，而为此同盟尽力，以试其运动者，亦决不少。

然而拉沙列之主义，与国际属劳动者之同盟相比，则有多少相违之点，即如前者向现时之国家，主张要求其助力，而后者则毫不依赖国家之力，而自人民之协力的运动，于生产界，以解放劳动者，以企图贯彻其目的。然于德意志国际的劳动者同盟之党员，除其一二之外，如其思想涉于过激，其举动陷于粗暴者，则亦绝少。

卫威陆者，盖信用组合之创立者著名希幼陆野－特利兹野[④]之党与，本特利兹野之说共拉伊列兹卑[⑤]与劳动团体之首领利列科渥卑托[⑥]相结合，一时虽遵奉此主义，后复赞同拉沙列之说，于 1867 年之秋，为劳动者联盟团体之首领。其翌年于劳动团体例会之际，此团体乃遂采用国际的劳动者同盟之宣言书，共利

---

① 卫希契陆：今译为“贝克尔”，1864—1865 年为全德工人联合会主席。

② 利列科渥卑度：今译为“李卜克内西”。卡尔·李卜克内西（1871 年 8 月 13 日—1919 年 1 月 15 日）德国马克思主义政治家、律师。生于莱比锡，父亲威廉·李卜克内西，德国社会民主党创始人之一。但他比其父亲更为激进。他在莱比锡及柏林修读法学和政治经济学期间，就成为马克思主义的倡导者。1912 年，以社会民主党人，德国社会民主党左翼份子的身份被推选至国会。在 1919 年 1 月 15 日，李卜克内西及罗莎·卢森堡被自由军团的士兵劫持到柏林的 The Eden 旅馆，被拷打及盘问后遭杀害。

③ 卫威陆：今译为“倍倍尔”。倍倍尔（1840 年 2 月 22 日—1913 年 8 月 13 日），德国和国际工人运动活动家，德国社会民主党领袖和创始人之一。

④ 希幼陆野－特利兹野：今译为“舒尔采－德里奇”。

⑤ 拉伊列兹卑：今译为“莱比锡”。

⑥ 利列科渥卑托：前译“利列科渥卑度”，即李卜克内西。

列科渥卑托纠合联盟团体多数之役员，此团体乃大集同志，而占重要之地位。

卫威陆更共列利科渥卑托，与特列兹野之党与而生内讧，以企其成功。1869 年，自劳动者联盟团体与全国劳动者同盟团体等而脱会，集国际主义之人，于阿伊西那科[①]结合社会民主劳民党[②]，以 8 月 7 日，开党员一同之会议。于是于瑞、奥、普各国之劳动者，选出二百六十二名之代议员，为赞成国际主义十五万人劳动者之代表。此为此社会民主劳民党之诞生会，议定此党之成立。后来德意志之社会党，耸动世人之耳目者，不外于亚伊西那科之会合，而为此民主党发达生成之基础也。

此民主党者，改题《乌拉陆科斯列托》[③] 与《兹贺科拉兹西斯拉希也列拉托》[④] 为其机关纸，表发其意志，以传播于各劳动者之间。1870 年，开第二回之会议于斯他托加托[⑤]，以期党势之扩张。然因 1870 年 10 月，其机关纸揭载过激之议论，以利列科渥卑托、卫威陆及海列渥陆[⑥]三人为机关纸之责任记者，为政府所逮捕。利列科渥卑托禁锢二年，卫威陆禁锢二年九月，独海列渥陆受无罪之宣告。其后议会复解散，社会民主党出十名之议员，得四十五万之投票（原注：十名之中拉沙列派出三名，阿伊希耶兹科派出七名而成）。当时卫威陆与利列科渥卑托，虽系身于缧绁，彼等终为哈希科希卫陆[⑦]、贺斯托[⑧]等之一派著名代表之人，故社会党之势焰，渐赴旺盛。

今则政府欲为镇压之举，乃遂竟用过激之手段。1850 年，布发利用集会法[⑨]，于普鲁西之劳动团体，以警察权严令其解散，社会民主党，不得不接其严令。其余如希野阿伊野陆之设立，及凡同业组合，全因之而解放。各种之社会党，遇此不幸之大击打，于是各派互相联结同盟，以振作其气运与行为。利列

---

① 阿伊西那科：今译为“艾森纳赫”，或译“爱森纳赫”。德国图林根州的一座城市，位于图林根森林北部丘陵和 Hainich 国家公园。

② 社会民主劳民党：今译为“社会民主工党”。

③ 《乌拉陆科斯列托》：今译为《人民国家报》。

④ 《兹贺科拉兹西斯拉希也列拉托》：今译为《社会民主党人报》。

⑤ 斯他托加托：今译为“斯图加特”。德国西南部巴登－符腾堡州首府。

⑥ 海列渥陆：今译为“赫普纳尔”。

⑦ 哈希科希卫陆：今译为“哈森克莱维尔”，1871 年任全德工人联合会主席。

⑧ 贺斯托：今译为“哈塞尔曼”，全德工人联合会领导人之一。

⑨ 集会法：今译为《结社法》。

渥希托与契野列①率民主党与哈希列卫陆②及哈列希陆马③共拉沙列派而相会合，德意志社会党之大联合之形成。1875 年 3 月 1 日，著名之可他克④会议，为百四十四种国体之代表，九千之希伊希耶科党⑤与民主党，百四十八种团体之代表，共一万五千之拉沙列派，于万民欢呼之里，大开集会。列于此会议者，代议员之总数，共一百二十五名。所谓哿他宣言书者，既得彼等之赞同，以公表于天下。对天下之公家，始识认社会党之势力，更增一层盛大矣（原注：哿他之宣言书者与第三编第二章社会民主主义之条下参照）。

哿他于拉沙列派与马陆科斯派之结合，乃集数派分离之社会党，而为一团，更织成强盛之党与。因此结合之团体，是为社会民主劳民党之始。社会主义之发达，于此社会民主劳民党之下，更增一层之进步。因此压抑，而政府愈有困难之感。先是拉沙列多年唱道普通选举之制，以 1867 年采用于北日耳曼联邦，既而于 1871 年，又为日耳曼帝国所采用。于政界之局外，社会党之势力得施之于政治上者，历多年之磨炼，以唤发其精锐，争胜负于选举场里，以示其势力之消长于议会之上。自后此派之势力，其年增进。于是政府对之而计划果断之方策，然未得舆论之赞同，不能镇压之。卑斯马克苦心焦虑，以俟⑥时机。然当时社会民主之势力，日趋旺盛，党中过激之末派，欲乘客气以一击，窘政府而袭内阁，以期社会主义之实行。

1878 年 3 月 10 日，皇帝鸣伊利耶摩⑦共皇女卫特之大公妃，同车游于柏林利特言城⑧内，社会党过激之徒，携短铳而狙击皇帝，三击而不中，凶徒遂被逮捕。审问之时，答辩不讳，社会战慄，国民激怒，凶徒自称其名为贺特陆⑨，为社会民主党之一员。卑斯马克遂乘此机，于行刺之第 2 日，乃于议会提出社会

---

① 契野列：今译为“奥艾尔”。

② 哈希列卫陆：今译为“哈森克莱维尔”。

③ 哈列希陆马：今译为“哈赛尔曼”。

④ 可他克：即下“哿他”，今译为“哥达”。

⑤ 希伊希耶科党：今译为“爱森纳赫派”。

⑥ 俟（sì）：等待。

⑦ 鸣伊利耶摩：今译为“威廉一世”。全名威廉·腓特烈·路德维希，普鲁士王国国王、德意志帝国皇帝。

⑧ 利特言城：今译为“菩提树街”，下文又译“利特街”，欧洲著名的林荫大道，东起马克思—恩格斯广场，西至勃兰登堡门。

⑨ 贺特陆：今译为“赫德尔”，一个已被开除党籍的原社会民主党党员。

党镇压令之法案，望其通过。既经三月后，贺特陆于柏林，竟受死刑之宣告。人心汹惧，渐入融和，以待议会之否决。此法案而议会仍抗之。既而其余之社会党，再加危害于皇室，以是年 6 月 2 日，加陆·拿利科[1]又阻击皇帝于利特街，皇帝被伤，于是对社会党非难之声，又大兴起。物情汹汹，民心动摇，竟目社会党为不忠不义之名，视之竟同蛇蝎。反对者即日增加，政府之势力遂增进。此党派之运动，与国家社会之将来，极其危害，一世之民心，乃渐离叛于社会党。政府之炯眼，察破此机，乃再提出镇压令于议场，一击之下，社会党立见失败。

其法案以二十九条而成，与行政官及警察官以强大之权力，殊非立宪之法律。其大要曰："社会民主党、社会党，及遵奉共产主义之各团体，以紊乱现今之国家及社会之秩序，宜禁其结社"（原注：第一条）。"有职业的煽动者，受自宅监禁之刑。又职业的煽动者，处罚其营业人。社会党员禁止其营业"（原注：第十七条与第二十九条）。"由第一条指示之运动，有紊乱公共上之安宁者，其区域及场所，得以临时施行小戒严令。于危险公共安宁秩序之人，不得滞在此施行小戒严令之地内"（原注：第二十八条）。提出此法案之理由，依政府之说明："社会民主党对国家而布告战争，则政府以防御为目的，以采应战之势。"然此法案者，殊非权利平等之点，大有压制之弊。然为国家之秩序与安宁，依此法律而保护，故亦不得不施行之。

于议事日程上之于议会，讨论涉两日，卑斯马克乃昌言自由与信实，对经济上及社会上开陈自己之意见，又公言誓必采用国家社会主义之政策。其对社会民主党与，凶者之暴动乃出自己之志意，辩明其与社会民主主义之思想不相关联，以明世人目彼等为社会党之妄，而雪社会党之冤。卫威陆即述曰："吾人于现制，于土地共生产及劳动之诸机关，暨反对私有之制度，希望其绝灭与变革，故谓之为反对现社会之组织云。于此等事，吾人不惮公言之。然我党虽反对社会之现组织，然决不欲轻举暴动，以紊乱社会之安宁，破坏社会之秩序以为快，岂敢以此过激之手段，而弃掷其私有之财产，而图此烟消火灭之暴举？况以个人之破坏，岂能救其略夺资产之暴乎？彼等以如斯之论锋，以求此法案之通过，而收没新闻及出版物，以蹂躏社会党及其同志确然之权利。"

---

① 加陆·拿利科：今译为"卡尔·诺比林"，一个同社会民主党毫无关系的反社会主义分子。

卑斯马克与拉沙列结托，以相非难，向劳动者确信其社会的服从之正理，以相论难，以辩论社会主义之决不为激论暴说，求多数之同志，于议场以止法案之通过。大势已定，然而公言企图私有制度之绝灭，此主义者，大害资本家之感情，其反对者仅百四十九。以二百二十二之多数，于是社会党之镇压令，得议院之通过。11 月 9 日，得皇帝之裁可，以是月 21 日，遂见施行。

社会党镇压令既得实施，凡有共和的、社会的、共产的意味之团体，皆令解散。劳动者之社会党员，亦解散之。有扰乱各阶级间之亲睦和合者，皆严禁其出版物。其对社会党员之一举一动，皆放熟练之探侦以探知之，且禁其集会，妨其讲演，加以利用警察官吏以防御其运动。然于社会主义之扩布，欲严灭之而终不能。其宣言书，散布其秘密之理。其会员亦设种种之名称，时时而暗相合。而社会党之代议士，凡演说于国会议场之议论，则为议事录，以传播于国民之脑里，故社会主义，仍得间接传习之机会，伏于社会之里面，而社会党之势力，遂进步发达于冥冥之里。

社会党镇压令之施行于表面，则为妨压社会党之运动，似奏异常之成功。而社会党员深痛其烧社会主义之出版物，禁社会党之结合，其势力将扫地而绝灭，于是改革社会组织之声，一时竟绝响于天下。然此不过其表面之实事。于其里面，彼等之运动进步于冥暗之里；巧集同志，以互通其气脉。知国内之会合，必遇警察官暴命之解散，乃集会于国外者二回。自 1880 年 1 月 20 日至 23 日，开其第一回之会议于瑞西之乌阿伊特①。先是，1879 年 9 月于拉伊列兹卑之近在，开会于乌阿列，以为社会党之会议。急激党派之势力，极其旺盛，其首领哈西陆马②与贺陆托③殆掌握全会之主权，最唱极端之议论，欲达此等之目的，不惜以血而要求。如贺斯托，其常服膺④此主义，以暗杀为社会进步之好手段。凡暴掠劫掠杀戮等之恶手段，皆不讳之，以为对压制者之正理（原注：贺斯托之事情，与第三编第一章无政府党主义之条参照）。然其如斯过激之议论，于社会党之全部，究不能得其同情。既而会于乌伊特，温急两派之讨议更昌，然其会议，全然采用温派之意见。哈斯陆马与贺斯托（贺陆托）两者，以全会

① 乌阿伊特：今译为“维登”，瑞士城镇，位于该国北部，由阿尔高州管辖。

② 哈西陆马：今译为“哈赛尔曼”，原社会民主党人，后为无政府主义者，被开除出党。

③ 贺陆托：今译为“莫斯特”，原社会民主党人，后为无政府主义者。

④ 服膺：铭记在心，衷心信奉。

一致而除名于党籍。卫威陆与利列科渥卑托得会议之同意，与其党籍之名。于社会党之意向，虽大倾向于温和主义，而其机关《那希阿陆特贺科拉托》[①]，尚持续其论锋，而欲设立共和的国家，扬言过激手段之必要。1881 年 3 月，俄帝亚历王第二世[②]，毙于虚无党之毒手。警报达于普国，普帝直命卑斯马克对破坏的无政府党之防御手段，以尽欧洲诸国连衡之策，而为英国政府之反对，遂不克奏其成功。

国内之社会党，其形势如此，而政府又复计划战栗之暴举，则意野特陆乌阿陆度之阴谋是也。此计划者，乃不平之社会党之异图，以谋颠复普国之皇室，而其运动，颇为秘密。政府不能探知之，警吏与探侦，皆未觉察。而冥冥之中，暗图进步，其机逼于一发。是年 9 月，其将发之先，乃始发见，为警吏所逮捕。审问于拉伊列兹卑之法廷。审问之末，其首魁二人，受死刑之宣告。于是社会党镇压令之施行期限，1886 年 9 月 30 日，布告延期于二年。翌年 3 月 15 日，政府又依此法令，恐其妨害公共之秩序安宁，选二三之地，施行小戒严令。自柏林始，及拉伊兹卑、哈卫科[③]并其余之都府，以施行其法令。各地之行政官，政府赋与无二之权力。社会党员，虽不得自由施行，而益不屈，益谋养成其势力，以扩张其势焰。3 月 12 日，卫威陆于议会，大嘲笑政府之行为，谓以“社会最有势力之土地，却为行政官把持过大之权力之土地，然而政府欲施其压伏之方策，今变为助长其势力之计划云”。盖此中之消息，一语尽之。其机关纸《那希陆阿陆特贺科拉托》，本国禁其发刊，自移于外国，反增多数之读者。资金虽不免缺乏，彼等竭力而能维持之。故卫威陆曰：“社会党镇压令之创案者，实即日耳曼无政府之创立者也。”言颇奇矫[④]，于彼等对社会党镇压令之感情，亦可察而得梗概矣。

社会党于国外既成第二之集会。自 1883 年 3 月 29 日至 4 月 2 日，五日之间，乃开会于唯马[⑤]之可卫哈契。于乌阿伊之会议，行急进主义之淘汰，其意向

---

① 《那希阿陆特贺科拉托》：今译为《社会民主党人报》。

② 亚历王第二世：即亚历山大二世·尼古拉耶维奇。俄罗斯罗曼诺夫王朝皇帝，创立了国家杜马（议会）制度，废除农奴制、设立地方自治议会，也侵占了大量中国领土。

③ 哈卫科：今译为“汉堡”，德国城市。

④ 奇矫（jiǎo）：奇特出众，奇特雄健。

⑤ 唯马：今译为“魏玛”，德国中部的联邦州图林根，位于埃特斯山麓、伊尔姆河畔。为德国历史上第一个统一共和国，第一部民主宪法正是在这里诞生。

人倾于温和主义之结果，故可卫哈契之会议，颇能和合，以完全诸般之议事，社会党会议之适弊，与喧骚纷乱之状，殆扫除之。

当此时，社会党之势力，更因试验而逢遇一机会，即 1884 年之总选是也。当时德意志之社会，因社会党镇压令，社会之势力，颇为压服，其运动颇拘束。彼等对议员选举之运动，亦加非常之妨碍。而社会党决无屈服之心，其秘密之运动，具非常之热心，以争其胜负于选举场里。其结果也，社会党之总数，与以前相比，出于倍数之上，遂得二十四名之代议士。即其国别者，于普鲁西①十名，于沙科那野②五名，于卫利耶③二名，于卫兹希④一名，其余之诸国六名。于柏林总议员六名之中，有二名出自社会党。于哈列陆利⑤及列卜斯陆⑥，其三名之中，亦有二名出自社会党。更有非常之成功，其得票数，全国之数，共得五十四万九千九百九十名之多。

社会党镇压令之施行，而社会党之势力，反如是其增长。政府对之之政策，更加一层之苛刻。1885 年 6 月，遂生列拉伊卫陆科之疑狱，以其反政府之法令，以企秘密的结社，逮捕社会党员九名，而系之狱。而其中六名者，如卫威陆、呼乌陆马陆、特伊斯、拉野陆、列洛那、卫列科⑦皆为国会议员之现职。法庭审问之末，皆坐有罪，皆受六至九月之刑，就中以卫威陆及其一派之国会选员四名，尤处以重罪之刑。

1887 年 2 月，德意志之帝国议会，因否决军事费而解散，举国之民心，一时而大兴奋。1888 年，普帝乌伊利耶摩一世殂，渥亚特利科⑧亦在位仅数月而逝，今帝乌依利耶摩二世⑨即位，大行计划社会改良之方策。1889 年，乌野斯

---

① 普鲁西：今译为“普鲁士”，欧洲历史地名，位于德意志北部。17 世纪至 19 世纪间的普鲁士王国，是德意志境内最强大的邦国。

② 沙科那野：今译为“萨克森”，德国东部的一个联邦州，建州于 1990 年。

③ 卫利耶：今译为“巴伐利亚”，德国东南部的一个州，是德国面积最大的联邦州。

④ 卫兹希：今译为“黑森”，德国中部一个州，首府威斯巴登。

⑤ 列陆利：今译为“汉诺威”，德国城市名。下萨克森州的首府，位于莱纳河畔，处于德国南北和东西铁路干线的交叉口，又濒临中德运河，是个水陆辐辏的交通枢纽。面积 203 平方公里，人口 51 万。2004 年，中国常德市与德国汉诺威市缔结成为中德友好城市。

⑥ 列卜斯陆：今译为“莱比锡”，德国萨克森州第二大城市，歌德称它为“小巴黎”。

⑦ 卫威陆、呼乌陆马陆、特伊斯、拉野陆、列洛那、卫列科：今译为“倍倍尔、福尔马尔、迪茨、奥艾尔、弗罗默、菲勒克”。

⑧ 渥亚特利科：今译为“弗里德里希”。

⑨ 乌依利耶摩二世：今译为“威廉二世”。

托列利耶及拉伊各地，其矿兴一大同盟罢工。全国之劳动社会，一时风靡，威风甚炽，皇帝虑之，渐渐和解。虽得多少之让步，终局之胜利，终归劳动者之手里，以大发挥社会主义之果效。此际新选之议会，以镇压令之存废，争论不绝。或主张其修正，或主张其废止，议论久而未决。1890 年 3 月 20 日，皇帝裁可大宰相卑斯马克辞职之件，于是铁血宰相悬冠归里，乃隐逃于政界。盖当今帝即位之初，意见常与首相不合，以为万事主宰，不任臣下之意。固守皇帝神权之说，以自视改治，故卑斯马克追积年之习惯，居庙堂而处理万事之行为，居常颇有不满之色，事事物物，颇极其冲突之点。至其结局，遂至卑斯马克之退隐。而其近因，不外于对社会党镇压之令，相互确执，即欲保存首相永久以压服社会党，而皇帝又废止其自由之运动，一任相让之结果。卑斯马克乃决意而辞其职。皇帝于是初亲政治，是年 9 月，际镇压令之满期，遂敕认其废止。于是社会党乃复如前，同处于光天化日之下，再为运动之开始。

社会党镇压令废止之后，试先述叙社会党之运动，其对镇压令之实施，竟有如何之效果。虽以卑斯马克，素以此一法案自信其为绝灭社会党之根底而无遗类，然彼岂真未尝探寻此社会党，何故发生于此世？而彼岂不知多数人民之不平，而必计划几多之法案？1878 年镇压令之法案，提出于议院，彼之附言曰："社会党之镇压者，彼等单依暴力，必不能得其成功。必别求好手段之计划，则为余所认识，盖社会党之发生者，皆因多数人民之间，而抱不平不满之念。故此感情不扣。而欲医此念虑，必先打破此社会党之根蒂也。"

然则平医多数人民之不平者，即所以与社会党之一大满足，凡几多问题之解释，亦不外平医此不平之举。然而果如何而平愈救济之，虽铁血宰相之手腕，亦所大惑不解。而彼先扬如斯之议论，其视社会党如窃盗强贼，必欲尽力而剿灭之。故社会党镇压令者，于铁血宰相监视之下，以行非常之势力，解散其团体，监禁其党员，禁其集会，妨其讲演，甚至贷席于社会党之会合，亦逮捕而禁锢其主人。呜呼！人竟胜天，社会党遇此暴行，接此压抑，党派之势力，挫折穷蹙，党员之结合亦渐弛，屏息屈足，无所施为，议员投票之数，为之大减。然而天定终胜于人，以一时姑息之人为的压抑，终不能保永远之平和。于是怒其苛法，激其暴政，更兴起社会党员之热情，较之以前，更增倍蓰之势力，遂起反动之余势，以激发民心，而法律警察，亦不能镇压之。国会议员之投票数，亦激于此苛法，以渐增加。比之镇压令发布以前之票数，殆占倍数。加之党员结合之度，更致一层巩固，相誓致死以敌之者，其数甚多。社会之趋势，既已如斯，而镇压令之效果，不惟不能妨压，而徒激动民心。而其激动之极，人民反走于过激，流于粗暴，反驱温良之人，而采非常之手段。呜呼！古来之国家，徒藉权势，依赖一片之空文，反抗社会之大势，而不能收充分之果效，徒贻压抑专制之污名者，以贻笑于后世。以彼对邻邦强盛剽悍之法国，而奏异常之奇功，博绝大之名誉，以铁血宰相之敏腕，而试之于内国，竟为一微微之社会小党所苦，果何故欤？毋未尝深察大势，而致败欤？后之对党人之举动者，宜三省也。

社会镇压令之成功，不过一时之幻影，其结果徒招一时党员之激怒。其运动之方法，更陷于阴险粗暴。镇压令最后之目的，终欲贯彻而不能，遂不得不废此法令。而社会主义的政策，卑斯马克又大采用于德意志，如铁道国有、保险条例之施行等。国家社会主义之实施，亦皆彼之功绩。彼虽仇视社会党派，而终认识之而不疑（原注：卑斯马克之社会政策，其详细记述于第三编第四章，与此参照）。其于此等之法案，于议场上，社会党之议员亦不能不赞之，皆忘私愤而殉公事，竟与其终世之敌卑斯马克，而为一大声援。如三种之保险法，社会党之力居多。

由是而观，卑斯马克之所以恶社会党者，非其主义全然相反，盖因彼等之运动，不洽其意者居多。盖彼别为一派之社会党，而与怀抱共和的思想，扩布共产主义者，则有绝对的反对之意见，而憎恶之，故遂挫其势力，抑其议论，以抑压其思想。彼之以暴力而对社会党者，所以发布其镇压令，而抱绝灭此等之思想也。若夫除此种之议论，以国家社会主义与彼之政策相对照，彼虽一面为社会党之敌，而其一面则实为无二之味方（一方），其政策实为实施社会党之政策之同志，岂诬言哉！

今于卑斯马克①退隐之际，值镇压令之满期，社会党之运动，全然自由。1890 年 10 月 12 日，社会党员开大会于哈列②，是为镇压令满期后第一回之总会。自 1878 年，社会党为镇压令所苦以来，亦既十有三年。而社会党之势力，虽发达

① 卑斯马克：今译为“俾斯麦”。俾斯麦（1815 年 4 月 1 日—1898 年 7 月 30 日），普鲁士宰相兼外交大臣。

② 哈列：今译为“哈雷”。

于冥暗之里，今得再显于自由之天地，其方针何如，其主义何如，其思想何如，彼等革命之目的，久为镇压令所屈服，于是彼等之精神，以企图如何种类之革命者，举国之民心，皆注目于此总会之举动。彼等于向后之运动，又抱恐慌之念，彼等所唱道之暴论激说，为无责任者之团体，然彼等于最近之总选举，得多数之代议士。彼等之领袖，对社会既立于有望之地位，彼等之中，虽或有急躁过激之士，然其依赖秩序的方法者，终占其多数。故得渐达其目的焉。

哈列之大会者，出席者有三百六十之代议员，曾决议于眘他之总会，以修正乌伊特会议之宣言书，更决议此大会之宣言书。1891 年，又会于野陆列陆托[①]，以温急两派之争论，而两党又生分裂，即卫威陆、利列科渥卑托及乌拉陆马陆等反对温和说，共乌亚伊陆托[②]、卫陆契陆[③]、乌野陆渥陆[④]等，采革命的手段之急进主义，于是两党分裂。而温和派常执社会党之牛耳，而急进派亦力养成其势力，时或向温和党，而诱起其内讧。两者之间，遂呈多少之异色。然其争斗之弊虽甚，而社会民主党，徐徐增进其势力，尽力于教义之普及，向柏林、哈列陆科[⑤]及其余工业的都府而传播之。至于近日，自德意志之各部而来集者，志气勃勃，向军队之兵士，而注入此种之思想。如入军人之兵管，规矩严肃，秩序整然，毫不纷乱，彼等之一部，已成社会之绝好组织。遂欲以其唯一之型模，以改造举世皆成此军队的组织，如前编所述者（与第三编第二章参照）。及后 1892 年，提出常备军队法案于议场，社会民主党与自由党及中央党结合之否决，因之而解散帝国议会，更出多数之议员。自德意志帝国建设以来，彼等之势力，其发达于政界者何如，可察而知。今举其总选举之得票数及代议士之数，以示一斑。

---

① 野陆列陆托：今译为“爱尔福特”，原民主德国西南部的专区，德国统一后成为图林根州的一部分。重要城市有爱尔福特、哥达、魏玛、爱森纳赫。

② 乌亚伊陆托：今译为“维勒”。

③ 卫陆契陆：今译为“威纳尔”，无政府主义者，德国社会民主党“青年派”首领。

④ 乌野陆渥陆：今译为“维尔特贝格尔”，社会民主党“青年派”首领。

⑤ 哈列陆科：今译为“汉诺威”。

社会民主党得票总数

选举年次	社会民主党得票数（票）	社会民主党投票数对全投票之割合（分厘）
1871	124655	30
1874	351992	68
1877	493288	91
1878	437158	76
1881	311691	61
1884	549990	97
1887	763128	101
1890	1427298	197
1893	1876738	233

社会民主党总数

年次	社会民主党党代议员总数（人）	各议员之平均得票数（票）
1871	2	62327
1874	9	39106
1877	12	41107
1878	9	48573
1881	12	25997
1884	24	22916
1887	11	69375
1890	35	40780
1893	44	40608

（注）自1878年及1881年之投票数及议员之总数，颇形减少者，即社会党镇压令之结果，政府以此法令，限制其一时之运动之所致。然至1890年，其期已满，社会党之势力，俄然增进。至1893年之选举，乃更增加一层。其势力益益旺盛，睹其表而可知。

吾人于现今德意志之社会民主党，欲知其如何之目的与主义，则观其1891

年10月野陆列陆托大会①可决之宣言书之纲领，可以知其梗概，今揭载于左：

宣言书纲领

第一，凡关于选举，无男女之区别，凡丁年以上者，皆依普通平等之投票，国内诸般之事物，而与以处决之权。

定比较代议之制，于此制度实施之间，凡一样之人口之选举区，依此法律之规定。

立法议员之限期，以二年为限。

除年龄限制之外，凡政治上之权利，皆去其限制。

第二，于立法部，由人民直接之选出，协赞制定法律之事。

定帝国及联邦诸国各郡町村自治之事。

依人民之投票，选是等之长官，且其长官有对自治政之责任。

关于租税之事，以年次投票而定之。

第三，为军事教育普及之事。

组织民兵队而废常备队。

为人民之代表者，而委以宣战讲和之大权。

于国际间之纷扰，一任万国仲裁委员会之裁决。

第四，废止妨害舆论之发表及集会结会之自由之法律。

第五，关于公事及私事，男对于女，一切不私益之事，皆废止其法律。

第六，凡宗教之私事之公表，与宗教上之目的，及寺院等，禁其支出公费。

其处办寺院及宗教的团体，独立各自之事务，以独立的结合体处置之。

第七，行通俗的之教育。

凡公立学校，强制其子弟入学。

其教育自由，而给与教育上必要之器机，且支办小学校之学费，不限男女，于学业发达者，其勉修高等教育，而给与学费。

第八，司法官公撰之事。

① 野陆列陆托大会：今译为“爱尔福特大会”。爱尔福特是德国东部城市，图林根州首府。1891年10月德国社会民主党在此召开代表大会，通过《爱尔福特纲领》。

有不当之裁决，则受禁锢罚金之刑。对人而损害者，且必偿补之。

第九，医药之支给，无代价。以及埋葬之事务，皆无报酬。

第十，为公共之用，赋课其所得及财产与阶级的租税。

以财产之额，及血族之远近，而课其相续税。

为少数者以牺牲其社会之利益，而废止间接税关税及其余之财政的法制。

尚有日耳曼社会民主党要求劳民保护之个条，举之于左：

第一，如左列之方法，确立一国及万国之保护制度：

（甲）于劳动时间，一日不得超过八时，必依规定之法律。

（乙）禁止使役十四岁以下之幼童。

（丙）依事业之性质上，与学理的理由，及经营公共的利益之外，禁止其夜间之劳动。

（丁）向劳动者一周间，至少必与以十三时间之休息。

（戊）劳动者赁银与物品之支拂制度，一切废止。

第二，设立直接之劳动监督局，以监督市府及地方之劳动者，且调查其状态，并监理其工场之事。于工场之卫生规则，必完全而普及，且严责其施行。

第三，农夫及家内职工并工场劳动者，皆有同一之权利，且废止其关于主仆一切之法律。

第四，确立结合同盟之权利。

第五，劳动者之保险，自政府营之，只于其管理上，或一部分，余皆委于劳动者。

以上皆社会民主党，向现社会要求各种之要件，而彼等之结合，渐渐巩固，其势亦逐年而发达。至今日，其机关之数，有二十一之日刊新闻，四十一之周刊，及隔周杂志等，加以一种之学术杂志，一种之家庭杂志，二种之滑稽杂志，及五十四［种］之风俗杂志等，以各种之表面，以传布其教义于社会之各阶级。

现时社会民主党之势力，又深浸入于农民社会，以社会主义修养之目的，于各所设立夜学校，加之其大学之学生，赞同此党派者甚多。1893 年 11 月，于西渥卫及端西互相会同，以研究讨论社会主义实行之方法。

德意志之社会主义，惟社会民主党，独为占有绝大之势力。而德意志其余之社会主义，亦相结合而成三种之团体。其第一者，为旧教的社会党。1850 年，牧师契托列陆[1]等之所唱道而成。今兹其党派，于政治上，时时与社会民主党不相联合。其运动之径路，每不相容，即如民主党派主张“无神唯物论”，则常相反。而旧教社会党者，则于教会保护之下，以企图社会之改良。故彼等所与民主党所唱道同胞主义之共和政，不相附和。而惟效国家社会主义之说，彼效国家社会主义之说者，盖欲依赖国家之权能。其第二者，为社会的团体。1877 年，斯托契陆[2]之所设立，系新教的社会党。此党派者，包容二者之团体，一为富者之团体，一为劳动者之团体，是也。而旧教社会主义，共国家社会主义，两者互相卵翼[3]，今尚资助其运动。国家社会主义者，自大学讲师之一派所唱道，而成为一种之社会主义，于德意志社会主义之中，为最有力之一种团体。吾人目之为德意志第三种之团体。然此团体者，与其余之社会的团体相比，其组织既无大异，其运动之方法，亦大抵相同，不过大学之讲师连对旧派之经济学，而树立一新说，以教授传播于学生之间。1871 年，《那兹幼那陆希伊他额》之新闻纸，而加以海陆拉海哈伊摩“讲坛社会党”之名称，以评论此派之议论。至 1872 年阿伊希耶兹科之会，教授希野贺列陆采此名称，以开陈自己之意见，且以其所说，重置国家之故，遂称之为国家社会主义，或又加以讲坛社会主义之名。

国家社会主义之如何，吾人既已说之（原注：第三编第三章参照）。而此派之运动，与其要件，则又不容不记述。1872 年，自希野贺列陆采用讲坛社会主义之名称，至 1873 年，乃集同志，以组织社交的经济俱乐部，每年时相会合，大发舒其议论，以研究社会改良之方策。其初亦不过此团体之事业，既而学者

---

① 契托列陆：今译为“凯特勒”（Ketteler，1811—1877）。又译克特累尔，天主教徒，德国宗教活动家，德国社会天主教领袖。1850 年起为美因兹主教。（李继华注）

② 斯托契陆：今译为“施特克尔” （Stoecker）。阿道夫·施特克尔（Adolf Stoecker，1835—1909）。他是威廉一世的宫廷牧师，于 1878 年建立基督教社会工人党（1880 年改名为基督教社会党）。他推崇德意志民主主义、政治保守主义及基督教的社会意识。（李继华注）

③ 卵翼：鸟用翼护卵，孵出小鸟，比喻养育或庇护。

政治家及有名之人士亦多加入此党，或讲演，或著书册，以辩明其主义学说，且其所说，多以实行的为基础。故国家社会者，其对社会，为最有名望且著势力之一团体。其党员自哇科渥陆、贺希野陆始，其余如列卜他耶、那希卑陆特列拉度、科陆拿度等，皆知名之官吏、政治家、教授等，相合组织而成。凡包容者，共一百五十名，其党派颇盛。

近来德意志政府施政之方针，亦倾于国家社会主义之说。自马陆科斯之下，皆大采用此主义于国家。其采用之事实，吾人既已记述（原注：与第三编第四章参照）。盖欲记述德意志之社会党，必与其余之社会主义分类，又或称以帝国国家社会主义之名。然政府之社会主义的政策，与国家社会主义之学说相参酌，以为国家之应用。故吾人欲分类别个之社会主义，则于德意志之政府，留心以解释社会之问题，而详记采用社会主义政策之一事，读者注意而详察之，则得矣。

今日德意志社会主义的运动之状态，既已如斯，今区别其党派，录之于左：

第一，社会民主劳民党。

第二，旧教的社会党。

第三，新教的社会党。

第四，国家社会党。

凡之四者，就中以社会民主劳民党为最大，其党员之多数，与其势力之旺盛，且其代议士之多数等，与其余之党派相比，大显头角。1875 年，于咢他以拉沙列派与马陆科斯结合，而组织新党派以来，其势不独振于德意志，且广通于欧洲。目下之首领，为卫威陆及利列科渥卑陆两者。

就社会党各派之运动而观之，吾人既描写其一斑，今更进而观察其内部之人物何如。如上所记述，1864 年“日耳曼全国劳动者同盟会”之创立者拉沙列既死，遵彼之遗言，以卫契陆[1]袭其后，而占首领之地位，以临此同盟会。然其才具，终不胜任首领。加以拉沙列所亲善之卫斯列野陆度伯爵夫人[2]，于党内之

① 卫契陆：今译为“贝克尔”。

② 卫斯列野陆度伯爵夫人：今译为“哈茨费尔特伯爵夫人”。

权力，互不相让，两者之间，颇形不和，猜疑嫉妒之念愈高，其余响波及同盟，及妨其团结，害其和合。其事态如斯，故同盟将来之命运，一时不免危殆。当此时，利列科渥卑托方主张温和说，恶其言论之粗暴，折其痛诋马陆科斯之一事，于柏林之会合，遂发言而除彼之名，竟得可决。自卫契陆去同盟，而伯爵夫人亦背同盟之意见，自脱其党。自是其同盟，共举乌阿伊兹野陆[①]为首领，因彼之指导，党员之和合团结，渐呈昔日之观，其势力亦大振起而发畅。

野亚卫列・斯科列渥希野－乌亚伊兹野陆[②]者，产于列拉科贺托拉耶[③]，家素富裕，以戏曲家显其名。戏曲之著述，亦颇不少。壮年之时，素行不修，颇受世人之摈斥，遂去乡里，流离漂泊，污行丑举颇多，放荡无赖，以至不齿于社会。然一自其列名于社会民主党，前者之性情大变，遂为著实有为之人，划策运筹，处理党务，人始惊其奇才。锐意尽事，其热诚往往激人，于是党员翕然归心于彼，遂推其为首领。改革纷杂扰乱同盟之弊事，而联巩固确实之团体。加之又兴一新杂志，题为《社会民主党》，为同盟之机关，以辩明其所说之主义。屡屡振其健笔，于其新杂志上。其锐意于党务者四年。1871 年，乃辞其任，自后静养素修，从事著作。1875 年，时四十二岁，乃逝。

希野阿伊兹陆既死之后，同盟乃与马陆科斯之一派而合同，以组织现时之团体，属于社会民主劳民党之下，以卫威陆及利列科卑渥托为其领袖，以谋达其社会改良之夙愿。

乌伊陆卫陆摩・利列科渥卑托[④]，以 1826 年，生于拉伊列兹希卑[⑤]之一贫家。然彼虽生于贫家，无卑野之性行，行为谨直，以高洁自持，无富贵荣达之念。幼学于科野希卫陆沙及亚陆卫兹科等。1848 年，以组织卫陆沙[⑥]之革命而被捕，自是年 9 月至翌年 3 月，皆受禁锢之刑。遁至瑞西，复至英国。与马陆

---

① 乌阿伊兹野陆：今译为“阿累济纳”。

② 野亚卫列・斯科列渥希野－乌亚伊兹野陆：今译为“约翰・施韦泽－阿累济纳”。

③ 列拉科贺托拉耶：今译为“法兰克福”，德国第五大城市，德国乃至欧洲重要工商业、金融和交通中心，位于德国西部的黑森州境内。

④ 乌伊陆卫陆摩・利列科渥卑托：今译为“威廉・李卜克内西”。威廉・李卜克内西（1826 年 3 月 29 日—1900 年 3 月 7 日），德国和国际工人运动活动家，德国社会民主党领袖，第二国际创始人之一。

⑤ 拉伊兹希卑：今译为“莱比锡”。德国萨克森州第二大城市，歌德称它为“小巴黎”。

⑥ 卫陆沙：今译为“巴黎”。法国首都。

科斯等相会，大受其熏陶。其论社会主义，热情溢于面，口角飞泡，议论激发，听者夺胆，然其热诚之极，往往涉于过激，成猛烈粗暴之癖。日常之行动，粗野质朴，尝谓衣食以系生命，居宅以防雨露，以此自足，不求过安。谨行屈身，不为富贵而变心，不为黄白而枉节，尝漂流之苦楚，前后三回。1862 年 8 月，自英国归，创立一新闻，题为《北日曼加西特》[①]。1865 年，再逐于普鲁西。又走拉伊列兹卑，又兴一《共和主义》[②] 之杂志，至 1868 年，为政府所禁止。

先是，彼归于柏林，受三月之处刑。后于 1867 年，为沙科那意州[③]之代议士，列于北日耳曼议会。自后常为立法院之一员。然其罹处刑追放之厄甚多。1870 年，又被逮捕，受二年之禁锢。1881 年，镇压令之条规既解，又放逐于拉伊列兹希卑。虽经漂流各所，而彼之怀抱之社会主义，逢遇是等几多之困厄，毫不为变。因德意志政府之嫌恶，而其感念益激，每以壮快激烈之说，以左右社会党之行动。其运动之方法，时或陷于过激粗暴，至其与卫威陆共谋，结合马陆科斯派与拉沙列派以来，隐然为两者之领袖。德意志现时之社会党，依彼等之力，益益扬其势力。然彼等虽立崭新奇拔之说，以开拓一新派，而述马陆科斯等之遗志，以传播于劳民之间，以社会主义之理想，注入于其胸里。彼一世之事业，所勤勉不倦者，而其笔亦足以畅达之。1874 年，所出版《关于土地问题》之一书，为社会主义之著述中最不易得之善本，大受社会之欢迎。

共利列科渥卑托同目之为目下德意志社会党之巨擘者，惟卫威陆其人。卫威陆以 1840 年生于可洛[④]之近傍，为旋盘匠之弟子，尽其身于一职工，然自安其分，不敢求高尚之职业。尝谓职业无贵贱，皆尽力于社会，亦无二途。孜孜以勉其业不懈，更专心以自修，不遑他及。尝奉希野陆·野特利兹野之说，加入信用组合。后又为利列科渥卑托之门弟，以遵奉社会主义。而其职业虽卑贱，然性质极敏慧，英才秀于众。与利列科渥卑托，共尽力于社会之间，为众人而运动。于是社会党中，咸推重之，其职业亦日赴繁荣。尝集二三百人之职工与使役于拉伊列兹希卑宏大之邸宅，共利列科渥卑托以结合拉沙列派与马陆科斯流，而组织社会民主党，隐然为其首领。1867 年，为沙苛那意州选出之代议士，

---

① 《北日曼加西特》：今译为《北德意志公报》。

② 《共和主义》：今译为《民主周刊》。

③ 沙科那意州：今译为"萨克森州"。

④ 可洛：今译为"科隆"，德国西部莱茵河畔名城和重工业城市，德国第四大城市。

以尽其职，为社会党中有力之议员，于议席声名大振。

然社会党颇为当时之政府所嫌恶。1869 年，又被捕，处禁锢者二年。自后彼虽屡屡处系留追放，然与利列科渥卑度始终不变其志，为社会主义，尽劳尽瘁。今此二人为德意志最有势力社会党之领袖。彼为人质朴温厚，讷讷若不出口，滔滔悬河之快辩，固其欠点，而其谆谆不倦，以说服人，殆其所长，劳民亦皆心服之，倾听其说，奉戴为其首领。以彼起身于一贱职工，而占政治社会重要之地位，声名隆隆，压倒侪辈①，其感化训育之力，至深且大矣。

除利列科渥卑托与卫威陆之外，德意志社会党之中，亦有其余之有力者。然其势力，终不能与此二人相比。于当今德意志社会民主劳民党，专为此二人所指导操纵。其余他人之经历，今不能一一记述之。要之，今日德意志之社会民主党，俨然得一大党派之态，不独于职工社会为然，即政治社会，彼等之势力，亦年年而增进，如集选举人，与收农民。其多数之党与于议场，以把持政治社会之大势力，是彼等于现今最所注意留心者。

至其结果，1871 年，彼等之得票数，增至十二万四千有余。至 1893 年，又得八十七万有余之多数。又当昔时，不过仅得代议士二人，今则有四十四人。其进步之径路，诚为刮目。自后以此训令，而日有增进之机。彼等向后之运命，其臻臻日进，殆有可以预测者。

第四章　中欧诸州社会党之现状

吾人于前三章，序述英、德、法之社会党，今进而说其余之诸国社会党之现状。然此等诸国之社会党，与前三国之社会党相比，其发达之历史，多占幼稚之点。故先以欧洲中部之诸州括概为一章，以述其概要。

中部欧洲之中，以白耳义②及瑞西③之二国，介立于法、德两国之间。德、法二国之社会党，避内地之刑律，而欲窃达其目的，乃集同志于邻国，会合于

① 侪（chái）辈：同辈。

② 白耳义：今译为“比利时”。

③ 瑞西：今译为“瑞士”。

瑞西、白耳义之各地者甚多。从此二国之劳动者，亦屡屡加入其列，以听社会党派之议论，遂养成此种之思想，而为发达之基础。

当马克斯、卫科意[①]之徒，相结合而设立国际的劳动者同盟，于欧洲诸国，大相会合，以集聚劳动者，而说明社会主义，于是社会主义，广传播于各所。自亚摩斯持陆他摩之集会（1869 年），为和兰[②]社会党之种子，至洛沙之会（1867 年），遂生伊大利社会党，自是各种之系统，遂为中欧诸州社会主义之所发生。

第一节　白耳义之社会党

白耳义之社会党，蒙加陆·马陆科斯[③]之感化者最深。当马克斯逃其本国，以漂流之身而定住于伦敦，时游白耳义。1845 年，逐于巴黎，共其友恩格尔斯[④]而至列陆希陆斯，公刊其著书二种。越三年，又于此地为伦敦共产党而草宣言书。1864 年，为国际的劳动者之同盟，又开其第一回之集会，于其国，为白耳义政府所拒斥，不得其意。至 1868 年，又因其第三回之集会，又开会于列陆希陆斯。当时白耳义人之同盟委员，约达六七万人之多，然不尽受马克斯之指导。其多数者，怀抱极端之无政府主义。至哈伊科[⑤]之会（原注：1872 年），同盟之分裂，多左袒无政府党之首领卫科意之说。至西渥卫[⑥]（原注：1872 年）、列陆希陆斯（原注：1874 年）、卫陆（原注：1876 年）等之会合，其出席之白耳义人，大抵皆为无政府主义之人。故无政府主义之势力，一时极其旺盛。即为社会主义，伸张其气焰之由。所称“革命的同盟”之团体，亦为无政府主义之系统，以张其势力。白耳义之社会主义，皆怀抱此种之思想。然与他国相比，亦分为温和过激之两派。其手段则多用刀火弹丸之力，以图暴举。而以平和稳当之方法者，间亦有之，不外依其各自特性之发达。

---

① 卫科意：即美加意陆·卫科意，今译为“米哈伊尔·巴枯宁”，俄国无政府主义者。

② 和兰：今译为“荷兰”。

③ 加陆·马陆科斯：今译为“卡尔·马克思”。

④ 恩格尔斯：今译为“恩格斯”。

⑤ 哈伊科：今译为“海牙”。

⑥ 西渥卫：今译为“日内瓦”。

白耳义之社会党，大抵倾于无政府主义。其余之社会党员，则依共动的方法，以实行其主义，渐张其势力与作为。如1879年，野度乌度阿希陆所设立共动的面包制造所，即其一也。其后1882年，列陆希陆斯之社会党员，以一类之组织，名为“人民之家”而造共动的团体。1883年，乌陆乌阿亦兴此种之同盟。自后四年间，此类之结合，颇为盛大。国内之各市及工业地，多见其设立。而此种团体之组织，其整顿之规模，不外其团体食料之外，以供给多数之物品。如所称“人民之家”之团体者，至1896年，有代表一万户与一万人之会员。一周之间，其制造之面包，至达于十万块。其余如石炭、肉类、器具、衣服、药品等，皆所产出。凡共动的，皆以实价定之，且至会合室、书籍馆、道具室及其余一切之必要品，无不具备。而此会员者，为社会劳民党之发表，有服膺[①]宣言书之义务，以扩张共动的生活之方法，而保全劳动者之权利。其所谓《白耳义社会劳民党之宣言书》，曰：

> 劳民党者，以白耳义劳动者之所结合而成，为劳动者以改复政治及社会上之权利为目的，而吾人必借助之，以遂行此目的。熟察社会之现制，其社会制度之不备不全，牺牲劳动者之幸（祸）［福］，以蹂躏其权利者，实为不少。得些少之赁银，而终日劳动之劳民，一旦为病灾而失其职，饥馑[②]日逼，而不能自谋，自由之权利，完全之教育，及文明国民所得享有适当当然之事项，劳动者独不得预其分与。此等之事，不一而足。为遭不时之不幸，又割其劳银之几分，其薄资不足以自给。凡农工业上必要之器械，一非彼等之所有。加之监督主理之权，终非彼等之所预，以故经济社会，时时发生惑乱恐慌之境，彼等独蒙其害，而无术以救之。故一切之人民，其侵害劳动者之权利，即已如斯。而劳民党，即为欲施改革，先要求于国家之干涉，以救济劳民不时之灾害。依共动团体之组织，而造其资金；依政府之保护，而坚其基础。于政府为贫困社会之救济策，而废资本的生产组织，以结合劳动者与资本家，置其土地与其余之必要品，于资本家与地主之学中，而为一切劳民之所共有。

---

① 服膺：铭记在心，衷心信奉。

② 饥馑（jǐn）：灾荒。庄稼收成很差或颗粒无收。

而为欲达此目的，彼等于政治界，更有多少之要求：

（一）普通选举之实施。
（二）普通教育之普及。
（三）政教之分离。
（四）施行平等之司法权。
（五）常备军之废止。
（六）地方自治权之独立等。

于经济上，亦有多少之要求：

（一）八时间劳动问题之决定。
（二）幼儿劳动使役之制度法。
（三）囚徒劳动之保护。
（四）国立保险事业之开设。
（五）消费税之废止。
（六）劳动者之使用物品，以废止其租税等。

于此之外，更有几多条件之要求，以冀图[①]其实行。白耳义之社会党，其势力俄然增进。至其组织，亦优于他国。至1885年，以政治上之目的，而忽兴起白耳义劳民党诱起政治社会之狂乱，与宪法上之大变革，而为之大敌。加以以财产而定选举之资格，故彼等一时欲振威于政界而不能，自后自由选举之议案，提出于上下两院，而终归失败。于是劳民党又希望全国之同盟罢工，政府乃不得不让步而采其意。然其所设立自由选举之制，实有名而无实，毫不能达劳民之素愿[②]，而彼等又企同盟罢工以应之，终得确立完全之自由选举之法制而止。此制度者，凡丁年以上之男手，皆有选举权。其外则为三十五岁以上之有妻者，

① 冀图：希图，希望。
② 素愿：平素的愿望。

与资产家，曾赋与以投票权。为此选举之制限，一时屈伏之劳动党，猛然因此新制而振兴。至近日总选举之制，亦由多数之同志所选出。今于白耳义之政治界，占有第二等之地位，以增进其势力，时进占有第一等之地位者，于政治界，而把持有最大势力，是为劳民党将来之希望也。

白耳义近时之改革，采用社会主义之议论者甚多，如其铁道，全国总计二千八百十哩之中，为国有者，达二千零十八哩。乘车赁银①之廉，除印度之外，其余无此例者。而其布设费，其金额一亿八千有余万法。自 1835 年，铁路之开通，至 1892 年，其所得三亿千七百万法以上云。

加之国内之劳动者，以短少劳动之时间，所得割合多额之赁银。凡职工之衣服及住宅，受（顾）［雇］主之支给者，亦不少。其赁银之贮蓄，共有六百零九之国立贮蓄银行，以应其需。即电信、邮便，亦为国家之事业，而政府营之，集学识经历之人士，以组织会议，而谋劳动者之妥协。凡其方法，政府皆当其监督奖励之任。其如灾害保险及制造之条例，与英、德二国相比，则虽不免有多少之逊色，然其经营设施之谋，政府与人民合力而图之，黾勉不懈②，以企成功云。

第二节　瑞西之社会党

瑞西③介立于欧洲强国之间，圜小人鲜④，然其国民天资敏悟，能解自由平等之真理；上下相和，民人相亲，施共和之政，收民政之美。其地形亦风光明媚，不似他国国民游惰之习。流寓者，辄生久恋之情。

社会党兴起于欧洲诸国，出于贱民挑拨之举，物情汹汹，民心动摇。政府设法令以压伏之，其首领避难于他国，以逃刑辟之祸，皆多走于瑞西。亡命之

① 乘车赁银：日语“车票”。
② 黾（mǐn）勉不懈：勉励，尽力。
③ 瑞西：今译为“瑞士”。
④ 圜（huán）小人鲜（xiǎn）：地盘小，人口少。

说客，前后接踵，云集于此，以为避难之区。自马兹伊、拉沙列①、卫科意②、马克斯为始，于是意大利之爱国党、俄罗斯之虚无党、德意志之社会党、法兰西之革命党等，暂避难于此，以谋他日之再举。其主义思想，渐决咸染于瑞西国民之脑筋，故社会主义之学说及其运动，皆依此等亡命之家，以传播于瑞西而渐次发达。

1848 年之革命既终，革命之失败者，皆走瑞西。就中自德意志而来者，尤占其多，遂说瑞西国民之一部，相共而组成德意志社会党，是为瑞西社会党结合之滥觞③。后 1864 年，开国际的劳动者同盟之会于伦敦，卫加设其支部于瑞西。1868 年，发刊其机关纸，自后各所结合此等之团体者甚多，其最盛之时，希渥卫共存三十六之支部云。1867 年，结合是等之各支部，以组织一团体。1872 年，哈伊科之会，无政府党之分裂，当时卫科意滞在西渥卫，遂逐其居住，于是瑞西之社会党，于无政府党之外，设立自治的集会，以为真正国际的同盟。其后更无几时，党内之议论，互相冲突，以致纷扰。

至 1888 年，纷乱不绝，颇历时日。是年，瑞西社会民主党之团体乃成，于是纷乱之形势一变，诸事渐达整顿之域。其党员为瑞西社会党中之铮铮者，网罗千七百名，势焰渐扬。且其机关纸，发兑至四千四百部。乃大吐露其自说，以盛张社会主义之气焰。而彼等所持论之唱道者，曰生产机关之国有，曰劳动者之保护监督，曰教育之普及等，悉与其余之社会主义者之说相同。故资本家及地主之一派，颇恶彼等之举动。加之彼等之政治的议论，欲除去联邦诸州之高等警察，自人民而选举国民议会，且于联邦之选举，用此较投票之制等，更提出其余数个之要件。

方社会民主党之势焰渐炽之时，瑞西之职工同盟及同业合组之组织，亦极

① 拉沙列：今译为“拉萨尔”。拉萨尔（1825—1864），德国早期工人运动活动家，提出资本主义制度下工人阶级的贫困是由“铁的工资规律”造成的这个规律。

② 卫科意：即巴枯宁（1814 年 5 月 8 日—1876 年 7 月 1 日），无政府主义者。出生俄国贵族家庭。1849 年参加德意志革命，被捕引渡回国。在被拘禁和流放西伯利亚期间，背叛了革命事业。1861 年逃往英国，1864 年加入第一国际。在此期间，他玩弄阴谋，企图分裂第一国际，篡夺领导权。他的这些伎俩，一再被马克思主义者戳穿。1876 年病死于瑞士。

③ 滥觞（làn shāng）：滥觞，指江河发源处水很小，仅可浮起酒杯。比喻事物的起源、发端。

旺盛，而能实行社会主义之说。其最有势力者，则推科陆托利之团体①。

科陆托利之团体，1838 年，兴于希渥卫。当十四世纪之初（原注：1307 年），乌利希乌伊兹拉伊海陆科三州相合而成，为瑞西联邦之基脚。当时之事情，不过偶立此名。至于今日，于瑞西各种之团体中把持最大之势力，有三百五十二之支部，一万五千余之会员。其会员中，虽劳动者与职工充其过半之数，而（顾）［雇］主及有势力之政治家，加入此团体者亦甚多，其余更有外国人之会员。然而外国人者，亦如内地之会员，有裁决投票之权。其团体之维持费，年七千磅，自会员醵金②充之。又别有一万四千磅之豫备费，以《科陆托利》之杂志，为其机关，会员有购读之义务。而此团体，于联邦之地势及言语等，毫无区别，故其势力，阴然把持东部诸州遍及德意志之国境，以二百六十之支部。其使用德意志之语者，设立于联邦内，以对使用法语之联邦诸国，大振其威。然亦因其权力之分配，颇不平均，于是东部诸州工业繁盛之度，遥压西部诸州，亦为一最大原因之一也。

科陆托陆团体者，其目的素以改良保护劳动者之利益与地位，及政治上社会上经济上之意见，征其 1881 年之发表宣言书，可得而知。而其怀抱政治上之意见，虽倾于中央制派，而其政策，多折衷调和于自由主义与社会共和主义之两说，以计划各种之方策，不持粗暴过激之说，以难当世，以渐期社会改良之实功。吾人今欲知彼等之目的，特略述其宣言书之大要。即如彼等之宣言书，先前注意于教育。其普通教育者，以公费支办之。其对贫困者，施与一切之教育费。其关于劳动之保护，以法律确定劳动日与劳动时间，改正工场条例，严行十时间劳动之制。

为保护劳民，以定国际间之规则。且于卫生上之医药，及葬礼一式之费用，皆归于国家与公共团体之负担。凡调查劳动者之状态，与统计表，年年公表之，就劳动者之赁银，参酌地方之状况，为充分劳动者自活之费用之标准，确定以

---

① 科陆托利之团体：又译格吕特利联盟（Grutli Society。德语：Grütlttiverein），瑞士小资产阶级改良主义组织。1838 年在日内瓦建立，据说“同盟的名称来自格吕特利草地，1307 年最早的三个瑞士州在此结成同盟反对哈布斯堡王朝。初建时是个手工业工人启蒙教育协会。1901 年在保持自身独立性的条件下加入瑞士社会民主党”。格吕特利草地，是“瑞士联邦最著名的历史纪念地之一，到那里唯一的交通工具是乘船。虽然那里只是一片广阔的草场，有一面旗帜，但正是在这个地方，三个州的代表于 1291 年 8 月 1 日盟誓联合，组成了瑞士联邦的雏形”。（李继华注）

② 醵（jù）金：集资，凑钱。

最低之赁银。不限于男女长少，服一样之劳动者，支给同一之赁银。凡工场卫生之监督，职工之病灾保险等，皆为国家之事业。其余如铁道、电信、银行（原注：有发行纸币之权者）、烟草、寸磷等，凡独占的之性质者，皆为国家事业，而政府经营之。又如工作条例改良之方法，更大讲究，以企图其改良。

科陆托利之团体，其势力如斯，彼等为贯彻自党之主义，1886 年 8 月 28 日，向联邦政府之商务局，与自己之团体，使命一名之劳动书记官，且此书记官之给俸，与政府之官吏同样，而要求政府之支给。此议自科陆托利团体始，其余如瑞西全国之劳动团体，及同业合组之代表，集会而要求，其条件皆得政府之认可。1887 年 4 月 10 日，开其第一回选举会于阿洛。此选举会者，包括各联邦之同业组合，病灾救护组合及其余各种之团体。于中央部，则二十二个之团体；于地方部，则百二十个之团体，其代表有百五十八名之代表者，与三十七名之列席员以开会。科陆托利之团体，于会议之第一著，遂提出结合此等各团体与组织瑞西劳动组合之议，竟得赞成，于是劳动者之一大联合会之形成，与会员之总数，科陆托利团体固有之会员一万三千人之外，其各团体及新入会员。其设立之初，亦既十万三千人。至 1893 年，其数乃更增加，竟至包容三十万人。

联合会之目的，其规则之第一条，为瑞西劳动社会共同的利益之代表。凡共动团体，依其统计报告，以从事共动的生产。而其第二条，举其组织联合会，与数个之要素，以明斯会之本性，即如联合会者，以第一各团体之代议员。第二联合会之中央委员，第三事务委员，第四常任劳动书记官之四种而成。代议会员者，每三年，开会一次。其开会之时日，任中央委员之决定，或有总数十分之一以上之代议员，请求于中央委员之时，则可随时而开。中央委员者，以三年之年期，由代议员会选出之，且自其中而选出事务委员，常任劳动书记官者。自瑞西公民之中，由中央委员选任之，以造统计报告，审查劳动社会之状态，需要供给之模样，时时报告于各联合之团体。又对各种之质问，示以答辩等及诸般之事务，其俸给自政府支给之，其资格亦与政府之官吏同。凡会议及其余之诸经费，自联合会支办之，以规定多数紧要之条件，然自第一回之联合会，开会选举劳动书记官，以斯利希兹之统计家海陆科利希兹当其任，至 1893 年，科利希兹三年之任期既尽，于是联合会，更再选举其常任者。

瑞西社会主义之党与，其势力渐渐增进，彼等更向其余之方面，而谋贯彻其目的。1892 年 1 月，卫陆州之社会党员，对劳动者为保全对劳动者报酬之权利，要求宪法之改正，即为彼等对联邦各州及各市之劳动者，要求普及之报酬，以增加劳动者之需要。

（一）短缩劳动之时间。

（二）劳动者新设一直辖之一局，为无职业之劳动者，易于求职业之地位。

（三）依法律上之规定，以杜绝（顾）[雇] 者解（顾）[雇] 劳动者之弊。

（四）凡国立者，自其国有之财本，以设立私立之保险社会，以保护无职之劳动者。其余更有几多之改正，以企图劳动社会之改良。

盖瑞西者，以公民五万以上之连署，以请求宪法之改正，不必人民之投票而后决其可否。其制如此，故彼等先得五万之同志，然后依人民多数之赞助，以冀达其目的。于是连署宪法改正之请愿者，其数及五万二千之多。其第一之目的，虽渐达，然不及问人民之可否，不能得其多数；而宪法改正之事业，尚未见其成功。

瑞西社会党宪法改正之事虽失败，然人民与此改正案同意者亦甚多。加以其势力日渐增加，彼等遂信为贯彻其目的之期，乃又继续其运动。而联邦政府施政之方针，亦渐逐年而采用社会主义之说。工业上之诸规则，年年完备而整顿，依于市制之发达；而劳动者之住宅，亦渐改良。于瑞西之市立及州立之博物馆及工业学校，于世界中，共称其为最完全。而其工业学校之种类，无一不足。自雕刻美术始，至农业及时计制造业，皆由专门教授之学校，就中择其最必要者，以陈之。1891 年，所布发之《徒弟规则》，是其经验之证也。

《徒弟规则》施行之主意，以徒弟之身份，以习职业上之熟练，凡适用之职工，其所最重要者，如时计制造业之徒弟，彼等依其社会监督之保护，设同业组合之委员，时时巡视其工场及制造所，以监视其徒弟之修业。虽（顾）[雇] 主亦不能擅使用其徒弟为其余之事业，且必与以余裕之时间，以从事于宗教上及普通之教育。自十三岁至十五岁之幼童，其事业限于十时间以内；自十五岁以上之学童，不得过十二时间以内，为定制云。

1887年，又得实施《酒精专卖法》之好结果。其酒精专卖之方法者，分数种：

（一）其国内制者，则政府酒精购入所而购入之，更由仲买人而购卖之。

（二）以外国产之原料，所（让）［酿］出之酒精，则赋课其税租。且凡酒精与列拉特，自外国输入者，于政府购入之。若经私人之手而输入者，则高课其税，以保彼此之平均。

《酒精专卖法》施行之精神，关于财政及道德上之二点，自政府以收入于国库，以除伦理上酗酒之弊害，以谋社会之改善。瑞西政府自施行此法律，其收入渐渐增加。至1896年，专卖所得之利益，达六百三十万法之多。政府以此十分之一，以与联邦诸国，以充救济除去酒精所生几多之弊害；一面又收酒精专卖之利益，于是酒精需要之额，乃大减少。于法律实施以前，一人平均，自九利托陆与十利托陆以上之酒量。至1891年，减少至六利托陆半之内，外加之政府专卖之酒精。其性质纯粹，故消费者，害于身体者绝少。专卖法施行之结果，既利个人而利国家者亦不少。政府则为公共之利益，禁止私人之营业，而代个人以营之。于瑞西政府之成功，已有可见。然而反驳政府之营业者，以为侵害人民之自由，亦所宜察也。

第三节　意大利之社会党

意大利社会党之发生，亦享国际的劳动者同盟会之余波。1876年，洛沙之会，出一名之代议员，是为社会党之萌芽。自后社会党派之运动，渐渐扩张。卫科意之设立无政府党派者，隐然伏于社会之里面，与他国之同志而通其脉络。时或施粗暴过激之手段，以逼高贵，大招社会之嫌厌。然而新政府主义者，不过行其一部，施其一种之惯用手段，而凡意大利之社会党，因之悉被过激粗暴之名。彼等因或者屡害其安宁秩序，终始不得达其目的，行其主义。于是马兹意与加利海陆兹，因触政府之嫌忌，而解其党。又或为警官之威力所压伏，终未能成。既而当建国之初，于诸事纠纷之里，以期举国一致之运动，而织成一大党派，殊非易事云。

意大利之社会党，企举国共同之运动一再不已，然其目的久无可达之期。1861 年，依马兹意之指导，结职工同盟于卜洛列斯，其创立之始，虽蒙政治的多少猜疑之邪念，尚能结合三千人之会员，而有一大共动工场，与一千卷之书册。其设立之书籍馆，超于十年以前者。至 1871 年，职工之代表者，会于罗马，以结相互扶助之友爱的契约，自后遂包容六百个之团体。1892 年，于希利岛之卫列陆贺，开第十八回之总选举，于政治上，信奉马兹意之说为宗旨。

1882 年，投票扩张之举。至 1885 年，信奉社会主义及无政府主义之意大利劳民党，兴于米拉，其势力顿见旺盛。至 1885 年，因政府而遂解党。至 1891 年，米拉及希耶亚，又兴新劳民党，发社会主义之宣言书，盛募同志，区别社会上下二段之阶级，以打破资本家之阶级，而为劳动者之阶级之势援。而其目的，即以土地、矿山、制造所及铁道为共有，除去富者独占之弊。其加入此党派者，凡都鄙之职工及社会主义之人，时催会员之总集会，或设委员，置书记，谋通信于诸外国，其势力渐次大昌。至开第二回之总会，于野美拉州之列希拉，附于意大利社会劳民党之名称，以与国际的劳动同盟而通气脉。1893 年，又开同盟会于斯利兹，发刊几多有益之报告。而其党员之数，虽不能知其细数，然其通常会员二十万人之外，尚包容三百个附属之团体，与一万一千人之农民。因此党派之助援，于国内之各处，更组织续出此种之新团体。于卑度贺度及他斯加意各地方，其数犹多。又如卫陆加贺及科列贺卜之纺织工，与希利之农民等，企图同盟罢工（原注：时 1893 年 9 月）。又与以直接间接之助援，1893 年 3 月 1 日，意大利全国之劳动者，以试一致之示威运动。其后援者，亦出于此社会劳民党云。

意大利社会的运动之结果，即劳动会议之设立是也。劳动会议设立之本旨，大抵如下所录者：

（一）依其职业以区别劳动者。

（二）普通教育及技艺教育之普及。

（三）裁定（顾）［雇］者与被（顾）［雇］者之纷扰，选定仲裁委员等。

一意拥护劳动者之地位，是等会议之性质，于政治上有何等之意见，可测而知。于政治社界，虽无丝毫之势力，然劳动者之势力，渐趋旺盛。彼等于政治上，有希望参议之期，而此会议最后之整顿，于美拉府之劳动会议，自1891年9月，始设立之。劳动者结合之势力，愈趋旺盛。意大利政府，虽欲限制社会党派之运动，而终不能绝灭之。盖社会党之基础，有多少之确固，不能动摇，故虽以政府之权力，而欲芟除之，终不能奏其效果。于是政府乃变其方针，视机应变，以抑制其强暴，压伏其横行，而暗图以挫其势力。

第四节　嗹马和兰之社会党

嗹马[①]和兰[②]之社会党者，即谓之为德意志社会党之分派也可。其主义运动，常采之于德意志之社会党，或随附之，以张其势焰。1876年，于可卫海契开嗹马社会党之集会。自五十五个之团体，而选出代表员七十五名，且此团体之会员，并计五千五百人，是为嗹马社会党结合之端绪[③]。1878年，社会共和党之势力，又渐旺盛，国内之名士，皆为所包容。1889年，竟出二名之代议士于下院，举贺陆摩、贺陆他二人，且相续而有六种之机关纸。其发刊者，杂志凡五，新闻一，然与德意志之社会党相比，其势力之微弱，究不可同年而语也。

和兰社会党之发生，以1869年，设置国际劳动者同盟会支部于亚摩斯特陆他摩为始，同时又发刊其机关纸。然至1872年，同盟会二派之分裂，党势衰颓。渐不能振。自后度那拉意野由列斯突起而鼓吹之，社会党派之运命，乃再兴复。1888年，乃选其代议士；1889年，设立社会共和的同盟会，示其纲领，而发宣言书，以大纠合同志。先是，共动的事业，早已实施于和兰，如面包、靴等之共动制造所，盛行于哈伊科[④]。1889年，其利益达于三万列洛利。然资本主与劳动者之间，不相和融。既而社会党派，说破其功，乃大挫折其气运。

和兰之社会党，其势力虽不免甚微，其结合之度亦甚弱，其运动显著之事迹，亦甚鲜。盖其气运使然，而其国之状势，亦其作为之原因，当今和兰之国

---

① 嗹马：即丹麦王国。

② 和兰：今译为“荷兰”。

③ 端绪：头绪。

④ 哈伊科：今译为“海牙”。

民，进取之活气渐减，改良进步之途，亦绝其迹，偷安姑息，以图一日之闲。加之社会主义者所唱道共动的事业，虽实施于此地，又为他事之所阻，而和兰之社会党，一时又倾于无政府主义之态度，如其首领意由野列斯者，全为信奉无政府主义之人，故以社会党与无政府相混视者甚多，而嫌恶无政府主义之念，遂延至以嫌恶社会主义，而于社会主义发达之前途，遂生一大障害，识者为之隐虑云。

第五章　东欧诸州社会党之现状

第一节　墺大利匈牙利之社会党

位于东欧众州之邦国，社会主义发达之最盛者，以墺大利[①]、匈牙利二国为极点，其余则始于卫陆加诸州，而至瑞典、那威[②]，皆为大供研究社会主义之好资料。而俄罗斯者，以专制主义之反动，而生极端之无政府主义。其势蔓延，又促虚无党之发生。不过所以酬报政府之压抑，遂逞一种过激之手段，而如社会主义，讲求社会组织之改革，为唯一之目的，以求救济贫民之策者，殊未见其完全之发达也。

墺大利、匈牙利之社会主义者，其系统亦始于德意志之间，为使用德意志语之国民，于是巩固之基础乃成。当德意志社会共和党未成之先，德墺二国之社会主义者，隐然通其气脉，互相为之势援。其会于亚伊希耶科也，墺国亦送代议员而列会。自后社会党之势焰，渐致盛大，政府遂发令禁止其集合，于是社会党之运动愈盛，党内不平之士亦渐生。是等之人士，互相结合，其派遂成两支，遂组织温和的劳民党与急进的劳民党。急进党派者，与封建主义之僧侣相结托，以当自由党，而张其势力。于是温和派亦联合自由党以当敌党，磨坚励锐，互相竞争，盖温和派之所以组织自由党者，颇欲根绝封建制之遗风，与

① 墺大利：今译为“奥地利”。
② 那威：今译为“挪威”。

僧侣之跋扈，而望社会组织之改良，以奏其功。然自 1878 年，德意志之发布社会党之镇压令，于是政府之意志，全然与社会党相叛离。墺大利之社会党，亦大失望，由失望而变为绝望之期，故急进党派变为无政府党，温和党亦转化为自由主义，其态度遂为一层急剧之状。以故自 1881—1884 年，无政府党之暴动，愈出愈剧，屡屡危害社会，或紊乱秩序与安宁。政府愈欲借强力以压之，亦发令以压抑社会党员与其机关纸。自后社会主义，乃以同业组合为中心，而持续其运动。1888 年，卫列陆度之集会，更举结党之式，急进党与温和党，除其中之无政府主义，再相结合，别共组织有力之团体，是为现时墺国社会共和党显出之端。

墺国社会共和党所服膺[①]之社会主义，以马克斯之说为根柢[②]，与德意志各派之社会党同，以制立八时间劳动之问题及禁止日曜日劳动为目的，禁止使役十四岁以下之幼童，保护妇女子之劳动，监督工场之卫生。又为保护职工之完成，制定严密之工业条例，以公费而救济职工之灾害。加之彼等经总会之决义，发表社会共和主义之宣言书（原注：宣言书载第三编第二章社会共和主义之条下相参照）。以公表自己之主义目的，其手段方法，亦以温和着实为宗旨，而避过激粗暴之举动。于是社会之面目一新，以副社会之舆望[③]。

社会民主党，其势力既渐渐增加，其发兑之机关纸，销畅亦多。于墺国社会政治上之状态，亦倾向于斯党之发达，政界之风潮，亦渐认社会主义之说。1889 年，自由党咨问于政府，设立劳动会议之可否，指命特别委员，设立劳动会议之委员会。然其结果，终无效验，于是国内各所之劳动者，翕然[④]集于社会党之旗下。社会民主主义之气焰，更增一层之光彩。

其势既已如此，而劳动者反抗之气焰，日进不已，同盟罢工与一揆运动，随处而勃兴，政府再欲以强力压之。乃解散其集会，停禁其新闻纸之发行，其机关纸之发行者数名，为政府所逮捕。其结果也，遂致社会共和党于 1891 年 6 月 28 日，开第二回之总会于维也纳。

维也纳之总会者，得墺大利政府之说，公认社会共和党之设立，且此党派

---

① 服膺（yīng）：铭记在心，衷心信奉。

② 根柢（dǐ）：草木的根。柢，即根。比喻事物的根基，基础。

③ 舆望：众望。宋苏舜钦《代人上申公祝寿》："舆望知难转，王心几不宁。"

④ 翕（xī）然：一致的样子。

者，限制其扰乱国民之本性及对其余之种族而施一切违反之规律，公认其为独立之团体。

1892年之冬，其对社会共和党出版物之检阅，复尽力于运动，以奏其功。于国会而制定其出版条例之目的，更选定其特别委员。

1893年之初，为施直接之平等普通选举制，朝野两党之议论渐盛。是年4月，于白耳义国接施行普通选举制之报。墺国之社会共和党，豫想将来自国之功，遥表祝贺之意。

1893年5月1日，奉行祝典之时，全墺国之社会党员，出其多年之宿志，所注八时间劳动之问题，并普通选举制之改正，发表自党之宿论，以试活泼之运动。集千五万人之老幼男女，依军队的运动，横行于维也纳之街道。每至贵族之门前，三唱社会民主主义之永续及八时间劳动制及普通选举制之确立，以盛示示威运动之态度。6月，又会二十万人于维也纳，誓约无论如何之障害，必排除之，以期贯彻终局之目的。

是年10月1日，提出伯爵他列一议案于议会，以施普通选举之制。然此法律者，欲谓之为纯然平等的普通选举制而未能。不过依墺国之选举者，以其数至二倍之多，而计算，社会共和党虽素欲赞成此法律，以达自党之目的，为一段之阶梯。然此法案一度提出于议会，忽为政略之一问题。于是各派之有志者，为研究该问题，大集会于各所。故中级社会地主，及国民党之代表，三种之党派，互相联合，以反对其决议，遂至内阁有交迭之举。于是社会党大会同志于维也纳，三派联合之运动，以相非难。曰：

> 于国会以有力三个之团体相联合，以反对选举改正法之一事，为我党之所最注意者。为全国之劳动者，此等联合会之运动，殊不易当。于社会共和党一切人民之平等利益，于制定直接普通选举之制，可决其挫折失败。

同时，其首领亚度拉亦公言曰：

> 吾人于政界为贫者之抗对富者及特权者，故为一团相结合，以组织一新团体。今日贫者议论之上，相争论之时期既去，必于阶级间之争阋，以准备其开战。

于是两派之气焰，达其极点。社会共和党之全力，共倾入于墺国政界将来之问题，与普通选举制之问题。

社会共和党依于几多之政治的俱乐部及新闻杂志，以鼓吹其气焰。凡属此派之新闻杂志者，其势力渐赴旺盛。是等各种之杂志中，其最盛者，发兑自一万至二万部以上。然其妨害社会主义之传播，为最有力之一条件者，则无政府主义与社会主义之混同是也。盖无政府主义者，纯然与社会主义相殊，故社会共和党之主张社会主义，与无政府主义之所说相比，全然大异其趣。然世多以两者相混视，而嫌恶无政府主义之极者，并社会主义，亦加非难，大为其扩张党势之妨害。是不独墺大利为然，其余之诸国，大概而能判别此两种者极鲜，故社会主义，大因无政府主义之妨害，而阻其进步。故吾人于此点，而为社会主义雪其冤，则其为功于社会主义诚不少也。

第二节　瑞典、那威之社会党

瑞典、那威[①]两国之工业的进步，与欧洲中部之诸国相比，大有退让之形。于现时社会的趋势与文明之进步相随伴，而都府人口之增殖，亦随之。然此二国未有显著之事例，其住都会之人口，与全国民相比例，不过仅当其一割五分。故其资本制度之发达，亦未甚盛，而（顾）［雇］者与被（顾）［雇］者之关系，其困难亦甚少。社会之状态，常处于沈静。其余诸国续出之社会问题，亦尚未扰破斯国之民情。其制造事业之发达，亦甚迟缓，故社会主义之必要，未能大动志士之心。

以如斯沈静安稳之社会，而终不能不感激于他国之风潮。当此社会的运动之时，岂无戟刺其民情者。1873 年，荷兰之社会党，试移植社会主义于此地。一时于科利斯兹阿耶设立三十余个之团体，其渐次离散之迹，至 1883 年，及其余之社会民主的团体之同市兴。至 1887 年，开社会民主主义之总会于阿列他陆，是为社会党之萌芽，渐渐发生。1888 年，社会党派于瑞典国内，有四种之机关新闻。其后其政府停止其中三新闻之发刊，且禁锢其发行人。至 1889 年 5

---

① 那威：今译“挪威”。

月，而二十五个之团体又成，又开社会主义之总集会，自后其运动虽持续不绝，而其气焰，不过于一部之人民，以支持其命脉。至1887年，那威之劳动党与。1893年，其会员之数，达于九千人之外。于社会党发达史之上，别记载其事实焉。

第三节　俄罗斯之社会党

俄罗斯者，与其余之欧洲诸国，大异其趣。其余诸国之社会主义，多自社会之不满而发动。其怀抱以调和社会的不平均为目的，匡正贫富之悬隔为感愈。独俄罗斯之社会问题者，其于政治上之问题，深相关联。盖以俄国特有之专制主义，相激而成，以调和匡正社会之不平均与贫富之悬隔，必先平其政治上之不平等，而谋民权之伸张。此等政治上之革命，为改革派毕生之目的。若于续出殖产社会以解释社会之问题，为唯一之目的，以与诸国之社会党，相与一致，则于俄罗斯，尚未见发生也。

俄罗斯之国情如此，以政治的不平等之反动，而相结合，与社会党相比，更有一层过激极端之思想。其运动之阴险，其手段之粗暴，时时爆发，以害社会之安宁秩序者，不一而足。暗杀官吏刺毙皇帝等，数见不鲜。俄罗斯近世之事迹，为腥风惨憺之局面者居多，实为历史之大污点。而虚无党内所计划秘密之手段，如卫科意科洛贺契之徒，不外于传说无政府主义，两两相携，施其诡计于社会，渐失众民之舆望，然其势力颇扩张。吾人既于无政府主义之条下，以描写俄罗斯社会之内情，不再述之。然以俄罗斯政府之专制，虽未能促社会主义之发生，而独激阴险疏暴之徒，逞其跋扈，其政府亦岌岌而可危。俄罗斯之现象如此，而社会主义之发达，亦不远矣。

其余于东欧诸州之社会主义，亦尚可寻。如卫路加诸州，亦此种党派之所发生，以解释此社会问题。又知陆马意耶之社会团体，列陆加利耶之社会民主党，虽集多少之党员，把持几多之势力，而未足以大动社会。其所说者，多模仿德、墺诸国之学说，为劳动者之保护，贫民问题之研究等。自德意志之社会党而转化者甚多，不能唱道一最新之学理，而别著一见地。而其运动影响于社会之趋势者，亦不甚多，故是等诸国社会问题之研究，与德、法诸国相比较，诚不可同日而语。然自西陆卑耶与其余之邦国，所结合社会主义之团体，而为劳动者之集会，时或有之。然其所结合，不过一时而止。求其团体永续，以当社会者，其数甚稀，故一研究其社会的势力，其价值未易认识也。

附：西班牙、葡萄牙之社会党

西班牙社会党之发生，自1868年万国劳动者同盟会之设立为始，其后根柢渐深。至1873年，包容六百七十四种之支部，与三十万人之会员。如卫希洛耶及米那陆加岛，苟称工业地之所，必有存在者。然而西班牙之社会党，多带无政府主义之性质。当同盟分裂之际，卫科意之一派，乃投于无政府党。以故西班牙之社会的运动与指挥，大抵皆为无政府党之一派。1882年，马克斯派之社党与，集其同志，以谋政权之分配，共动的财产之共有，及工业的结合之基础，以图社会组织之改良等为目的，而组织社会民主主义之劳民党。然西班牙之社会党者，仿共和国之联邦组织，为数个之分立。故中央团体之势力，甚为微弱，不能统御之。其气焰故不能大振，加之其对社会主义之纲倾，党内又生几多之异论，往往与无政府主义而相混同，其极遂为1881年国际的劳动者同盟而改造西班牙之团体，布散秘密之纲领。自后此党派之状势，稍显改复之色。1888年，乃采社会主义，以组织西班牙全国之劳动者同盟。此同盟者，当设立之初，包容二十九个之团体，三千三百有余之会员。渐次扩张，今则有百十二个之团体，八千九百有余之会员。隔年为一次之总集会，且得欧洲诸国之社会的运动之势援。5月1日，乃试行其运动。社会党之举动，乃渐活泼。

第六章　亚美利加社会党之现状

社会主义者，不独局限于西大陆之一天地；至北美合众国①，亦发其萌芽，以扩张其势力与作为。此其偶尔之事情，然其为一大富国。其工业的进步之趋势，与欧洲诸国相比，豪出其上。其制造事业之发达，共年而盛。货殖②之术，

---

① 北美合众国：即美利坚合众国，简称美国。

② 货殖：最早出自《论语·先进》：“赐不受命而货殖焉。”指谋求“滋生资货财利”以致富。即利用货物的生产与交换，进行商业活动，从中生财求利。司马迁所指的货殖，还包括各种手工业，以及农、牧、渔、矿山、冶炼等行业的经营在内。

亦日进，拓无限之遗利，而造饶多之富。国运畅进之度，今为冠绝世界之邦国。然其货物分配之制，或失其平。其豪富绅商，或有巨万之富，而独占制造机关，把持工业社会无限之势力；或专有万顷之土地，富凌王侯者。而劳动者赁银，之未能满足，彼等故制造事业之改良，不独为资本主之利，而劳动者之益，亦并之。既而财产偏集之趋向渐盛，上有喜骄奢之士，下有唱不平之徒。其事情如斯，故社会制度之改革，遂发其端而不容已也。

于是祖述欧洲之社会主义者，遂移植为亚美利加之社会主义，于欧洲既有数种之分派，亚美利加者亦然，而复加以特种之学说。自各种之方面，以开发社会主义之运动。而亚美利加之社会党，遂生五权以上之分派。

于美国特种之社会的现象，包容各种之移住民，故其社会主义，亦自是等各种之移住民，各各亦异其组织，互团一体，亘作独立之党派，以至今日。其分类甚为不少，而其人民，多有远离故乡以移住此新开国者，故能以共同一致，而励货殖之业。以共产主义，为其本职，其团体自然而成。此美国之社会党，所以为几多之共产的团体也。

美国之共产的国体，其数虽甚伙，然大抵皆带宗教的性质。依其教义，以结合同志，而从事于共同之生产，全然为一个之社会。至于今日，稍有名者，如西加哈贺意耶、陆亚马耶等之团体。其余如纽约州之拉渥他兹幼哈列利所设立之伊加利阿及法兰西社会党如卫共共党与所设立之伊加利亚（原注：伊加利亚之团体与第一编第二章相参照）等之团体，其势力颇微，不堪屈指。又如英国之洛卫托拉野，亦于伊兹阿耶州，而设立意野哈贺意之团体，其结果亦属无效，前已记述之（原注：与第一编第三章参照）。西加派之团体，初组织于亚美利加，1774 年，阿他利率其同志所设立。其住所定于可洛卑耶州之列卫那山麓，今兹尚极其繁荣。以营共同事业，于百有余年之间，大贮蓄其财产，以宗教上之信念，而企共同福祉，且企图团体之巩固与隆盛，其余又与此派之团体于各所，说明以宗教上之教义，热心而谋共产的生活之方法，以实行为自觉之任，而遥期后来之大成。既而教义之信念渐薄，会员之热诚亦渐减，故彼等以宗教上之教义，为社会之应用，以企图共产主义之实行之一事，恐不免有误其目的之期。然彼等于蓄财之上，今已达其目的；则后来之发达，亦未尝不可豫期。

次于西加一派之设立，而显于美国。为共产主义之团体者，则称哈贺意之团体。1803 年，乌特卫陆科之人兹幼陆兹拉列，共其同志而来此国，遂移植于哈希陆卫意耶，后又移于伊希耶那之哈贺意，遂组织哈贺意之团体。1825 年，又移于拉野，后又移于卑兹卫陆科之近方野可那美。以自家之所说，而组织一团体，仍袭哈贺意团体之名，今仍存在。此团体亦加以宗教说参与其间，而实行无妻主义。传自重信仰友爱等之福音，虽大募同志，而其势力，未能大振。只依各自勤勉之结果，以贮蓄其财产，故动劳者与使役，不过支持日常必要之生计，会员之数，因之渐减，以至垂垂而尽，其运命亦随之。

希幼西列列陆那陆于 1870 年，率退教者之一派。自乌特卫陆科而来此地，依科野加宗徒之助力，乃购哈希陆卫意耶州之耶陆之土地，而造共产组织之一团体。其势力至今，尚颇繁荣。此团体者，亦如拉列之团体，纯然而守无妻主义，及后虽得许可会员之结婚，然于团体之员数，不能增加。独至其财产，以会员勤勉之结果，得大增殖。自 1888 年，并其所有之财产，至一千五百万弗之多额以上，一人约有五千弗贮藏之财产。

亚马那之团体者，与前二者之团体相同，自日耳曼殖民地所发生。1817 年，科科斯兹亚那斯以宗教上之信仰，而成高尚共产的生活之基础，而组织一团体。1842 年，自美国而来，移住于纽约州之卫哈洛近郊。自野列渥沙而移住于拉哈幼州之亚马那，遂称亚马那之团体，时 1855 年。盖亚马那者，本一村落，以其营共产的生活，并七个之村落，而称高原之名。其会员许可其结婚，有造家族等之自由，与亚美利加其余之共产的团体相比，最为采用自由简易之方法。

以上各种之团体，大抵皆为宗教的共产主义之团体。彼等于贮蓄之点，皆能达其目的。其余团体之势力，则诚不免太微，而其运命间有危殆之时，其余之目之为共产党者，皆信奉列利陆之说，以组织共同组合，Phanix 然只一时之事业。今考其事迹：其第一著，为美陆乌易耶之团体，有百四十五人之会员，二千三百野科陆之土地，设立列利陆主义之共同组合。然以管理之不充分，设立后仅二年而遂失败；次之，则为 1843 年，意野希陆兹之贺马乌斯之团体继兴，初仅十二人之会员，与八千弗之资金。至翌年，增加会员至七十七人，资金之额，至二万八千弗，遂呈一绝大之现象。自后经十二年，为火灾而销尽。以 1855 年，乃遂告终。其余同样之共产的组织之团体，一时甚伙，皆未能达其目的，仅为宗教的组织之共产党。其余既归于失败，于是美国之共产主义，其势力愈渐衰微。

共产团体其续现出于亚美利加者，为社会主义之分派，如马克斯派，即社会民主派是也。扰乱欧洲之天地，煽扬革命之势焰。至1848年，乃始归于稳静，于是社会主义，超大洋而渡至美国者甚多，就中以德人乌依陆卫陆磨乌依托利科为其先导。彼等于其本国之间，唱道共产主义，有“德意志共产党之父”之名。自移于美国，又倡导民主主义，又称为“美国社会民主主义之父祖”，于纽约而组织劳动者之同盟，得伊科沙科可兹等之助力，故得继续其运动。至中途而变其目的，委身于器械之发明天文学之研究，而其持说之社会主义，则全放弃之。其后体育的同盟会既兴，又唱社会主义，与纽约卫陆兹贺阿等相会合，规共定规约与精神之修养，及身体之修养。其格言有“聪明之精神住于壮健之身体”云。盖求适应之方法，以促身心之发达，为其目的。此团体者，虽因其内讧而分为二，然其势力，渐次遂集，以至南北之战争。当此战争之际，其会员之任兵役者，多至四割乃至五割以上。而其战争终局后，改名为北美体育同盟会，以改正其组织，而遵奉社会主义。不仅于其名义上，更进而于实事上，试讲究其问题。其规定之纲领曰：“为身心之发达与健全，以期真正之共和政体。依此理由，以企图社会宗教及政治上之改革，而成就德育智育之普及”云。其目的如此，可想而知矣。

1867年，拉沙列派之党与，于纽约而造一团体。此新团体者，与前此社会主义之团体相联合，而组织社会党。1896年，与国际的劳动者同盟会通其气脉，而传播其思想。自后自1870—1873年之顷，各种之团体续出，同时又有几多之同业组合，亦相联合，而为国际的同盟会。北美中央委员之一人，为三十万以上之会员之代表，系由同业组合之组织，与纽约劳动同盟会之出席。又国际同盟会欧洲中央议会之书记长兹幼陆兹野加利耶斯寄书于卑耶特陆卑耶开会之中国民劳动会，要求于沙陆开会之时，劳动会派遣委员而出席等，于是社会党派之运动，渐渐活泼，与欧、美两国之党员，互相呼应，以期党势之扩张。国际劳动会之势力，于美国一时，大向于盛运。然同盟会之运动，流于过激，自急进主义而移为无政府主义，遂显革命的社会党之本质。于是英、美二国之同业组合，遂脱国际的劳动会。

国际劳动会与同业组合，既相分离，其运动益涉于过激。1872年，欧洲之本部，移于纽约。其运动虽继续其盛，然自哈伊科之大会，分裂又生，此同盟自移于美国，党内又生内讧。社会党与无政府党之主义，常不相合。同盟之运命，日趋衰靡。又设种种之名称，开会于各所，前后凡四回。每度开会之期，两派之感情，益倾疏远。1882 年 12 月，希幼贺斯度至纽约而有所谋，又为一种之导火线。1883 年，无政府派会于卑斯卫陆科，社会党派集于卫陆渥贺亚，互相密议，然确执不相让，而卫陆渥贺亚之会，竟至排斥贺斯托而命其退会。1885 年，伦敦之暴徒既兴，无政府党派，反称扬其举动，而社会派则全然非难之，于是两派分离之行迹，乃更大显。无政府党派与国际的劳动同盟，虽别为一派之树立，而其组织甚杂，不能统一之。故以马克斯派之社会党，与国际同盟会相比，全然大异其趣。彼盖以轻举暴动扰乱社会之平和，集合一种狂躁无赖之徒，而成一无秩序之团体。

社会党既离无政府党，而新组织，乃称为劳民社会党。与德意志劳民社会党之主义相同，采用鄂他之宣言书，着力尽力，以扩张其党势。然其党员之多数，多为德意志之人民，其举动亦全出于德意志，而美人对之，感念颇薄，往往与粗暴过激之无政府党之举动而混视之。其党势之发达，未极其盛。1886 年，纽约市之社会党海利希幼兹为争市长之候补者，彼等从而援之，得六万有余之投票人。十七年，希幼兹，自自党而除去社会党，其结果又归于失败。1888 年，劳民党又推举纽约之市长，仅得二千之投票。自后此党派之势力，愈趋不振。其运动之方针，亦不能与同业组合相同。其党内之意见，内情因之分裂。1889 年 10 月 12 日，因兹加鄂而再组织新党派，广发表其宣言书，以明示其主义纲领。于是其党势乃渐振兴。美人之加入者，虽未见多，然亦非如昔日不睦之状况。其开会于兹加鄂也，自经济上与政治上之运动，决议而采两者一致之方针。自后美国之社会党，乃复尽力于其运动之问题，以诱导新同业组合之设立，且于此组合运动之外，因社会劳民党之孤立，又谋与同业组合而联合之，以期一致之运动，此乃必然之事情，其结果之机期必早现于社会。1890 年，于纽约州之社会党员之选举者，其数得一万三千三百人。至 1891 年，又得一万四千五百人以上。是年投票，而举自党之大统领候补者，得票数一万八千有余。皆其一例，其发达如此。

吾人兹于美国社会劳民党兹加鄂之大会所发表证正之宣言书之大要。揭载于左：

美国之社会劳民党者，于其总会，皆得凡人间之生活自由及幸福之权，全然确认之。

政府之目的，保公民之安全，使行以上之权利。其美国共和政体之创立者，皆为吾人所确认。然其制度有对生活自由及幸福等而有不公平者，则宁破坏的现社会，使人民于以上之权利充分而施行，亦吾人之所确信。

政治之真义，为政治机关之转运，以委托于全人民者。共和政体之创立者，皆为吾人所确认，而社会之发达，与生产机关之全部，亦为人民之所共者。然共和政体之下之政治机关，全依人民之转运，若生产机关，为少数者所专占。于经济社会而有专制组织设立之特权，现出一种之阶级。以政府之腐败，而公财公权及公职，亦为此阶级所蹂躏，于是人民之大权，遂归于此阶级之手中，吾人于正理，决不能认识。

加之共和政体之偏僻，遂变为富豪政治。劳民以自己之生涯，而不能拒富者之分取，使用自家之劳力，而不敌机械。加之赁银之制度，以夺生产之必要件，而且浪费人力及天然力，皆为富家政治之所主宰，而其连关之所发生，遂有暗愚与悲惨之二弊害。自赁银上而使人民为奴隶的拘束，永久无救援之期。故各种发明之学术，其目的专救妇女幼童而陷落于奴隶的境遇。而欲增进社会全般之幸福，盖以社会之组织如斯，故社会劳民党益觉以达自党之本旨为必要。吾人更再言之，凡生产上之天然的原料及劳动之机关，而为私有者，则其余之人民，皆为经济上之奴隶，政治上之服从者。此其一大深因也。

依以上之理由，而观察之：一面则趁社会进化之自然的趋势，与此危机之发生，促其运命之打破；其一面则依其余之妨组织之建设，与资本集合之倾向，为打破现在组织之好机，将不免逼迫而出此。

故吾人今以此无谋的生产，工业的争斗，社会的不秩序，而构成共动的民主政。要求各劳动者之劳动自由，发挥其才能，而获得其利益，且以近世充分文明之功价与人民而建设平民政治，以其手段而获得政治上之权利，得一大势力之作为，以企图人民一致之结合。于是更为改善劳动者之状态，吾人特表其于社会及政治上要求之数件于左：

（一）以生产进步之比例，以减少劳动之时间。

（二）凡铁道、运河、电信、电话及交通机关，皆为合众国政府所专有。

（三）凡地方之铁道、渡船用水工业，瓦斯、电气业等，独占之性质，皆为地方厅及市厅专有之事业。

（四）凡公共上之土地，禁止让与他人，又废共同团体及私人土地之赋与。

（五）依国家的组织，于地方之同业组合，而谋法律上之结合。

（六）货币发行之权，为合众国政府所独有。

（七）森林、水路之学理的监理，经国会之决议，依法律而禁止浪费地方之天然的财源。

（八）凡事业自何人而发明者，许其自由，且特别视其发明者，以表尊敬国民之意。

（九）赋课其所得及相续与累进的租税，于所得仅少者则免除之。

（十）十四岁以下之儿童教育，采强制法，且无谢仪。

（十一）凡关于贫民之食及徒党等，废除杂种之法律。

（十二）关于劳动之统计，官设统计局，禁使役学龄之儿童，禁坏乱健康及道德，与使役工业之妇女，废囚徒劳动者，以物品支拂赁银之制。

（十三）地方及中央，谓之为公厅，禁使役职业之劳动者。

（十四）凡劳银必以合众国政府之通货以支拂之。虽妇女子，服男子同样之劳役者，则必支拂同样之赁银。

（十五）关于身体及生命所设之保护法，（顾）［雇］主负担其充分之义务。

政治上之要求：

（一）人民所提出之法案，于重要之事件，且认议定其权利。

（二）废止中央地方及市之行政官之不认可权。

（三）凡选举行直接秘密之投票。不限人种、宗教及男女，皆与以普通平等之投票权。以法律上之休日，定为投票日。其当选之裁定，以此较之多额而决之。

（四）施合众全国一样之民刑两法。凡裁判，无手数料。且废死刑。

以上皆其所要求者。

亚美利加社会主义之发达，其系统皆自欧洲而起。然野度哇度及卫利兹幼陆兹等之唱道，纯然为社会主义的议论。又亚美利加之社会主义，如卫拉美之

《陆契科卫科哇度》，为社会小说中最有名之著述。先是，卫利兹幼陆兹其所自著《进步与贫困》盛唱自说，以单税主义而求社会之改良，于是亚美利加社会主义之风潮，遂成一派。当时国民党之名，突然而显。社会主义之团体，以国民与社会之本位，而唱道国家社会主义，以国际间交际之亲密，而谋未来之国家的联合。其目的则为亚美利加之进化的社会主义。其首领为卫拉美及科利等。

野度哇度卫拉美者，以 1849 年，生于马沙兹由希斯州之斯列利科列伊陆度，入由义契大学，学法律。大学卒业后，为杂志记者。又著数种之小说，就中以《陆契科卫科哇度》最著名。以小说而说社会主义，描写纪元二千年卑斯托希之社会。又著一种名为《由度卑耶》，此书于 1888 年，于美国始出版。其出版之部数，殆在五十万部之上。其余如俄、德、法各国，皆以欧洲各国之语而翻译之，于是卫拉美之名，为世人所熟知。其后创立国民党，遂为其首领。1891 年，发刊周刊之杂志，题为《新国民》。1891 年，以再刊之目的，一时废刊，乃于故乡之近方兹可卑渥陆，共其笔砚之友，以文字发挥其宗旨。其晚年所著一书，题为《野科利兹》，大显于世。然其脱稿未久，遂卧病，以 1898 年 5 月 22 日乃逝。

1891 年，卫拉美所发刊之杂志，题为《新国民》者，为国民党之机关，唱道组织进化的经济，向社会而论明其主义纲领。以 1894 年 1 月，乃废刊。国民党亦遂解散。

卫利兹幼陆兹者，美国社会主义派之骁将①。以 1839 年，生于卑拉持陆卑耶府。初为杂志记者，1871 年，共其同志发刊杂志，题为《桑港邮报》。同年，又著一书，题为《土地及土地政策》。1877 年，又公刊其著述《进步与贫困》，名声渐显。社会党中欢迎彼之说者甚多。盖此书以彼之自说，以公论社会主义，于经济学上之学理。虽间有异论者，而笔力勇健，意义明晰，纵横排奡②。以摘出社会里面之弊事，尽资本主之横暴之状，为劳民而叫其不幸，论驳经济学者之学说，以树自家之新说，以大警醒世人，为社会主义中最特出之著述之一种。故其议论，虽或蒙世人之反驳，而同时热诚心服者，其同志之士，随处而有，不独美国。即南洋诸州，其师事于彼者亦甚多，其势力渐渐扩布于劳民之间，

① 骁（xiāo）将：指勇猛善战的将军。

② 排奡（ào）：刚劲有力，豪宕。唐韩愈《荐士》诗："横空盘硬语，妥贴力排奡。"

遂为社会党中所特重。

《进步与贫困》者，起笔即为社会问题之发生，随世界文明之进步，以讲究社会问题发生之原因。次则论资本与赁银之关系，与主张现时之经济学者，论难赁则之定则，更论人口力辩人口趋加论之妄。其论述社会改良之方法，讲究租税之原则，以述自己之主张。以唯一之土地，而唱道有名之单税论。其言曰：国家公共之收入，其最良之租税者，必依其适当之条项，如下所述者：

（一）以一般财产之增殖力，则障害之度最少。

（二）征集之法简易。

（三）收入之确实。

（四）以对社会一般之不公平而调其弊是也。

而其第一之条项，则谓以生产之方法而课税，如征集制造贸易资本及改良事业等之租税，恐其减少富者之培殖力，必宜排斥之。然今日各国之政府，以是等为税源者居多。又其课税有专占权之力，其发见于各国者亦多。然其专占权，有数种之别，其例如服权之特许权，为限于一时之专占权，如土地铁道等为永久之专占权。而前者之专占权，若发明社会之利弊，受著作之报酬，故以特权赋与彼等。

而课税其有害与不正者，又如铁道、邮便、电信事业等，为国家之所有，则暂措之。故课税土地之专占权者，为最适当之方法。何以故？如铁道、瓦斯及其余特许的性质之诸事业，有一部专占的价格者，则其一部，必用资本与劳力之制作，而定正当之价格。而为土地之价格（原注：即地代），其上则一为资本，一为劳力，质而言之，以人间之力，而定制出之价格是也。

然此价格之课税，其率若在地代以上之上，则又恐其生产力之减少，与产业社会之衰退，故第一条之条项，必以谋税土地之专占权，为最适当之税则。其第二之条项，则说明土地与税源适当之理。盖土地之性质，不能隐蔽与携带之。一度确定其税率，则多年不得而变更，故租税之征集，颇为容易，故土地因之而得确实之收入。其第三之条项，亦以租税之原则上，为必要之要件。于土地赋课之租税，虽有不确定之弊，然与课税其余之动产物之租税相比较，其确实之度，则不可同年而语。而最后之要件，其对社会一般的必剂于公平，故于税则之确定，为必要之条件，当时又为至难之问题。

然于此点，亦必以土地课税之方法，为最得其当。何以故？盖此等之租税，社会享有过大特权之利益，而归人人之负担。盖土地者，为社会一般之需要，故必增加其价格。而土地价格之所以增加者，必赖社会一般之力，决非一人一个之力。故以其腾上之价格，而充租税，以供国家公共之用，为最正当且公平之处置。以以上之诸论而推测之，则选择税源者，其最适当之方法。惟天下唯一之土地，而征集土地所得之地代，为国家充分之国费，而国家即以此充分之岁入，则其余几多之租税，则不难概废止之云。

以上乃彼所唱道单税主义之大要。自来单税主义者，为社会主义中之一分派。1887 年，单税论者之一团，遂与社会党而分离。盖单税论者，如社会主义所主张资本及土地之国有。其说曰："夫社会贫富之悬隔太甚，而下层之贱民所以日赴困乏者，自自然之趋势而来，因反抗其自然，而遂生现象，故社会亟宜变更是等之组织，而其税源与几多之物品，非限于惟一之土地之一事，不能达其目的。是即劳动者之利益，而亦地主之利益"云。

1884 年，兹幼陆兹又著一书，题为《社会问题》，痛论社会现时之积弊，曰：

> 社会虽日有长足之进步，而个人之富厚，亦逐月而蓄积之。然是不过社会一部之现象，而是文明等之里面发见几多悲惨之实事。而多数之劳民，因其生产之机关与其原料，不能自给，而不能谋独立之生计，不得不托生于资本家，以谋一身自活之资。岂非社会组织之一大弊事乎？社会之状态，既已如斯，于是劳动者一身之权利，虽曰自由平等，此等之自由平等，岂足以救彼等乎？
>
> 譬而言之，如导人而置之于四面淼淼之太平洋中，而曰汝有自由平等之权利，从自己之所好，以自达于自由之陆地。吾人为救护之义务，为诱导之责任，是岂为救护诱导之道乎？呜呼！是导人以陷于死地，为残忍之最者。而社会现时之状态，是殆类之。劳动者之于世，土地既归个人之所有，而生产之机关，亦不许其使用，而彼等名为自由自主之人，从自己之所好，以誓自由生计之权，是无异掷彼等于大洋中，而空言救护与诱导，则早晚将有溺死之不幸。而今日之解释社会问题者，其救济是等不幸之人，

名为救其溺死，除其困厄，而终不能得其安息也。呜呼！试一侧观社会里面之真像，睹其悲况，谁不寒心哉！

1881 年，兹幼陆兹为讲究社会问题，而访爱兰士。1882 年，乃著《爱兰士土地之问题》。1883 年，又航英国，为其地之社会运动之势援，一时遂受教唆[①]之嫌疑，将受留系，因科拉度斯托而得赦免。1889 年，为纽约市长之候补者，以剧烈之竞争，得六万八千之投票，遂为合众党候补者所制。1887 年，又推为劳民党之总务委员。彼虽致力于社会党，然为单税论与纯正社会主义，故意见时相冲突。于是彼之议论，渐与社会党而叛离。既而单税论者与社会党分裂，彼又共合众党而唱自由贸易论。

1883 年，又著一书，题为《自由贸易乎？保护贸易乎?》，以论国费之支办，自土地征收租税以充之。依单税主义之议论，主张保护税之废止。1890 年，又游澳大利亚，诸州之人民，皆大欢迎，而听其说。南洲诸州，信奉彼说者亦甚多，遂自桑港，因土地问题，而开数回之演说。1884 年，又著《土地所有论》。1897 年，再为纽约市长之候补者，为争其胜败，于各所而试其演说，其运动甚为勤勉。突为病魔所冒，是年 10 月 29 日，遂溘然[②]而逝。

以上于亚美利加[③]社会主义者之议论，并其党派之运动，既已叙述之，而社会主义之思想，于亚美利加如何流布于社会，则不容不观察，然必区别之为二种：其一则流布于同业组合间，其一则学者所讲究之社会主义，是也。而学者间之社会主义者，则采德意志国家社会主义，如哇科渥陆、洛希陆等之学说，为此社会所尊敬。而亚他摩斯、野陆卫陆斯、西摩斯、可贺斯等，皆为其铮铮者，而彼等之学说，虽云社会主义，而纯然与社会主义大异其趣，其对事物有天然的专占之性质，与其余之社会主义者不同。又如国家虽唱道地方公厅之独占，又与其余之社会主义，以土地资本之两者并主张为国有者亦异。然依彼等论定之学理，非认独占事业之私人的专为，而唱道国家事业之设立，其对社会主义，以打破各人之偏见，为社会主义之功能，乃其目的也。

---

① 教唆（suō）：通过诱导唆使别人做坏事。

② 溘（kè）然：忽然，突然。

③ 亚美利加：即美洲。位于西半球，太平洋东岸、大西洋西岸。自然地理分为北美洲、中美洲和南美洲。

加之美国社会主义之议论，其能实行而有至效者，不一而足。如公立学校、书籍会馆、国立大学、病院、市卫生规则、劳动事务局、制造条例等，其数不胜枚举。

要之，亚美利加之社会主义，既各种之党派所唱道，于其党派以外，亦有隐然发达之机，纯然对自由任放之制，而加几多之限制与约束，时或设条例以保护产业，而庇荫①劳动者。以大资本家之多数，独占交通机关之大部，与大制造所而振其主权，于是劳民之数，益益增加，而资本集中之势力，未能全然遮断。然因制造工业之发达，日益隆盛，而劳动者之需要，亦从而日增。因生存竞争，遂惹起悲惨之局，劳民相互而愈苦恼，加以并无新开百里之沃土，无处而求遗利，故其生活之资因之愈苦。故社会的悲惨之状况，未有甚于此者。然既脱欧洲诸国之竞争场里，而移住于此新开国，其数既每年而日增，与本国之人口增加以相俟②，其繁殖之度，亦极其速。今摘其近五十年间，其人口增加之比例，表示于左：

年次	人口（人）	移住民（人）	人口增加之割合
1840	17069453	599125	3267
1850	23191876	1713251	3587
1860	31433321	2579580	3558
1870	38558371	2278425	2263
1880	50155783	2812191	3008
1890	62622250	5246613	3486

人口之增殖，虽直为社会问题发生之意味，而人口之增加，实自都府之膨胀而来。而都府之膨胀，往往自贫富之冲突，遂为劳动问题之发生，而为增大社会党势力之机，实可断言者也。以基督教之救义，而解释社会之问题，以救贫富之冲突。如欧洲诸国者，又发生于亚美利加。自国民党之兴，共为其组织之发表，依列利斯等之首唱，各教会盛传其意，以劝诱共同之运动，会复行机关杂志，以传布其主意。设立之日虽浅，而其势力，未极旺盛，尚未有大惹社会之耳目者，

① 庇荫：遮挡阳光的树木等。保护，庇护。提供财力、物力或势力以保护后代子孙。

② 俟（sì）：等待。

故于今日此派之社会主义，虽存在于亚美利加，而无一事之可记述。然此种之学说，就其书册而讲究之者，不乏其人。此派之党员中，皆尽力以求自党之扩张，以试活泼之运动。他日而于社会能占巩固之地步，果为社会的最有势力之团体，亦未可知。且亚美利加之国势，今尚骎骎[①]示进步之趋势，其商工业，遥遥凌驾[②]于欧洲诸国之上，社会问题，从而发生者亦甚多。他日是等数多之党派，以解释社会之问题，振大手腕，以求进步之大业，是亦未可限量者也。

（根据广智书局 1903 年 2 月 22 日出版《近世社会主义》整理；参酌上海时代书店 1927 年 6 月版《近世社会主义》校订。）

---

① 骎骎（qīn）：逐渐。

② 凌驾：超越，压倒。

《近世社会主义》附录

第一　社会主义及其党与之重要诸件表

其一　英国

洛卫度契野从事于意野拉耶科纺绩会社之纺绩事业	1800 年
沙洛卫托卑陆初提出《制造条例》	1802 年
禁买卖奴隶之制	1807 年
废止以裁判规定赁银之法律	1813 年
契野组织社会主义的社会提出其考案于议会	1817 年
列拉希斯列陆斯及希幼西耶卑陆摩之集合	1824 年
废止法律	1832 年
第一回改正选举法	1834 年
新贫民救助法之成	1835 年
国民的大同业组合兴	1835 年
希野之全国民之全种族之团体成初使用社会主义之文字	1846 年
废止《谷物条例》	1847 年
十时间条例之案出	1848 年
耶酥教的社会党与美隆著《经济原论》	1853 年
机关夫之同盟	1860 年
第一回伦敦同业者之开会议	1864 年
伦敦国际的同盟兴时 9 月 28 日	1867 年
马克斯著《资本论》——第二回选举法之改正	1871 年
同案组合之组织完成	1874 年
国会初用劳动者之代议七	1877 年

耶稣教的社会党希度马西耶生 1881年
卫利希幼陆兹至英国 1883年
社会民主的同盟成列卑耶利沙伊兹生 1885年
社会党同盟形成 1888年
地方会议法案出 1889年
船渠劳动者之同盟罢工 1890年
新同盟渐次扩张 1892年
独立劳动会生 1893年
同业组合会议开而制于保守说之多数 1894年
《劳动之调查委员之报告》出书

其二　法兰西

革命终 1799年
拿破仑登帝位 1804年
列利陆著《四种运动之原则》出版 1808年
沙希贺著《制度职业》 1817年
沙希贺新《耶酥教论》出版 1825年
沙希贺讲演其学说 1828年
卫沙由捌兹与那意陆贺他纠合同志，会于巴黎，时7月 1830年
革命再兴，拉那耶著《未来记》 1839年
列沙契兴一揆 1840年
列陆托著《财产者何也》 1840年
列拉之《劳动组织论》、加卫之《伊加利加》出版

革命既兴，宣言要求共和政体，设立社会党国民工场，列拉谋倒政府，国民工场告成功 1848年

拿破仑三世再建帝国 1851年
劳动者之同盟与国际的劳动者同盟形成 1864年
巴黎共产党兴，可托度马著《旧教社会主义》出版 1871年
《法国社会党之宣言书》出版 1876年
科度归巴黎唱道社会主义 1879年

大赦一揆	1880 年
哈卫陆之会合社会党与无政府党分裂	1882 年
列陆斯结合自己之党派	1883 年
《无政府党骚记》	1887 年
劳动者之代表者集于巴黎	1889 年
社会党得 91000 票	1891 年
社会党得 549000 票	1893 年
社会党得 900000 票	1894 年
无政府党弑其大统领加陆耶——出镇压法	1842 年

其三　日耳曼

马克斯著《列意兹野加希特》出版，洛托卫陆他斯辅之	
马克斯之《新列意兹野加希特》出版，——拉沙列揭角于兹希度陆卜——契托列陆之基督教的社会党与——劳动者会合于列拉科贺陆托——革命再兴	1848 年
希陆野特利兹野之信用组合成	1850 年
拉沙列为劳动者演说于柏林，时 4 月 12 日	1862 年
日耳曼组织国际的劳动者同盟	1863 年
拉沙列逝时 8 月 31 日	1864 年
组织社会民主劳民党	1869 年
社会党得 124655 票——建设日耳曼帝国	1871 年
阿伊希耶科会合讲坛社会党	1872 年
会合于砻他马克斯派与拉沙列派合同	1875 年
新托科隆之基督教的国家社会主义兴	1877 年
社会党镇压令出——社会党得 437158 票	1878 年
灾害保险法成——社会党得 311961 票	1881 年
疾病保险成	1883 年
社会党得 649900 票	1884 年
社会党得 763128 票	1887 年
老者及不具者之保险法成	1889 年

社会党镇压令之废止——社会党得1427298票——卑斯马克之退隐——工场法之改正成 1890年

军事费未就议会纷乱——社会党得1876738票 1893年

其四 亚美利加

契野组织意野哈贺意之团体 1824年

亚马耶之团体兴 1842年

列利陆派之会合 1844年

第一回之国际的职工会议开会 1845年

契渥伊他之团体兴 1847年

内乱兴 1867年

内乱治 1865年

国民的劳动党之组织 1866年

奴隶开放时1月1日——国际的劳动者同盟输入于欧洲 1867年

贺施托之八时间同盟兴 1879年

国际的劳动者同盟之本部移纽约 1872年

社会主义之劳动同盟成——铁道工人之大同盟罢工 1877年

劳动者同盟之第一总会 1888年

无政府党与社会党之分离 1883年

单税论者与社会党分离 1887年

基督教的社会党兴 1888年

人民党之结党 1890年

其五 其余诸国

伦敦共产党之同盟兴 1847年

马克斯、恩格尔斯自扑陆斯陆寄赠共产党之宣言书 1848年

国际的劳动者同盟开第一总会于西渥卫 1866年

开第二总会于鄀沙 1867年

开第三总会于列陆西陆斯 1868年

开第四总会于卫沙陆 1869年

豫定开第五总会于巴黎为普法之战争而止 1870年

开第五总会于哈伊科——无政府党与社会党分离 1872年

社会党会合于可卫海契 1883年

西班牙之社会民主党成 1883年

白耳义之社会民主党成 1885年

瑞西之社会民主党成 1887年

瑞西选定劳动书记官——墺大利（奥地利）之社会党会合于海列陆度——开国际会议 1888年

开国际会议于巴黎——社会党会合于瑞典 1889年

墺大利之大同盟会 1890年

白耳义开社会主义之国际的会合 1891年

社会主义之国际的会合于斯利兹——白耳义为得普通选举而同盟罢工 1893年

意大利镇压社会主义的团体——无政府党员杀西班牙之首相 1895年

无政府党员杀墺大利之皇后——意大利首唱镇压无政府党要求于国际会议 1898年

（此表附于列利斯氏所著《社会主义提要》之末，参酌取舍而编纂之）

第二　重要参考书目

科乌那氏《卑斯马克与国家社会主义》（Dawson's *Bismark and State - Socialism*）

科乌那氏《不当利益之增加》（*Unearned Increment*）

列利斯氏《社会主义提要》（Bliss's *Handbook of Socialism*）

瓜加列氏《社会主义历史》（Kirkup's *History of Socialism*）

野利氏《经济学绪论》（Ely's *Political Economy*）

野利氏《近世法德之社会主义》（*French and German Socialism in Modern Times*）

海利兹幼陆兹氏《进步与贫困》（H. George's *Progress and Poverty*）

海利兹幼陆兹氏《社会问题》（*Social Problem*）

马克斯氏《资本论》（Marx's *Capital*）

希耶列陆氏《社会主义之本质》(Sahaffle's *Quintessence of Socialism*)

希耶列陆氏《社会共和主义不可行论》(*Impossibility of Social Democracy*)

希耶列陆氏《劳动保护之理论及政策》(*Labour Protection*)

斯他列斯氏《土地及劳动者》(Stuss' *Land and Labour*)

美暂陆列陆氏《近代政治史》(Muller's *Political History of Recent Time*)

乌列斯氏《土地国有论》(Wallace's *Land Nationalisation*)

乌希氏《英国之社会的运动》(Wood's *England Social Movement*)

乌野兹列氏《英国之社会主义》(Webb's *Socialism in England*)

科乌那氏《德意志社会主义与拉沙列》(Dawson's *German Sociailsm and Ferdinand Lassalle*)

(原注:其外尚有多数,今省之不列)

广智书局《近世社会主义》出版广告

（1903 年 3 月）

本书关系于中国前途者有二端：一为中国后日日进于文明，则工业之发达不可限量，而劳动者之问题太难解释，此书言欧、美各国劳动问题之解释最详，可为他日之鉴法；一为中国之组织党派者，当此幼稚时代，宗旨混淆，目的纷杂，每每误入于歧途，而社会党与无政府党尤在疑似之间，易淆耳目，如社会党本世界所欢迎，而无政府党乃世界所嫌恶，混而一之，贻祸匪浅，是书析之最详，俾言党派者知有所择。即此二端，此书之价值可知，有志者请急先睹。

《新民丛报》第 27 号等插页

（1903 年 3 月）

二十世纪之怪物帝国主义

[日] 幸德秋水 原著
赵必振 译
梁颂成 辑注

前 言

《二十世纪之怪物帝国主义》，又称《帝国主义：二十世纪的幽灵》，日本土佐幸德秋水著，1901 年 4 月出版。1902 年 8 月，该书由赵必振翻译成中文，由上海广智书局印行，约五万字。书前有吴保初作的《序》，吴保初（1869—1913），字彦复，号君遂，晚号瘿公，庐江县沙湖山人。淮军将领、广东水师提督吴长庆之子，与陈三立、谭嗣同、丁惠康等赞同维新，时人称为“清末四公子”。当好友赵必振译完此书请他作序时，他热情地呼吁：“余愿与有国家观念者，一读此书也。”1925 年，经曹聚仁重新标点，于 1927 年再次出版，改书名为《帝国主义》。此次出版去掉了吴《序》，但他本人写了一则相当于序的《与读者》。在《与读者》中，他不无深情地对原作者和译者的独到眼光表示了由衷的佩服：“像这么伟大的著作，说是不能引起读者热烈的同情，不能鼓舞读者的注意力，这是断然不会的！”此次整理，这些序言我们一并保存，以见此书在历史发展过程中的真实情景。

本书原作者幸德秋水（1871 年 11 月 5 日—1911 年 1 月 24 日），本名传次郎，生于日本土佐幡多郡中村（今日本四国岛高知县幡多郡中村町）。书的封面作者署名前的“土佐”，就是其籍贯“高知县”。他是幸德笃明、多治子夫妇的第三个儿子，也是五个兄弟姐妹中最小的，故取名传次郎（因长子早逝，三儿子便被叫作传次郎）。22 岁那年，他的老师——被誉为东洋“卢梭”、被章太炎称为“东方师表”的中江兆民（1847—1901 年，日本明治时期自由民权运动的理论家、政治家、唯物主义哲学家、汉学家）把自己取自《庄子 · 秋水》篇“秋水时至，百川灌河”中的“秋水”这个号，转给了他，于是他便成了“幸德秋水”。

幸德秋水家的祖先据说是京都的朝臣，又说是阴阳师（风水先生），也有考证说他家祖上做过医生。后来不知何时移居土佐中村，作为经营批发药材和造酒业的商家而逐渐昌盛。到他出生时，家境已经衰落。未满周岁，他的父亲因病去世。兄妹四人，靠母亲坚强能干而被养育成人。幸德秋水小时候体弱多病，肠胃的疾痛让他终生受苦，晚年甚至被诊断出肠结核。他自幼十分聪慧，五岁开始上小学，并连跳两级，十岁进入当地高知中学中村分校。八岁时曾为祖母60岁诞辰写过一首诗："贺寿筵开六十春，满堂近客酒千巡。凤雏绕膝相传称，谁似侃母绿发新。"于是他被誉为"幡多神童""幡多奇童"。

1886年，原自由党著名总裁板垣退助走访了幸德秋水的家乡中村，15岁的他被安排出席宴会并朗读《欢迎坂垣先生祝辞》。1887年9月，他离家出走，投奔东京原自由党活动家林有造门下充任书童，并进入以"文明开化"为象征的英学私塾。不到四个月，因触犯伊藤内阁的所谓"保安条例"，和当时570多名政治活动家一起被逐出东京。回到家乡以后，他受到亲友的冷落和斥责。翌年，落魄的幸德秋水想到中国去，可是走到宇和岛时，却因路费无着落而返回。1888年11月，他第三次出走，在大阪经人介绍，拜《东云新闻》的中江兆民（1847—1901）为师，并同他一起生活。自此，他们师生结下了极为亲密的友情。资产阶级自由民权运动家、理论权威中江兆民对幸德秋水产生了极大的影响。从此，幸德秋水做过编辑、记者以及撰稿人，一生和新闻事业结下了不解之缘。

1893年9月，幸德秋水参加了板垣退助为社长的"自由新闻社"，1895年又在广岛参加"广岛新闻社"，同年在东京参加"中央新闻社"，1898年又参加了"万朝报社"。1901年4月，他的《二十世纪之怪物帝国主义》出版。这部研究帝国主义的著作，比霍布逊（1902）和列宁（1916）等人都先走了一步。书的内容着重批判资本主义列强的帝国主义政策，指出其结果必然导致帝国主义战争，使大多数人民遭受灾难。救治的办法，则只有实行社会主义。同时，书中又尖锐地指出，盲目的"爱国心"是统治阶级用来达到他们野心的一种手段，这在当时的日本，作为意识形态论是富有独特见解和预见性的。这年5月，他和片山潜、安部矶雄、木下尚江、河上清、西川光次郎等六人，宣布创立日本最初的社会主义政党——社会民主党，不久被当局勒令解散。其后，他出版了《社会主义神髓》（1903），标志着20世纪初叶日本社会主义理论所能达的最高水平。

1904 年日俄战争爆发，幸德秋水立即投身到反战斗争。不久，为纪念《平民新闻》发刊一周年，他发表了与堺利彦合译的《共产党宣言》。1905 年 11 月 29 日，他乘“伊予丸号”去美国旅行。约半年时间，他在西雅图、旧金山、奥克兰、巴克勒等地，和先前片山潜建立起来的留美日人中的社会主义者接触，积极参加演说会、研究会等活动。即将回国的 1906 年 6 月 1 日，在奥克兰召集岩佐作太郎、冈繁树等旅美日本社会主义者五十多人，组成了社会革命党。纲领由幸德秋水起草。他去美国访问约半年，同一些国家的无政府主义者接触，无政府主义思想有所发展。6 月底回到日本，在社会党的演说会上，他作了题为《世界革命的潮流》的演说，并发表《我的思想变化》一文，公开表明自己思想的转变。1909 年，他创刊《自由思想》，但出版到第 2 号便被禁止发行了。

1910 年 5 月 25 日，桂太郎内阁以阴谋暗杀天皇的罪名，对从 1908 年以来同幸德秋水有过接触的几乎全部社会主义者、无政府主义者 26 人提起诉讼，捏造事实，构成所谓“大逆事件”。被捕之后，他在狱中写了《论暴力革命书》。大审院经过一审即终审的特别审判，于 1911 年 1 月 18 日判处幸德秋水等 24 人死刑（其中 12 人在翌日便以天皇的名义减为无期徒刑），两人为有期徒刑。只过了六天，即 1 月 24 日清晨，幸德秋水就被执行了绞刑，年仅 40 岁。遇害前他留下绝笔：“区区成败且休论，千秋唯应意气存。如是而生如是死，罪人又觉布衣尊。”幸德秋水从一个自由民权主义者，到一个社会主义思想家以及无政府主义者，他的一生是追求进步的一生，是探寻革命的一生。

《二十世纪之怪物帝国主义》从 1901 年 4 月的日文初版，到 1902 年 8 月的中文初版，其间才一年多一点，可见翻译者赵必振对该书反映的迅速。该书抨击帝国主义为了少数人的欲望，掠夺多数人的福利，野蛮阻碍科学进步，是破坏人类自由平等、社会正义道德与世界文明的“蟊贼”，主张“世界的大革命运动”，应变少数人的国家为多数人的国家，变资本家横暴的社会为“劳动者共有之社会”，以“科学的社会主义”灭亡野蛮的军国主义。这里虽未明言“科学的社会主义”究为何指，然而从它主张通过“革命”手段来实现“劳动者共有”的社会看，应是受到了马克思社会主义的影响，并较早地将“科学的社会主义”概念介绍到中国。

总之，该书从世界范围看问题，把矛头直截指向帝国主义，在当时的确显示了作者的勇气，亦显示了译者的识见和魄力。因为这被称为“中国第一部”

分析批判帝国主义的译著，翻译出版在当时是要承担风险的。该书问世不久，便遭到了清政府查禁。直到 1927 年，上海的报人曹聚仁将这部译作重新标点出版时，仍不禁慨叹，早在 25 年之前，中国学术界已有人译述“这么伟大”的读物，“真可使我们现在人十分惭愧。”（见重印本的卷首语《与读者》）

此外，1902 年的本书初版，列有“目录”，但在正文中却以眉批形式出现。可见这并非原文所有，而是译者赵必振边读边译时的心得体会。这些内容，在后来的曹聚仁的标点本中被完全删去。此次整理，恢复初本格局，将原有眉批作为层次题目编进，以助阅读。原书中编在书前的书评，全部移在书后，作为附录。特此说明。

与读者

曹聚仁[①]

像这么伟大的著作，说是不能引起读者热烈的同情，不能鼓舞读者的注意力，这是断然不会的！

在二十五年前，中国学术界已有人来译述这一类的读物，真可使我们现在人十分惭愧！可是这本书在那时思想界不曾有过什么影响，虽然它本身这么伟大。二十五年来，这本书早已在一般人记忆线之外了！

这一回，我把它标点一回，再叫它和读者相见，也不知一般人会注意到它否？这可用以考查二十五年来学术界知识之进步，测量一般人思想之进步了！假使这本书的确能和思想发生关涉，在思想界能引起一些波澜，这一回的印行，总算是不辜负了。否则，我想将来总有一天会再有机会来和读者相见！

“二十五年前”，读者看了这话，一定以为这是十分陈旧的了！不，决不！幸德秋水所说的话，不但依然有“时效”；并且，三十年间历史故实的证明，更觉得他的话是可宝贵的真理！他所痛心的，在现在已一一成为事实；他所期望于世人的，世人依然不曾觉醒而沉醉于恶梦中；他那时所感到的苦痛，在现在只有增加；他那时社会的不安，在现在也日甚一日；总之，他的话在现在仍是对症的良药！

---

① 曹聚仁（1900—1972），浙江兰溪人。毕业于浙江第一师范。民国著名记者、作家。1922 年到上海，任教于爱国女中、暨南大学、复旦大学等。曾主编《涛声》《芒种》等杂志。抗战爆发后，任战地记者，曾报道淞沪战役、台儿庄之捷。1950 年赴香港，任新加坡《南洋商报》驻港特派记者。20 世纪 50 年代后期，主办《循环日报》《正午报》等。著有《中国学术思想史随笔》《万里行记》《现代中国通鉴》等。曾奔走于北京—香港—台北之间，力促第三次国共合作。1972 年 7 月 23 日在澳门逝世，周恩来总理称赞他为“爱国人士”，并指示让他“叶落归根”，葬于上海福寿园。

《二十世纪之怪物帝国主义》序

吴保初[①]

咄咄哉！二十世纪之怪物；岌岌哉！二十世纪之帝国主义也。自十八九世纪以来，法儒卢梭氏《民约论》[②] 出，首倡天赋人权[③]之说，谓国家由契约而成。蒙的斯鸠氏《万法精理》[④] 出，始创三权鼎立[⑤]之法。于是欧陆风潮，为之一变，此百年中欧力之所以内充者，虽谓其受卢氏蒙氏之赐可也。

---

① 吴保初（1869—1913），字彦复，号君遂，晚号瘿公。庐江县沙湖山人，淮军将领、广东水师提督吴长庆之子。光绪二十一年（1895）补授刑部山东司主事，二十三年（1897）鉴于甲午战败，上《陈时事疏》“以亡国之说，告之于皇上”，冀其“怵危亡”而“谋富强”。变法失败之后，谭嗣同等就义，他写《哭六君子》诗并“为亡人讼冤”。三十一年（1905）东渡日本，舟过玄海滩时，有“舟人那识伤心地，遥指前程是马关”之句，忧伤国事。在上海《苏报》案中，保护过入狱的章太炎。后患中风，手足偏废。著有《北山楼诗词文集》。

② 卢梭氏：让-雅克·卢梭（1712年6月28日—1778年7月2日），瑞士裔法国伟大的启蒙思想家、哲学家、教育家、文学家，是18世纪法国大革命的思想先驱、杰出的民主政论家和浪漫主义文学流派的开创者、启蒙运动最卓越的代表人物之一。《民约论》，今译为《社会契约论》，全名《社会契约论或政治权利原理》，卢梭写于1762年。其中主权在民的思想，是现代民主制度的基石，深刻地影响了逐步废除欧洲君主绝对权力的运动，以及18世纪末北美殖民地摆脱英帝国统治、建立民主制度的斗争。

③ 天赋人权：即自然权利，中文习惯译为天赋人权，指自然界生物普遍固有的权利，并不限于由法律或信仰来赋予。

④ 蒙的斯鸠氏：孟德斯鸠（1689年1月18日—1755年2月），18世纪法国启蒙时代的著名思想家，近代欧洲国家较早并系统研究古代东方社会与法律文化的学者。《万法精理》，旧译《法意》，今译为《论法的精神》，奠定了近代西方政治与法律理论的基础。

⑤ 三权鼎立：三权分立，即为行政、司法、立法三大政府机构共同存在，地位平等且互相制衡的政治制度。最早由17世纪英国著名政治学家洛克提出，后来被法国孟德斯鸠诠释为行政、司法、立法三权分立的形式，解决了在该种政治制度下可能出现的部分问题。

亘百数十年，十三州[①]之独立，盖实行其主义。迨德儒伯伦[②]知理国家学出，深驳民约论，而主强权之说，于是欧陆之风潮又一变，此实帝国主义之玉佩琼琚也。伯氏谓权由天赋，犹未合乎人道之极则，而终盩[③]于物竞之公理，则强权之说尚焉矣。

夫充于内者，必溢于外。故民族结合，遂有十三州独立之结果；民力膨胀，遂逞二十世纪之现象。虽美利坚[④]向守其们罗主义者，今且不得不改其方针，势使然也。然则欧力之所以东渐，而享世界文明之幸福者，虽谓其受卢氏蒙氏伯氏诸限止赐，亦未为不可也。此自东方闭化守旧之国视之，一闻卢氏之说，方且骇顾却走，目瞪舌挢[⑤]而不敢言。而孰知在我为得未曾有，在彼已吐弃而不屑[⑥]道矣。于以见欧人进化之速，殆不可几及！

中国号称老大[⑦]帝国，然并无所谓主义。即不然，帝自为帝，国自为国，适成其所谓个人主义，寡人政体。故一朝一姓之兴亡，不关于社会之进化，且阏扼[⑧]之而（涂）［荼］毒[⑨]焉。苟读中国历史者，类能辨之。夫积民成国，民族发达，而后其国始强。未有民族雕瘵[⑩]，而可立国者。况处于竞争最烈之世界乎？所谓民族帝国主义者，殆民族强盛，内力外溢代表之名词也。

吾友赵曰生氏译此书毕，属［嘱］序于余。余尝闻诸观微之君子矣！或谓

---

① 十三州：北美十三州。美国独立前，从1607年到1733年，英国在北美洲东部殖民地的总称，通称“十三州”。即弗吉尼亚、马萨诸塞、康涅狄格、北卡罗来纳、南卡罗来纳、特拉华、纽约、新罕布什尔、马里兰、新泽西、罗得岛、宾夕法尼亚、乔治亚。

② 伯伦：德国政治学家。梁启超逐步认同并接受伯伦知理的国家论，评价：“伯氏立于19世纪，而为二十世纪之母。自伯氏出，然后定国家之界说，知国家之性质、精神、作用为何物，于是国家主义乃大兴于世。”

③ 盩（zhōu）：乖，悖。

④ 美利坚：美国。18世纪前，英国在北美大西洋沿岸陆续建立了13个殖民地，当时称为北美13州联合殖民地。1775年，这些殖民地人民发动了反对英国殖民统治的独立战争。1776年7月4日，殖民地人民发表独立宣言，宣布成立美利坚合众国。1787年，在美国宪法中正式肯定了这一名称。

⑤ 目瞪舌挢（jiǎo）：即目瞪口呆。梁启超《尺素五十纸》：“美国某华文报主笔，有自署太平洋客者，新著一书，名曰《新广东》，登诸报中，凡三十一续乃完，实可称近日文界一奇作，鄙人自问胆量颇不小，读之犹目瞪舌挢。”

⑥ 不屑：认为不值得，轻视。

⑦ 老大：古老。老舍《四世同堂》四一：“因为他的话是一个老大的国家想用反抗的精神，一下子返老还童，也就必定被富善先生视为梦想。”

⑧ 阏扼（è è）：阏遏，阻塞。

⑨ 荼毒：比喻毒害，残害。

⑩ 雕瘵（diāo zhài）：凋残病困。

此义最不宜于今日之中国。诚哉其不宜，但不能不予以一审其目的之所在耳。兵家有云：知彼知己，百战百胜。今吾且懵于自知，而遽欲与人决战，焉得[1]不日就危亡，若迅风之扫败叶。吾国不欲自强则已，苟欲[2]自强，则非致力于所谓民族主义不为功。不然，虽有追风之骥[3]，逐电之辀[4]，亦望尘莫及[5]已耳。余愿与有国家观念者，一读此书也。

壬寅（1902 年）七月，吴保初序。

---

① 焉得：从哪里得到，何以得到。

② 苟欲：如果想。

③ 追风之骥（jì）：跑得风快的马。骥，好马。

④ 逐电之辀（zhōu）：车辕。用于大车上的称辕，用于兵车、田车、乘车上的称辀。

⑤ 望尘莫及：远望前面车马飞扬的尘土而追赶不上。亦比喻远远落后。

《二十世纪之怪物帝国主义》原序

内村鉴三①

人类之历史者，自始至终，信仰与腕力②之竞争史也。有时信仰制腕力，有时腕力制信仰；比拉多③钉于其利士德十字架之时，腕力胜信仰之时也；西兰之监督亚母波罗斯命帝王忏悔于梭德西亚斯之时，信仰胜腕力之时也。信仰胜腕力，则时代光明；腕力胜信仰，则时代暗黑。

在朝之学士，无人唱哲学以讲调和宇宙之道；在野之诗人，无人唱平和以求安辑④人民之规。而陆则十三师团之兵，剑戟灿然，以夸虎旅⑤；海则二十六万吨之战舰，机轮相触，以煽鲸波⑥。家庭紊乱，达其极点，父子相怨，兄弟相阋⑦，姑媳相侮；而其对外也，则自夸为东海之樱国，世界之君子国，帝国主义者实如斯而已矣！

---

① 内村鉴三（1861—1930），日本作家、基督徒、传教士，明治时代及大正时代无教会主义创始人。1877 年考入札幌农校，并在此接受洗礼，加入基督教。1884—1888 年赴美国深造。回国后任第一高等中学讲师、《万朝报》记者等。他生活于日本大变革时代，抨击既存教会的繁文缛礼，主张开展以研究圣经为中心的无教会运动，并进行独立传教活动。著有《基督信徒的慰藉》《求安录》《我如何成为基督信徒》等。甲午战争（日清战争）之后，日本从中国攫取了异常规模的赔款、割取了中国大量土地。看到这个事实，内村认为这只不过是一个强盗在抢劫，却美其名曰帮助邻国进步。日俄战争以后，日本由亚洲“强国”一跃成为世界“八大国”之一。日本社会沉浸在帝国辉煌胜利的陶醉中，而隐居的内村对此充满轻蔑。对内村鉴三思想的评价，在于超越近代国家，以基督教的普世原则来批判近代日本。他对甲午战争（日清战争）、日俄战争的批判，实为日本的精神财富。

② 腕（wàn）力：臂力，实力，这里指国家专制和暴力工具。

③ 比拉多：即本丢·彼拉多（？—41）。据《圣经》《马太福音》第 27 章，彼拉多是审判耶稣的罗马官员，他听从耶稣的敌人的要求，将耶稣钉上十字架。

④ 安辑：安抚，安定和睦。

⑤ 虎旅：勇猛的军队。

⑥ 鲸（jīng）波：巨浪，犹言惊涛骇浪。

⑦ 相阋（xì）：互相争吵。

友人幸德秋水君成《帝国主义》以示余。君自少壮，以一身而立今日之文坛，独树一帜，人无不知君者。君信奉基督，其憎世之所谓爱国心者最甚。君曾游自由国[①]，知社会主义之真面目者。余得友如君，独擅名誉，兹又有此独创的著述，以绍介世之荣誉焉，何幸如之!

明治三十四年（1901 年）四月十一日，内村鉴三序于东京市外角筈村。

① 自由国：这里指初期探索尝试社会主义制度的英美等国。

例言三则

一、东洋[①]之风云日急，为天下之功名而发狂热。世之所谓志士爱国者，皆竖发裂眦[②]，争逐于时，而独冷然而讲理义说道德，其不以“崖山舟中讲《大学》”[③] 相嘲者几希！所以我知之而甘为之者，实为斯道百年计，忡忡[④]不能自禁也！呜呼！知我者其惟此篇欤！

二、全书之说，皆采诸欧、美识者之苦言痛语；而于现时之德尔士多伊、利拉、重莫尔列、白白尔、布拉伊昂为最多。其余有极进步之道义，抱极高洁之理想之诸民，皆有所切偲[⑤]。我不敢僭[⑥]，故不题著而题曰述，以明非吾之作也。

三、是书虽眇小之册子，见卑识隘，不能详尽，而颇能握其纲领，是可自信者。世间瞶瞶之徒[⑦]，若因之而感知其多少觉醒之机，为真理与正义得丝毫之贡献，余愿已足！

明治三十四年（1901 年）四月樱花烂漫之候

秋水生识于朝报社之编辑局

---

① 东洋：日本（Japan）全称日本国，位于亚洲东部、太平洋西北。国名意为“日出之国”，领土由北海道、本州、四国、九州四大岛及 7200 多个小岛组成，总面积 37.8 万平方千米。

② 竖发：头发竖起来，形容极为愤怒。裂眦（liè zì）：张目怒视，眼眶破裂。

③ 崖山舟中讲《大学》：崖山在广东省新会县南大海中，形势险要。南宋末张世杰奉帝昺扼守于此。虽匆遽流离之中，仍然每天书写《大学章句》以劝讲。兵败，陆秀夫负帝昺蹈海死，宋亡。

④ 忡忡（chōng）：忧虑不安。忧愁烦闷的样子。

⑤ 切偲（sī）：相互敬重切磋勉励的样子。《论语·子路》：“朋友切切偲偲，兄弟怡怡。”

⑥ 僭（jiàn）：超越本分，冒用在上者的职权、名义行事。

⑦ 瞶瞶（kuì）之徒：眼花头昏的人，不明事理的人。

二十世纪之怪物帝国主义

第一章 绪言

帝国主义者燎原之火也

盛矣哉！所谓帝国主义之流行也，势如燎原，不可向迩[①]。世界万邦，皆慑伏[②]于其膝下，赞美之，崇拜之，而奉持之。

不见夫英国举朝野之信徒，德意志好战之皇帝，尽其势力而鼓吹之乎？俄国者，非自称其自昔传来之政策乎？若法也，澳也，意也，孰不热心于此乎？彼隔瀛海之美国，近亦弃其们罗主义[③]而转其方针。至于我日本，自日清战役[④]大捷以来，上下之狂热，如火如荼，如脱轭[⑤]之悍马！

---

① 向迩（ěr）：靠近；接近。

② 慑（shè）伏：慑服，因畏惧而屈服。

③ 们罗主义：即门罗主义，由詹姆斯·门罗总统于1823年发表于第七次对国会演说的国情咨文中，表明美利坚合众国当时的观点，即欧洲列强不应再殖民美洲，或涉足美国与墨西哥等美洲国家之主权相关事务。而对于欧洲各国之间的争端，或各国与其美洲殖民地之间的战事，美国保持中立。相关战事若发生于美洲，美国将视为具敌意之行为。

④ 日清战役：即1894年中日甲午战争。

⑤ 脱轭（è）：犹“脱缰”。轭，车辕前衡，这里比喻束缚。

何德何力

昔者夸平时忠者有言曰："平氏[①]者殆人而非人（原注：犹言似人类而非人类也）。"今之奉持帝国主义者，殆将作政事家而非政事家，国家而非国家观之。彼其果有何德何力何贵重而致其能流行如此也。

国家经营之目的

夫经营国家之目的，在社会永远之进步，在人类全般之福利；彼之专图现在顷刻之繁荣，小数阶级之权势者，其于国家主义何如也？今日之国家之政事家奉持帝国主义者，果资[②]吾人之进步者何在乎？与无吾人之福利者何在乎？

科学的知识与文明的福利

吾人之所深信而不疑者：欲求社会之进步，其基础必待夫"真正科学的智识"而后可；欲求人类之福利，其源泉必归"真正文明的道德"而后可；而其理想必在"自由"与"正义"而后可；而其极致必在"博爱"与"平等"而后可。夫古今东西，顺之者荣，如松柏之后凋[③]；逆之者亡，如蒲柳之先槁[④]。彼帝国主义之政策果有此基础源泉乎？果有此理想极致乎？如其然也，则此主义者实社会人类之天国福音也，虽为之执鞭[⑤]，所欣慕焉。

不幸而非如吾所言，则帝国主义之所以勃兴流行者，非科学的智识，实迷

---

① 平氏：日本历史上最有权势的家族之一。平氏家族起源于825年。当时因财政困难，一些皇室的旁系被赐以姓氏（皇室没有姓氏），下放外地。平氏就是赐给第五十代天皇桓武的孙子，葛原亲王之子高栋亲王的。因此高栋亲王的后代被称为桓武平氏。

② 资：有助于。

③ 松柏之后凋（diāo）：比喻有志之士在艰苦的环境中茁壮成长。《论语·子罕》："岁寒，然后知松柏之后凋也。"

④ 蒲柳之先槁（gǎo）：蒲柳即水杨，一种入秋就凋零的树木。南朝宋刘义庆《世说新语·言语》："蒲柳之姿，望秋而落；松柏之质，经霜弥茂。"后以比喻未老先衰，或体质衰弱。

⑤ 执鞭：持鞭驾车，借以表示卑贱的差役。《论语·述而》："富而可求也，虽执鞭之士，吾亦为之。"

信也；非文明的道义，实狂热也；非自由、正义、博爱、平等，实压制、邪曲、顽陋、争斗也。而是等之劣情恶德，不至于支配世界万邦而不止，而“精神的”“物质的”皆受其传染，其毒害之所横流，非深可痛心者欤！

天使乎恶魔乎

呜呼！帝国主义，汝今日流行之势力，于我二十世纪之天地，将现寂光之净土乎？亦堕无间之地狱乎？进步乎？腐败乎？福利乎？灾祸乎？天使乎？恶魔乎？

焦头烂额之急务

其真相实质果如何，孰为细心而研究之？然而现在经营我二十世纪之人士，则以为此真焦头烂额之急务也。身列后进，不揣不才[①]，呶呶不已[②]，谁其听之！

第二章　论爱国心

第一节
帝国主义者之喊声

膨胀我国民，扩张我版图，建设大帝国，发扬我国威，光荣我国旗，是所谓帝国主义之喊声也。彼等之爱国家之心亦深矣！

---

① 不揣（chuāi）不才：不自量自己没有才能。不揣，不考虑，不自量。
② 呶呶（náo）不已：不停地说。呶呶，多言，喋喋不休。

英国之伐南阿，美国之占菲律宾，德国之取胶州[①]，俄国之夺满洲[②]，法国之征呼亚锁达，意国之战马卑亚尼亚，是近日帝国主义推行较著之现象也。帝国主义之所向者惟军备；为军备之后援者，则外交佯之。

爱国心为经军国主义为纬

其见于发展之迹者，非以“所谓爱国心”为之经，以“所谓军国主义”为之纬，以织成之政策乎？名为爱国心，实则纯为军国主义者，非现时列国之帝国主义通有之条件乎？吾故曰：欲断帝国主义之是非利害，不可不先向其所谓“爱国心”所谓“军国主义”加一番之检核[③]也。

爱国心者何物乎

然则今之所谓爱国心，若亦知爱国主义为何物？所谓“巴多尼阿斯母”为何物？吾人何故而择一地而认为我之国家？若国土者，果可爱耶，不可爱耶？

第二节
爱国心与恻隐同情

夫孺子堕井[④]，匍匐往救，不问其远与近也，不问其亲与疏也。子舆氏[⑤]之言，不我欺矣！若真爱国心者，则救此孺子于井底之“洗木哈西”也，恻隐之念与慈善之心，油然而并茂。美哉爱国心！纯乎不杂一私者也。

惟其然也，果有真正高洁恻隐[⑥]之心与慈善之心者，决不以一己之远近亲疏

---

① 胶州：今山东省青岛市一带，地处山东半岛西南部，胶州湾西北岸。

② 满洲：满洲是部族名称而非地名，指的是满族。满族主要分布于中国东北地区，以散居为主，故也用以代指我国东北地区。

③ 检核：检查核实。

④ 孺子堕（duò）井：小孩子掉落井中。孺子，幼儿，儿童。堕，坠落。

⑤ 子舆氏：子舆，代指曾子。即曾参（前505—前436），字子舆，春秋战国时期鲁国南武城人。孔子的得意门生，以孝子出名，据说《孝经》是他撰写。

⑥ 恻隐：心中不忍，表示同情的心理状态。

而异之；亦犹人之救孺子，决不以己子人子而异之也。故世界万邦之仁人义士，必为支兰士瓦路而祈复活之胜利，必为菲律宾而祈其独立之成功，其视英人若敌国然者，其视美人若敌国然者，所谓爱国心者，果能如此否乎？

今之名为爱国心，实则纯为军国主义者。英人必不为支兰士瓦路而祈胜利以损其爱国心，美人则必不为菲律宾而祈独立以损其爱国心，故谓彼等无爱国心则不可，然彼等究无高洁之恻隐心，慈善心；则其所谓爱国心，何其与救孺子之热念竟不一致也？

然则前之所谓爱国心者，醇乎①与恻隐之心、慈善之心相背也。彼之所爱者，自家之国土限之也，自家之国人限之也；爱他国不若爱其自国，爱他人不若爱其自身也。爱浮华之名誉也，爱垄断之利益也，其果公乎？其果私乎？

望乡心

爱国心者，又与爱故乡之心相似也。爱故乡之心虽可贵，然其原因，实有卑不足道者。

垂髫②之时，骑竹马，舞泥龙，果解故乡某山某水之可爱乎？既而远适③异国，只影无俦④，于是怀土望乡之念渐次而生，则以外感之激刺⑤之也。夫东西篷飘，南船北马，热心壮志，几许蹉跎⑥；世态炎凉⑦，人情冷暖，无不躬焉历之；回忆惨绿少年⑧，斗鸡走马，昔日之愉快，时复影现于其脑质中，故邱首之慕⑨愈切。行旅艰难，风恶土异，停杯投箸⑩，不能下咽；万人海里，无半面交，父母妻子之爱念，不禁其发达无极矣。故彼等之爱故乡，实由其嫌恶他乡

---

① 醇（chún）乎：纯粹地。

② 垂髫（tiáo）：幼时。古时儿童不束发，头发下垂，故代指儿童。陶渊明《桃花源记》："黄发垂髫，并怡然自乐"。

③ 远适：远往，远行。

④ 只影无俦（chóu）：形影孤单，没有伙伴。俦，同伴。

⑤ 激刺：刺激。使精神受到某种影响。

⑥ 蹉跎（cuō tuó）：感觉光阴虚度而引起的惆怅。

⑦ 世态炎凉：指一些人在别人得势时百般奉承，别人失势时就十分冷淡。

⑧ 惨绿少年：指穿浅绿衣服的少年，引申为风度翩翩的青年男子。

⑨ 邱首之慕：指死后归葬故乡的愿望。

⑩ 停杯投箸（zhù）：停下酒杯，放下筷子。箸，筷子。

而起；其对故乡非真有同情之恻隐与慈善，不过因对他乡有憎恶也，故惟失意逆境之人，此情最甚；彼等之憎恶他乡愈甚，故其爱恋故乡之念亦独切。

虽然，爱恋故乡之念，亦不独失意逆境人也；得意顺境之人亦有之。然细察其所以然，得意人之思慕故乡，其心事更卑不足道。彼等不过欲炫其得意之事于其乡党之父老故旧耳，其对乡里果有同情之恻隐与慈爱乎？不过为其一身之私意而已！虚荣也，虚夸也，竞争心也，是私意之所专注也。古人之言曰："富贵不归故乡，如衣锦夜行。"[①] 是语也，揭其秘密之隐衷，破其污秽之鄙念，已烛照而洞然[②]矣。

对他乡之憎恶

今之爱恋故乡者曰：学校必立于吾之里[③]，铁道必出于吾之郡，是犹可也。其甚者且曰：总务之委员必出于吾县，总务之大臣必出于吾州。彼等一身之利益，必不出于虚荣之外，其对里乡，果有同情之恻隐与慈爱乎？故有识之士，洞幽彻微，所不能不仰天而太息者也！

天下之可怜虫

惟其然也，故彼之爱国心，其原因动机，皆与其爱恋故乡之心而一辙；则彼虞芮之争[④]，真爱国者之好标本哉！彼蛮触之战[⑤]，真爱国者之好譬喻哉！呜呼！噫嘻！真天下之可怜虫哉！

---

① 语出《史记·项羽本纪传》：鸿门宴后，项羽引兵进咸阳，杀了秦王子婴和秦贵族八百多人，并一把大火焚毁了阿房宫。然后，他带着大批财宝和妇女，归乡炫耀。项羽说："富贵不归故乡，如衣锦夜行，谁知之者？"表现的是一种短视的炫耀心理。

② 洞然：清楚明了。

③ 里：古代地方行政组织，如村。自周始，后代因之，其制不一。

④ 虞芮（yú ruì）之争：周初虞、芮二国，有人因争地兴讼，到周求西伯姬昌平断。《诗·大雅·绵》："虞芮质厥成，文王蹶厥生。"《史记·周本纪》："于是虞芮之人有狱不能决，乃如周。入界，耕者皆让畔，民俗皆让长。虞芮之人未见西伯，皆惭，相谓曰：'吾所争，周人所耻，何往为，祇取辱耳。'遂还，俱让而去。"后以"虞芮"指能谦让息讼者。

⑤ 蛮触之战：蛮，蛮氏；触，触氏。《庄子》中的在蜗牛两角的两个小国，因细小的缘故而引起的争端。

虚夸虚荣

吾于是乎思：昔者岩谷某扬言于国，益之亲玉（?），勿笑之矣；彼于东宫[①]大婚之纪念美术馆，约千图之附寄，卒履其约，勿笑之矣；天下之所谓爱国者及爱国心者，于岩谷某，亦五十步百步之差[②]耳！吾请质言之：爱国心之广告者，唯一身之利益也，虚夸也，虚荣也，若是而已矣。

第三节
罗马之爱国心

“何须分党派，惟知有国家。”

“Then none was for a party, Then all were for the state.”

此古之罗马诗人所夸扬赞美者也。何以知之？彼盖利用党派之智，非真知有所谓国家。彼之所谓国家者，为敌国敌人耳，为迷信而憎恶敌国敌人耳。

罗马之贫民

吾非无所见而云然也，当时罗马之多数贫困农夫，养少数之富人，或从其富人赴其所谓国家之战争。吾又见其临战之时，勇猛奋进，冒矢石[③]，躬兵革[④]，而不顾身，其忠义感天地而泣鬼神。吾又见其彼等幸而战捷，全身归国时，其因从军而负之债务，积不能偿，遂自身陷于奴隶之域。吾且见其当战役之间，富者之田亩，常属其臣属奴仆任其耕耘灌溉，而贫者之田，全委于荒废

---

① 东宫：太子所居之宫，亦指太子。

② 五十步百步之差：即以五十步笑百步。《孟子·梁惠王上》：“填然鼓之，兵刃既接，弃甲曳兵而走，或百步而后止，或五十步而后止。以五十步笑百步，则何如？”指打仗时，向后逃跑五十步的人，嘲笑向后逃跑一百步的人胆小。用以比喻某些人嘲笑他人的不足或过失，却没有反思到自己也有这样的不足或过失。是一种没有自知之明的表现。

③ 冒矢石：亲临作战前线。冒着敌人的箭矢礌石。

④ 躬兵革：亲自穿着铠甲，扛着兵器上前线。兵，兵器；革，甲胄。

蘼芜[①]，而债务由是而生，而自卖为奴隶。呜呼！果谁之罪欤？

彼罗马国之所谓敌国敌人而憎恶之者，彼敌国敌人纵为彼等之祸害，未必出于其同胞富者之上也。彼等为其憎恶敌国敌人之故，夺其自由，夺其财产，而陷于奴隶，果孰使彼等而至于此乎？实由于其同胞之所谓爱国心而使之然者，此非彼等思想之所及也。

何等之痴愚

富者因战而益富，因臣属奴仆之日益加多之故也；而贫者亦因之而益贫，诘[②]其何以故，谁曰为国家之战事耳！彼等为国家之战事而沉沦于奴隶之境，而犹追想讨伐敌人过去之虚荣，以夸扬其勋业，以铭记其功名。呜呼！是何等之痴愚也！古罗马之爱国心，其实如此！

希腊之奴隶

于古希腊，吾又见有所谓耶罗德之奴隶者，既事于兵，又事于奴隶；而犹虑彼等身体强健之过度，彼等人口增殖之过度，为其主者任意摧折而杀戮之；而彼等为其主而出战，勇敢实无比，忠义实无比，而曾不知一倒戈[③]而恢复其天赋自主之权。悲夫！悲夫！

迷信的爱国心

彼等之所以然者何也？其于外国外人，即彼等之所谓敌国敌人，以为憎恶而讨伐之，误信为彼等之义务也，误信为误伤之名誉也，误信为无上之光荣也，而不知其为虚夸也，而不悟其为虚荣也。呜呼！此等之迷信，彼等用以为虚夸虚荣；爱国心实不过饮腐败之神水之天理教徒也；而其毒害更有过之者。

---

① 蘼芜（mí wú）：芎䓖的苗，叶有香。这里泛指野草。
② 诘：追问，责问。
③ 倒戈：掉转武器向己方攻击。

爱憎之两念

然而彼等憎恶敌人之甚，亦不足怪也。盖人生当未开化之时，其智识去禽兽不远，无所谓同仁，无所谓博爱，自原始以来，爱憎之两念如纠绳之相缠，如环锁之相连也。不见夫禽兽之在原野者乎：爪搏牙噬[①]，同类相残。而一旦与夙未相见者遇，忽而畏惧震恐；由畏惧震恐，即生猜忌憎恶；由猜忌憎恶，于是而咆哮，而争斗，而结其相残之同类，而抗争其公共之敌。彼等当其抗争公共之敌之时，其同类互相亲睦之状，怡然可掬，油然相亲。若彼等之禽兽，而谓其爱国心，是耶？非耶？古代人类，蛮野之生活，非若是哉！

蛮野人类之生活，同类相结，以其自然之战以战其异种族，彼等之所谓爱国心也。然其灼然[②]可见者，彼等之团体，忽结亲睦之同情者，由其所遇之敌而生也；唯其对敌人有憎恶之反动，因其同病而始有相怜之心。

好战之心者动物的天性

惟其如此，则所谓爱国心者，即讨伐外国外人之荣誉之好战心也。其好战心者，即动物的天性也。而此动物的天性，即好战的爱国心也。是非释迦[③]、基督[④]之所排，而文明理想之目的所不能容者欤？

哀哉！世界人民，尚能于此动物的天性之竞争场里，送过十九世纪也；近更依然无涯无涘以处二十世纪之新天地也！

适者生存之法则

社会之公理，从“适者生存[⑤]”之法则，进化日渐发达，其统一之境域，

---

① 爪搏牙噬（shì）：用爪子搏斗，用牙齿噬咬。

② 灼（zhuó）然：. 明显的样子。

③ 释迦：释迦牟尼的简称。佛教创始人。

④ 基督：基督教对耶稣的专称，意指上帝所派遣的救世主。

⑤ 适者生存：适应环境要求的就能生存下去。

交通之范围，亦随之而扩大焉。于是公共之敌，异种族异部落者，亦渐减少，彼等憎恶之目的亦失；憎恶之目的既失，其所以结合亲睦之目的亦失；于是乎彼等之爱一国一社会一部落之心，变而为爱一身一家一朋党之心。其于种族间部落间野蛮之好战的天性，亦变而为个人间之争阋，朋党[①]间之轧轹[②]，阶级间之战斗。呜呼！当此纯洁理想高尚道德盛行之间，动物的天性，尚不能除却；而是时之世界人民，既无所敌，无所憎恶，无所战争，而惟竞争于无形，而名之曰爱国心，而称之为美誉之行，不其惑欤！

自由竞争

呜呼！欧、美十九世纪之文明，果文明乎？一则自由竞争之激烈，人类不胜其惨酷之祸；一则高尚正义之理想信仰亦全堕地。我文明之前途，洵[③]可寒心！而姑息之政治家，好功名之冒险家，趁奇利之资本家，有鉴于此，于是大声疾呼曰："四境之外，大敌日迫；凡我国民，非亟止其个人之争斗而进而为国家之结合不可。"彼等遂移其个人间憎恶之心，转而向于外敌，以自遂其私图。苟有不应之者，即责之曰："非爱国者也，是国贼也。"

动物的天性之挑拨

吾人而知所谓帝国主义之流行，实以若是之手段，为之滥觞[④]也。所谓国民之爱国心者，质而言之：即动物的天性之所挑拨而出者也。

第四节
洋人夷狄之憎恶

爱自家可，憎他人不可；爱同乡人可，憎异乡人不可；爱本国可，憎外人

① 朋党：指一些人为自私的目的而互相勾结，朋比为奸。

② 轧轹（yà lì）：倾轧，欺凌。

③ 洵（xún）：实在。

④ 滥觞（làn shāng）：指江河发源处水很小，仅可浮起酒杯。比喻事物的起源、发端。

不可；为其所爱者而讨其所憎者，是可谓之为爱国心乎？

达野心之利器

然则爱国主义者，其最可怜者，非彼等迷信之咎乎？非迷信也，实好战之心也；非好战之心也，实为虚夸虚荣所卖也。而此主义之推行，实专制政治家欲达其野心用为争夺之利器也。

希腊、罗马之旧迹，姑勿言之。而近代爱国主义之流行，较之上古中古而更甚矣。

明治圣代之爱国心

昧昧我思之，昔森田思轩[①]氏尝著一文，《黄海之所谓灵应者非灵说》，天下汹淘，皆以国贼责彼。久米邦武[②]氏著《神道者祭天之古俗也论》而教授之职以免，西园奇侯欲行其所谓世界主义的教育，其文相之地位几殆；内村鉴三[③]氏拒礼拜之敕语，亦免其教授之职。彼等皆以大不敬詈之，以非爱国者罪之，是明治圣代日本国民爱国心之所发现也。

国民之爱国心者，一旦忤其所好，可以箝人之口[④]也，可以制人之肘也，可以束缚人之思想也，可以干涉人之信仰也。历史之论评得禁之也，圣书之讲究

---

① 森田思轩（1861—1897），本名森田文藏，号思轩居士。文学翻译家，评论家，记者。出身冈山县，幼年习汉学，青年时代在庆应义塾求学。后应矢野龙溪之邀，做《邮便报知新闻》记者。1875年被派往中国采访，写了《北京纪行》等。接着被派往欧洲，次年回国后主编《邮便报知新闻》，迎来了写作与翻译的全盛时期。1882年辞职，加入国会新闻社，1897年入《万朝报》社。去世后，后人整理出版《思轩全集》。

② 久米邦武（1839—1931），东京帝国大学教授。1891年在《史学会杂志》发表《神道乃祭天之古俗》一文，阐述所谓“天神”创造日本，实际上是先民的古俗而已。日本宫内省、内务省和文部省联合要求他从帝国大学退职，《史学会杂志》也被禁止发行。此事被称为“久米邦武笔祸事件”。

③ 内村鉴三（1861—1930），文学家，思想家，宗教活动家。出生于江户（今东京），学生时代皈依基督教。1884年赴美国留学，1888年担任高等学校教师，1891年因拒绝向天皇颁布的《教育敕语》行礼而遭解职。甲午中日战争期间，一度从进化论的角度肯定战争，不久转向反战立场。1897年担任《万朝报》记者，后主办《圣经研究》。身后遗《内村鉴三全集》，有全二十卷、全二十一卷两种版本。

④ 箝（qián）人之口：封住众人的嘴巴。指众人的议论压不住。箝，同“钳”。

得妨之也，科学的基础得破碎之也，译文明之道义则耻辱之；而是等之爱国心，可以邀荣誉博功名也。

不独日本之爱国心为然也。英国者近代极称自由之国也，极称博爱之国也，极称平和之国也。以如此之英国而当其爱国心激越[①]之时，而唱自由者，请愿改革者，主张普通选举者，非皆问以叛逆之罪乎？非皆责以国贼之名乎？

英国之爱国心

英国人之爱国心，其大发扬最近之事例，莫如彼等与法国战争之时。此战争当1773年大革命之际，自后虽经多少之断续，延至1815年拿破仑[②]之覆没，其大段落始成。彼等昔日之思想与今日之思想，其相距岂远乎？彼等之所谓爱国心者与今日之爱国主义，其流行之事情与方法，所无甚异也。

英法战争

英法战争时，当时英国之人民，惟此一事耳，惟此一语耳，其原因如何勿问也，其结果如何勿议也，其利害如何勿计也，其是非如何勿论也。苟有言者，必以非爱国者责之。改革之精神，抗争之热心，批评之宏议，一旦休止归于无何有之乡矣。而国内之党争，亦遂消灭。如彼哥鲁利志其人者，当战争之初年，亦颇非义之。既而国民结合一致，亦遂转其方针。又若呼阿志士一辈，以平和支持自由之大义，已久不渝[③]；既知议会之大势不可挽回，亦不能守其宗旨。虽或有所表见，不能抵制议场中党派之攻讦[④]。

---

① 激越：情绪强烈、激昂；声音高亢清越。

② 拿破仑·波拿巴（1769—1821），出生于法国科西嘉岛没落的贵族家庭。世界著名军事家、政治家，法兰西第一共和国执政官，19世纪最著名的法兰西第一帝国的缔造者。1804年11月6日加冕称帝，把共和国变成帝国。1814年和1815年两度战败并被流放。遭遇过滑铁卢战役，改变了他及帝国的命运。1821年病逝于圣赫勒拿岛。

③ 不渝（yú）：不改变，不违背（多指感情或态度）。

④ 攻讦（jié）：揭发、攻击别人的隐私、缺点。

所谓举国一致

当时之英国，实举国一致，我日本政治家策士口头称道而不置者也。“举国一致”者，即罗马诗人所谓“惟知有国家耳”，盛矣哉！

然吾思之，是时举英国之民，其胸中果知何者为理想乎？何者为道义乎？何者为同情乎？何者为国家乎？

当此之时，彼英国之民，举国若狂，叩其宗旨所在，惟对法国之憎恶耳，惟对革命之憎恶耳，惟对拿破仑之憎恶耳。果具有一毫之革命的精神，与法人之理想有关联之思想者，则彼等不但嫌忌之，且必竞相侮辱之；不但侮辱之，且必群起注全力而攻击之，而非难之。

罪恶之最高潮

于是乎知对外国之爱国主义之最高潮者，即其对内治罪恶之最高潮也；而彼等所谓爱国之狂热者，但于战争间以大发越其爱国心，至于战后之何状，非所计及也。

战后之英国

试观战后之英国，其对法国憎恶之狂热，已觉稍冷；军费之支出者，亦遂停止。大陆诸国之在战役中者，其工业界之扰乱，仰于英国之需用亦绝焉。英国之工业及农业，亦随之而现一大衰颓之景象；而下等人民之穷乏饥饿者，遍于国中。至于此时，彼之富豪资本家，果有一丝之爱国心犹存乎？果有一丝慈悲同情之念犹存乎？果有举国一致的结合亲睦之心犹存乎？彼等坐视其同胞之穷乏困饿，展转于沟壑者，漠然淡然，非如昔日憎恶仇敌之一辙乎？彼等憎恶下等之贫民，与其憎恶法国革命及拿破仑之念果有轻重乎？

白多路罗

至若白多路罗之事，尤堪切齿。彼等既覆拿破仑军于乌阿德路罗之后，集合要求改革议院之多数劳动者于白多罗呼伊路德，悉蹂躏而虐杀之，时人称乌阿德路罗之战，冷语刺之呼为白多路罗者是也。既破敌军于乌阿德路罗，爱国者又一转念，复纵白多路罗而虐杀其同胞。彼之所谓爱国心者，真有爱其同胞之心否耶？所谓一致之爱国心结合之爱国心者，战尘方息，而于国家国民之利益，有过而问之者否乎？吾但见其国民碎首敌人之锋镝[1]，空洒同胞之血以尝试之耳！

虚伪哉

当哥鲁利志战争之始，大唱国民一致之主义，举国骚然[2]。至于此际所谓一致者果何在乎？憎恶之心耳。以憎恶敌国人之心，转而为憎恶其国人之心，动物的天性果如是也。故乌阿德路罗之心者，直白多路罗之心也。虚伪哉！爱国心之结合，果如是哉！

第五节 一转眼而观德意志

英吉利[3]之事，姑勿论之。谁更具慧眼一察德意志[4]之情状乎？彼俾斯麦[5]

---

① 锋镝（dí）：锋是刀刃，镝是箭头，泛指兵器，也比喻战争。

② 骚然：骚动的样子。

③ 英吉利：即英格兰：大不列颠及北爱尔兰联合王国（英国）领土的主要部分，因此习惯上英格兰一词也泛指英国。

④ 德意志：即德国。德国人的祖先是古代居住在中欧的日耳曼人。10 世纪，日耳曼人建立神圣罗马帝国，后分裂。1871 年普鲁士王国统一除奥地利帝国以外的日耳曼各邦国，建立德意志帝国。曾先后挑起两次世界大战并战败，1945 年分裂为东西两部分。1990 年 10 月 3 日，德意志民主共和国正式加入联邦德国，实现两德统一。

⑤ 奥托·冯·俾斯麦（1815 年 4 月 1 日—1898 年 7 月 30 日），劳恩堡公爵，普鲁士王国首相（1862—1890），德意志帝国首任宰相，人称“铁血宰相”。政治家、外交家。1862 年上任时提出“铁血政策”，完成德意志统一。他通过立法，建立了世界上最早的工人养老金、健康和医疗保险制度。

者，实爱国心之权威也。德意志帝国者，实爱国神垂迹之灵场也。爱国宗之灵验，其如何赫然灼然，世有欲睹其威灵者乎？试一诣此灵场也可。

我日本之贵族军人之初学者，凡世界万国之爱国主义帝国主义，无不随喜渴仰而不能措，而尤注意于德意志之爱国心。彼德意志之爱国心者，古代之希腊与罗马及近代之英国，皆无其比。果不迷信者谁乎？果不惑其虚夸虚荣者谁乎？

俾斯麦公

故俾斯麦者实历代之人豪也。彼当未起之先，早已灼见北部日耳曼诸邦，纷纷分立，同一言语之国民，必非结合之不可；是故以帝国主义注射之，而竟能联合诸邦以成一致；俾斯麦之大业，诚光辉千载哉！然而不可不知者：彼等奉帝国主义以结合统一诸邦之目的，必非欲保诸邦实际之利益以冀其平和，惟生于武备之必要有断然者。

在彼之早已咀嚼自由平等之义理，希望法国革命之壮观之人士，亦幸其暂止蛮触之争[①]，而享协同平和之福利，且备外敌之侵寇，以企望日耳曼之结合统一，亦明甚矣。是可希望也，孰不可希望也？试观实际之历史，绝无副此种之企望者也，奈何？

日耳曼统一

若日耳曼统一者，果为北部日耳曼诸邦之利益，则彼等何不以多数之德意志而语结合奥大利乎？彼之所以不为此者，俾斯麦一辈之理想，决不在一般德意志人也，决不在诸邦共同平和之福利，惟在普鲁士与彼自身之权势与荣光耳。

---

① 蛮触之争：即蛮触之战。蛮，蛮氏；触，触氏。《庄子》中的在蜗牛两角的两个小国，因细小的缘故而引起的争端。

无用之战争

夫彼之彻始彻终，以好战之心而旋其满足之手段以求结合提携者，是人之常性也。甲吾所亲昵，乙吾所仇敌也，爱彼者必憎此故也。彼为外国之故，终日扰扰而无安宁，盖欲夸扬其霸权也。俊才如俾斯麦者，是等之情态，讵不知之？故其利用此国民之动物的天性以试其手腕。质而言之：无非煽扬彼之国民之爱国心，而与敌国挑战，借以压伏与己反对之义理评论，其希望则在创建其爱国宗，而因之以挑发无用之战争而已矣。

故彼日耳曼之统一者，实由其兽力（原注：犹言如禽兽，惟力是尚）之“亚波士德路”铁血政策之祖师，其深谋远计之第一著手，恣与最弱之邻邦苦战而大捷之；于是国民中迷信虚荣而喜兽力之徒，竞附于彼之党羽，是为新德意志帝国之结合，是为新德意志帝国主义之发程。

其第二策，彼与其余之邻邦而挑战，则此邻邦必较前之邻邦而强者，然彼必乘敌备之不完也。而所谓爱国心，所谓结合之精神，油然而生，而新战场之兴隆日盛，而其运动一以俾斯麦自身之国及同国国王之膨胀为之主，而独巧于利用妙于指挥也。

普鲁士之结合（原注：普鲁西之一物）

彼决非纯乎正义之意味以企化日耳曼之统一者，彼亦非欲普鲁士[①]于结合之后熔化而没残者，彼之所在，惟在普鲁士王国为统一之盟主，普鲁士王为统一德意志皇帝之荣光。故识者断之曰：普鲁士之统一者，国民的运动也。彼等国民以虚夸与迷信之结果之爱国心，而全为一人之野心于功名者而利用之，不其然欤？

---

① 普鲁士：指17—19世纪间的普鲁士王国。是德意志境内最强大的邦国，存在于从中世纪至第二次世界大战结束这段时间。

中古时代之理想

俾斯麦之理想，实不免中古时代未开化人之理想。而彼之陈腐野蛮之计划竟能成功者，则以社会之多数之道德的心理的，尚未脱出中古时代之境遇也。故多数国民之道德，犹中古之道德也；彼等之心性，尚未开化之心性也；唯彼等自欺而欺人，不过仅借近世科学之外相以自掩蔽云。

故彼起无用之师者，已二次矣，幸能成功。而其第三次之起师，孜孜养锐，眈眈以待其机，其机既至，则彼再乘他强国之不备而猛击之。呜呼！普法之大战争，尤为危道之尤危也，凶器之尤凶者，而彼俾斯麦竟幸而成大功。

普法战争

普法战争①之捷后，北日耳曼诸邦皆拜跪于普鲁士之足下；其余诸邦遂奉祝普鲁士国王而为德意志之皇帝；此其结果，孰非为普鲁士之国王乎？故彼俾斯麦之眼中，岂知有同盟国民之福利哉！

故自吾而断之，德意志之结合，非由正义之好意同情也。德意志之国民，积尸逾山，流血成海，如鸷鸟，如猛兽，以成其统一之业者，果何由也？由其煽扬彼国民对敌国之憎恶心，由其醉于战胜之虚荣。世之大人君子，能无痛心疾首乎？

而彼等国民之多数辄举此以自夸，以为我德意志国民享上天之宠灵，世界各国，孰有能企及之者？世界各国民之多数，亦从而惊叹曰："伟矣哉！为国者宜如是而后可也。"日本之大勋位侯爵亦随喜②曰：我亦东洋之俾斯麦公也。于

---

① 普法战争：1870年至1871年，普鲁士王国（德意志帝国）同法兰西第二帝国之间的战争。1870年7月14日，普鲁士首相俾斯麦就西班牙王位继承问题触怒法国政府。7月19日，法国对普鲁士宣战。战争开始后，法军接连败北。9月2日，法国皇帝拿破仑三世率军十万在色当投降。9月4日，巴黎爆发革命，大资产阶级建立法兰西第三共和国，法兰西第二帝国灭亡。普军仍长驱直入，普鲁士国王威廉一世1871年1月18日在法国凡尔赛宫加冕为皇帝，成立了德意志帝国。法国资产阶级政府请求停战，双方于2月26日在凡尔赛签订初步和约，5月10日在法兰克福签署了正式和约。这次战争使普鲁士（德国）完成德意志统一，取代了法国在欧洲大陆的霸主地位。

② 随喜：佛教语。见他人行善，随之心生欢喜，称为随喜。

是变其自来英国之立宪政治之有世界之光荣者，忽焉而移为普鲁士军队之剑梢，悲夫！

爱国的呼兰德

国民之醉于国威国光之虚荣，亦犹夫己氏之醉于俾斯麦也，彼既醉心于此，耳为之热，目为之眯，意气蓬勃，直往无前，积尸逾山，不见其惨也，流血成海，不知其秽也，而徒昂昂然自鸣其得意也。

柔术家与力士

国民之欲以优武力长战斗而弋声名者，亦如柔术家与力士，唯欲殪[①]其敌手耳，技止此也。若非吾之敌手者，果有何利益乎？果有何名誉乎？德意志国民之所以自夸者，惟败敌国耳；若非敌国，果有何利益乎？果有何名誉乎？

柔术家（无）与力士之醉于呼兰德，不过欲夸其技能力量耳；至于彼等之才智学识德行，谁复尊而敬之乎？国民之醉战争之虚荣者，不过欲夸其名誉与功绩耳；至于彼等之政治经济教育，凡文明的之福利，谁复研究之乎？不尊崇德意志之哲学，不尊崇德意志之文学，而独尊崇德意志之所谓爱国心，吾不能从而赞美之也。

德意志现皇帝

彼俾斯麦辅佐之皇帝，与彼俾斯麦之一身，皆将为过去之人矣。然彼之铁血主义犹印于其皇帝之脑质中，爱国的呼兰德犹醉于其皇帝之脑筋内，而彼皇帝之好战争，好虚名，好压制，不让于拿破仑一世，不让于拿破仑三世。而彼庞然之大国民者，犹诩诩然[②]夸其以血轮之结合，统一之美名，而甘为此少年压制家所驱使也。而所谓爱国心者，依然犹甚炽也；然而是岂永远之现象哉？

---

① 殪（yì）：殪没。杀死。

② 诩诩（xǔ）然：欣然。

近世社会主义

爱国心之弊毒，既已达其极点；则马克斯曰士之暴虐，亦达其极点之时，则反动之力，突然而起；吾恐其强敌，将有卷土而来之势矣。然吾之所谓强敌者，非迷信的，实义理的也；非中古的，实近世的也；非狂热的，实组织的也；而其目的，则在尽破坏其爱国宗及爱国的所为之事业而后已。是即近世名为社会主义云。

古代之野蛮的与狂颠的之爱国主义，将为近代高远之文明道义与理想所压伏。今日而后，犹欲如俾斯麦之时，不可再得矣。到以理想之制胜，即在现世纪之中叶，可决而待也。故德意志之社会主义，隆然而勃兴，将与爱国主义而为激烈之抵抗；则彼惑于战胜之虚荣与憎恶敌国之爱国心，不复能煽诱其国民，断可知也。

哲学的国民

呜呼！以极哲理的国民，具各政治的理想，而演极非哲理的事态，此俾斯麦之大罪也。若无俾斯麦，岂独德意志，凡宗德意志之欧洲列国，其文学，美术，哲学，道德，其进步何如，其高尚何如，何至而为狺狺①相噬豺狼之态，尚存于二十世纪之今日也？

第六节
日本之皇帝

日本之皇帝与德意志之年少皇帝，本大异者也。不好争战而重和平，不好压制而重自由，不为一国而喜野蛮之虚荣，为世界而希文明之福利，决不知今之所谓爱国主义者即野蛮之帝国主义也。何以我日本之国民知所谓爱国者，寥寥如晨星也？

---

① 狺狺（yín）：犬吠声。

吾鉴夫古今东西之爱国主义，唯以憎恶敌人为目的而讨伐之，是即爱国心之所发扬也，吾所不敢赞美者也。则日本人民之爱国心，亦不能不排斥之也。

故后藤伯

故后藤伯①者，曾一试煽扬日本国民之爱国心，以“国家当存亡危急之秋”大声而疾呼之，天下爱国之士，翕然②而趋，如风偃草。而后藤伯突然而忽曳裾廊庙③，当时所谓大同团结者，倏然如春梦之无痕也。当时日本人之所谓爱国心，其实为“爱伯心”，是耶？非耶？

否则非爱后藤伯也，憎藩阀政府也。彼等之爱国心，直憎恶之心也。同舟遇风，虽吴越如兄弟④，此兄弟者，岂值一赞叹者乎！

征清之役

日本人之爱国心者，至中日之战，其发越坌涌⑤，振古所未曾有。彼等之憎恶中国人，侮蔑嫉视之状，非言语所能形容。自白发之翁媪⑥至三尺之婴孩，咸有歼杀中国四亿生灵而后甘心之慨。静言思之⑦，宁非类狂？如饿虎然，如野兽然，宁不悲哉！

兽力之卓越

彼等果希日本之国家及国民全体之利益幸福，真个抱同情相怜之念而然乎？

---

① 后藤伯：即伯爵后藤象次郎。生平不详。

② 翕（xī）然：一致。

③ 曳裾（yè jū）：“曳裾王门”的省称。比喻在权贵门下做食客。廊庙：殿下屋和太庙，指代朝廷。

④ 虽吴越如兄弟：即使有像吴国和越国那样的仇恨隔阂，但在共同的生死危难面前还是如同兄弟一般。吴越，吴国与越国的并称。两国时相攻伐，积怨殊深，因以比喻仇敌。

⑤ 坌（bèn）涌：涌出，涌现。

⑥ 翁媪：泛指老人。翁指老头，媪指老太太。

⑦ 静言思之：静下心来想一想。言，语助词。

否则惟多杀敌人之为快，多夺敌财之为快，多割敌地之为快，以我国兽力之卓越夸于世界乎？

我皇上出师之初，洵[①]古人所谓荆舒是膺、戎狄是惩[②]也，真为世界之平和也，为人侮而已矣，虚夸而已矣。至于东征之功果如何，与全般国民有形无形之利，未尝一毫计及也。

斟酌：混沙砾而贩罐诘（混沙砾之罐诘）

故于是役之结果，一面收恤兵部之重资于富豪（或五百金，或千金），一面择兵士混沙砾而贩罐诘[③]，一面促军人之死期，一面索商人之贿赂，以是而名为爱国心，诚的怪也！野兽的杀伐之天性，其狂热至极之时，必有贯盈之罪恶，亦必至之势也，是岂皇上出师之初心哉？

日本之军人

日本之军人，富于尊王忠义之性，诚可掬[④]也！然彼等尊王忠义之性，于文明之进步、福利之增加，究有几何之贡献？是亦一问题也。

为我皇上

义和团[⑤]之乱，自大沽[⑥]至天津道路险恶，军行甚艰，一兵卒泣曰："为我皇上而经此万苦，曾不如死！"闻者堕泪，我亦为之堕泪！

---

① 洵（xún）：诚然，确实。

② 荆舒是膺（yīng），戎狄是惩：《诗·鲁颂·閟宫》："戎狄是膺，荆舒是惩。"郑玄笺："僖公与齐桓举义兵，北当戎与狄，南艾荆及群舒。"

③ 罐诘：日本语"罐头"。

④ 可掬：情状可以用手捧住。形容人形态天真可爱、单纯的样子。

⑤ 义和团：又称义和拳，又称庚子事变。19世纪末发生在中国的一场以"扶清灭洋"为口号，主要针对西方侵略者及其在华附庸，是具有强烈朴素的爱国主义思想的完全由民间自发的暴力运动。

⑥ 大沽（gū）：以前是天津县大沽镇，为天津七十二沽的最后一沽，海河入海口，有京津门户、海陆咽喉之称。

（译者详[①]：译至前节我皇上等语，窃怪日本人之奴隶性质，何其重也！既而译至此节，乃恍然曰："著者之意深哉！"）

呜呼！彼兵士之言，诚可泣哉！为我皇上之言，为正义乎？为人道乎？为同胞国民乎？言者不足深责，彼生平其于家庭学校兵营，彼一身惟奉皇上之教训命令，不知其他。斯巴路德之奴隶，不知自由，不知权利，不知幸福，为真主驱使鞭挞[②]而赴战死，战而不死，即为其主所杀戮，自夸以为为国家也。吾读史而常为彼等泣，今本此心亦为我兵士泣！

然则今日非斯巴路德之时代也，我皇上既重自由平和人道，岂其臣子犹希夫耶罗德乎？吾不信之。我兵士为皇上之言，（宁）不进而为为人道为正义之言，以冀皇上之嘉纳[③]，（是真）合于尊王忠义之目的也。

孝子的娼妇

为救其父母兄弟之困厄，或为盗贼，或为娼妓，老身危名污，延累其父母兄弟之家门，于中古以前，是所赞美也；然而以文明之道德律之，惟悲其心事而悯其愚，决不恕其非行也。忠义之心善，为皇上亦善，而于正义人道非彼所知也，是野蛮的爱国心也，迷信的忠义也，何异于彼孝子的盗贼娼妓哉！（原注：孝子的盗贼娼妓，言因欲为孝行而陷于盗贼娼妓者。）

吾哀（甚）夫我军人忠义之情爱国之心未合于文明高尚之理想也，犹未脱中古以前之思想也。

军人与从军记者

彼等军人，其忠义之情爱国之心虽炽[④]，而于同胞人类则绝无同情之感。即以待遇新闻记者之一事而可见之：北清之役，彼等遇从军之记者，极其冷酷。记者之食不加省，记者之宿不加省，记者之病不加省，其生命危险亦不加省，

---

① 详：翻译者的说明。

② 鞭挞（tà）：鞭打，驱使。

③ 嘉纳：赞许并采纳。多为上对下而言。

④ 炽（chì）：盛也。气焰高涨。

曰："是非我之所关也。"而嘲骂之叱斥之，如奴仆然，如敌人然。

军人者，为国家之战而设者也；彼从军之记者，非亦我国家之一人乎？非同胞之一人乎？而爱护之念如此其薄也。彼之所谓国家者，唯皇上耳，唯军人之自身耳，其他非所知也。

我四千万众之国民，引领而望我军之安危何如，翘足而待我军之胜败何如，从军之记者，冒矢石，出入死生之途者，岂但在其新闻纸之加倍销售哉？彼等实欲慰我四千万众之渴想，偿其满足之愿也。而军人以之为无用，其对四千万国民，无一点之同情，亦可知矣！

日本之国民（眼中国民）

封建时代之武士，国家以为武士之国家，政治以为武士之政治，农工商人民，绝不与其权利及其义务焉。今之军人者，亦以国家为皇上及军人之国家也，彼等虽曰爱国家，其目中绝无军人以外之国民。故知爱国心之发扬者，其对敌人既加憎恶，其对同胞亦决非稍加爱情者也。

爱国心发扬之结果

绞国民之膏血以扩张军备，散生产的资本以消糜[①]于不生产的，激成物价之腾昂[②]，而来输入之超过，曰为国家也；爱国心发扬之结果，真无奈之母哉！

绝无数敌人之生命，破无数敌人之财利，而政府之岁计，亦因之而二倍三倍焉，曰为国家也；爱国心发扬之结果，真无奈之母哉！

第七节
爱国心果为何物（爱国心之物如此）

吾以上所述，所谓"巴多尼阿士母"即爱国主义者。而爱国心果为何物，

---

① 消糜（méi）：耗费。

② 腾昂：飞涨。

则亦略为解释之。质而言之曰：“彼野兽的天性也，迷信也，狂热也，虚夸也，好战之心也，如此而已矣。”

人类之进步

然而所以然者，是亦人间自然之性情所不得已者也，而欲防遏[①]自然发生诸种之毒弊，非赖人类之进步不可。

不见夫水乎？洋洋浩浩，天然流动之物也；停滞而不动，腐败随之矣，是自然也；流动之，疏通之，所以防其腐败也，而可咎其忤自然之性乎？禽兽也，鱼介也，草木也，其生委诸自然也，其死委诸自然也；若进化若退步，无不委诸自然也；若人而随自然，以为能事已毕，直禽兽鱼介草木而已矣！而可谓之为人乎哉？

所贵乎人者，能奋然而矫正自然之弊害，而进步也；故能压制自然情欲之人民，则必为道德的进步之人民；能加人工于天然物之人民，则必为物质的进步之人民。享文明之福利者，万不能盲从夫自然者也！（盲从，犹言贸贸然而听其自然，如盲者之听从于人也。）

进步之大道（所以进步之大道）

故知去迷信而就智议，去狂热而就义理，去虚夸而就真实，去好战之念而就博爱之心，是人类进步之大道也！

不能脱逸彼野兽的天性，而为今之所谓爱国心所驱使之国民，其品性之污下陋劣，日甚一日，更安有称为高尚文明国民之一日乎？

是知以政治为爱国心之牺牲，以教育为爱国心之牺牲，以工商业为爱国心之牺牲者，是文明之贼也！是进步之敌也！是世界人类之罪人也！彼等于十九世纪之中叶，不能脱出奴隶之域，而率多数之人类，而隶于谬妄无理之爱国心之名词下，以再沉沦于奴隶之域，陷入于野兽之境，其罪上通于天矣！

---

① 防遏（è）：防备，遏止。

文明之正义人道

自吾而断之：欲维持文明世界之正义人道者，必制其爱国心之跋扈而后可，且必芟除[1]净尽而后可。果如何而后能达其目的，此不易言也。且今日此种卑污之爱国心，又发而为军国主义，又发而为帝国主义，以流行于全世界。悲夫！悲夫！吾将运广长之舌[2]、仪秦之口[3]，以发军国主义之罪恶，则其戕贼[4]世界之文明，阻害人类之幸福，昭然若揭[5]矣！

第三章　论军国主义

第一节
军国主义之势力

今日军国主义势力之盛，前古无比，殆已达其极点。列国为扩张军备之故，竭尽其精力，消糜其财力者，不可计量矣。夫军备者，为防御寻常之外患与内乱而已，则亦何必如是其甚也？彼等举一国之有形的无形的，悉为扩张军备之牺牲，而犹不省其原因与目的；盖在防御以外也，盖在保护以外也，亦可深思矣！（原注：亦大可思矣。）

---

① 芟（shān）除：斩伐，消灭。

② 广长之舌：形容口齿伶俐又能言善辩的人。

③ 仪秦之口：能说会道的嘴。仪秦，张仪、苏秦。张仪（？—前310年），战国时著名的纵横家。苏秦（前337－前284），字季子，东周洛阳轩里人据（今洛阳东郊太平庄一带），战国时期的韩国人，是与张仪齐名的纵横家。

④ 戕（qiāng）贼：伤害，残害。

⑤ 昭然若揭：明显、显著的样子。形容真相全部暴露，一切都明明白白。揭，原意为高举，现指揭开。

军备扩张之因由

夫（从进）探究扩张军备之因由，果何在也？无非一种之狂热心，一种之虚荣心，一种好战的爱国心而已矣。彼好事之武人，欲弄其韬略[①]者赞成之，彼供其武器粮食及其余之军需之资本家博一攫[②]万金之巨利者赞成之。英、德诸国之扩张军备，盖彼等之与其力者亦大矣。然武人与资本家，所以得逞其野心者，实多数人民之虚夸的好战的爱国心之发越，有以应其机也。

甲之国民曰：我本希望平和，而乙国民有非望之侵攻，奈何？乙之国民亦曰：我本希望平和，而甲国民有非望之侵攻，奈何？世界各国，皆同一辞，真喷饭之极矣！

五月人形五月雏

各国国民，惟其如此也，亦如童男童女竞夸五月人形五月雏[③]之美之多也。彼此相竞者，武装之精锐，兵舰之麇集[④]也。夫惟相竞，非必敌国之急于来袭也，非必有外征之急要也，而跃跃焉，事似儿戏，而可惧之惨害，皆胚胎于此理。奈之何！

故莫鲁多将军有言曰："希望世界之平和者，殆如梦想；然而姑以梦境当之，亦美梦也！"吾则以为平和之幽梦，非将军之所知，而将军以为绝好之美梦者，别有在也。将军既捷于法国，获五十亿佛郎之赏金，割亚尔沙斯（原注：马路沙斯）劳林（原注：罗林）之二州；而法国之工商却骎骎[⑤]日进入繁荣；

---

① 韬（tāo）略：指古代兵书《六韬》和《三略》。借指谋略。

② 攫（jué）：抓取，攫取，掠夺。

③ 五月人形五月雏：人形美术是日本一种传统的民间美术，大约起源于江户时代。在日本人形中，三月人形和五月人形最有代表性。五月人形主要和端午节有关。在古代日本，每逢五月初五，都要举行祈祷平安的节会。参加节会的朝廷官吏，要将据说能驱邪祛病的菖蒲插在冠上，并饮菖蒲酒。日语中，菖蒲和尚武发音相同，久而久之，五月五日就演变成习武的节日。现代日本政府把五月五日定为男孩节。每年这一天，父母一般都要为一周岁的男孩购买五月人形来摆设，主要是象征男子汉的强壮和勇敢。五月人形一般由武士盔甲、弓箭、剑、鼓和旌旗等组成。

④ 麇（jūn）集：聚集。麇，通"群"。

⑤ 骎骎（qīn）：马快跑的样子，迅疾。

而德意志之市场，俄而招一大困顿而挫败，怫然赫然[1]，愤气四溢，是将军美梦之结果。美梦之结果如是，非幽梦也，实迷梦也！

莫鲁多将军

既而莫鲁多将军，再用武力向法国而加以一大打击。彼能屡起衰败而企图之，欲以武力之捷利，以期国民之富盛者，莫鲁多将军之政治的手腕也。以若是之心术，而欲得二十世纪国民之理想崇拜之，吾恐其未能矣。然而吾人何时始出蛮人之伦理学蛮人之社会学而抵抗之？

蛮人之社会学

军国主义全盛之结果，皆在于莫鲁多将军现代之理想与模型；而小莫鲁多之辈出，遍于世界，即东洋一小国，亦小莫鲁多扬扬阔步之场。

小莫鲁多之辈出

彼等大嘲主唱军备限制之说，为尼哥拉克二世皇帝陛下之梦想也，骂平和会议为滑稽也。彼等亦常唱希望平和之说，而一面之所唱道者，军备美事也，战争必要也。我不暇责其矛盾，姑以军备与战争为社会之必要，亦姑听之。

第二节
马罕大佐

近日以军国之事称名于世界者，莫若马罕大佐也。彼之大著作，于英美诸国之军国主义者与帝国主义者之阿乌利志，洛阳纸贵[2]，为之腾贵。而我国士

---

① 怫（fèi）然：愤怒的样子。赫然：形容令人惊讶或引人注目的事物突然出现。

② 洛阳纸贵：西晋都城洛阳之纸，因大家争相传抄左思的《三都赋》，以致一时供不应求，货缺而贵。后喻作品为世所重，风行一时。

人，亦家弦而户诵之[①]，观其译书广告之频繁，可想而知也，故欲论军国主义者，先征彼之意见，其便益之义务，可以知其梗概矣。

军备与征兵之功德

马罕大佐之军备与征兵之功德说，甚巧也。而其言曰：

> 军备者，于经济上虽见生产之萎靡，人之生命与课税[②]等，皆有不利之象，若有毒害者；日日聒于吾人之耳，彼等未之详察也。吾将陈其要而略说之：
>
> 姑就一方观之，其利益者，不已偿其弊害而有余乎？方当长上权力衰微纪纲废弛之时，年少之国民，学习“秩序”“服从”“尊敬”，而入兵役之学校，其躯体以组织之发达，以备克己勇往之人格，养成军人之要素，何用之而不可乎？令多数之少年，去其闾里街市之一团，受先辈高等之智识，结合其精神，共同其动作，对宪章法规之权力，以养其尊敬之念。如今日宗教颓坏之时，何行之而不可乎？其初也，教练以新兵之态度动作；既经教练之后，则兵士与市人相比较，其容貌体格，其优劣一望而知。故军人的教练，于他年活泼之生计，其益亦匪浅，与大学之消费年月者，相去不可以道理计。而各国国民，互相尊敬其武力，亦可以保其平和而灭战争之数。即偶有冲突之事，经历已久，则举动亦急速，而镇定亦不难，何用之而不可乎？夫战争者，在百年以前，如慢性症之疾病，不若今日急性之发作也。急性的战争，则准备亦不容缓，即以前者之原因而为预战之备，已属善美之事，而所失者必少。而当时之兵士与佣兵[③]，无不具广大旺盛之象也，是何也？今之国命，即兵士也，非独为君主之奴隶故也。

马罕大佐之言如是，亦诚巧矣。而自吾观之，则其违礼之论，不难更仆而

---

① 家弦而户诵之：家家都不断歌诵。形容人人诵读、诗文或著作流传很广。弦，弦歌，用琴瑟伴奏来诵诗歌。

② 课税：征税。指国家凭借政治权力，按照法律规定对有纳税义务者征收货币或实物的行为。

③ 佣兵：有一定的专业技能而接受雇佣来当兵的人，也称雇佣兵。

数焉。

战争与疾病

试就马罕之所论而剖析之，彼之言曰："习战斗以养秩序尊敬服从之德，当今日权力衰颓纪纲废弛之时为尤急要也。"又曰："战争者如疾病也，于百年前为慢性症之疾病；今日则国民借兵，而战争自减少，即偶有之，如急性的疾病也。于此健康之时，以应急性之发作之准备，则注意者之必要也。"然则马罕大佐者，是以国民战争慢性病之时代，为顺秩序张纪纲之时代，而健康之时代者为"纪纲废弛""宗教衰颓"之时代也，不亦奇（或）[哉]！

权力衰微与纪纲之废弛

马罕所谓权力衰微，纪纲废弛者，盖指社会主义之发生也；其言之妄，固不足论。假以现时与百年以前相比，果孰为纪纲废弛也？且令今日之社会主义，试欲破坏现社会所谓秩序与权力，则纪纲废弛宗教衰颓之结果，征兵之制与军人的教练，果足以防遏之乎？恐未必能见诸实事也。

革命思想之传播者

美国独立之战，法国军人之赴援者，而于大革命之事，反助其破坏秩序之动机，非其前辙欤？德意志军人之侵入巴黎，固云侥幸矣；而德意志诸邦革命之思想，非因是而愈传播欤？现时欧洲大陆之征兵制，采用诸国之兵营者，常出于社会主义之一大学校；其对现社会也，皆养成其不平之机，非较著之现象欤？吾盖希望社会主义的思想之兴隆，而亟望其速有以养成之，决非有意排斥兵营也。而非如马罕大佐之言，兵士之教练，仅以养其服从尊敬之美德，以对其长上也。其谬妄之旨，世之君子，自有定论矣。

吾更即现社会之军人而观之，西沙之军队，其向国家之秩序与尊敬之心，究存几何也？克罗母耶路之军者，彼等虽经仗剑而镇压国会，国会亦为所覆；然彼等之目的，唯知有西沙与克罗母耶路耳，安知国家之秩序与纪纲也！

疾病之发生

人民之受军人的教练者，其良善之目的，果仅为战争之事乎？仅为应其所谓急性病而治疗之乎？果其如此也，彼等于百年之中，而待其治疗之期，悠然长远，将以教练始，亦以教练终，果能堪耶？否则必日日祝祷此疾之发生而后甘心也。

征兵制与战争之数

至谓国民皆兵，非仅为君主之奴隶，各国民互相尊敬其武力，则战争亦因之减少，其谬妄尤甚。古代希腊及伊大利者，非国民皆兵者乎？非君主之奴隶乎？至于所谓慢性症之战争，彼佣兵之征伐弱国，纯然不如征兵之便利。然而国民皆兵之制谓防御于战争将发之先，而战争因之减少，则殊不然。自拿破仑之战，已有征兵。近代欧洲之奥法战争①，克利美亚战争②，奥普战争③，普法战争④，俄土战争⑤，非皆出于征兵制之后而极其惨酷者欤？

至若近时两相匹敌之国，其于战争之事，其终局之速，是固国民之军人的教练之完全也；而战争之惨，毒害之极，未尝不由于此。试就道理而反省之，其利益果何在欤？

---

① 奥法战争：奥地利为巩固独立和收回1805年普雷斯堡和约失去的领土，同拿破仑率领的法军进行的一场战争。1809年4月9日，奥对法宣战。至7月6日，奥军损失达3. 2万人，法军为2. 7万人。奥军败退，拿破仑并没有力量追击，而奥地利仍然承认战败。

② 克利美亚战争：即克里米亚战争。1853年至1856年间，因争夺巴尔干半岛的控制权而在欧洲爆发的一场战争，作战的一方是俄罗斯帝国，另一方是奥斯曼土耳其帝国、法兰西帝国、不列颠帝国，后来萨丁尼亚王国也加入这一方。战争以俄罗斯帝国的失败而告终，从而引发了国内的革命斗争。

③ 奥普战争：又名七周战争或德意志内战。1866年，奥地利与普鲁士为了争夺统一德意志的领导权而发生的战争。普鲁士的胜利令它称霸德意志，最后完成统一大业。在德国和奥地利，此战称为德意志之战或兄弟之战。在意大利统一运动中，此战是第三次独立战争。

④ 普法战争：1870年至1871年，普鲁士王国（德意志帝国）同法兰西第二帝国之间的战争。这次战争使普鲁士（德国）完成德意志统一，取代了法国在欧洲大陆的霸主地位。

⑤ 俄土战争：17世纪至19世纪俄国与奥斯曼土耳其之间为争夺高加索、巴尔干、克里米亚、黑海等进行的一系列战争。俄土之间的战争断断续续前后共长达241年，平均不到19年就有一次较大规模的战争，是欧洲历史上最长的战争系列，奥地利、英国、法国、罗马尼亚、保加利亚等国也先后参与其中。战争的结果是俄国扩大了疆土，土耳其逐渐衰落。

战争减少之理由

若夫自1880年以来，两相匹敌强国间之战争，亦殆绝迹，是果两国民互相尊敬之效乎？而其结果之恐怖，不难洞见，惟狂愚者之不悟其由来也。将来德法之战争，其惨酷之祸，可测而知。俄帝以一等国战争之结果，其破产零落之状，可测而知！

彼等非果为强国之相战，以征兵之教练，以养成其尊敬心之功果也；彼等非果欲大用其武于亚细亚①、阿非利加②也；不过彼等虚荣之心，好战之心，野兽的天性，依军人的教练而后煽扬愈炽也！

第三节
战争与文艺

彼等之唱帝国主义者，曰：铁必经水火之锻炼，而后成犀利之剑；人民必经战争之锻炼，而后成伟大之国民。美术也，科学也，制造工业也，非战争之鼓舞激刺，其高尚之发达亦少也。古来文艺兴隆之时代，多属于战争结果之时代：耶尼克列士之时代何如，当德之时代何如，耶利沙白斯之时代何如？昔者吾尝主唱平和会议，而英国之主唱军国主义者，持此说以难之焉。然而耶利沙白斯也，其时代之人民，皆经战争，诚是也。然古代之历史，殆以战争充填之；经战争者，非特此等之时代也，其余之时代亦莫不经之也，岂彼等之文学因得战争之余泽乎？岂彼等之文学因战后而始急速兴隆乎？若必牵彼等之文学与战争关联而一贯，非特无征，且未免牵强附会之甚也。

古代希腊之列邦中，好战而长于战者，莫如斯巴达③。而彼斯巴达也，果有

---

① 亚细亚：即亚洲，世界七大洲中面积最大的洲。绝大部分土地位于东半球和北半球。跨越经纬度十分广，东西时差达11小时。面积为4400万平方千米。

② 阿非利加：即非洲。位于东半球的东南部，赤道横穿过大陆。西北部有部分地区以及岛屿伸入西半球。面积约3020万平方公里，约占世界陆地总面积的20%。

③ 斯巴达：古代希腊城邦之一，史称拉凯达伊蒙。位于伯罗奔尼撒半岛南部的拉科尼亚。斯巴达以其严酷纪律、独裁统治和军国主义而闻名。斯巴达的政体是寡头政治。在伯罗奔尼撒战争中，斯巴达及其同盟者战胜雅典军队并霸权整个希腊。

一技术文学哲理之传耶？英国亨利七世及亨利八世之朝，其猛烈之战争，在内战相踵[①]之后，而文艺始发达，能证其实际乎？耶利沙白士时代之文学复兴者，远在马路马大战争以前，决知耶利克列士当德，耶利沙白斯之时代之文学，决非因此战争而出也。

欧洲诸国之文艺学术

三十年前战争者，德意志之文学科学，一消沉萎靡之时代也。路易十四世[②]即位之时，法国之文学科学，方极其盛；而因彼之黩武[③]，乃遂衰微；至其晚年，不复见其兴盛也。是法国之文学，其战胜之时代，乃其困败之时代，亦明甚矣。近代英国德利林沙加列之文学，与他路乌因之科学，归于克利美亚战争之胜利，谁不笑之？近代俄国之多鲁斯多易，多斯多哥乌士，志鲁克利乌之文学，归于克利美亚战争之败北，谁不笑之？德意志之诸大家，出于普法战争之后，不出于普法战争之前。美国文学之全盛，在内乱之后，不在内乱之前。

日本之文艺

我日本之文艺，亦盛于奈良平安[④]而衰于保元平治[⑤]。得北条氏[⑥]之小康，

---

① 相踵（zhǒng）：相接，相继。

② 路易十四世：路易十四（1638 年 9 月 5 日—1715 年 9 月 1 日），全名路易·迪厄多内·波旁，自号太阳王，1680 年更接受巴黎市政会献上的“大帝”尊号。是波旁王朝的法国国王和纳瓦拉国王，在位长达 72 年 3 月 18 天，是世界上在位时间最长的君主之一。

③ 黩（dú）武：即穷兵黩武。随意使用武力，不断发动侵略战争。

④ 奈良平安：公元 710 年，日本迁都奈良（平城京），奈良时代由此开始。794 年，迁都平安京（今京都），直到 1192 年，史称平安时代。奈良平安时期，是日本社会经济显著发展时期。

⑤ 保元平治：日本保元之乱，是 1156 年 7 月发生的一场内战，对阵双方为后白河天皇和其支持者平清盛、源义朝等，以及崇德上皇和其支持者平忠正、源为义。平治（1159 年 4 月 20 日—1160 年 1 月 10 日），是日本的年号。这个时代的天皇是二条天皇。

⑥ 北条氏：日本两个不同时期的北条家族。第一个（1138—1215）是日本镰仓时代的豪族，第二个是日本战国时代的关东豪族。

乃得复兴。自元弘[①]以后南北朝[②]复经应仁之乱[③]，至元龟、天正[④]之间，殆将湮没。征五山之僧徒存一缕之命脉，此略涉国史者之所夙知也。

故文艺者，盛于战争以后者则有之，若当战争之间，则文艺为所压伏而阻碍，必俟太平之时，稍得仰首伸眉，则决非因战争之所促进明矣。博而征之，若紫式部[⑤]，若赤染卫门[⑥]，若清少纳言[⑦]，果被何者之战争所感化乎？若山阳，若马琴，若风来，若巢林，果受何者战争之鼓吹乎？若《鸥外》，若《逍遥》，若《露伴》，若《红叶》，果与战争有何关系乎？

吾但见战争阻碍社会文艺之进步，未见助其发达也。中日战争之所发生者，仅《膺惩清国》[⑧] 之军歌，是岂足当文学之进步哉？

武器之改良

彼见刀枪舰炮之改造进步，加其坚牢与精锐，或似战争之力也；而不知是皆科举的工艺进步之结果，实非平和之赐也。假以战争之物为其功果，而此等之发明改造，于国民之高尚伟大之智识道德，所补助者几何耶？

---

① 元弘（1331 年 8 月 9 日—1334 年 1 月 29 日）：是日本的年号之一。这个时代的天皇是后醍醐天皇、镰仓幕府征夷大将军为守邦亲王、执权为北条守时。

② 南北朝：日本南北朝发生于 1336 年至 1392 年，之前为镰仓时代，之后为室町时代。因同时出现了南、北两个天皇，并有各自的传承，是日本历史上一段分裂时期。

③ 应仁之乱：1467 年至 1477 年，日本室町幕府时代的封建领主间发生内乱。在八代将军足利义政任期内，幕府管领的细川胜元和山名持丰等守护大名之间发生争斗。应仁之乱开启了日本战国时代。

④ 元龟：日本的年号之一。在永禄之后，天正之前。指 1570 年到 1573 年的期间。这个时代的天皇是正亲町天皇。天正：日本的年号之一，相当于中国明万历年间。

⑤ 紫式部（约 973 年—约 1019 年或 1025 年）：日本平安时代著名女作家，中古三十六歌仙之一。

⑥ 赤染卫门：日本中古三十六歌仙、女房三十六歌仙之一。大隅守赤染时用的女儿。据说其生父其实是平兼盛。她与文章博士大江匡衡结婚。

⑦ 清少纳言（965 年—1025 年）：日本平安时代的歌女、作家，中古三十六歌仙之一，与紫式部、和泉式部并称为平安时代的三大才女，曾任一条天皇皇后藤原定子身边的女官。

⑧ 《膺惩清国》：中日甲午战争时期，日本当时流行的一首军歌，原名《膺てや懲らせや》。开头称："吾去膺惩清国，清国吾国之仇，东洋和平之仇，讨伐纠惩清国"。我们可以由此看出当时日本对待中国的社会气氛。膺惩，打击和惩治。《诗·鲁颂·閟宫》："戎狄是膺，荆舒是惩。"后用作讨伐、惩罚之意。清国，清朝统治时的中国。

军人之政治之才能

然则军国主义者，决非助社会之改善文明之进步，明矣。战斗之习熟与军人的生活者，决非增进政治的社会之智德，又明矣。吾于此点，更得适当之左证：古来武功赫赫军阵的英雄，其于政治家之材料文治之成迹，不禁触发其悲悯矣！

亚列山德路与罕尼巴路及西沙

古代之豪杰，若亚列山德大，若罕尼巴路，若西沙，兹三人者，豪杰中之豪杰也，三尺童子皆能道其名；而彼等但能破坏，毫无建设之力也。亚列山德大之帝国，自政治学的眼光而观之，实可察其现象也；彼虽一时征服因志路西容，而其分崩不旋踵①，是自然之理也。罕尼巴路之武略智谋，压倒意大利者十五年，其威势能令罗马人不敢仰视，而加路些志之腐败遂入膏肓②而不能救矣。西沙之临阵如鸷鸟，如饿虎；其立政治之坛上，则如盲蛇，惟能堕落罗马之民政，惟为万人之怨府③。

义经正成幸村

源义经④以战争名者也；若楠正成⑤，若真田幸真⑥，亦以战争名者也；而

---

① 旋踵（zhǒng）：掉转脚跟的时间，比喻时间极短。

② 膏肓（huāng）：古代医学以心尖脂肪为膏，心脏与膈膜之间为肓。

③ 怨府：众怨归聚之所。

④ 源义经（1159 年—1189 年 6 月 15 日），日本传奇英雄，平安末期名将。出身于河内源氏的武士，家系乃清和源氏其中一支，河内源氏的栋梁源赖信的后代。为源义朝第九子，幼名牛若（うしわかまる）。

⑤ 楠正成：即楠木正成（1294 年—1336 年 7 月 4 日），明治时代起尊称大楠公，为日本镰仓幕府末期到南北朝时期的著名武将。在推翻镰仓幕府、中兴皇权中起了重要作用。后来在凑川之战中，兵败自杀，时年四十有三。

⑥ 真田幸真：即真田昌幸（1547 年 10 月 1 日—1611 年 7 月 13 日），日本古代著名军事家、政治家、谋略家，战国时期得享盛名的智将，被丰臣秀吉誉为“表里比兴之者”（意思接近墙头草，但为褒义）。为真田幸隆第三子。

谁能赞美其有政治之手腕乎（原注：手腕，犹言手段）？彼等以完全军人之资质，而立于政治坛上，果足以御北条氏九代足利氏[1]十三代，德川氏[2]十五代之开基乎？

项羽与诸葛亮

大小七十四战无战不利之项羽[3]，不及约法三章之刘季[4]，诸葛亮[5]之八门遁甲[6]不及曹操之《孟德新书》[7]，所以系社会之人心致天下之太平之道，不在搴旗斩将[8]之力，而别有在也。

---

① 足利氏：日本历史上活跃于平安时代至室町幕府时代的武家，出自清河源氏义家流，家祖为源义家之孙、源义国之子源义康（亦即足利义康）。至镰仓幕府末期时，宗家当主足利尊氏历经数十年征战，开创了室町幕府，足利氏的当主开始代代担任征夷大将军一职，成为日本实质上的统治者。

② 德川氏：由德川家康开创的姓氏。其实体是三河国（爱知县）清和源氏族新田氏的支流得川氏の末裔－战国大名松平氏。后来家康为了扩大其知名度，起用以前家族作为源氏支流时的姓氏“得川氏”，后又改了一字称为“德川氏”。

③ 项羽（公元前232—公元前202）：名籍，字羽，秦末下相（今江苏宿迁）人，楚国名将项燕之孙。中国历史上最强的武将之一。曾历大小七十四战，无战不利。最终于公元前202年兵败垓下，突围至乌江边自刎而死。

④ 刘季：即刘邦（公元前256年11月24日—前195年4月25日），沛县丰邑中阳里人。汉朝开国皇帝，汉民族和汉文化的伟大开拓者之一、中国历史上杰出的政治家、卓越的战略家和指挥家。约法三章，是公元前206年刘邦率领大军攻入关中之后，为了取得民心，采取的政策和策略。

⑤ 诸葛亮（181年—234年10月8日）：字孔明，号卧龙。徐州琅琊阳都（今山东临沂市沂南县）人。三国时期蜀汉丞相，杰出的政治家、军事家、散文家、书法家、发明家。

⑥ 八门遁甲：即奇门遁甲，是一种时空交替的磁场表现。古代皇室主要用来遣兵调将出奇制胜，后来则用以推算出某个时间的吉方。八门为：休门求财、婚姻嫁娶、远行、新官上任等诸事皆宜；生门谋财、求职、做生意、远行、婚姻嫁取等诸事皆宜；伤门为破坏的磁场，若强出伤门易见血光，故一般吉事皆不宜；杜门有隐藏的意思，适合隐身藏形躲灾避难，其余诸事皆不宜；景门是八门之中除开休生三门之外另一吉门，最利考试、广告宣传活动、远行婚姻嫁娶等皆宜；死门最凶，除了吊丧捕猎之外，其余诸事不宜；惊门有惊恐怪异之意，若强出此门易遇惊慌恐乱之事，利民事诉讼；开门宜远行，利求职，新官上任、求财、婚姻嫁娶、访友、见贵人。

⑦ 曹操（155年－220年3月15日）：字孟德，一名吉利，小字阿瞒，沛国谯县（今安徽亳州）人。东汉末年杰出的政治家、军事家、文学家、书法家，三国中曹魏政权的奠基人。《孟德新书》：曹操以半生军事生涯，在前人基础上总结并创新军事理论的成果。全书十四篇，其中十三篇是兵法韬略，而最后一篇是政略。

⑧ 搴旗斩将：拔取敌旗，斩杀敌将。搴，拔取。

呼列德尼志与拿破仑

近代之武人，能奏政治的功绩者，呼列德尼志与拿破仑二人是也。然而呼列德尼志者，其初憎武人之生活实甚；至于战斗，亦极叹其痛苦，可知谓彼为所谓军阀主义的理想之适当之代表者，其误甚明矣。而彼之建设，犹未牢固，其死后之遗恨犹多。至若拿破仑之帝国，竟如两国桥上之烟花，忽辉忽灭，更不足言者。

华盛顿

华盛顿①者，世界之贤者也。彼之所谓出将入相者，决不可以纯然武人目之；彼之于战事，殆迫于时运之偶然不得已者，非以兵马自喜者也。

美国之政治家

美国于有军人的素餐②者，来尝列于上乘之政治家，盖其所最注意也。武人之初为美国大统领者，非自扬多利鸟爵林乎？而争夺官职之事，非彼为大统领之时乎？

华盛顿与林肯（克兰德与林耶隆）

克兰德将军者，近时之武人中尤尊敬之人物也。而于其大统领之成绩，所辅助者几何？彼于党员之事实，非可观察其人物之一证乎？彼之忍耐，彼之正

---

① 华盛顿：即乔治·华盛顿（1732—1799）：美国独立战争大陆军总司令。1789 年，当选为美国首任总统。组织机构精干的联邦政府，颁布司法条例，成立联邦最高法院。他在许多问题上倾向于联邦党人的主张，但力求在联邦党和民主共和党（民主党）之间保持平衡。1793 年连任两届后，自愿不再续任，隐退于弗农山庄园。由于他扮演了美国独立战争和建国中最重要的角色，故被尊称为美国国父。

② 素餐：即尸位素餐。谓居位食禄而不尽职。

直，于战争能显其技能之手腕，其应用于文事者又如何乎？

吾于林耶隆之军事，安有间言？其所策划者，决非诸将之所及，不待言矣，然而不能无憾也。真个之大政治家，无不能料理军国之事，而军人的教练，决不能作大政治家。吾之论，非无佐证也。孔子之言曰：“有文事者必有武备。”即华盛顿与林肯[①]是也。然有武备者不必有文事，如克兰德将军是也。

列路林与乌耶路林顿

在英国近代，功名照耀于世界而崇拜军人之理想与军国主义之烧点者（烧点，犹言热度达其极点），陆则乌耶路林顿，海则列路林，为最著矣。乌耶路林顿之政治的手腕，少超于凡庸政治家之上者，而决无经营一代指导万民之才。彼因不与铁道之下等乘客之便利，下层人民之游行于国中者皆反对之。而列路林之事更不堪言；彼于海军军人之外，殆无丝毫价值之人物也。

山县桦山高岛

返顾我国，试问彼等，军人之政治的手腕，有可赞赏者乎？拟之东洋之莫路多、列路林、乌耶路林顿而崇拜之者，若山县侯，若桦山伯，若高岛子，于明治之政治史社会史，果有何事而可特笔者乎？为干涉选举买收议员之作俑[②]，陷我社会人于腐败堕落之极点之罪恶者，非彼等实为其张本[③]乎？

吾非谩骂军人军队者，农工商中必有智者贤者，彼军人中亦必有智者贤者，我必踌躇而尊敬之。

---

① 林肯：即亚伯拉罕·林肯（1809 年 2 月 12 日—1865 年 4 月 15 日），美国政治家、思想家，黑人奴隶制的废除者。其任第 16 任美国总统期间，美国爆发内战，史称南北战争，林肯坚决反对国家分裂。他废除了叛乱各州的奴隶制度，颁布了《宅地法》《解放黑人奴隶宣言》。2006 年，被美国的权威期刊《大西洋月刊》评为影响美国的 100 位人物第 1 名。

② 作俑：本谓制作用于殉葬的偶象，后因称创始、首开先例为“作俑”。多用于贬义。

③ 张本：作为伏笔而预先说在前面的话，或为事态的发展预先做的安排。

军人之智者贤者

但若此之智者贤者，若非未经军队的教练与经战争之后之初生者，则必手铳剑，肩欲波列多胸勋章，虽有智者贤者，必不能为智者贤者也。彼等如何能智？如何能贤？其军人之职务，其军人的教育之功果，与社会全般，果有何利益也？

勿言习统一也；杀人之统一，有何尊乎？勿言服规律也，糜财之规律，有何敬乎？勿言生勇气也，破坏文明之勇气，有何奇乎？否则此统一规律勇气者，彼等出军营之一步，茫然不见其迹也。其所赢者，惟长盲从强者以凌虐弱者之恶风。

第四节
军国主义之弊毒

军国主义与战争者，不但不利社会文明之进步，而其弊毒，且足以戕贼之而残害之。

军国主义者又曰：古代文明历史出现之时，皆由于兵商一致之社会。彼等即举古代埃及古代希腊之事，以为军备进文明之佐证，而不知其误也。埃及既为武力的征服军备的生活之国，则何以竟然堕落，不能更持续其繁荣于数百年，保存其命脉于数千年乎？若夫希腊，则别当一考其价值也。

代文明

古代希腊之武事，诸邦实无同之者。斯巴达自始至终，固持军国主义，以调练为生活，以战争为事业，更无他矣。其于文明之事物，绝无关系也。至雅典[1]则未如此之甚。而白利克列士则曰：吾人虽以调练，自习劳苦；而一朝当事，吾人之勇气，不能保其不沮丧[2]也。吾人终日汲汲，为应战争之准备，以调练送其生涯者，不知凡几，而所恃者终不可恃，而谓之为大利益可乎？近世之守军国主义，果取斯巴达之说耶？抑取雅典之说耶？

雅典与斯巴尔达

无论彼等如何顽愚，决不敢弃雅典之文明之丰富，而赞斯巴达野兽的军国主义也。而照军国主义者之持说，则斯巴达又最合于彼等之最大理想，果何所适从欤？

军国主义者或曰：吾人之希望斯巴达者，诚以仿雅典之军国主义而不得，则不知其结果，不若斯巴达之为愈也。

白罗捧列西昂战后之腐败

且吾思之：虽若雅典，其军备者，与彼政治之改良，果何功乎？与其社会的品性之上进，果何功乎？彼等除煽起市民之战争之外，果何有利害乎？彼等从事于白罗捧列西们之战争者三十年，军国主义之利益与功果，发挥已达其极点，而其结果竟反之，唯腐败而堕落者何也？

他西志的斯之大史笔

白罗捧列西们之战争者，全希腊人民之道德，一扫而尽矣。其信仰已破坏，其理义已湮没，其凄惨之状后世犹为酸鼻者。他西志的斯尝述其状曰：

> 诸市府一闻骚扰之起，革命的精神之流行，速于置邮而传命，非悉将

---

① 雅典：今为希腊首都。位于巴尔干半岛南端，三面环山，一面傍海。雅典是世界上最古老的城市之一，有记载的历史就长达3000多年。古雅典是一个强大的城邦，是驰名世界的文化古城。希腊哲学的发源地，是柏拉图学院和亚里士多德的讲学场所的所在地。

② 沮丧：灰心，失望；伤心，灰心丧气。

从来之物件，不尽破坏而不已。其计图愈出愈暴，其复仇者亦愈出愈惨也。当时之议纶，绝无与实际之事物有确实之关系者。惟彼等适当之思惟，任其变更。以暴虎凭河者为义勇，以思虑慎密者为性者之口实，以温和者为软弱之假面，以颠狂的精力为真个男子之本性，身经万事，不必求其一事之成。其狂暴者则信任之，反之者则嫌疑之；不与徒党之隐谋著，目之以离间，以为畏敌之怯者，则以他恶事而挤陷之；更煽动良民，诱之以陷于罪恶；能复仇者则群起而尊之；各党派间之一致结全者，唯其势力相敌，各存于互不相下之间，方能压倒彼等之余党，而不为其奸策暴行所败，而又惟他部之复仇者伺之而至。以若是之革命，适酿成希腊人一切之恶德也。至于高尚之论，为天性之一大要素与质朴之一事，则目而笑之，几殆绝迹。惟丑陋之争阋，战斗之心，其炽如火，无一语足以调和彼等者，无一宣誓足以使彼等奉信者，其才智之卑劣，社会一致，非最惨之黑暗地狱欤！

呜呼！是非古代之最大文明国！其一切市民，皆经军队的教练者欤？赞美军国主义者，所养成战争之结果，诚如是也！我日本之军国主义，中日战争之后，社会人心之状态，仿佛似之，其将日见满足之势矣。

罗马

不更观夫罗马乎，彼等奋勇战斗，以夺意大利诸州之自由。其结果也，其罗马市民，所养成之品性何如也？所长育之美德何如也？其内国遂为屠杀惨淡之场。自马利亚巴与西路拉者出，遂变民政共和之国而为贵族专制之国，其自主之市民，皆为蠢尔之奴隶矣。

德列呼耶之大疑狱

最耸动近时世界之耳目者，法国德列呼耶之大疑狱是也。是为军政足以腐败社会人心较著之证例也。

其裁判之暧昧，其处分之暴乱，其流言之奇离与卑陋，举世之人，始讶然法国陆军之部内，几为藏垢纳污之所，而败类充斥于其间。然而不足怪也，军队之组织者，盖恶人所以逞其凶暴也。非与他等社会邪正之不能相容，故其藏垢纳污[1]，较他社会为更大也。何也？彼陆军部内者，压制之世界也，威权之世界也，阶级之世界也，服从之世界也，道理与德义，不容入此门内者也。

盖司法权之独立完全者，除东洋诸国之外，有如此暴横之裁判，暴横之宣告者，非陆军之部内乎？非军法之会议乎？此外未见若是之甚也。然而是实普通衙法所不为者也，普通民法刑法所不许者也。

利拉蹶然而起

而赳赳数万之貔貅[2]，无一人进而为德列呼耶鸣其冤，以促再审者，皆曰：宁杀无辜之一人，以掩蔽陆军之丑辱。而耶美路索拉乃竟蹶然[3]而独起，以彼如火如荼之大文字，洒淋漓之热血，不禁向法国四千万之人民蓦然[4]而注之也。

堂堂军人不如市井之文士

当是时也，若耶美路索拉噤而不言，彼法国之军人，遂亦一辞不赞；而德列呼耶永远无再审之期必矣。彼等之义勇，实不如市井之一文士；彼军人的教练者，如是无一毫之价值耶？

孟子曰："自反而不缩，虽千万人，吾往矣！"不谓此等之意气精神，惟见于耶美路索拉一文士，而不见于彼堂堂之军人，何欤？

或曰：抗长上者，乃军人不可为之事，且不得为之事也。德列呼耶之事件之际，法国军人之盲从者，未足以证彼等道心之缺乏也。果其然乎？然而更有著大之例以证之：

---

① 藏垢纳污：包藏容纳肮脏之物，比喻隐藏或包容坏人坏事。垢、污，肮脏的东西。

② 貔貅（pí xiū）：中国古书记载和民间神话传说的一种凶猛的瑞兽。古代风水学者认为貔貅是转祸为祥的吉瑞之兽。从古至今，上至帝王、下至百姓都极为注重收藏和佩戴貔貅，传说貔貅除了开运、辟邪的功效之外，还有镇宅、化太岁、促姻缘等作用。

③ 蹶（juě）然：疾起的样子。

④ 蓦（mò）然：忽然，猛然。

其志耶列路将军

今日转战于德兰士瓦路[①]之其志耶列路将军者，其于英国之军国主义与帝国主义，崇敬之如鬼神。不见彼之征苏丹[②]乎，发掘马志之坟墓以甘其心者，非其人欤？吴之子胥[③]为报父仇，而鞭平王之尸，在两千年以前，已为识者所唾骂；况于十九世纪之末叶，文明之时代，公然在大英国国旗之下而忍为之，举天下之人，尽为军国宗之信徒，推其发掘马志坟墓之心之理想，而委一国之政治于此残忍之手，非可大惧者耶？

俄国军队之暴虐

近日俄国军队之暴虐之见于北清[④]者，于通州[⑤]之一地方，为彼等所胁，赴水而死之妇女七百余人。即此一事，已足令人酸鼻而发指。试问军人的教练与战争的准备，果能养成高等之人格与道义者何在乎？彼与十三四世纪以来生于战斗死于战斗之哥沙克[⑥]相比较，则人格之高，道义之盛，理也，而与实事正相反，则又如何？

若军国主义真有扶植国民之智德，至于上进之地位之功果，则土耳其者，当在欧洲第一之高地位矣。

---

① 德兰士瓦路：德兰士瓦（南非语：越过瓦尔河），在1910年至1994年是南非的一个省，今分为豪登省、林波波省、普马兰加省三个省。1831年布尔人开始侵入，1852年成立德兰士瓦共和国（又名南非共和国），经英布战争，1902年沦为英国殖民地。

② 苏丹：非洲东北部、红海西岸的国家，为非洲面积第三大国。

③ 吴之子胥：伍子胥（前559—前484）。楚大夫伍奢之子，名员，字子胥，春秋时吴国的大夫。公元前522年，其父伍奢被杀，他逃亡入吴，帮公子光（即吴王阖闾）刺杀吴王僚，夺取王位。不久攻破楚国，以功封于申，又称申胥。后伍子胥带吴军伐楚，攻进郢都，寻找昭王没有找到，就掘开楚平王的坟墓，挖出其尸体，抽打三百鞭才罢休。

④ 北清：当时日本对清朝统治下的中国的称呼。

⑤ 通州：西汉初始建路县，后先后改称通路亭、潞县、通州、通县。1948年12月解放后分置通县、通州市，1958年3月县市合并由河北省划归北京市，1997年4月撤县设区。

⑥ 哥沙克：即哥萨克，东欧大草原（乌克兰、俄罗斯南部）的游牧社群，具有独特历史和文化的一个地方性集团。以骁勇善战和精湛的骑术著称，是支撑俄罗斯帝国于17世纪往东扩张的主要力量。现分布在顿河、捷列克河和库班河流域等地。

土耳其之政治

土耳其之政治，军国之政治也；土耳其之豫算也，军资之豫算也；自其武力而观之，决非弱国必矣。彼之霸权于十九世纪，虽全堕地；而拉瓦利之战而胜，而克利美亚之战而胜，而呼列甫拉之战而胜，而的沙利之战而胜，而彼竟为弱国者何也？

而是等之战绩，果足以自夸乎？抑亦不足以自夸乎？其腐败，其凶暴，其贫困，其无识，凡占文明的地步者，于欧洲中皆居最下之地位，非土耳其乎？其国家的运命，不绝如缕[①]，利哥拉士一世之所谓当以病人遇之者，非彼欤？

就德意志而概言之，其国民犹不失高等之教育，其文艺与科举，灿然犹有存者，然而经铁血主义军国主义一扫之后，当年高远之伦理的思想安在哉？

德意志一代道德之泉源

彼国民于欧洲曾为一代道德之源泉，若康德[②]、西鲁列路、耶鲁的路、国耶的、利易的路、呼伊易的、布隆志耶尼、马克斯、拉沙列、瓦克列路、海列等之名，皆为文明诸国所宗仰。其感化之实力，实广大而无垠也，而今安在哉？今者吾人于艺术于科学，尚有宗德意志者，而于哲学于伦理于正义人道之大问题，谁复独宗德意志之文学者乎？谁复渴望德意志人之教示者乎？除社会主义之理想，犹为中流之砥柱，尚有足为欧洲诸国之所宗仰者乎？

麟凤不栖于枳棘

然而不足怪也，麟凤不棲于枳棘，以彼俾斯麦莫鲁多将军之理想世界，而欲望阈耶的西鲁列路之再生，甚不易也。吾甚慨夫军国主义者，汝惟以乌伊路、

---

① 不绝如缕（lǚ）：形容局面危急或声音、气息等低沉微弱、时断时续。

② 康德（1724年4月22日—1804年2月12日），德国哲学家、天文学家、星云说的创立者之一、德国古典哲学的创始人。对现代欧洲最具影响力的思想家之一，也是启蒙运动最后一位主要哲学家。

耶路母、比耶罗、瓦路的路斯而得几何文明之进步乎？

德意志皇帝与不敬之罪

吾故谓军国政治之行一日：即国民之道义之多一日腐败也；暴力之行一日，即理论灭绝一日之意味也。德意志自俾斯麦公以后，其于欧洲顿失伦理的势力者，自然之理也。现时之乌阿路耶路母二世皇帝，其即位后十年间，以不敬罚罪者，至数千人；而是等罪人之中，有多数系丁年未满者，是我忠良之日本臣民之所梦想者也，犹希望是等之军国主义乎？犹希望是等军国政治之名誉乎？

第五节
决斗与战争

军国主义者更赞其战争曰：国家之历史，战争之历史也。如个人间之纷议，必依决斗而后得最后之判定；则国际之纷议，而得最后之判定者，则战争之功也。坤舆存国家之区别于其间，则战争自不可已。而有战争，则军备之必要，亦必不可已。且夫战争者，实吾人相较其强壮之力，坚忍之心，刚毅之性，所以发扬“真个丈夫儿”之意气精神也。若无军国宗之势力，则天下将变为懦弱巾帼之天下，夫岂然哉？

吾今不暇斥其言个人间决斗之是非利害，然以战争比决斗，极为不伦，可断言者。西洋之所谓决斗，即日本之所谓果合（原注：即中国之比武也），其目的所在，一为名誉，一为面目也（原注：面目，犹言体面之意）。其较力也，极占平等之地步，为公明之斗，而或一人伤，一人死，其事即止。至于他日，又无一毫之介于其心，真不失为丈夫也。至于战争，则全与之相反，其目的之卑污，手段之陋劣，所必至者也。

古之所谓扬名誉为一骑打胜负之战争（原注：一骑打，犹言一敌一，如剧场之战也），犹有似于决斗者；然而若是之战争，其迂阔为世所嘲笑。若夫战争之技俩，唯狡狯[1]耳，唯谲诈[2]耳；非如决斗者，占平等之地步，重公明之方法也。若以是而用之，宋襄之仁[3]，非千古之笑柄乎！

较猾智之术

然则战争者，惟较猾智[4]之术耳。其发达者，猾智之发达也。不见未开化之蛮人乎：其自以为巧计也，大抵出敌之不意，或伏兵，或夜袭，或绝其粮道，或设为陷阱。而其猾智之不及者，其身亡，其财掠，其地夺。优者适者，以长于狡狯谲诈而独存，于是乎用其寻常之智术者，非更无数之教习调练而不可；而是等之教习调练，因习之而愈精，而武器之技巧，亦相竞而愈进，是古来战争之技术，其发达进步大体之顺序也。

战争发达之第一步

战争所发达之第一步，唯其如何而陷挤敌人，其目的无论若何之卑污，其方法无论若何之陋劣，非所问也，是岂个人之决斗所可同日而语乎？是岂男子之美德所称强壮坚忍刚毅者所可互相比较乎？个人之决斗，其胜败定于最后之判决；至于战争，则复仇之后，又有复仇者，不知演出无数之惨事也。

战争所证者，隐谋也，诡计也，女性的行动也，狐狸的智术也，非公明正大之争也。社会者，决不以战争为必要；欲求人类之道义，非急脱出女性的狐狸的不可。今日之世界各国民，为此卑污罪恶之行，陷无数之年少投之于兵营之地狱中，以养成其野兽之性而已矣？

---

① 狡狯（jiǎo kuài）：诡诈，狡猾。

② 谲（jué）诈：欺诈，玩弄手段。

③ 宋襄之仁：春秋五霸之一的宋襄公，在与楚国的泓之战中，因为坚持自己的战术而失败。他认为要按照约定的规矩打仗，人们便将宋襄公的这种战术思想称为“宋襄之仁”。

④ 较猾智：较量诡诈与智慧。

爱田舍之壮丁

不见夫爱田舍之壮丁乎！其父母兄弟姊妹牵衣道泣，回顾其牛马鸡犬，亦有离别可怜之色；而有情之山水，如送如迎，征夫之肠断几许矣！从此长辞田园，以入兵舍，日夕以闻者，长官之严格，叱咤之声也；所见者，古参兵之残忍，凌厉[①]之色也；负巨肩重，奔走东西，忍疲耐饥，驰驱左右，如是者三年也，真痛苦哉！

饿鬼道之苦

日所给者，不过三钱耳，是殆乞丐之境遇也。果为烟草之费乎？果为邮税之费乎？甚且不免古参兵之虐遇，非赂以酒食之资不可，非供其小使之金不可。若稍富者，犹之可也；至若贫者，则此三年之久，实饿鬼之困苦也，实牛头马面之呵责也。而富者尚或以曾受高等之教育而免，或以身体羸弱[②]而免；而贫民之子，其能免此酷虐与困苦乎？果得谓之大公乎？然而彼等以为避忌征兵之检查，与脱走营舍，为自暴自弃[③]之极，往往宁死而不避之，其心事固可尊敬而哀愍之也。

夫如此者，既三年矣，归来所赢者何物乎？惟父母之衰老耳，田园之荒芜耳，而自身之行状亦堕落耳！果为国家之必要乎？果为吾人之义务乎？

军备夸扬之不休

夸扬军备之习不休，崇拜征兵之制不止，惟见兵营中产出无数之游民耳！惟见消糜无数之生产力耳！惟见蹉跎有为之青年耳！惟见兵营所在之地方增多无数之坏乱风俗耳！惟见行军沿道之良民，无故而受彼等之践踏耳，惟见为军

---

① 凌厉：意气昂扬，气势猛烈奋起直前的样子。

② 羸（léi）弱：软弱无力形容词。

③ 自暴自弃：自己甘心落后，不求上进。自己瞧不起自己，甘于落后或堕落。

备与征兵而使国民无一斛麦无一寸金耳！而况科举[1]文艺与高远之宗教道德与理想，非惟不能助之，非尽破坏之而不止也！

第六节
拥军人而不自宁

呜呼！世界各国之政治家与国民，何事而拥无数之军人兵器战舰而不自宁也，尽不速脱出彼野狐相欺病犬相噬之境，以期更进入于高远之文明道德之域乎？

彼等不知战争之罪恶，且不知其害毒，故彼等不知趋而避之也；彼等不知平和与博爱为正义之福利，故彼等不知希而望之也，何不断断乎废其对战争之准备而享平和与博爱之福利乎？

彼等不希生产之廉价与饶多，不希通商贸易之繁荣隆盛；而不知以军备消糜其莫大之资本耗损其莫大之生产力也，而不知以战争阻碍其通商贸易困顿之甚也；何不节省其军备与战争之费用而投之工商之业乎？

平和会议之决议

不见去年俄国皇帝主唱限制军备之会议，列国对之，决不能有一违言。英、美、德、法、俄、奥、白、意、土、日、清等二十余国之全权委员，非决议明认“以限制现今世界之重累之军备之负担，而增进人类之有形的及无形的福利”乎？（原注：《平和会议最后决议书》）而彼等非公认“协力以维持一切平和，竭全力以帮助平和的而处理国际之纷争，必欲国际的正义之巩固，以为国安民福之基础、公平正理之原则，依国际的协商，以定立其必要”关于仲裁裁判之规定乎？（原注：《国际纷争平和的处理条约》）何不推扩此意志与观念决然撤去其水陆之军备耶？

---

① 科举：中国隋唐以来封建王朝分科目考试选拔文武官吏后备人员的制度，也指这种考试。

仅一转步

彼等之言曰：今之军备者，即所以确保其平和也；其然，岂其然乎？彼功名之念炽虚荣之心盛之政治家与军人，大抵徒惧其铳炮之锈滥，徒惧其战舰之朽废，必觅其机而欲于实地以试之；如醉汉之持剑，睥睨[①]而欲试其锋，岌岌[②]乎殆哉！其确保平和者，仅一转步实为扰乱平和耳。然在两两相持威力相当欧洲列国之间，则名为势力均衡主义，始为确保平和者。若遇人少力弱之亚细亚与阿非利加，则又变为帝国主义以扰乱其平和焉。不见近时于中国与南阿乎？彼等汲汲于武装者，仅支持消极之平和，决不能撤去军备而享积极之平和者，何以故也？

彼等犹不能撤去其军备，役役劳劳而扩张之，不竭尽其国力而不止者，何也？此无他，彼等之良心，为其功名利欲所掩也，其正义道德之念，为动物的天性与好战心所压也，博爱之心，为虚夸所灭也，理义之念，为迷信所昧也。

猛兽毒蛇之区

呜呼！既能解个人之武装，国家何独不能乎？既能禁个人暴力之决斗，国家何独不能乎？二十世纪之文明者，犹未脱弱肉强食[③]之域也，世界各国民者，犹在猛兽毒蛇之区，不能一日高枕而卧也；非耻辱之极者乎！非痛楚之极者乎！而社会先觉之士，何漫然[④]而不加省也！

---

① 睥睨（pì nì）：斜视，有厌恶或傲慢意。
② 岌岌（jí）：形容事物已经达到了必须限制其发展的状态。
③ 弱肉强食：指动物中弱者被强者吃掉，借指弱者被强者欺凌。
④ 漫然：随便的样子。

第四章　论帝国主义

第一节
野兽求肉饵

野兽磨其牙，琢其爪，咆哮而肆威猛者，求其肉饵也。不能脱野兽的天性之彼等爱国者，养其武力，扩张其军备，自陷于迷信虚荣好战之心者，求其牺牲也。故爱国心与军国主义之狂热，达其极点之时，即为扩张领土之政策极其全盛之时，是固不足怪者。今之所谓帝国主义之政策之流行者，即是也。

领土之扩张

然则所谓帝国主义者，即欲建设大帝国之意味。建设大帝国者，即欲大扩张其领属版图之意味。而吾所悲夫大扩张领属版图者，盖以其因不正非义之意味，与腐败堕落之意味，而遂流于零落灭亡之意味也。何以言之？吾试申而论之：

夫建设大帝国者，惟主人与住民开拓草莱荒芜之山野而移植之，是固可嘉也。然而智术日巧，交通日便，今日浑圆之球上，何处而有无主无人之地乎？遍世界之内，既无无主人与居民者，彼等果能不用暴力，不为战争，不行谲诈，而能占取尺寸之地乎？欧洲列国之于亚细亚、阿非利加，美国之于南洋，其扩张版图之政策，非皆以军国主义行之者乎？非皆以武力行之者乎？

彼等皆为此政策，日费千万之金，日损数百人之命，动越期年，而不知其终局，役役劳劳，永远自苦，非为彼等动物的爱国心所鼓动勃勃不能禁欤！

建设大帝国者切取强盗也

唯思张其武威，唯思满其私欲，侵略他人之国土，掠夺他人之资财，杀戮他人之臣民，而臣妾之，奴仆之，而扬扬曰，是建设大帝国也。然即今其果能建设大帝国，究何异于窃取强盗之所为耶？

窃取强盗者，武士之习也，而非义不正之帝王政治家，所赞美而嘘助之者也！前世纪以前所谓英雄豪杰之事业，大抵如此。然默而察之，天决不恕此等之不正非义者也。古来彼等武力的膨胀之帝国，果能久远保守者乎？彼等之帝王政治家，其初为功名与利欲，若国内既能结合安宁，则必煽扬国民之兽性，以从征于外国也。战而胜之，则必扩张其领土以建设一大帝国。而国民则炫于颇荣，而军人则日长其权势，以压制酷虐新附之领土，以重征其贡租，夺掠其财货也。而继其后者，则领土之荒废困竭不平，叛乱相乘而起，而本国之奢侈腐败坠落随其后焉，而其邦家又更为其新兴之帝国所征服。古来武力的帝国之兴亡，其揆一也[①]。

武力的帝国之兴亡

昔在西比阿见加鲁些志之废迹而叹曰：罗马亦有如此之一日乎？然竟有如此之一日也。成吉思汗[②]之帝国安在乎？拿破仑之帝国安在乎？神功之版属安在乎？丰公之雄图安在乎？如朝露，如晨霜，消灭而无痕矣，若谓基督教国之帝国，决不灭亡，则罗马帝国之末年，非受基督教化者乎？若谓解放蓄奴以后之帝国，决不衰颓；西班牙大帝国之本土，非废蓄奴之制者乎？若谓工业的帝国，决不零落，木麦人及呼罗林他因人，非工业的国民乎？

国家之繁荣，决不因窃取强盗而得之也；国民之伟大，决不因掠夺侵略而得之也；文明之进步，决不在一帝王之专制也；社会之福利，决不在一国旗之统一也。惟在平和，惟在自由，惟在博爱，惟在平等。昧昧[③]我思之，我国北条

---

① 其揆（kuí）一也：那道理是一样的。揆，道理，准则。

② 成吉思汗：孛儿只斤·铁木真（1162 年 5 月 31 日—1227 年 8 月 25 日），蒙古帝国可汗，尊号成吉思汗，意为拥有海洋四方。杰出政治家、军事家。1206 年建立大蒙古国，此后多次对外征战，西达中亚、东欧的黑海之滨。1227 年在征伐西夏时去世，被密葬。

③ 昧昧：沉思的样子。

氏治下之人民，比忽必烈[①]之士卒，果谁得遂其生乎？今日白耳义[②]之人民，比俄、德诸国之人民，其享太平之幸福，孰为优劣乎？

国旗之零落

故以工商业而建国旗者，与帝国主义而建国旗者，固相殊[③]也。否则其国旗之零落，可立而待也。前车既覆，后车继徇其轨，如走马灯之回转，不知其所究极，吾不禁为西比阿而叹息，又不禁为今日欧、美诸国之末路而惕惕然[④]惧也！

第二节
国民之膨胀乎

然帝国主义者曰：古之建设大帝国之帝王政治家，为功名利欲所驱使，是洵然矣。然今之扩张领土者，为其人民膨胀之不得已也。古之帝国主义，为个人的帝国主义[⑤]；今之帝国主义，为民国的帝国主义[⑥]；决不得以古之非义致恶害，而律今之世界也。

是真然乎？今之帝国主义，果为国民之膨胀乎？是非少数之政治家与军人，功名心之膨胀乎？是非少数之资本家与少数之投机师，利欲之所膨胀乎？但见彼等所谓“国民膨胀”之一面而不见多数之国民，乐于战斗之生活者之甚激也，而不见社会上贫富之益悬隔也，而不见贫穷者饥饿者与无政府党及诸般之罪恶者之益增加也。以彼等如是之多数国民，何遑能为无限之膨胀也？

---

① 忽必烈：孛儿只斤 · 忽必烈（1215—1294），蒙古族，卓越的政治家、军事家，元朝的创建者。监国托雷第四子，宪宗蒙哥之弟，蒙古尊号薛禅汗。在位期间，建立行省制，加强中央集权，使得社会经济逐渐恢复和发展。同其祖父成吉思汗一样，是蒙古民族光辉历史的缔造者。

② 白耳义：比利时。

③ 固相殊：本来不相同。

④ 惕惕然：心怀戒惧。惶恐的样子。

⑤ 个人的帝国主义：个别人主张的，不代表国家策略的帝国主义。

⑥ 民国的帝国主义：国家意识全民共识的帝国主义。

少数之军人政治家资本家

而彼少数之军人政治家资本家，不惜妨害多数国民之生产，消糜其财货，掠夺其生命，以建设其大帝国也；不惜牺牲其多数其自国国民之进步与福利，而胁吓凌虐彼贫弱之亚细亚人阿非利加人[①]及菲律宾人也，而名为国民之膨胀，真耶？妄耶？假使此多数之国民，不与闻此政策，未见其膨胀也，惟为彼等野兽的好战心所煽起，不一时为爱国心之虚荣迷信狂热之发越也，其非义与毒害，决不让古帝王之帝国主义明矣！

德兰士瓦路之征讨

英国之征德兰士瓦路也，夺波亚人之自由与独立，夺其大利之金矿，以统一阿非利加于英国国旗之下，纵贯其铁道；而少数之资本家工业者投机师之利欲，于是满足也，而些须路罗德之野心，与志扬巴林之功名心，于是满足也。而彼等为此无用之目的，任其如何之惊恐而不顾，但求为其牺牲而已矣！

1899 年 10 月，自德兰士瓦路战争开始以来，距吾著此书起草之时，方五百日，其间英兵之死者，已达一万三千，负伤者倍之，因伤而（支）［肢］体不具，免兵役而归者三万人，土人之死者，不知其数也，呜呼惨哉！

牺牲数万人鲜血之价十亿万元

不更见为彼等财政的牺牲乎！为其二十万之兵士曝于[②]二千里之外，为其往返多数之船舶一日之费，实计二百万圆。彼等非以十亿圆之富丽购两国国民之鲜血乎？而其间之金矿，以战争而停止采掘者，殆减二亿圆金之出产，非独两国之不幸，其影响于世界之福利者，尚不鲜[③]也！

---

① 亚细亚人阿非利加人：亚洲人和非洲人。

② 曝（pù）于：暴露在。

③ 不鲜（xiǎn）：不少。

至若土人之惨状，尤为可悯，彼等为英人之囚虏，窜于新德耶列拉者六千人，流于锡兰岛者二千四百人。今者其志耶列路将军，更送一万二千人于印度，而两共和国之壮丁，凋残殆尽矣。田园荒芜，庐宇倾灏，兵马所经，野无青草。呜呼！彼等果何咎[①]乎？果何罪乎？

既如此矣，今之帝国主义者，犹得谓非非义不正乎？非横暴毒害乎？可容于有高尚道义之国民乎？可容于二十世纪文明之天地乎？

德意志之政策

以尊自由爱平和称于世界之英国，犹然如此，更何论于德意志矣。彼德意志者，固军国主义之化身也；众大扩张其海陆军备，常以多数贵重之事物，供其牺牲，更无足怪矣。去年北清之乱，德意志皇帝复仇之语，不绝于口，派瓦路的路斯将军，特至东亚。

德意志社会党之决议

是年9月同国社会党大会之决议，于德意志帝国主义之真相，喝破而无余蕴矣。

马易索开德意志社会党之总会，其决议摘录于左：

> 德意志帝国政府于支那战争政策者，出于资本家之利益狂心，与建设大帝国之军事的荣誉心，掠夺的情欲心而已。此政略者，以强制的领有外国之土地，抑压其住民为主义者也。此主义之结果，掠夺者振其兽力以逞其破坏，以强暴非义之手段，充其吞噬之欲，决其彼之受虐待者，断不敢向掠夺者而试其反抗之力也。虽然，是等之兽力，仅足以欺压彼之老大帝国耳！而海外之掠夺政策及征服政策，必唤起列国之嫉视与竞争，于是海陆军备之负担，不至不堪而不止。国际上之葛藤，必招危险，则世界一般

① 何咎（jiù）：什么罪过？咎，灾祸，不幸之事。

之混乱，不知其所税驾[①]矣。我社会民主党者，与‘人间与人间’互相抑压互相灭烬之主义为反对者也，断乎必与掠夺政策征服政策为反对，以保护人民之权利，而尊重自由与独立，依近世文明之教义，与世界各国文化之关系及交通之关系而保持之，是吾党之所希图也。现今各国中流社会及军事上之有势力者，所应用之教则，皆为对文明的之大侮辱，是吾党之所必反对也。

何其言之公明高尚也，所谓炳乎与日月光者，非此论乎！

然则依掠夺征服以图扩张领土欧洲诸国之帝国主义者，是对文明人道之大侮辱，不待言矣。进而再征美国之帝国主义，其非义与不正，亦岂让于彼耶？

美国之帝国主义

美国之初，则助起耶巴之革命党以与西班牙战，自称为自由为人道，以除其虐政，若真有若此之高义足以发扬公理者。若起耶巴之民，果真感恩慕德，以希为美国治下之民，则并之亦何不可。而美国者必百方诡计以摘发起耶巴岛民煽动教唆之迹，而乘其隙焉，卒至于吞并征服菲律宾群岛而后止，是犹可恕欤！

菲律宾之并吞

彼美国者，果真为起耶巴革命党之自由而战乎？而何束缚菲律宾人民自由之甚也！果真为起耶巴之自主独立而战乎？何侵害菲律宾自主独立之甚也！反其人民之宗旨，而以武力暴力而强压之，羡其地之美富而为攘夺[②]之计，实为光彩灿烂之文明与自由之侮辱，而美国建国以来历史上之秽史[③]也！夫彼吞并菲律宾之富地，于美国固有多少之利益，然为一己之利益而背文明之公理，可乎？

---

① 税驾：犹解驾，停车。谓休息或归宿。税，通“脱”。

② 攘（rǎng）夺：掠夺，夺取。

③ 秽（huì）史：歪曲历史本来面目的史书。

则古之武士窃取强盗之主义，亦为一己之利益故也；彼等将其祖先独立之檄文，建国之宪法，孟罗之宣言，置于何地耶？

独立之檄文建国之宪法奈何

姑勿论夫扩张领土，非国家生存之必要，出于不得已也。而彼等出师之初，非高唱自由与人道乎？忽变而借口为国家生存之必要，何其坠落之太速也！

假如彼等之言，非扩张领土也，而为美国经济的生存危险也；然彼纵不并吞菲律宾，其所得之利益未必不如之也。果借菲律宾而救其危险乎？果有生存一日不可缓之势乎？果有衰亡即在时间之问题乎？彼等之土地之人口，彼等之资本以企业的无限之势力，而敢设此悲观的口实，果欺人耶？抑亦自欺耶？

美国之危险

吾所敢决然而信者，将来美国国家生存之危险，万一有之，其危险决不在领土之狭，而在扩张领土之究极[①]也；不在对外势之不张，而在社会内部之腐败衰落也；不在市场之少，而在富厚分配之不公也；不在自由平等之灭亡，而在侵略主义帝国主义之流行跋扈[②]也！

美国隆盛之原因

则试研究美国今日所以致若是之隆盛繁荣者，自由耶？压制耶？理义耶？暴力耶？资本的势力耶？军备的威严耶？虚荣之膨胀耶？勤勉之企业耶？自由国主义耶？帝国主义耶？今日彼等为一种功名利欲，为爱国的狂热，竞入邪径而不返，吾为彼等前途之危险而大惧，吾又为自由正义人道而深悲也！

---

① 究极：古代哲学道家术语。穷尽，终极，穷途末路的。

② 跋扈（hù）：专横暴戾，欺上压下。

德莫克拉多党之决议

去年之秋，美国呼易阿瓦州之德莫克拉①多党议之一节，深得我心矣！其言曰：

吾人之反对征服菲律宾者，盖深痛夫帝国主义，即军国主义意味也。盖深痛夫军国主义，即武断政治意味也。盖深痛夫武断政治者，即合议政治死亡之意味也，即政治的及工业的破坏其自由之意味也？即杀害世界之权利平等歼灭世界之民主制度之意味也。

然则帝国主义之所极，必行如此之不正与害毒明矣。

第三节
移民之必要

英、德之帝国主义者，以为建设大帝国之必要，第一之论据，则在移民。彼等扬言曰：今日我国之人口，日益繁殖，而贫民日益加增，所以扩张版图者，不过移住人口所不得已者也。贸贸然②闻之，于理亦似尚近也。

人口增加与贫民

然而英、德之诸国，其人口之增加，实事也。至若贫民之增加，别有因由，而可归于人口之增加耶？欲救济之，舍移住海外之外，遂无策耶？是殆未尝一考也。如彼等之言，即其论而研究之，人口多者财富乏，人口少者财富饶足，果有是事耶？是可笑之甚也！是实未知社会进步之大法也，未知“纳脱来尔塞因士”也，未知经济之学理也。

---

① 德莫克拉：德莫克拉西（Democracy），译作民主，德莫克拉西制度即多党制。

② 贸贸然：对事情或当时情况未能全面了解，就做出决定或行为。形容不假思索做出的决断。

禽兽鱼介者，皆食自然之食物者也，食者益多，则食物益减，必至之理也。若夫人者，生产的动物也，有利用天然力内得其衣食与生产之知识与能力；而此智识与能力者，一年异于一年，一时代异于一时代，骎骎[①]改良，以增加其进步者也。故自殖产的革命之行以来，世界之人口同时已增数倍，其财富亦渐增数十倍矣。故英、德诸国者，非实占取世界财富之大部，而尚借口贫民欤？

虽然，德之财富，既冠世界矣，而贫民仍日增加者，岂人口充溢之罪？盖别有因由存乎其间也。

贫民增加之原因

彼等贫民增加之因由，因现时经济组织与社会组织之不良，因资本家与地主垄断法外之利益与土地，因财富分配之失其公平。故自吾而策之，非依真正文明的道义与科学的知识，以除去此弊因不可。但如移民之策，不过一时之姑息，灌肠的治疗耳！纵令全国之民，移往净尽，而贫民仍不能绝迹于世界也。

更推而求之，彼之移民者，果为对人口充溢与贫民增加之惟一救济策，而彼等果非为扩张版图之必要乎？非为建设大帝国之必要乎？彼等之人民，非隶于本国国旗之下而能生活乎？则何不见诸实事，以释吾人之疑也。

英国移民之统计

英国版图之广大，既以遍于“日所照处”而见称于世界矣。自1853年至1897年之间，英人及爱兰人移住海外者，约八百五十万人，其自国而赴殖民地者不过二百万人，其余之五十万人皆自北美合众国[②]而至者也。今据1895年英国移民之统计，表之于左，以备吾人之考察焉：

北美合众国	195 322［人］
澳洲	10 809［人］

① 骎骎（qīn）：渐进的样子。

② 北美合众国：即美利坚合众国，美国。

北美英领土 22 357 ［人］

其自自国而赴领土者，不过对六之一之比例耳。

彼等移民者，不必问其必自乡里也，不必问其必自母国[①]之版图也，故知彼帝国主义借口移民为必要者，决无理由也。

吾之痛恶移民之事者，非如司拔路他人恶其奴隶人口之增加而杀戮之也，必求进步之方法，此固毫不容疑者。盖世界之中，扩张所得之领土，本来有限，而人口之增加仍无限也，若必移民于自国之领土，其困追可坐而待也。

移民与领土

昧昧找思之：英、德诸国之初向亚细亚、阿非利加无人之境，而求其领土而分割之；而所移之民遂充满于所分割之领土；而更进而求其余之领土，至无余地。于是彼等诸国，非相杀相夺而不可。而武力强大之一国不得不取他国之领土而移殖之；而其所得之领土，不数年而又充满，而后来者又复困迫零落而无策焉。帝国主义者之理论之目的如此也，甚哉其非科学之所能实测也！

更就一面而观之，彼法国之扩张领土也，如火如炽，求之不已。然彼之人口，决不见其增加也。其贫民则比较的，未见其多也。彼以移民为必要者，又何说也？

今日之美国，亦求扩张领土者也。非关其人口之增加以移民为必要者，明矣。美国领土之大，天富之饶，世界移民之就之者，如百川之朝宗也。而以英国之人为占其多数，若德意志人，自 1893 年至 1897 年之间，移住海外者二十二万四千人，其十九万五千人皆自美而移者也。而瑞西[②]、和兰[③]、斯康已拿挪诸国之移民者，亦皆如之。世界各国之移民，将欲并吞美国，而美国独复奖励移民者，岂真人民之膨胀欤？

伊太利[④]糜财巨万，杀人盈野，苦斗不已，所得马比西尼亚，广漠之殖民

① 母国：祖国。
② 瑞西：今译为“瑞士”。
③ 和兰：今译为“荷兰”。
④ 伊太利：今译为“意大利”。

地，其所移民，皆赴南北两美外国国旗之下者也。

大谬见

吾故断而言之，名为帝国主义而建扩张领土之政策以移民为必要者，是大谬见也。若夫仅以移民为口实，是不徒欺人，而实自欺之甚者也，皆不足论者也。

第四节
新市场之必要

帝国主义者万口同声曰：欲以商务而建国旗，则扩张领土者，实为我商品求市场最急之要务也。

吾不知欲益列国交通之便利，欲益列国贸易之繁荣！而英国物品之市场必不在英国国旗之下，而必移民以求之；德国物品之市场，必不在德国国旗之下，而必移民以求之，吾真不解其理由之何在也？吾人之贸易，非强以武力暴力，则必不得行之，吾又不解其理由之何在也？

黑暗时代之经济

黑暗时代之英雄豪杰者，为希自国之富盛，故常侵掠他国，劫掠其财富，征收其贡租，成吉思汗、帖木儿[①]之经济固如此也。若帝国主义者，亦唯压倒其余之民族，侵夺其土地，臣仆其人民，强其买卖，以为其经济的主义，何异黑暗时代之经济也？是文明时代之科学，所决不许者也！

---

① 帖木儿：帖木儿出身于突厥贵族，与西察合台王族有姻亲关系，自称是成吉思汗的后人，但得不到成吉思汗黄金家族的承认。帖木儿帝国（1370—1507），是中亚河中地区的突厥贵族帖木儿于1370年开创的大国，首都为撒马尔罕，后迁都赫拉特。鼎盛时期，其疆域以中亚乌兹别克斯坦为核心，从今格鲁吉亚一直到印度，囊括整个中、西亚各一部分和南亚一小部分，1507年亡于突厥的乌兹别克人。

生产之过剩

试问彼等何以为开拓新市场之必要？曰：苦于资本之饶多，与生产之过剩也。呜呼！是何言哉？为彼等资本家工业家苦于生产之过剩；就其一面而观之，而不见数千万之下层人民号泣而诉其衣食之不足也。彼等生产之过剩，非真为其需用也，为多数人民购买之力不足也。多数人民乏于购买之力者，财富之分配，失其公平，而贫富之悬隔[①]太甚矣。

今日之经济问题

欧、美贫富所以悬隔太甚者，以富者之资本，由堆积于一部少数之手；而多数人民之购买力，遂至极其衰微；实现时自由竞争制度之结果，亦由于彼等资本家工业家对其资本而为垄断[②]法外之利益也。故欧、美今日之经济问题，数受其压伏；其余未开化人民，强其消费其商品，则非增进其自国多数人民之购买力不可；欲增进自国之购买力，非禁其资本家垄断法外之利益，对一般劳动者，公平分配其利益不可。欲分配之公平，非改造现时之自由竞争制度之根本而确立社会主义的制度不可。

建立社会主义的制度

果能如此，资本家之竞争必无可垄断之利益矣；既无垄断之利益，则多数之衣食分配必能公平；多数之衣食既足，则生产必无过剩之事；生产既不忧过剩，又何必假国旗之威严以行帖木儿的经济乎？果能如此，则实所谓文明的也，科举的也，而亦实为道义的也。

---

① 悬隔：相隔很远，差距很大。

② 垄断：经济学术语，一般分为卖方垄断和买方垄断。卖方垄断指唯一的卖者在一个或多个市场，通过一个或多个阶段，面对竞争性的消费者；买者垄断则刚刚相反。理论推断垄断者在市场上，可以根据自己的利益需求，调节价格与产量。

破产与堕落

而欧、美之政事家商工家，而计不出此，惟夸一时之虚荣，本永远以行其垄断之策，为扩张海外之领土，而抛莫大之资，滔滔日下而不知其所底，而其结果空何如乎？惟见其政府之财政日益膨胀也！资本家之利益吸收也，商工家之利益狂急也，分配之贫富益不公也；而领土之扩张则愈大，而贸易之总额则愈增进，而国民多数之穷则愈增加，不至于破产坠落而不止！

游牧的经济

纵令彼等扩张领土之费用，其困竭不至于如吾前之所云，以至于破产坠落，则诚幸矣。然而如今日列国竞争之势，所谓求新市场者，将来果存几何之余地乎？至无余地之际，则必坐而待饥而后可；否则必列国互起相斗相夺而后可。不见夫逐水草而游牧者乎，水草既尽，则必束手待毙；否则非相杀相掠，则有不能自存之势矣。帝国主义之经济，夫岂游牧经济耶！

然而彼等为求新市场之余地，列国相掠之兆，今日见矣。英人曰："德意志，吾市场之敌也，非击破之不可。"德人曰："英吉利者，与吾竞争者也，非压倒之不可。"而两国战争之准备，惟日不足，奇哉！彼等之通商贸易，不在相互之福利，而在损他人以自利也；不在竞平和之生产，而在事武力之争夺也。

英国之贸易

夫英国者，非德意志贸易之最大（顾）［雇］主耶？德意志者，非落英国贸易（顾）［雇］主第三位以下者耶？两国之贸易，最近十年之间，增加既至数千万。英国对德国之贸易额，与其在澳洲者比较虽不无逊色，而和加拿大与南阿相比，则敻乎大[①]矣。而德国输入英国之资本，其利用者亦甚鲜少。

---

① 敻（xiòng）乎大：远大。敻，远。

华主之杀戮

而彼等或欲击破之压倒之而后快，是其贸易之大部，必起绝大之杀机而后已也。其余列强之关系，大抵如此，若天下之商人，皆杀戮其（顾）［雇］主以夺其财货，而谓为得货殖①之诀，可笑之事，孰有甚于此乎？彼欧、美诸国之欲排抑他人而图自国之利者，何其与此相类之甚也！

吾所痛心疾首而不能已于言者，盖尝研究而推其极矣。今之所谓市场扩张之竞争者，亦犹军备扩张之竞争也；关税之战争者，亦犹武力之战争也。彼等之所以苦人者实所以自苦，彼等所以抑他人之利益者实所以自抑其利益，而使其多数之国民以陷于困迫饥饿腐败灭亡也。吾故曰：帝国主义之经济者，蛮人的经济也，帖木儿的经济也，不正也，非义也，非文明的也，非科学的也，逐政事家眼前之虚誉，而为投机师博一时之奇利也。

日本之经济

退而自观我日本之经济，更有甚者。我日本者，亦欲借武力而建国旗于海外者也。而我国民投几何之资本于此国旗之下，于此市场，能制造几何之商品，于是而果扩张一领土，则武人必益跋扈，政费必益增加，资本必益欠乏，生产必益萎靡，我日本将持帝国主义而进乎！其结果惟如此而已矣！

其愚不可及

欧、美诸国之帝国主义者，则藉口于资本之饶多，生产之过剩，而日本经济之情，实则全与之相反。欧、美诸国之建设大帝国者，其腐败与零落，虽可决然，然犹或有若干年间夸其国旗之虚荣。至我日本苟或建设帝国，岂能维待一日？而多数之军队，拥战舰者而大呼曰："帝国主义！"我日本之主唱帝国主义者，其愚不可及哉！

---

① 货殖：利用货物的生产与交换，进行商业活动，从中生财求利。

第五节
英国殖民地之结合

英国之帝国主义者又曰：吾之讲求武备者，盖欲统一结合，以巩固殖民地之全体耳。此说者尤彼好战的爱国者之所喜也，而其可笑之甚，不足一道矣。

不利与危险

彼等英国之民所以防备不懈慄慄危惧[①]者，非为其领土过大欤？彼等各殖民地之人民，当其生于母国也，几不耶生；为得其自由，为求其衣食，远适[②]异国，始为移住之人民也。今幸而得遂其志而享繁华之幸福，何苦更隶于大帝国统一之名下，甘受此国之干涉桎梏[③]乎？何苦更为母国而负担其莫大之军资与兵役乎？何惮于离其母国而自立于欧、美列国纷争之际乎？其不利与危险，盖莫大于是矣。

小英国当时之武力之斟酌

夫武力之无用与罪恶，前既言之矣。然用为防备自国之必要，此又列国不可告人之隐慝[④]也。故其防备之周，武威之炽，惟因其领土之广大也，惟因建设大帝国之防范也。不见击破夫呼伊尼布二世之西班牙大帝国者，非当时之英国而在于所谓小英国者乎？击破路易十四世大帝国者，非当时之英国，而在于所谓小英国者乎？

然则彼等武力，放灿烂之光彩者，惟当时之小英国为最著耳。故彼等之唱帝国主义者，慎其防备，而尤引为至忧，故断断乎不许各殖民地之独立也。惟

---

① 慄慄危惧：非常担忧害怕。《书·汤诰》："慄慄危惧，若将陨于深渊。"慄慄，畏惧的样子。

② 远适：远往，远行。

③ 桎梏（zhì gù）：古代的刑具，在足曰桎，在手曰梏，类似于现代的手铐、脚镣。引申为束缚、压制之意。

④ 隐慝（tè）：别人不知的罪恶，不可告人的罪恶。

其如此，彼等始得高枕而卧，而各殖民地之人民，亦减其自由之福利，而彼等然后快于心矣。

英国繁荣之原由

然吾细察英国之繁华膨胀者，决非因其武力也，实因其饶多之铁炼石炭之膨胀也；决非因其武力之侵夺劫掠也，实在其平和之制造工业也。而彼等偶一误其目的，而逞其野兽的人性，以逐古代帝国主义之迹；其遇殖民地之人民，概以帖木儿的经济之手段施之。既而惩于合众国之离叛，幡然乃改其图，始许各殖民地之自治。故彼等领土之广大者，征其实事，决非帝国主义者之所谓帝国徒以形成言之也。惟其血脉语言文字无不相同，为其有真个之同情，故其贸易自有相互之利益，能联合而持永久之运命以致无限之繁荣也。

大英帝国存在为他日之问题

然则英国者，使其早醉于武力的虚荣，汲汲纵横于大陆诸邦，岂能致今日之广大乎？今日虽云广大，然将来为其国旗与武力之光荣，而冒各殖民地之不利与危险，以失其同情之感，则将来大英帝国之存在与否，实他日之一问题也。

而今日彼志扬巴林勃勃之野心，将继比德志士列利之衣钵[①]，率此平和的大国民，沉湎[②]于军国主义帝国主义之恶酒，以履古来之武力的帝国灭亡之辙；吾深为此有名誉之国民所太息也。

其布林达克与宾列

然此急功名之军人政治家，逐奇利之投机师，犹可恕也。至若具特出之智识与学术，于国民之心灵的教育，有无限之责任之文士诗人，胥[③]率而唱道武力

---

① 衣钵：原指佛教中师父传授给徒弟的袈裟和钵，后泛指传授下来的思想、学问、技能等。衣，袈裟；钵，钵盂。

② 沉湎：沉溺。多指嗜酒无节制。

③ 胥（xū）：全，都。

之膨胀，实可痛之极也！如英国之其布林达克与宾列，其最甚者。

帝国主义者猎夫之生计也

彼等野兽的爱国者为逞其野心，而自赞美曰：国旗之光荣也，伟人之勋业也，国民的思想之唤起也，孰不以生于些须路罗之英国为幸也？孰不崇拜其志耶列路之功绩也？一为扩张我帝国数千里之版图，一则以雪加母之国耻，以蛮野犷悍之俗，而代之文明平和。故帝国主义者，于野蛮人则讨伐之，歼灭之，以布饰和平之治也。呜呼！帝国主义之生命活力，唯在蛮人存在之期间乎？亦如猎夫之生计，唯在其附近山野之飞鸟与走兽乎？帝国主义果其如此乎？

南阿已平定矣，试问罗志更于何处而再求南阿欤？斯唐既征服矣，试间其志耶列路更于何处而求斯唐欤？至若讨伐蛮人者，彼等不知大失其国旗之光荣也，消灭其国民的思想也，污坏其伟人之勋业也。果若是者，岂帝国主义前途之佳境欤？

若其布林达克君与宾列君者，唯以大言壮语煽起国好战之心而已，其思想不暇他及①也。自吾视之，大类于儿戏也，真个希社会文明之进步与福利者，岂若是哉？

第六节
帝国主义之现在与将来

自前所述者而考察之，所谓帝国主义之现在与将来，不难知也。彼之爱国心，如此其卑也；其军国主义，其如此其恶也；而本是以行其政策，其结果不至于坠落与灭亡而不止也！

彼等之所谓建设大帝国者，非必要，实欲望也；非福利，实灾害也；非国民的膨胀，实灾害也；非国民的膨胀，实少数人功名野心之膨胀也；非贸易，实投机也；非生产，实强夺也；非扶植文明，实坏灭他人之文明是也。岂社会文明之目的耶？是岂经营国家之本旨耶？

---

① 不暇他及：没有空闲考虑其他的事情。

勿言为移民也，移民非扩张领土之必要也；勿言为贸易也，贸易亦非扩张领土之必要也；扩张领土之必要者，惟军人政治家之虚荣心，惟投机师趁金矿及铁道之私利心，惟供军需所用之商人之垄断心而已！

国民之尊荣幸福

夫国民之尊荣幸福，决不在领土之伟大，而在道德程度之高；决不在武力之强盛，而在理想之高尚；决不在军舰兵士之多，而在衣食生产之饶。英国昔日之尊荣与幸福，而能抚有强大之印度帝国者，是时也，果有一些斯比亚者在欤？果有一加拉伊路者欤？果谁欺？其自欺乎？抑亦欺人乎？

德意志国大德意志人民小

沙亚、罗巴德莫、利耶路氏曾评俾斯麦[①]曰："彼盖误以德国为大，而以德国之人民为小也。不知仅以领土之伟大，而与国民之伟大者，乃反比例也。彼等之欲建设大帝国者，惟其武力之膨胀也，野兽的天性之膨胀也，彼等但富其国，而贫其人民也；但强其国，而弱其人民也；但光辉其国威，而衰败坠落其人民也。故曰帝国主义者，其国大，其人小。"

一时之泡沫

国民既小矣，而国家岂能独大乎？如其大也，不过一时之泡沫耳，空中之楼阁[②]耳，沙上之爪印耳！罡风[③]忽起，雾散云消，是古来历史之所独照也。哀哉！世界列国，竞向于若此之泡沫的膨胀力，而自趋于灭亡，不自知其危险也！

---

① 俾斯麦：奥托·冯·俾斯麦（1815 年 4 月 1 日—1898 年 7 月 30 日），劳恩堡公爵，普鲁士王国首相（1862—1890），德意志帝国首任宰相，人称"铁血宰相"。

② 空中之楼阁：空中楼阁，指悬于半空之中的城市楼台。比喻虚构的事物或不现实的理论、方案等。

③ 罡（gāng）风：强烈的风。

日本之帝国主义

我日本之今日亦此主义狂热达其极点之时也，扩张十三师团之陆军，三十万吨之海军，增大台湾之领土，遣派军队，干涉北清之事件，以扬其国威与国光；军人之胸间，装饰无数之勋章，众议从而赞美之，文士诗人从而讴歌之，而是等之武力，有几何之关系于我国民者乎！有几何之福利与我社会者乎？

其结果

八千万圆之岁计，不数年则三倍之。经营台湾者，自占领以来，夺去内地一亿六千万之费，二亿之偿金，倏尔[①]消失，而财政日益紊乱。输入者益超过之，政府遂不能不增税，以增税之故，于是市场益困迫，风俗益颓废，罪恶者亦日加增。而改革社会之说，则嘲骂以迎之；教育普及之论，则冷笑以遇之。国力日竭[②]，民命日蹙[③]，若是之境，果从流而忘返；则数年之后，吾恐东洋之君主国，有二千五百年之历史者，殆如黄粱之一梦[④]也！呜呼！是非我日本帝国主义之功果欤？

吾敢断言之曰：帝国主义之政策，为少数之欲望，而夺多数之福利者也；为野蛮的感情，而阻碍科学的进步者也；歼灭人类之自由平等，戕贼[⑤]社会之正义道德，破坏世界之蠹贼[⑥]也。

---

① 倏尔（shū ěr）：迅疾的样子，常形容时间短暂。

② 日竭（jié）：一天天枯竭。

③ 日蹙（cù）：一天天紧迫。

④ 黄粱之一梦：黄粱梦，唐沈既济《枕中记》载：卢生在邯郸客店遇道士吕翁，生自叹穷困，翁探囊中枕授之曰：枕此当令子荣适如意。时主人正蒸黄粱，生梦入枕中，享尽富贵荣华。及醒，黄粱尚未熟，怪曰："岂其梦寐耶？"翁笑曰："人世之事亦犹是矣。"后以"黄粱梦"喻虚幻的事和不能实现的欲望。

⑤ 戕（qiāng）贼：残害。戕，残杀。

⑥ 蠹（dù）贼：蠹，蠹虫；贼，蟊贼。比喻危害百姓者。

第五章　结论

新天地之经营

呜呼！二十世纪之新天地，吾人果如何经营而求其完全欤？吾人欲世界之平和，而帝国主义则扰乱之也。吾人欲自由与平等，而帝国主义则破坏之也。吾人欲生产分配之公平，而帝国主义则激成之而使之不公也。文明之危险，实莫大焉！其奈之何！

二十世纪之危险

是非吾之私言也，去岁“纽约瓦德”新闻以《二十世纪之危险》为命题，而征求欧、美诸名士之意见，答之者无不以军备主义与帝国主义之可恐为言。呼列的利巴尼林曰：将来政治上之危险，惟在欧洲列国，蓄积军队兵舰及军资之过甚。其结果也，即诱彼等之统治者及其人民，而争羁权于亚细亚及阿非利加之野而已。桑希尔曰：二十世纪之危险者，中古之思想反动的兴起之军国主义是也。加伊路巴路志曰：最危险者莫若军国主义矣。加路布拉因德曰：最危险者，帝国主义也。

比拉多之流行

然则帝国主义之可忌可恐者，亦犹耶斯德之流行也。其所触者，不至灭亡而不已。彼之所谓爱国心者实病菌也，所谓军主国义而实传染之媒介也。盖自十九世纪之末，法国革命之大清洁法者，扫除欧洲之弊恶，几将归于湮没。自后英国 1832 年之改革，法国 1848 年之革命，希腊之独立，皆所以防御此时疫也。而其间若拿破仑若美的路易若俾斯麦辈撒布此病菌于天地之中，至今日而又发生者也。

爱国的病菌

至于今日，此爱国之病菌蔓延于朝野上下之间，而帝国主义的耶斯德传染于世界列国，不尽毁破二十世纪之文明而不已。有忘改革社会之健儿，以国家之良医自任之仁人志士，非乘时奋起而急救之，其忍袖手默视耶！

大清洁法大革命

然则果如何计以应今日之急症也？曰：无他，惟更向社会国家再施其大清洁法。质而言之，开始世界的大革命之运动耳。变少数之国家为多数之国家，变海陆军人之国家为农工商人之国家，变贵族专制之社会为平民自治之社会，变资本家横暴之社会为劳动者共有之社会，而后以正义博爱之心而压其偏僻之爱国心也，以科学的社会主义而亡其野蛮的军国主义也，以布拉沙呼德之世界主义而扫荡刈除掠夺之帝国主义也：是救之之必要也。惟能如此，而后吾人始得改造此“不正”“非义”“非文明的”“非科学的”现时之天地也，而后可期社会永远进步，人类全般之福利也。

黑暗之地狱

如其不然，则趁此今日之趋势，以放任而漫不加省，助吾人之四围，惟百鬼之夜行耍；吾人之前途惟黑暗之地狱也。志士仁人，能禁口如寒蝉[①]如仗马[②]哉！

① 寒蝉：天冷时不再叫的蝉。噤若寒蝉。

② 仗马：皇帝仪仗队所用的马，不允许鸣叫。比喻坐享俸禄而不敢言事的官吏。

附　录

中江笃介先生评

惠赠贵著《帝国主义》，扶病诵读，适已卒业。议论痛绝，顿忘疾之在身。行文劲辣，而不失蕴藉之趣，敬服之至。

今日之所谓帝国主义者，实纯然之黩武主义。以秦皇汉武之暴行，而佐以科学精利之器，可谓古今至极惨已。若于此际，而得如古之亚里斯多德、新西拉耶士、周武、殷汤、诸葛亮、曾国藩等。真以止戈为目的，以雄张于亚细亚大陆，则他年世界平和之大义，庶几有望欤！此等大事，到底非可与今日斗筲之辈而论道也。呜呼！

《每日新闻》记者石川安二郎评

明治二十二年（1889 年）春四月，余去乡里之冈山，出大阪。一日，访问中江兆民先生于曾根崎之寓居。立关一书生，垢衣蓬发而迎余曰：“先生于数日前赴淡路，豫定今日过大版，可少待乎?”余即入立关之室，相与语，意气轩昂。与之评论时势，则骂青年之薄志弱行，嘲政治家之无法非行，慷慨悲愤，宛然如读兆民先生之文。余愕然起敬，问其姓名与经历，则上佐之一书生也。前年曾客林有造君家，共林君等因保安条例而退职者之幸德传次郎，即君是。

余大喜，急与幸德君订为石交，其后再访兆民先生于小石川柳町之寓，亟问幸德君之消息。先生太息曰：“惜彼以少年罹重患，归土佐，消息久疏，想已死矣！”余闻之大痛，又失同志者一人。及后二十九年之冬，得其确信，已病故于东京，其遗著载于《中央新闻》。披而读之，恍如八年前相晤之际，殆疑亡友之再苏。遂语同盟同志之友，亟为刊行，题为《二十世纪之怪物帝国主义》云。夫顽冥不灵之帝国主义，何足骂之？而极力攻击，不留余蕴，以发此伟大之评论者，岂有他哉？盖亦为保持彼平素所唱伟大之平和主义与光明之世界主义而已。

平和主义世界主义者，非彼一人之所专有也，实我同志者一贯之伟大主义也。彼冥顽不灵之鼠辈，横行于我日本，则我同志者诚为少数，屡屡为彼多数之鼠辈所迫害。然合世界之我同志者而计算，吾人未见为少数也。

本书者，为传我平和主义世界主义之福音，而与帝国主义如仇敌，倒戈以攻之者也。

幸德君为我同志者之主义，特著勇敢，以试挑战，同声感谢。其锐利之笔锋，吾人同志中，无论何人，非所企及，是同人所公认者。若夫现内阁总理大臣伊藤博文侯，有繙读本书之机会，余知侯必以往年退去幸德君之事，不能无动于心，是所可知者也。

《人民新闻》记者芳原华山评（节录）

幸德秋水君著《帝国主义》，君曰帝国主义为二十世纪之怪物，其对帝国主义之意见可知。曩者余读泷木诚一君之《经济的帝国论》，深以为荣，双双反对。而其著书同时，其出版同时，不亦奇欤！二书并读，各描半面之真理，殆无余蕴。二君之学术识见，皆吾之所最敬者也。

《万朝报》记者河上年陵评

秋水子唱社会主义者，余亦唱社会主义者；秋水子唱平和主义者，余亦唱平和主义者。余之唱社会主义与平和主义以排帝国主义之热心，自信与秋水子同出一辙。今秋水子若《帝国主义》一书，纵横攻击此主义，余安得而不大欢迎之？

余曩著《排帝国主义》一篇，公之《万朝报》之纸上，结篇一语，录之于左：

“虽无加拉伊路，未见其失印度之全土，未见其失些其斯比亚，是何故欤?”

未数日，秋水子之本书出，读其最后一章，亦慨然曰：

“英国自来之尊荣与幸福，而能钦有彼庞大之印度之帝国者，岂有一加拉伊路在欤？若必特加拉伊路，非实欺我哉！”

君与余之言，不期而合，有如符节，宁非奇欤？所谓暗合默契者，即是类也。

帝国主义者，实亘于十九世纪与现世纪，搅乱国际之平和，惹起人民之疾苦，蹂躏正义破弃人道之恶魔。而此恶魔之爱国心，加以国权论等之粉妆（原注：粉妆，犹言装饰外面以炫人也），人咸被其笼络，而不知终被其毒手也。我日本人以爱国心为无上之光荣，不知实为帝国主义之恶魔而欢迎之，是固无足怪也。

秋水子此著，发明帝国主义之真相，殆无遗憾。非细玩之，不知其中含蓄绝大之哲理的思想。吾人因秋水子之此书，而后知秋水子之为大理想家。

秋水子文章之巧妙，固不待言。惟以彼之健笔，写此等之奇想，则《帝国主义》一篇，实可为无韵之诗。即以彼之文学而论之，我国民读如此之著述，则思想亦为之一新也。

《土阳新闻》评

如群山万壑，齐赴荆门；如百川万流，咸朝东海。方今一代之风潮，倾注于帝国主义。世运滔滔，不知所底。举凡学者、政治家、军人，相率而拜服于此主义之下，而世之唱道自由主义、讲究社会问题者，均未尝一语及之。但随世人，闻其美名，未有知其内容之如何者，比比皆然。

友人幸德秋水君，夙忠于自由平等主义之士也。多年特具见地，欲解决此社会问题，注其心力，研钻讲究，造诣最深。成此著作，公之于世，欲以唤起世论。此书因述帝国主义之起因，盖原于爱国心与军国主义，故先论爱国心，其言曰：今之所谓爱国心者，对自国则表同情恻隐，其对他国，则惟憎恶与虚荣与竞争心。质而言之，则野兽的天性之好战心也。次及军国主义，则曰：军国主义者，好战的爱国心也，一种之狂热与迷信也。征之英、俄、德、美及日本军备、军队之行动，与战争之罪恶。最后及帝国主义，说明其目的惟在建设大帝国与扩张领土。征之于实事，发明其必要与非理，以为人道之鉴。其最后之断案，录之于左：

> 帝国主义以可卑之爱国心与可恶之军国主义为第一政策。此政策者，以少数而夺多数之福利者也。野蛮的感情，阻碍科学的进步者也。残减人类之自由平等，戕贼社会之正义道德，破坏世界之文明之蠹贼也。

惟其然也，果何术以救帝国主义之蔓延今日之时代，则画策曰：

> 惟开始世界的大革命之运动，变少数之国家与陆海军人之国家，为多数之国家与农、工、商人之国家；变贵族专制之社会资本家暴横之社会，为平民自治之社会、劳动者共有之社会。洵能如此，始能改造现时之不正非义非文明的非科学的社会，以期社会永远之进步，人类全般之福利也。

其言之沉痛也！决不似世间豫言改革者之口吻。书中所说，往往特具奇娇者。著者早已讲究此问题，以冷静之观察，指摘社会之时弊，为世之学者政治家等所不敢言。其评论绝无忌讳，以明二十世纪之怪物之真相，以贡献于读书界之奇想，其功绩决不可没也。此余所以不惮烦言而愿为之绍介也。

《读卖新闻》评

全世界者，帝国主义之世界也。如美国之文明，亦感染而惑溺于帝国主义，时事可知。故帝国主义者，实军国主义、战争主义、扩张主义、并吞主义也。著者论断其为二十世纪平和、道德、自由、平等之大害，而帝国主义之尤可恐可忌者，亦如白斯多之流行，其所触者，不至灭亡而不止。于是承唱扩充世界主义，以扫荡刈除帝国主义焉。文章简劲，笔锋犀利，论旨尤为生动。其自著《例言》曰：其不以崖山舟中讲《大学》相嘲者几希。我知之而复为之者，实为斯道百年之计。著者之抱负，可以知矣。

《劳动世界》记者评

《帝国主义》者，真伟著哉！痛责今世之学者、政治家、军人之大喝棒也。著者为《万朝》记者幸德秋水氏，夙能文章，独具热血，惟此能文章具热血之士，故能议论纵横如此，读之令人鼓舞不置也。

著者极力痛论彼野兽心所涌出之三兄弟（言三主义，如兄弟并立也），所谓爱国心、军国主义、帝国主义是也。气焰万丈，咄咄逼人。其结论之最精当者，则曰变海陆军人之国家，为农工商人之国家；变贵族专制之社会，为平民自由之社会；变资本家横暴之社会，为劳动者共有之社会。而后以博爱正义之心，压彼偏僻之爱国心也；以科学的社会主义，亡野蛮的军国主义也；布拉沙呼多之世界主义，扫荡刈除彼掠夺的帝国主义也。

《时事新报》记者评

《万朝报》记者幸德秋水氏所著《帝国主义》，以社会主义之见地，而评列国之现势，痛论帝国主义为因好战心而为政治家之利器，以损伤人民之平和幸福。其说之犀利，足备经世家之参考。加以文章流丽，气味浓厚，诚文学上之著作，有十分之价值者也。

东京《日日新闻》记者评

幸德君著《帝国主义》一书，极说帝国主义之危险。文章简劲，殆如诗家之言，令人涵咏不已。而其热诚，往往有呕心喷血之概，足见著者之苦心。

《日本人》杂志记者评

帝国主义者，侵略主义之异名，吞噬主义之别号也。外观堂堂，别具美相，而实则以劫掠他国之领有与强夺土地为本旨者。夫切取强盗，其类不一。但所异者，彼则对于个人，此则对于国家，而其劫掠不在个人而在国家，强夺不在财产而在土地之故，不过大小之异耳。彼等往往耀威武荷功名。其所以耀威武荷功名者，盖以炫惑俗士之眼。其归趣则日趋日下。且以如此之结果，必至于令他国以陷于零落与灭亡而后止。而于其间，必有逞其非义不正暴力压制之势以徇其私者。

著者幸德氏离一国家一政府之利害，更广之于惟一世界之利害；更由惟一世界之利害，广之于惟一大社会之利害。而论断帝国主义曰：帝国主义者，即建设大帝国之意味也。所谓建设大帝国者，非必要，实欲望也；非福利，实灾害也；非国民的膨胀，实少数人功名野心之膨胀也；非贸易，实投机也；非生产，实强夺也；非扶植文明，实灭坏文明也。是岂文明社会之目的耶？是岂经营国家之本旨耶？以眇小之册子，剖析帝国主义，尽其论难，且目现德意志皇帝为好战皇帝，尝临俄国之战争画家古耶列斯查典之战争尽展览会曰：是等之绘画，皆令人速避战争最良至善之保证者。更凝视拿破仑一世莫斯科败归之图良久。临去，乃曰：有是等之绘画，起征服世界之非望者，将绝迹也。

凡逞其好战的野心者，无不与此相同。若他日我国人豁然而悟帝国主义之非，则真为增进国民之利益幸福。余辈今于此书，亦可信其绘画同功云。

《报知新闻》记者评

幸德秋水氏以慷慨悲壮之笔，亟排帝国主义之妄，绝无忌惮，洵可谓文字之犀利者也。论爱国心，论军国主义，论帝国主义等，读之皆令人鼓舞。就此等议论，以非彼好战的野心，必大受道义家之赞赏不置云。

《日出国新闻》记者评

以“二十世纪之怪物”评论“帝国主义”，岂真仅其愤语？至其叙述，尤有不胜之感。以彼一人之创见，纵横自在，喝破世上之迷梦。寻常卖文之评论，讥其失于奇矫，余则以为适切时世云。

《朝日新闻》记者评

帝国主义者，盖以自由主义社会主义之见地，而排斥帝国主义者也。其文章带一种诗之趣味。以痛骂偏僻之爱国心与野蛮之军国主义，现味细读，不觉卷终。

著者自居于多路斯多伊利一流人物，甘受崖山舟中讲《大学》之嘲，其就军国主义见其黑暗之一面，而述其厌恶嫌忌之感情，就国家组织之根底而立论，其评论当世纪之所谓帝国主义利害是非，殆无遗憾，洵足以资当世之经纶。展卷读去，如闻慷慨家之不平谈，不胜悲愤之感，是吾人对此书所慨然而发喟也。

呜呼！滔滔改容，没头于眼前之小问题，漂泊于世波之风潮而无所止，而独怀抱自由之主义平等之理想，特出于彼等思想之上，遂发表其一种之思想，绝无忌惮。其勇猛精进，自信之笃，可想而知。此书为社会之所欢迎，有断然者。

《中央新闻》记者评

《帝国主义》者，分“绪言”“爱国心”“军国主义”“帝国主义”“结论”五章，以流丽之笔，写深远之想。奇拔之警句，一字一句，爱诵无已。

通览本书，以假面之帝国主义，以爱国心为父，以军国主义为母，而生出二十世纪之怪物，独断痛斥之，几无遗憾矣。

《警世》记者评

以警拔之笔，绚烂之文，明快爽利，丰富腴厚，以论帝国主义。如庖丁鼓刀，而为惠文君解牛。其斥爱国心为好战心，而此好战心者，即动物的天性，其为释迦、基督之所必排，文明之理想目的所不能容，有断然者，而奈何其为现代之流行物也。

所谓帝国主义者，以此爱国心与军国主义为经纬而织成此政策也。故于其流行也，则斥之曰：非科学的智识，实迷信也；非文明的道义，实狂热也；非自由、正义、平等、博爱，实压制、邪曲、顽陋、争斗也。于建设大帝国者，则直譬之为切取强盗之非行。更于其后，以檄志士仁人，迫之为世界的大革命之运动与开始。即以正义博爱之心，压彼偏僻的爱国心；小科学的社会主义，亡彼野蛮的军国主义；以布拉沙呼多之世界主义，扫荡破坏彼掠夺的帝国主义。真龙跳虎卧、风起云卷之大文字！立身高处，其著眼亦高。

本书之著述，毫无遗憾。吾人虽不才，亦与幸德氏有同感想者。今幸德氏为吾人而发明之，安得不欢迎而绍介之耶！

《中国民报》记者田冈岭云评

吾友幸德秋水顷著《帝国主义》一书，大排帝国主义。其言痛切，最中时弊者也。

吾亦恶借尊王之名，行专制之实，如今之所谓爱国者也；吾亦恶竭尽一国之财产，以为军人之功名心之牺牲，如今之所谓军国主义者也；吾亦恶杀人窃国，侵掠以扩大其版图，如今之所谓帝国主义者也。吾亦恶自由之敌、平和之敌、人道之敌，亦犹秋水之所恶也。但告之所见，与秋水之少异者，吾爱所谓帝国主义之流行，不如秋水之大也。

世界必至于统一，此可预期者也。于国土，于文学，于宗教，乃至语言习惯，亦必归于世界的统一，此亦可预期者也。所谓统一者，非谓强并弱之谓，乃与异色者混一而融化之谓也。浑一，即平等也；平等，即自由也，平和也，人道之大义也，文明之终极也。而世界大局之趋势者，乘交通之便，此即所谓世界的统一向之而进者也。帝国主义者，达此世界的统一之一阶段也。帝国主义之积极的，即膨胀而为国家主义也。国家主义者，亦一阶段也。然而帝国主义，比国家主义为更上一层之阶段也。

帝国主义者，在版图之扩张。而予所谓世界的主义，其扩张尤为最大而无限。故帝国主义者，不过扩张一国之版图也。扩之，扩之，究真所极，即统一也。天者狡狯者也，即利用一国之野心，以隶于帝国主义之名之下，不识不知，已至于所谓之世界矣。是即天之不自劳其手段，而终达于世界统一之终极也。

吾亦知以武力以战争而互相夺之帝国主义之非美，然帝国主义者，实为自由、正义、平和、文明之至。耶多比亚之一险戏之径路，世界的统一之关税。自其终局而观之，则帝国主义者，殊不必忧者也。故帝国主义者，一时之现象也，进步之阶段也。吾远测其终局，则乐观之，而秋水，则悲期其现前之下也。

秋水与余，其恶爱国者、恶军国主义，恶帝国主义，有何轻重？其欲自由，欲平和，爱正义，爱人道，有何径庭？欲之爱之大，故秋水深慨帝国主义之流行，同欲之，同爱之。而吾之爱此主义之流行，不如其大也，其归宿同。吾与秋水之志无不同！

此书为彼等徒知帝国主义，妄信以军备而扩张领土为立国之大计者，向彼愦愦者流，加顶门之一针。吾故以为切中时弊之一好著，不惮为世而推荐之也。

雄健热烈，秋水之文之妙，一至于此，吾无以赞之矣！

社会主义广长舌

[日] 幸德秋水　原著
赵必振　译
梁颂成　辑注

前　言

《社会主义广长舌》又称《广长舌》，是日本社会主义领袖幸德秋水的政治评论集。这是一部宣传包括唯物史观在内的科学社会主义基本原理的通俗读物，中文本由赵必振翻译，1902年12月由商务印书馆出版。该书汇编作者在当时报纸杂志发表的32篇文章，四万余字，集中阐述了社会主义的内容、目标、产生的原因，以及实现社会主义的历史必然性；强调革命是社会进化、发展、进步的必然途径等，在当时的日本拥有广大读者并产生了广泛影响。

书名“广长舌”，本是指佛的舌头，出自于龙树菩萨《大智度论》。据说佛的舌面宽而长，能盖住脸面至达发际，故称“广长舌”。宋苏轼《赠东林总长老》诗称：“溪声便是广长舌，山色岂非清净身。”清赵翼《大石佛歌》：“斯特维摩寓言耳，广长舌岂论寻尺。”后来用“广长舌”比喻人的能言善辩，说话头头是道。“社会主义广长舌”，意即“社会主义应当实行的种种理由”，或者说“社会主义思想的宣传要点”。本书中文版问世之时，上海商务印书馆总发行所为其所做的广告说：“中江兆民先生，日本法国学派之第一人也，有东方卢梭之目，门下众多，而幸德秋水为其首出。是书即为幸德原著。全卷三十二篇，凡当今时势上最重要之问题，包括无遗。欲知吾人今日世界之主眼，不可不读是书；欲探世界将来之影响，不可不读是书。”这里说的是实情，书中幸德秋水对唯物史观的通俗介绍，对唯物史观在中国的早期传播，都具有积极的意义。其中尤其是《无政府之制造》等主张，对中国知识分子产生了很大影响。

该书中文译本初版未署译者“赵必振”本名，而是一个机构名：“国民丛书社译”。因此，直至现在有些研究者仍坚持未将译本归功于赵必振。但根据不同时期多位研究专家考证，该书的翻译确实出自赵必振之手。故新时期以来的著作中，赵必振的译者地位已经确定。例如：周子东、傅绍昌等在《马克思主义在上海的传播（1898—1949）》（上海社会科学院出版社，1994 年 8 月，第 10 页）写道："《广长舌》。幸德秋水著，赵必振译，1902 年 11 月商务印书馆出版。"李海春的《论日本对马克思主义哲学中国化的研究》（内蒙古人民出版社，2006 年 12 月，第 60 页）称："幸德秋水的《广长舌》在 1902 年由赵必振翻译到中国以后，他的'社会主义'思想已经给中国的部分青年学生留下了印象。"周谷平主编的《马克思主义教育思想的中国化历程：选择·融合·发展》（浙江大学出版社，2008 年 8 月，第 23 页）评价："1902 年 11 月，赵必振还翻译了日本人幸德秋水著的《广长舌》一书，这是一本介绍社会主义的有代表性的、比较通俗的读物，书中系统介绍了社会主义的目标，肯定了社会主义的必然性，并驳斥了反社会主义的观点。"饶怀民的《中国近代史事论丛》（岳麓书社，2011 年 1 月，第 113 页）更是指出："最引人注目的是翻译家赵必振，他于 1902 年在上海广智书局翻译出版了日本著名社会主义思想家幸德秋水所著《二十世纪之怪物帝国主义》和《广长舌》；翌年又翻译出版了福井准造著的《近世社会主义》；在此前后，他还翻译了《日本人权发达史》《世界十二女杰》《东亚将来大势论》等十余种著作，成为我国较早系统介绍马克思主义学说及社会主义思想的著名翻译家。"

作为日本著名的民主主义者，幸德秋水早年参加过自由民权运动，后来转变成为一个有重大影响的社会主义者。《社会主义广长舌》作为一部宣传社会主义的通俗读物，书中认为，十九世纪后半期，资本主义已进入帝国主义，"自由竞争主义转为资本合同主义，由资本合同主义转为世界社会主义。"因此，可以说帝国主义是"世界社会主义之导火线"。"二十世纪之前半，必将更组织世界社会主义以代帝国主义，并扫去其一切毒弊"，从而指出了革命是除腐布新，社会进步、发展的必然途径。就像后来列宁所说的，"帝国主义是资本主义发展的最高阶段"，"是无产阶级社会主义革命的前夜"。他还引马克思之言："革命者，进步之产婆也"。所以革命决不是什么"不敬""谋叛""弑逆"，而是"人类进步之急切关头""世界之公理"。革命虽然可分为"平和"的和"猛烈"的，但其目的都"在组织新制度，以更代旧制度"。总之，"进步于革命，有相倚相待之势。革命之所在，即进步之所生"。

至于究竟采用什么样的革命手段，"我国民必有知之者"。历史表明："平和者，奏效慢；猛烈者，奏效速"；幸德秋水驳斥了当时日本"因陋冥顽之徒"诬称社会主义为“破坏主义”、社会党为“乱民”的反社会主义谬论，揭露了资本主义制度的种种“弊害”，指出自由竞争之制度“流弊蔓延”，造成“贫富日益悬隔”，“生产滥縻”，“恶德踵至”，整个经济陷入“无政府之状态”，是一种“刻薄残忍”之制度；认为社会主义是“不二之理想”，就在认定“欲绝灭金钱无限之势力，以救社会之堕落，其第一要著，在视生产资本为社会之公物，且改革今日之经济制度。”社会主义代替资本主义是“人类进步必然之势”，“二十世纪者，社会主义时代也。”该书最后结合日本实际，说明了解决胃腑问题和劳动问题“之急要”和社会主义“之适用”，否定了一切非社会主义解决的主张。并大声疾呼：“我国今日之解决我劳动诸君之问题者，惟社会主义！脱卸我劳动诸君之苦境者，惟社会主义！组织我劳动诸君之幸福者，惟社会主义！制造我劳动诸君之生命者，惟社会主义！”

诚然，该书内容也有不恰当的地方，如说“社会主义之目的，在使劳动者与资本家同享利益。社会主义者，乃一视同仁之主义也”等等。然而，应该肯定这本书的基本方面是正确的，它系统地阐述了社会主义的含义和目标，说明了社会主义的根据及其实现的必然性，并驳斥了反社会主义的观点，不愧是一部宣传社会主义的力作。

十九世纪与二十世纪

放一只眼以观世界之大局，握一管笔以读世界之历史。沈然冥索[①]，恍然大悟，世界之进步，与人类之进步，其速率固相等哉！尝闻诸历史家矣，人类文明之程度，恒视其世代以为等差，故或阅[②]一世纪而产出一文明现象，或阅半世纪而又产出一文明现象。甲时所视为文明者，乙时或野蛮之矣；乙时所视为文明者，丙时或又野蛮之矣。相乘相除[③]，相递相嬗[④]，无有止境，盖公理也。然则吾人者，其亦自思于十九世纪之天地，尚遗如何大件，来完结者乎？更挟持如何物事，以入二十世纪之天地，而争自存图自立于竞争之世界乎？

历史者，人类进步之纪录也。阅世而生人，阅人而成世，此人类之处此世代也。于其智慧德牲之开发，精神地位之上进，物质生活之改善，必不能少时休，又决无有退步之理。若诸行无常，盛者必衰之说，以一人论则洵然[⑤]，以一个之国家，一种之民族论，亦洵然。虽然，彼等即腐败堕落也，彼等即衰疲灭亡也，于世界之全体，固无损也。非惟无损，吾谓是种之劣国家劣民族，苟一例澌灭，绝迹于地球上，则人类全体之精神，生活、宗教、政治等之改良进步，当倍加其速率矣。譬之水焉，其蒸发也，勿谓水量之减；彼减去之水量，其气更化为雨露，以助五谷之发育。劣国家劣民族对于人类全体之影响，非如是乎？

古来所称为文明者，决非专为一帝王，一国家，一民族之福利已也，其益益进步，必将为人类全体之福利。观于彼等文明者，每不辞益益扩充，以期传

---

① 冥索：暗中寻找，潜心探究。

② 阅：经过，经历。

③ 相乘相除：乘除。算术里的乘法和除法，比喻人事的消长盛衰。

④ 相递相嬗（shàn）：递嬗。依次更替，逐步演变。

⑤ 洵（xún）然：确实如此。

播其文明于全球，可以见矣。埃及也，亚西利亚也，巴比伦也，耶利西亚也，皆文明者也，姑置勿论，请言希腊之文明。希腊者，欧洲文明之鼻祖①也。然当彼利烈之全盘时代，其文明仅及于国，则私也。后虽渐传播于蕞尔②欧洲，犹私也。未几而风潮泛发，愈播愈广，罗马遂持续其文明而补修之，扩张之，以光被欧洲全土。欧洲又持续罗马之文明，而补修之，扩张之。自十八世纪，以至十九世纪，文明之风潮，直传播于南北亚美利加③，东部亚细亚④，阿布利加⑤。其扩张进步之方法，既年胜一年，日胜一日；其进步增加之速度，则如物自空中落下，愈近地则地之吸力愈加，而物之落也，亦愈速。由一种族之文明，进而为数种族之文明，又由数种族之文明，渐进而为人类全体之文明。故十九世纪文明进步之速率⑥，实为振古所未有。由是以推，则二十世纪文明之进步，其速率更何如耶？然则即谓二十世纪也，为劣国家劣民族绝迹于浑圆球上之世纪，亦奚⑦不可。

人之生也，自少而壮而老，其食物、衣服、性质、状态诸等功用，渐次有异。世界之文明也，自一种族而及数种族，而及人类全体；其主义思想，亦不得不异。何也？适于百千人之文明，未可适于亿万人；适于救国民之文明，未可适于世界全体。故希腊、罗马之文明，犹容蓄奴之制；欧洲之文明，则不能容也。十八世纪末年之文明，犹容贵族专制之主义；十九世纪之文明，则不能容也。至今日而文明民族之脑中，又产出一帝国主义，以代个人自由主义，为十九世纪后半文明之精神。观于此而益叹国民之文明与世界之文明，其进步殆不可以道里计也。

十九世纪之文明，以个人自由主义，打破贵族专制主义，脱卸人类奴隶之羁绊⑧。伟矣哉！是文明进步之第一关头也。虽然，人类文明之切要问题，不在

---

① 鼻祖：始祖，有世系可考的最初的祖先。

② 蕞（zuì）尔：形容小。《左传·昭公七年》："郑虽无腆，抑谚曰'蕞尔国'，而三世执其政柄。"

③ 亚美利加：即亚美利加洲，简称美洲。

④ 亚细亚：即亚洲，世界七大洲中面积最大的洲。绝大部分土地位于东半球和北半球。

⑤ 阿布利加：今译为"阿非利加"，即非洲。

⑥ 速率：物体运动的快慢。速率是速度的大小或等价于路程的变化率。

⑦ 奚：疑问词。犹何，什么。

⑧ 羁绊：缠住了不能脱身，束缚。

个人之福利，而在社会全体之福利；吾人进步之重大目的，不止于获得自由，而更期进于平等之域。欧洲之民族，由个人自由主义一转而为国民统一主义，由国民统一主义再转而为帝国膨胀主义，自兹以往，其将三转而为世界统一主义乎？吾观今日各种文明民族之脑中，其于世界统一主义，盖已微泛其潮流，渐莳[①]其种子矣。此固不可不知者也。

虽然，十九世纪之文明，虽能打破政权之不平等，而未能打破经济之不平等，遂激成一种自由竞争之制。下层劳动者，前不堪政权之弊，曾结合以脱政治之桎梏；今则不堪经济之弊，遂渐生结合以脱资本桎梏之思想；此思想一发动，而世界之运动，又增一进步。吾请言其结果，曰：资本合同主义。

帝国主义之飞扬于十九世纪后半期也，虽为文明进步之公理，然其势亦有不得不然者。何也？盖彼等民族，久已不堪个人自由竞争之弊，遂变而出此主义，团结其国民之力，伸其竞争之手段，以与他种民族争。然争之既久，优胜劣败，于是凡能翘然立于世界上之国家民族，其势力皆足以相敌，则又不得不变而出于世界统一主义矣。

盖从文明版图扩张之后观之，吾知各种民族之运输交通，必益发达，由是世界仁之生活、利害、物价、智识、道德，渐同赴平准自然之势。彼欧洲之政治家，不得独夸其武力，欧美之资本家，不得独炫其经济。化其凌虐[②]之思想为博爱，变其竞争之手段为共和。政治家则由自由主义转为国民主义，由国民主义转为帝国主义，又由帝国主义转为世界平和主义。经济者及社会者，则由自由竞争主义转为资本合同主义，由资本合同主义转为世界社会主义。夫如是，而人类进步之历史，始大成也。

伟矣哉！汝十九世纪之政治家，授吾人以自由之福利，更产生出帝国主义，以矫[③]自由竞争之弊也。虽然，帝国主义者，特吾人世界社会主义之导火线耳。吾人于二十世纪之前半，必将更组织世界社会主义以代帝国主义，并扫去其一切毒弊，此固世界上之人类所同有之感情，同有之进步也。

---

① 莳（shì）：移植，栽种。

② 凌虐：欺压虐待。

③ 矫（jiǎo）：矫正，纠正。

革命之问题

积阴冥冥，风号雪飞，其极也，则一阳来复；连霖郁郁，云压雾塞，其极也，则青天赫日。此天地之革命[①]也。当此时也，凡亭毒[②]于天地之物类，必有一大进步。社会之革命，亦犹如此乎？

闻革命之语者，勿误解为是不敬也，勿误解为是谋叛也，勿误解为是弑逆[③]也。是固共和政治之起点也，是人类进步之急切关头也，是世界之公理也。故革命者，非苦罗母耶尔（克伦威尔）之专有，非华盛顿之专有，非罗壮斯比尔（罗伯斯庇尔）之专有，非铁火与鲜血之专有。四民[④]平等者，社会一大革命也。王政复古，设立代议政体者，政治一大革命也。十八世纪科学殖产器械之发明，殖产一大革命也。革命有二：一为平和之革命，一为猛烈之革命。平和者，奏效缓；猛烈者，奏效速。人有言曰：革命者，一种之颠覆也。其公目的皆抱持新异主义，组织新异制度，以布于一时。而其手段则不同，有用暴力，流铁血，风驰电掣[⑤]，以除腐布新者，有尺进寸取，维持现在之制度，以渐图发达隆盛之结果者。由前之说，是谓猛烈手段；由后之说，是谓平和[⑥]手段。谈革命者，于是二种手段，孰去孰取乎？此诚第一重大之问题也。

由斯以谈，革命之公目的，在组织新制度，以更代旧制度，夫人而知之矣。我国今日之情状，濒一大革命之机乎？吾人革命之手段，其将主张平和乎？

请言政治之现象：今之登政治之舞台，为众所注目者，非内阁乎？众议院乎？贵族院乎？各政党乎？吾人试起而观彼等之施治，其腐败不已达于极点乎？彼等直奉私利私福于藩国家耳。彼等所组织之制度，问有自由之制度乎？无有

---

① 革命：实施变革以应天命。古代认为王者受命于天，改朝换代是天命变更，因称“革命”。《易·革》：“天地革而四时成，汤武革命，顺乎天而应乎人。”今指社会、政治、经济的大变革。

② 亭毒：引申为养育，化育。《老子》：“长之育之，亭之毒之，养之覆之。”一本作“成之熟之”。高亨正诂：“亭当读为成，毒当读为熟，皆音同通用。”梁启超《论小说与群治之关系》：“此（小说）四力者，可以卢牟一世，亭毒群伦。”

③ 弑逆：指弑君杀父，也仅指弑君。

④ 四民：旧称士、农、工、商为四民。

⑤ 风驰电掣（chè）：形容非常迅速，像风吹闪电一样快。驰，奔跑；掣，闪过。

⑥ 平和：平正谐和，调和。和平。

也；问有代议舆论之制度乎？无有也。寡人专制，文明民族所深恶而痛绝者也。我国政治之现象，非陷此惨境乎？不取新主义以代之，欲求进步，胡可得也。吾得为我国民告曰：政治上之革命，为我国民第一事业。

请言殖产经济之现象：今日者，欧洲殖产革命之余波，滔滔侵入我国。生产之费，非不廉也；生产之额，非不加也。然其功效惟显于一部，社会全体，不能遍沾余泽，以致贫富者益益悬隔，恐慌者益益繁赜[①]，分配者益益不正。故我国商业之现象，宛如一大赌场，实业者渐无容身之地，我国民欲求殖产经济之进步，其在组织殖产新主义，以布福利于社会全体乎？吾得次为我国民告曰：殖产经济上之革命，为我国民第二事业。

请言社会风俗及教育之现象：自伊藤博文定为阶级之制度，于是四民平等主义，全然破坏；贵族者徒手游食，暖饱逸居，如养豖羊，无所用之。用是社会风俗，日即颓废，教育家以虚伪形式之"忠君爱国"四字，为教育之主眼，阻碍国民理想之发达。吾人试起而觇[②]我国民之思想界，其能翘然[③]高尚纯洁、不堕于固陋顽冥者，有几人乎？其退步殆与数百年前之思想，相去不能以寸也。吾得更为我国民告曰：社会风俗及教育上之革命，为我国民第三事业。

然则革命者，非我国民之重大问题乎？善哉！独逸（即德意志）社会主义者之言曰："革命者，进步之产婆[④]也。"进步于革命，有相倚相待之势。革命之所在，即进步之所生。我国民熟察我国之现象，直无不有知为濒一大革命之机者。虽然，若用革命之手段，其主张平和乎？抑猛烈乎？孰去孰取，孰得孰失，我国民必有知之者矣。

社会主义之实质

明珠暗投[⑤]，人皆按剑。何哉？不知其为至宝也。今我国民之对社会主义，

---

① 繁赜（fán zé）：复杂深奥。
② 觇（chān）：看，暗中观察。
③ 翘（qiào）然：期待或思慕。
④ 产婆：中国古代民间育儿习俗，专为产妇接生的妇人。这里用其"催生"之义。
⑤ 明珠暗投：把闪闪发光的珍珠投到黑暗的地方，比喻珍贵的物品落到不识货者面前。

亦犹如此乎？彼等未遑[①]究其真相实质之如何，第挟其井蛙之见[②]，发为夏虫之语[③]，贸贸然[④]号于众曰："社会主义者，破坏主义也；社会党者，乱民也。"皇然惴然[⑤]，嚣然[⑥]籍然，怖之如瘟疫，忌之如蛇蝎[⑦]。阻挠之惟恐不力，解散之惟恐不速。呜呼！是岂真破坏主义乎？是岂真乱民乎？

伊古以来，苟欲求社会之进步，成就革命之事业者，其发端也，率以破坏之手段行之，然固不得以是为伊人咎[⑧]也。人有恒言："将欲成之，必先败之，将欲完之，必先毁之。"凡天下以新代旧之事，其公理大都如是矣。有甲于此，语之曰："汝之家屋朽废，宜改筑之；汝之衣冠尘垢，宜洗涤之。"如甲云云者，是亦破坏主义乎？是亦乱民乎？彼以破坏主义目社会主义，以乱民目社会党者，观于此亦可以释然[⑨]矣。

而固陋冥顽[⑩]不识事务之徒，怯懦凡庸苟安一时之辈，其恶闻革命之语也，不啻[⑪]如揭其隐恶，发其阴私。遇提倡新主义者，即斥为破坏主义，目为乱民，百出其术以迫害之。无古今，无东西，其揆一[⑫]也。故尊王讨幕[⑬]之论起，幕末之有司，斥之曰破坏主义，曰唱论者，曰乱民，加以迫害，安政之疑狱。其悲境惨况，与秦皇之坑儒，无以异也。自由民权之说起，藩国家之有司，斥之曰破坏主义，曰唱议者，曰乱民，加之迫害。保安条例之发布，其横暴苛毒，与

---

① 未遑（huáng）：没有时间顾及，来不及。

② 井蛙之见：井底之蛙，见识狭隘，比喻短浅的见解。

③ 夏虫之语：夏虫不可以语冰，比喻人囿于见闻，知识短浅。

④ 贸贸然：形容蒙昧不明，冒失、轻率的样子。

⑤ 皇然：即皇皇然，心中不安的样子。惴然：因害怕或担心而不安的样子。

⑥ 嚣（xiāo）然：忧愁的样子。

⑦ 蛇蝎（xiē）：蛇与蝎子。比喻可怖的事物或狠毒的人。

⑧ 咎（jiù）：罪，灾祸。

⑨ 释然：疑虑、嫌隙等消失后心中平静的样子，愉快的样子。

⑩ 固陋冥顽：闭塞浅陋，愚昧顽固。

⑪ 不啻（chì）：不只，不止，不仅仅，不亚于。

⑫ 其揆（kuí）一也：那道理是一样的。揆，道理，准则。

⑬ 尊王讨幕：日本江户幕府末期，以打倒江户幕府为目的政治运动。狭义专指武装讨幕。广义包括"奉还大政"，即幕府和平、妥协地向朝廷移交政权，也称倒幕运动。

拿破仑三世[①]以还，无以异也。今试问我国民之能脱离封建阶级之桎梏，入四民平等之境域，卸专制抑压之制，浴立宪代议之治，国威国光，隆然灿然于东海之表者，非当时所谓破坏主义，当时所谓乱民者为之乎？

不宁惟是，世界上一新主义之发达，一新运动之膨胀也，其起点率由于破坏主义与乱民之妄动。此妄动之结果，则又为革命关头与社会进步之一大影响。何也，盖当时一般人民，所受压力愈重，则所伸之抵力亦愈大。涨而横溢，其弘通[②]之势，宛如大水初决，不可遏抑。豪杰之士，崛起其间，遂暗乘其势而左右之，指挥之，推翻旧政，组织新制。当其始也，不过破坏主义与乱民之妄动耳。孰知社会上之进步，竟大有赖于彼等乎！基督教之改革，实如是也；白莲宗[③]之教兴，实如是也；欧洲大陆自由制度之创，实如是也；非谷税之运动，实如是也；选举区之改正，卖奴之禁止，实如是也。又其甚者，攻击迫害愈酷愈惨，则其反动之祸亦愈烈。破坏决裂不可收拾，其余势所及，更生不测之惨害，如路易之为馘[④]，美德尔尼义之为逐[⑤]，蓄愈久者发愈烈。发愈烈者，祸愈惨。兴言及此，可不为寒心哉！

呜呼！吾今者，且勿论社会主义之功用性质，与今日社会之状态，有急要适切之关系也，请言欧美之文明民族。当彼等处专制酷虐政体之下也，痛苦呻吟，铤而走险[⑥]，其感情之弘远，如置邮传命[⑦]；其势力之增大，如春草经雨。冒白刃，流红血，以争自由，图独立。今则占领如何之幸福，享受如何之快乐矣。而我国民中固陋冥顽之徒，漫不加察，斥社会主义曰破坏主义，曰社会党，曰乱民。怯懦凡庸者，又从而附和雷同[⑧]，日夜企图所以镇压之，剪灭之，惟恐

---

① 拿破伦三世：真名夏尔·路易－拿破仑·波拿巴（1808 年 4 月 20 日—1873 年 1 月 9 日），法兰西第二共和国总统及法兰西第二帝国皇帝。1848 年革命爆发后回到法国，9 月当选制宪议会议员，12 月 10 日主要依靠农民选票当选为共和国总统。1851 年 12 月 2 日，他发动政变，解散议会，并通过公民投票使政变合法化。1852 年 12 月 2 日，元老院宣布恢复帝国，他遂为法兰西帝国皇帝，称拿破仑三世。

② 弘通：宽宏通达，或谓弘扬流通。

③ 白莲宗：白莲宗为中国佛教净土宗之一派，南宋高宗绍兴初年茅子元创立。

④ 为馘：被砍头。取得敌人的首级。

⑤ 为逐：被驱逐。

⑥ 铤而走险：指在无路可走的时候采取的冒险行为。铤，急走的样子；走险，奔赴险处。

⑦ 置邮传命：语出《孟子·公孙丑上》：“孔子曰：‘德之流行，速于置邮而传命。’”意为孔子说：“德政的推广流行，比设立驿站传达政令还要迅速。”

⑧ 雷同：随声附和，与他人的一样；也指一些事物不该相同而相同。

不胜。吾不知其何恶于社会主义，何仇于社会党，而攻击憎恶，忌惮阻挠之至于此极也！噫！是殆未知社会主义之功用实质，于今日社会之状态，有急要适切之关系乎？是追陋固冥顽、怯懦凡庸之故乎？不然，胡若是之背谬也？吾亦知社会主义之发达，为二十世纪人类进步必然之势，决非彼等所能防遏。然如彼等云云者，宁非我国民之一大丑辱乎！吾甚恶我国民研究社会主义之实质，勿流于彼等之背谬，而为文明民族所夷视[①]，所嗤笑也。

社会主义之理想

有一物焉，不翼而飞[②]，不胫而走[③]，其对于世界上也，有无限之势力，无限之关系者，非金钱乎？人类于金钱，皆有莫大之希望，莫大之营求。由是而金钱之势力，其膨胀之度，遂至无可比例。用以沉沦世道可也，用以颓坏风俗可也，用以腐败人心可也，用以灭亡社会亦可也。今者忧时之士，奋决攘腕[④]，掉三寸舌，握三寸管[⑤]，有主张废止娼妓者，有提倡改良风俗者，有企图兴起道德者。口焦腕脱，无济也。呜呼！诸君，诸君，其亦思何人甘心为娼妓者乎！何人不欲风俗之改良，道德之兴起者乎！而卒不能然者，金钱之势力，有以阻滞[⑥]之也。诸君不企图绝灭金钱之势力，徒终日兀兀，烂其舌、秃其笔，吾恐社会已澌灭[⑦]，而诸君之目的，尚未达也。请为诸君计划，维持世道人心之策，曰：废止金钱。

人必得金钱而始生，事必得金钱而始举，此金钱对于社会上之势力也。试观今日社会之人类，何人能于金钱而外，信正义，信真理乎？何人于金钱而外，别有势力，有名誉，有权利，有义务乎？故于今日社会上有无限之势力者，金钱也！有无限之耗弊者，亦金钱也！

吾人试设想金钱苟一朝废止，其无限之势力，全然绝灭。无所谓自私自利，

① 夷视：蔑视，藐视。

② 不翼而飞：没有翅膀却飞走了。比喻事情传播得很迅速。翼，翅膀。

③ 不胫（jìng）而走：没有小腿却能跑。形容消息等传播迅速。胫，小腿；走，跑。

④ 攘腕：捋起衣袖，伸出手腕。多形容非常激动振奋的样子。

⑤ 三寸管：指毛笔。

⑥ 阻滞：阻碍滞留。

⑦ 澌（sī）灭：消亡，消失。

无所谓贿赂买节[①]，无所谓剥削钻营，无所谓盗贼罪过。由是而娼妓自废止也，风俗自改良也，道德自兴起也。当此时也，社会之人类，其理想率高尚，其心性率平和，其享受率幸福。种种社会皆进于极乐世界，无有贫富苦乐之悬隔。何幸如之！虽然今日者，金钱之势力，如火初然，如潮初泛，熛炽[②]汛溢，日胜一日，其距绝灭之时代，尚不知几十百年也。俟河之清[③]，人寿几何矣！

金钱对于社会上之势力，其庞大也。既如此，吾乃提倡废止金钱之论，世之人，其不以我为狂诞乎？虽然，若以我为狂诞[④]也，彼欧洲最新之社会主义，亦皆狂诞乎？吾亦非有大仇怨于金钱，而必欲废止之，绝灭之也。吾以为金钱者，特交换之媒介，价格之标准，其功用不过如度量衡，如铁道切符（即火车票），如医师方笺[⑤]，为世界人类借以运输交通之一公物耳。自有挟以自豪，私之子孙者出，彼公物遂化为私物。世界人类之心光眼光全注射之，或以谲智[⑥]取，或以强力夺，或以劫杀得，或以性命视，人心因而腐败，风俗因而颓坏，自由因而破裂，平等因而搅乱，甚则社会因而沦亡。种种耗弊，不胜言举。吾之提倡废止金钱，谙也，非直欲金钱绝迹于浑圆球上也，绝灭其势力而已。

绝灭其势力将奈何？曰：在禁视金钱为私有之资本。今日之金钱，其对于社会上有无限之势力者，以人人视为生产资本，得以支用自由也。职是之故，而人类对于金钱之欲望愈深挚，其攫取之手段亦愈猛烈。有金钱者，无论贤与否，于名誉、权势、富贵三者，皆得占优等之地位，是乌可谓正义乎？苟以公物视之，则如土地也，物产也，器械也，既为社会所公有之物事，而以金钱为是三者分配之媒介，其功用不过如度量衡、铁道切符、医师方笺。夫如是，有金钱之势力，必大减其庞大之程度，社会之耗弊，庶有瘳[⑦]乎？

人类之生于世界也，劳动乃可得食，是天地之大法也。今以金钱为私物，支用得以自由，挟金钱多者，徒手可以得食，而不必尽劳动之义务，是彼人既

---

① 贿赂买节：为谋取不正当利益，给予对方金钱或它利益，以排斥竞争对手，出卖节操。

② 熛炽（biāo chì）：熛起炽热的火焰。

③ 俟（sì）河之清：等待黄河变清，比喻期望的事情不能实现。俟，等待。

④ 狂诞：狂妄怪诞。

⑤ 方笺：即医生的处方笺。

⑥ 谲（jué）智：狡诈的智谋。

⑦ 瘳（chōu）：疾病痊愈。

强占社会上之公物，且旷弃①社会上之义务也，岂公理哉？不宁唯是，彼挟持金钱多者，必骄奢怠侈②，逞酒食以养口腹，招僮仆以供颐使③，滥縻④社会上之衣食，而弃诸无用，搜聚社会上之人类而视为私人，是固释迦⑤所深慨，不容其忏悔，耶稣⑥所痛愤，必挤之地狱者也。然则吾之欲废止金钱也，我国民其视为狂诞乎？抑非乎？

要而言之，吾人欲绝灭金钱无限之势力，以救社会之堕落，其第一要着，在视生产资本为社会之公物，且改革今日之经济制度。是固主张社会主义者，不二之理想也。

吾敢持语天下之欲明人心维持世道者，毋庸生枝叶之论，但先力行社会主义之理想。此固诸君欲达种种目的之捷径也。呜呼！十九世纪者，自由主义时代也。二十世纪者，社会主义时代也。吾闻阅一世纪，则世界上必产出一种新主义，新运动。金钱废止，其殆二十世纪新主义新运动之一分乎！

社会主义之急要

愚矣哉！汝教育家也；迂矣哉！汝宗教家也；痴矣哉！汝政治家也。公等锐意热心，烂舌秃笔，涸音声，耗心气，兀兀然，皇皇然，讲伦理，说道德，策治国平天下之道，吾固不敢谓公等为非也。然以我国今日社会之情态观之，其秩序紊乱，风教堕废，诈欺争斗，贿赂奸淫，一切罪过，层见叠出。自公等以雄辩演说，高尚议论，启沃⑦之，开发之之后，其奏效果何如乎？得无犹有于

---

① 旷弃：放弃，抛弃。

② 骄奢怠侈：骄横奢侈。

③ 颐（yí）使：使唤，耍弄。

④ 滥縻（mí）：挥霍，消耗。

⑤ 释迦：即释迦牟尼，古尼泊尔人，姓乔达摩，北印度迦毗罗卫国净饭王的太子。少年时代接受婆罗门教的传统教育，学习吠陀经典和五明。29岁出家修道，35岁觉悟成佛，旅行传教，形成佛教。

⑥ 耶稣：全名 Jeshua ben Joseph（公元前4－30年或前5－29年），基督教中心人物，基督教的创始人。

⑦ 启沃：竭诚开导，辅佐君王。《尚书》卷十《商书·说命上》。商王武丁任用傅说为相，命之曰："若岁大旱，用汝作霖雨。启乃心，沃朕心，若药弗瞑眩，厥疾弗瘳。"意为比如年岁遇大旱，要用你做甘霖之雨。敞开你的心泉，来灌溉我的心吧。好比药物不猛烈，疾病就不会好。

公等之目的，尚未能尽达者乎？

虽然，是非公等之学之浅也，是非公等之识之鲜也，是非公等热心之不足也，是非公等感力之不大也。然以公等如此之手段，求公等如彼之事业，虽尚阅数十百年，吾敢决其如以一杯水，救一车薪火，于是必无济①也。是果何道理乎？公等亦曾研究此问题，而得此解乎？

人无谷食不生活，未有舍谷食而可别求生活者也。今试语学生曰：汝何勿以学为食乎？语诗人曰：汝何勿以吟咏为食乎？语商曰：汝何勿虚说资本，欺弄世人以为食乎？若是云云者，殆所谓迫彼等以自杀者，非耶？以迫人自杀之教育、宗教、政治，而欲人之倾耳而听，舍身而从也，能乎？否乎？商家之运输，为食也；工师之工作，为食也；盗贼之劫掠，奴隶之服役，亦为食也。不问其生活之盈绌②，而第号于众曰：汝工商之谲诈③，非正义道德也，其改革之；汝盗贼奴隶之放恣卑贱，尤非正义道德也，其改革之。噫！曾亦思彼等之谲诈，放恣，卑贱，其目的果何在乎？今欲其舍彼从我，殆欲彼等以正义道德为食乎？故吾谓今日社会之第一急切主义者，胃腑之问题④也。不先解决此问题，则一切教育、宗教、政治之问题，均不能得其主眼。孔子曰："民富然后教之。"此之谓也。

今也，吾人试问我国民胃腑之问题，果以完全国足，无缺点乎？抑否乎？

试问今之身厌绮罗⑤，口厌珍馐⑥者，果能于生产之义务尽焉？否也！又问今之一举而得数千万之富者，果能于生产之义务尽焉？否也！不见夫数万之劳动者，终日兀兀⑦尚不能得一钱乎？而彼等钻营不正之事业者，或则不烦举手之劳而可得百金矣。正值诚洁者饥欲死，奸曲游荡者饱欲死。劳逸贫富，天地悬隔，持是以往，吾恐正直诚洁者将绝迹，胥率而入奸曲游荡之域矣。此固我国之实在现象也。如上所述，则我国今日社会之情态，其秩序紊乱，风教堕废，一切罪过，层见叠出，此等大病，决非舌谈笔说所能医也。然则诸君试解释我

① 无济：无济于事。

② 盈绌（yíng chù）：有余或不足。

③ 谲（jué）诈：欺诈，玩弄手段。

④ 胃腑之问题：吃饭的问题。

⑤ 厌：满足。绮罗：华贵的丝织品或丝绸衣服。

⑥ 珍馐（xiū）：珍奇名贵的食物。馐，美味的食物。

⑦ 兀兀（wù）：用心的、劳苦的样子。

国民胃腑之问题，其不正不义，且不完全。至于此极者，原因果何在哉？吾请断之曰：是个人主义之余弊也，是自由竞争之遗毒也。

或者曰：个人主义，自由竞争者，社会进步之响导也。斯言也，吾窃疑[①]之。人者，交涉之动物也。若互相竞争，则此人多占社会上一分之权利，彼人必少得社会上一分之权利。优于竞争之手段者，洵[②]发达矣；适于竞争之交涉者，洵繁荣矣。然持是以往，竞争又竞争，向之见为优者，其中必又有最高等之优者出焉，以凌驾此优者矣。向之见为适者，其中必又有最高等之适者出焉，以排击此适者矣。争之既久，则浑圆球[③]上之享幸福拥权利者，仅此少数最高等之优者适者。外此无量数之人民，必全然堕落，全然澌灭矣。是岂人类社会文明进步之目的乎！况此无最数之人民，既全然堕落，全然澌灭，绝迹于浑圆球上，彼少数最高等之优者适者，亦将不能自立，是必然之理也。噫！吾甚异乎今日研究社会之方针者，胡不加察也。

自科学日益进步，而今日社会之生产力，及生产物，以曩昔[④]比例之，其增加之程度，实大可惊羡[⑤]，独惜其功用第显于一部，聚于个人。由是社会之人类日忙杀于生活之竞争，竭一日之精力，仅足赡胃腑之需用，胃腑以外，无暇研究何理想也，无暇组织何物事也。故今日社会人类，产出一种奇怪之现象，充其弊害，恐将至不可思议之境。然其原因，则实以自由竞争之制度，流弊蔓延，遂致经济界限于无统一无政府之状态故也。

个人主义，自由竞争，其弊害之中于经济界也，更仆[⑥]难终。吾不暇详述。虽然，姑摘其大要，以质诸世界社会之人类可也，致富者率不正不义，其分配且极不平等，弊一；贫富日益悬隔，生产滥糜，弊二；运输交通，皆以竞争特占事业为目的，遂若并吞全社会之权利，归之一人，弊三；生产或过余，或不足，需用供给，屡失平衡，弊四；物价之低昂不定，工业每生恐慌，甚则缺乏饥饿，恶德踵至[⑦]，弊五。如此一切弊害，谓非经济界陷于无政府之故乎！

---

① 窃疑：私下怀疑，暗地里疑虑。

② 洵（xún）：确实，实在。

③ 浑圆球：地球。

④ 曩（nǎng）昔：往日，从前。

⑤ 惊羡：形容又惊讶又羡慕。惊讶羡慕的心理活动。

⑥ 更仆：更番相代，形容一时难尽。

⑦ 踵（zhǒng）至：接踵而至。

惟其无政府也，故一任奸智与暴力之竞争，一听其为优胜劣败弱肉强食[1]之结果。且也，非金钱不能得名誉，不能得衣食。而欲得金钱，又非出于不正不义之竞争不可。持是以往，则秩序之紊乱也，风教之堕废也，亦奚足怪哉！吾固不敢谓教育家、宗教家之无补救于社会也。然无金钱，则教育之制度不能立也；无金钱，则宗教之奉持皆盲说也。吾故曰，先研究社会人类胃腑之问题，企图其完全国足，而后教育宗教之第一急要关头，始得开道也。

故弊害之生于竞争者，可以调和救之；毒害之产于差别者，可以平等乐之；个人主义之搅乱，可以社会主义矫之。西亚志烈之言曰：社会主义之第一要件，胃腑之问题也。呜呼！我国民今日胃腑之问题，其结果完全国足，无缺点乎？抑否乎？

社会主义之适用

呜呼！我国今日之第一急切、最大关系者，非劳动者之问题哉！吾人苟欲于此劳动问题，解释之，组织之，企图其完全国足，无一缺点，其第一着手者，非在社会主义乎！吾甚怪讶今之欲于劳动问题，解释之，组织之者：奚为于社会主义，非难、攻击，其声愈高，其力愈猛也。吁！是非欲明而灭烛，欲渡而焚舟乎！今日者此等俗论之风潮，愈播愈高，于社会上大占势力。吾愿我劳动诸君，勿为眩惑[2]，勿误向背研究我国社会上之种种问题，抱持社会主义，以开通劳动问题之前途。否则误于俗论，将日堕陷于困难纷扰之境，而永不见解决之期，实我国民之大不幸也。吾故不惮词费，于是等俗论，排斥其谬解，指摘其欠点，以为我劳动诸君，指示一道之火柱，以尽吾人急要之责务焉。

桑田某者，非政治上之有名家乎？其所演说劳动者与资本家之关系，我国民半宗仰之。不知此等演说，乃俗论之一大鼓吹也。彼曰：将来之劳动问题，在保劳动者与资本家亲密恳和之关系，世间固亦有残忍刻薄之资本家，然是固彼个人之罪过，非资本全体之罪过，未可以是而一概抹杀资本家皆为残忍刻薄也。其说如是。然以吾观之，资本家与劳动者，其恳和亲密，若果能如桑田某

---

① 弱肉强食：动物中弱者被强者吃掉，借指弱者被强者欺凌。

② 眩惑：迷恋，沉溺。眼睛昏花看不清楚，形容对事物感到迷惑。

之说，完全无缺点，是洵一大美善之结构也。主张社会主义者，岂敢唱异议？虽然，如桑田某云云，行之于现时制度之下，果能保永远达其目的乎？吾观劳动者与资本家之现象，各相暌离[①]，各相冲突，其势力之增进，固年胜一年，日胜一日。既已暌离冲突，而欲其恳和亲密也，能乎？否乎？曾亦思两者之所以致暌离冲突者，果何原因乎？彼主持俗论者，则必又变迁其说，而以乏知识、逞意气归咎于劳动者也。吾亦不敢谓劳动者之不乏知识、逞意气也。然劳动者之所以乏知识、逞意气者，又何原因乎？是固资本家之暴横与贫富之悬隔所致也。而此资本家之暴横与贫富之悬隔，又何原因乎？是固自由竞争制度之弊毒所致也。其本乱而末治者，否矣。然则仍自由竞争之制度，而欲劳动者与资本家之恳和亲密，岂可得哉！主张社会主义者，所以欲组织社会上之适用，以代自由竞争之制度者，职是故也。而彼俗论者，乃非难攻击社会主义，而汲汲以调和劳动者与资本家为最良之策，不揣其本而治其末，不亦傎[②]乎？

虽然，社会主义者，亦非以残忍刻薄之罪，坐之资本家之全体也，亦非谓资本家尽残忍刻薄者也。而现时自由竞争之制度，则适为纵资本家、驱资本家人于刻薄残忍之制度也。夫自由竞争之制度，不独劳动者苦之，即彼资本家亦殆不能堪。彼俗论者进以调和之说，亲睦之说，意非不善也。其如彼等之处此自由竞争制度之下，势必不能不争，不能不竞，不能不战何！即使充彼俗论者之手段，扩彼俗论者之组织，幸而得彼劳动者与资本家一时之亲密恳和，各敛其抗拒之力，压抑之力，亦安能保彼等之永远持续此情形乎？况处此弱肉强食之世界，互相轧轹[③]，互相吞噬，劳动者常陷弊害之悲境，资本家则常占利益之地位。故欲以社会主义救之，使劳动者与资本家有相助、相扶、相倚、相待之势，则不必告以亲密恳和，而彼等自趋于亲密恳和。谋不是出，而唯烂舌秃笔，以劝谕其亲密恳和，此必不可得之数也。不宁惟是，如彼俗论者云云，是直使我劳动诸君，永久陷于奴隶之境遇，而资本家永久享受快乐之幸福也。

更有进者，自由竞争之制度，匪特[④]劳动者受其弊；持是以往，即资本家亦必不能堪其弊也。在我国今日，其弊毒视欧美诸国尤甚。吾得为我国民告曰：

---

① 暌（kuí）离：离间，使分离。暌，同“睽”。
② 傎（diān）：颠倒，错乱。
③ 轧轹（zhá lì）：辗压，倾轧，欺凌。
④ 匪特：不仅，不但。

社会主义者，非以绝灭资本家为目的也。特改革自由竞争之制度，代以社会主义之制度。我国民须知社会主义之目的，在使劳动者与资本家同享利益。社会主义者，乃一视同仁之主义也。桑田某之演说，又有曰：如有一株式会社①。株主②者，必欲得利益配当之多；监理③者，苟竭力以多博利益，必能得株主之欢心。而株主亦必保护、慈爱此为之监理者。否则反是矣。如彼云云，是非难望其亲密恳和之明证乎？是非彼俗论者自杀之议论乎？彼资本家之全体，虽不尽属残忍刻薄，然安能甘心割其利益，以与劳动者其享受也？然则彼俗论者亲密恳和之说，错谬孰甚也？

蛇蝎之喷毒也，触之辄伤；瘟疫之传染也，患之立毙。我国现时经济组织之弊毒，其与是二者相去有几何哉！吾不知彼主持俗论者，于是等弊毒，知之否也？吾观彼等，或登演台，或着新论，喋喋呫呫④，以强聒⑤一时者，其心光眼光所注射，夫固以企图资本家与劳动者之亲密恳和为主脑者也。至问其欲资本家与劳动者之亲密恳和，将改革自由竞争制度乎？而彼则不惟不主张改革，且尽力维持之。将组织社会主义乎？而彼则不惟不主张组织，且尽力排斥之。噫！以如是之手段，求达如是之目的，南辕北辙⑥，畏炎加薪，吾未见其可也。然其自欺也，亦甚矣！彼等曰：社会主义者，不可实行之空论也。社会主义者，以同盟罢工为目的者也。呜呼！社会主义者，果不可实行之空论乎？果以同盟罢工为目的乎？使社会主义者举一国之资本尽没收于国家，举一国之工业，尽委输于中央政府，此诚不可实行之空论。然社会主义者，决非如此过激暴乱也。社会主义者，决非继中央政府之无限权力者也。社会主义者，博爱也。社会主义者，一视同仁也。小之于一町村之事业，大之如一县、一都府及一国之事业，各从其宜，准以平等。凡社会上之资本，皆为社会上民人共有之公物；其生产之利益，亦各分配公平，是则社会主义之主张也。何不可实行之有？唯于其地与其时与其事情成效之迟速、功果之完缺有所异耳。至谓社会主义为同盟罢工，

① 株式会社：日本股份有限公司。“株式”意为“股份”；“会社”意为“公司”。

② 株主：股东。株式会社の株式の所有者。

③ 监理：以某项条理或准则为依据，对一项行为进行监视、督察、控制和评价。

④ 喋喋呫呫：啰唆，不住地说话。

⑤ 强聒（guō）：唠叨不休。《庄子·天下》：“以此周行天下，上说下教，虽天下不取，强聒而不舍者也。”

⑥ 南辕北辙：想往南而车子却向北行。比喻行动和目的正好相反。

则尤属牵强附会[1]。吾谓为是论者，其对于资本家之残忍刻薄者，实有崇拜之思想，奴隶之性质，故不惜余力，以排击社会主义，而以粗暴过激诋之。虽然，若以是排击社会主义，则维新以前，提倡勤王论者，悉乱民乎？夫固不禁一哂[2]也！

要之，我国劳动问题之归着，不止叹愿时期之短缩，不止叹愿赁银[3]之增加。其第一要着，在我劳动诸君各占据于极有权力之地步，其对于生产之利益，务得公平之分配。然欲达此等希望，而因仍伏处于自由竞争制度之下，则如于严冬思鲜果，暗室觅物事，其无得也，不卜可知。我劳动诸君，不欲达此等希望，则亦已矣；欲达此希望，而化私有之资本为公有，化独劳之工业为公劳，舍社会主义，其奚策之从？

由斯以谈，则我国今日之解决我劳动诸君之问题者，惟社会主义！脱卸[4]我劳动诸君之苦境者，惟社会主义！组织我劳动诸君之幸福者，惟社会主义！制造我劳动诸君之生命者，惟社会主义！诸君诸君，思之思之，慎勿为俗论欺，而永远堕陷于奴隶之惨境，沉沦于痛苦之悲况也。

帝国主义之衰运

学者将欲掉舌执笔[5]，道天下事，谈言微中，以为世宗。其急切而不可缺者有三：曰考验过去，曰揣摹现在，曰推究未来。三者缺一，则所言虽多，虽博虽辩，鲜当也。彼居今日而非难社会主义者，曾否洗刮其昏聩[6]之目，以观察现在世界之大势乎！何也？社会主义者，固二十世纪之大主义、大理想也。今之有人民，有政府，有主权，树一国旗于浑圆球[7]上。其组织之规模，树立之目的，有所谓帝国主义者，有所谓军国主义者，此二种主义，飞扬于十九世纪时

① 牵强附会：把本来没有某种意义的事物硬说成有某种意义。也指把不相关联的事物牵拉在一起，混为一谈。

② 哂（shěn）：微笑。

③ 赁（lìn）银：劳动报酬，工钱。

④ 脱卸：解脱，开脱推卸。

⑤ 掉舌执笔：拿起笔来发表言论。掉舌，动舌头，说话。

⑥ 昏聩（kuì）：指眼花耳聋，头脑糊涂。比喻不明事理，头脑糊涂，不明是非。

⑦ 浑圆球：地球。

代。风潮一发，愈播愈高，气染波及，殆遍全球，一若非是不足以立国，非是不足以自强者。虽然，吾人早已疑其非完全之主义，至今日而帝国主义，及军国主义之害恶，则殆将达于极点矣。不观诸欧洲诸国乎？其号称强大者，大率不惜殚民力，竭国力，汲汲焉，皇皇焉，以经营其新领土，扩张其新军备。其表面固富饶强盛也，而其结果之恶劣，则多数之人民，往往陷于困厄、饥饿、罪恶焉，德意志、俄罗斯，其弊害尤彰明较著者也。吾人者，姑置他国勿论，请试言两国弊害之现象，以为浑圆球上之号称有国者，作一小影片，俾知所去取焉。

福禄志者，非战争者之有名家乎？其论德意志战争之危险也。曰：德意志者，决不能常占于战争优胜之地位也。何以言之？盖彼本以农业立国，自其由农业国变为工业国也，生产之利盛益失，以致多额之食物，多仰给①于他人，由海外而输入者，居其大半。况彼国所征幕之常备兵，以四百万人计，职是之故，国内之生产力，直失去九百万吨之多。其工业又以战争之故，原料供给之途，全然杜绝，故今日彼国商业商工之现象，皆知病痿靡，如忠麻痹，殆将至葳蕤不振，运动不仁矣。尚武之国，其于经济上也，必困厄。经济之国，其于尚武上也，必疏虞②。尚武与经济，固有不并立之势也，然经济既陷于困厄之境，则其尚武之精神，亦必不能永远持续。由斯以谈，则德意志其能常占于战争优胜之地位乎？彼又曰：现时德意志商业之情形，渐次陷于非运。若持是不变，困难殆达极点，欲讲求救济之策，其惟减少军备乎？否则，德意志过去之全盛，而欲再睹于二十世纪之时代，必不可得矣。乃组织彼国之政体者，恬不知悟，而犹向美国再起外债，以充北清出兵之费用，亦良可讶已。

福禄志更即法兰西、德意志战争以来，揭德国战时之抵抗力，以喝破德意志国民之繁荣，不过一时之梦幻泡影。统计揭于左：

人口之四割五分	一年之收入	一九七以下
人口之四割	一年之收入	二七六以下
人口之五分	一年之收入	八九六以下

① 仰给：依靠别人供给。

② 疏虞（yú）：疏忽，失误。

人口之一分　　一年之收入　二七八一以下

如上所述，福禄志之言，则德意志贫弱之现象，讵不大可惊大可异哉！虽然，是固无足惊异也。福禄志亦曾言之矣，使德意志而惕于贫弱之弊害，讲求救济之策，其惟减少军备乎！盖过去全盛时之德意志，非小弱也，固翘然轩然，雄视海上者也，胡为至今日而多数之人民，益陷贫乏？昔之占于强大之地位者，忽然而产出一种贫弱之病状哉！噫！我知之矣，盖国所恃以立者，经济也，经济之母，即商工与商业也。德意志在十九世纪之时代，政府所组织，国民所企图，策士所主张，靡不汲汲皇皇，以扩张国内军备，经营海外领土为主眼。以致输出之数，有加无减，遂全然吸收商工商业之利益，输于是二者之内，而漏泄之。吸收复吸收，漏泄又漏泄，奚怪多数之人民，益陷贫乏也。持是不变，吾恐自时厥后，生活之竞争，愈益激烈，势必至惨境悲剧，层见叠出，结果有不忍言者矣。不观往年之统计报乎？有曰：德意志于一年国中之自杀者，殆及八千人，至问其所以自杀之原因，则皆曰：生活之堕落也，罪过之误触也，悲闷之难堪也。呜呼！尚武与经济，其不能并立也，两害相形取其轻，两利相形取其重，有国者观于此，其于立国之组织，思过半矣。

虽然，德意志之对于支那也，对于南阿布利加也，对于沙墨亚也，所得之利益，所得之光荣，亦匪寡也。其将主张社会主义，以救此危险乎！此等危险之状态，我知德意志之国民，亦必不能堪也。

至若俄罗斯之危险，则更有甚于德意志者，吾亦不敢妄为臆说，请据近着之隔周评论，与巴乌尔所着之饥饿俄国以言其现象。其书曰：由 1887 年 1 月，至 1899 年 1 月，此 12 年间，俄国之公债，由 43 亿，渐增加至 61 亿之多。此增加 12 亿之公债，支拂于铁道，及其他生产之事业者，约 12 亿，余悉以弥缝岁计之不足，经济困难之现象。既已如是，而政府之组织，尤汲汲以膨胀领土，扩张军备为急切事务。由是饥不得食者半国中，疲弊痛苦，日甚一日。而所经营之铁道，组织之生产事业，成效迟迟。外债利息之偿还，岁计亏缺之弥缝，与年俱增。国中之商工商业，俱陷于萎靡之病，下层人民不平之风潮，愈播愈高，政府皇皇，无所为计，破产之祸，迫在眉睫，俨然产出一大革命之现象，是固俄国政府现下苦心破胆之问题也。吾人者，试为俄国今日政府计，其将固特此帝国主义，而听其破产，听其革命乎？抑抛掷此帝国主义，而更求一种新主义，以雄立于二十世纪时代也。虽然，吾常旷观今日，欧美各国，其受帝国主义之弊害者，固不独德俄二国已也，意人利也，法兰西也，美利坚也，英吉利也，无不弊也。然则帝国主义者，殆增加困厄、饥饿、罪过诸等惨境，于社会上者也。帝国主义者，殆组织诸危险，制造诸悲况，于社会上者也。彼军人家、资本家、政治家，欲独占其功名利益，毋惑其以帝国主义为便也。而多数之平民，则大受帝国主义之弊害矣。故曰：救济今日世界社会之大主义大理想，曰：在殪翻[①]帝国主义；管辖今日世界社会之大主义大理想，曰：在组织社会主义。

帝国主义之所以陷多数之人民于困厄、饥饿、罪过之惨境者，其原因果何在哉？是殆在贫富悬隔[②]之过甚也。是盖在贫富悬隔之过甚，而生活之竞争，遂因之猛烈也。吾人所谓社会者，其第一着手，最要目的，在除去贫富之悬隔。然欲除去贫富之悬隔，则舍吾向者所言，化一切资本为公物，化一切工业为公劳，决无别法策也。呜呼！社会主义者，救世之大主义也。是非空论也，现时之问题也；是非过激也，急切之问题也。今者欧美之志士仁人，放慧眼以观时，挟热肠以救世者，靡不奋袂攘腕[③]，烂舌灰躯[④]，以企图社会主义之进步，增长社会主义之势力。帝国主义之害害，其传染进一步，而社会主义之风潮，其传播亦同时高一步。盖社会主义者，二十世纪之急切要件，世界文明进步之要害关头也。我国愚昧冥顽之徒，其嫌忌社会主义，排击社会主义者，亦曾洗刮其昏聩之眼，以一瞬之乎？

毕士麦克者，执德意志帝国主义之牛耳者也。运其残酷镇压之手段，直足驱一国以人于帝国主义，故其党员之数，渐次增加。现德国之帝国议会，非有五十八人之议员乎？法国之帝国议会，非有四十七人之议员乎？若英国之社会党，则第有十三人之议员。白耳义之社会党，则第有三十五人之议员。然吾人者，以今日之大势观之，社会主义之发达，殆渐有如泉初达，如火初燃，有不可遏抑扑灭之势。欧洲全体之社会党，殆有数百万人之数，而各国之地方议会，社会党之议员，则又每占优胜之地位。由是以谈，则二十世纪之社会主义，固

---

① 殪（yì）翻：杀死，推翻。

② 悬隔：相隔很远，相差很大。

③ 奋袂攘腕：形容愤恨或激动。奋袂，挥袖；攘腕，扬起手臂。

④ 灰躯：灰躯糜骨。形容敢于牺牲。

已莳其苗于世界人类之心，传其电于世界人类之脑，怦怦欲动，勃勃欲发，有鼓舞飞扬于现今世界之势矣。奚以知社会主义之将鼓舞飞扬于现今世界也？观于各国最近之国际运动可知矣。自 1899 年，3 月之伦敦大会，同五年呼纳志亚之大会，至 1890 年，巴黎博览会之大会，其对于社会主义之影响，有急搏直下之势。巴黎之大会也，置白耳义于万国同盟之本部，以企图世界各国社会主义，团结巩固，一致运动。而社会主义，见于实际政治之上者，则如白耳义如伦敦如巴黎之市政，皆各奏其功效。然则社会主义之将鼓舞飞扬于现今世界也，盖大势之所趋，进步之公理，虽毕士麦克复生于今日，挥其铁腕，以运其残酷镇压之手段，恐亦无如之何也。我日本而不欲立国于浑圆球上，则亦已耳；如尚欲立国于浑圆球上也，而欲脱出社会主义运动之潮流，岂可得哉！岂可得哉！

工业之萎靡也，军备之烦黩[①]也，贫富之悬隔也，生活之竞争也，多数之困厄、饥饿、罪恶也，皆帝国主义之流弊，传播于世界者也。社会主义者，非空论也，非粗暴过激也，是拔毒之圣药，生肌之神方也，是盖矫正帝国主义之弊，而为现今之救世主也。欧美之志士仁人，烂舌秃笔，以提倡社会主义者，职是故也。吾人大声疾呼，以唤起我国民社会主义之感情者，亦职是故也。

美人某者，著一小说，于社会主义之发达，大有影响。译其一小节于左：

> 于时母阿纳之颊，着红潮，目瞪口呆，半晌不能言。
>
> 彼女者，寂然而笑，遂发议曰：“予常入街市，见彼劳动者痛苦呻吟，累累然踵相接于道，其惨境殆无可比例。而彼资本家则缠美衣，咀美食，视彼劳动者直不啻如天堂与地狱。”有执予手而问讯者，叹曰：“汝知之乎？是帝国主义之流毒也。”予乃嗒然若丧，喟然曰：“予身若为男子，予必入社会党矣！”

呜呼！勿谓是小说家之梦想也，勿谓是小说家之寓言也。当今之世势，苟其脑筋中稍有文明进步之思想，其灵台[②]内稍有博爱仁慈之义念，其眼光稍大，其学识稍富，而偶能观察万国之现象者，虽以一妇人一孺子，固无不变其旧来

---

① 烦黩（dú）：繁杂污浊。

② 灵台：即心。《庄子·庚桑楚》：“不可内于灵台。”内，纳入；灵台，内心。

之目的，而主张极公极新之社会主义者，是固今日浑圆球上之实状也。况枵然[①]抱七尺之躯，庞然号须眉之汉，以天下为志者，其于社会主义，宜如何竭其力，伸其腕，以组织之，运动之乎？而世间愚昧冥琐[②]之徒，尚抱持其咫尺之见闻，固守其弊旧之主义，茫然苟安，昏然鼾睡。诸公诸公，思之！思之！吾恐社会主义之洪水，涨而横溢，不日将漂诸公之卧床也。

暗杀论

人体之有便溺[③]，大污秽[④]也；城市之有瘟疫[⑤]，大憎恶也；社会之有暗杀，大罪恶也。然便溺虽大污秽，而是固人体脏腑之功用，所组织以出者也；瘟疫虽可憎恶，而是固城市气臭之恶劣，所蒸发似酿之者也；暗杀虽大罪恶，而是固社会交涉之不平，所驱迫以生之者也。有脏腑[⑥]之功用，则不能无便溺；有气臭之恶劣，则不能无瘟疫；有交涉之不平，则不能无暗杀，公理也，亦势使然也。今之组织社会上之交涉者，不去其不平，而唯皇皇然以杜阻暗杀者之生，防止暗杀者之出，是犹憎便溺之污秽，而欲损坏脏腑之功用，恶瘟疫之传染，而欲置身于地球以外也，傎[⑦]孰甚焉！

战争者，恶事也。吾人今日所翘首以盼，引领以视者，固希望速达于无战争之时代也。虽然，于现今社会之组织，弱肉强食，优胜劣败[⑧]，则有非战争不为功者矣。其或愤自国之冤抑，而欲伸之乎？则舍战争固无策也。其或耻自国之屈辱，而欲免之乎？则舍战争，将奚恃也？其或伤心自国权利之放失，利益之外溢，而欲保全之，挽救之乎？则又舍战争固无所施其计也。国际公法有曰：

---

① 枵（xiāo）然：虚大的样子。

② 冥琐：糊涂猥琐。

③ 便溺（biàn niào）：排泄屎尿。

④ 污秽（wū huì）：肮脏的，不洁净的；不干净的物体。

⑤ 瘟疫：大型且具有传染力的流行病。

⑥ 脏腑：中医总称人体内部的器官。心、肝、脾、肺、肾为五脏；胃、胆、三焦、膀胱、大肠、小肠为六腑。

⑦ 傎（diān）：颠倒，错乱。

⑧ 优胜劣败：指生物在生存竞争中，竞争力强者取胜，得以生存；竞争力弱者失败，被淘汰。这是达尔文主义的一个基本观点。后被错误地应用到人类社会上来。

战争者，保全自国幸福权利之藩篱，固守自国幸福权利之锁钥[①]也。由是观之，则战争之于今日世界大势，固处于不可得已之势也。战争既处于不得已之势，而吾人乃啧啧然日以非战争为事，而持战争罪恶，坐之于彼等军人，彼等非特不任咎[②]，且嗤吾人为昏聩，詈[③]吾人为冥顽矣。然则吾人虽烂其舌，秃其笔，以辩以解，固不能奏尺寸之功果也。今之欲防止暗杀者之出，杜阻暗杀者之生者，殆亦类是乎！

同盟罢工者，不祥之事也，吾人所翘首以盼，引领以祝者，固希望彼劳动者勿作此不祥之事也。虽然，吾常见彼劳动者，穷窘呻吟，铤而走险，以图一逞。时或伸此不祥之手段，以作不祥之暴动，而脱卸其穷窘呻吟之苦况者矣。如今日之经济组织，劳动者之工价，准据其需用供给以为差，是直驱劳动者群相率而入于饥饿困毙之域也。既群而驱之入于饥饿困毙之途，而犹冀其敛缩其不祥之手段，勿作不祥之暴动，是伯夷、叔齐[④]之人物，将车载斗量[⑤]，遍布于浑圆球上而后可也。有是理乎？故今日劳动者之同盟罢工，实处于不可得已之势也。同盟罢工，既处于不可得已之势，而吾人顾以此种罪过坐之，于劳动者目之为凶汉，斥之为暴动，彼等亦非惟不任咎，且嗤吾人为昏聩，詈吾人为冥顽矣。然则吾人虽烂其舌，秃其笔以辩之解之，固不能奏尺寸功果也。今日之防止暗杀者之出，杜阻暗杀者之生者，殆亦类是乎！

国际公法有曰：凡国际之间，有纷议者，则据国际之公法以判决之。就个人党派之行为，以社会上之法律，判断其是非利害，流及至今，而社会上判断与制裁之能力，全然放失，于是凡绝望于社会上判断与制裁之人，皆欲伸其腕力，以企图脱离于社会法律之外，遁而隐者有之矣，放而狂者有之矣，甚则衷而出于自杀者有之矣，愤而出于暗杀，以泄其不平之恶气，洒其满腔之热血，亦有之矣。夫暗杀者，诚罪恶矣。然使之绝望于社会上之判断与制裁者，其罪恶更何如耶？

---

① 锁钥：开锁的器件，比喻成事的关键所在。

② 任咎（jiù）：承担罪过或罪责。

③ 詈（lì）：骂，责骂。

④ 伯夷、叔齐：伯夷、叔齐是商末孤竹君的两个儿子。相传其父遗命要立次子叔齐为继承人。孤竹君死后，叔齐让位给伯夷，伯夷不受，叔齐也不愿登位，先后都逃到周国。周武王伐纣，二人叩马谏阻。武王灭商后，他们耻食周粟，采薇而食，饿死于首阳山。

⑤ 车载斗量：数量很多，不足为奇。载，用车装载。

彼等既绝望于社会上之判断与制裁，而又不能组织其党派，以代社会行此判断与制裁也，故挟其胸中一点不平之气，提倡异繁议，企图暴动，以与组织当时社会之政体者，树反对旗。然彼等之意见，则又决无一定之方针，率据社会多数之意见，以变迁一己之趋向，暗杀者之情态与其目的，大率如是。要而言之，暗杀者之起也，其原因约有数端：有欲以是博虚名者，有欲以是逞狂气者，有欲以是复私怨者。其原因亦有二端：有愤嫉非义之功名，而欲以是消阻战争之恶事者，有痛恨不法之利欲，而欲以是向导同盟罢工者。噫！社会上有暗杀者出，其社会之政体，大率腐败者也。其组织社会之政体者，大率专制抑压者，欲观察社会之现象者，于此处而研究之，解释之，以求其政体之是非得失，则于现今各种社会之政体，何者为适用，何者为不适用，亦思过半矣。

虽然，彼等绝望于当时之社会，而铤而走险，以出于暗杀者，其意见固亦与多数民生之意见，同出一辙[①]者也。仲大兄皇子暗杀于苏我入鹿[②]，日本武尊暗杀于川上枭师[③]，是二人者，岂生而即以暗杀为事业者哉？盖亦当时社会之判断与制裁，失其能力，彼等大不满意，又不能取而代之，故欲行险以侥幸耳。然而是等猛烈之暴动，是等不祥之手段，固不可以终古也。故毙入鹿，讨枭师，又为社会多数之同情也，天下所击掌称快者也。而当时之法律，当时之道德，当时社会一切组织，经彼暗杀者一大波澜，大风潮泛溢之后，其进步改良，则又处于不可得已之势矣。故吾谓社会上有暗杀者出，其社会之诸等政体，必因之而激成一大进步，此暗杀者一出，法律所不能禁，斧钺所不能惧，水火所不能阻，盖社会必经此一番掀播，而始有一番进步。天特遗彼等以作世界进步之导火线，惊世界冥睡之大喝棒[④]也。

然则我国今日之暗杀者，果何如耶？我国今日之暗杀者，果绝迹耶？质而言之，明治今日之时代，固适于社会之判断制裁，失其能力，而彼绝望于社会之判断与制裁者，正膨胀其势力，磨砺其手段，相率而出于暗杀之时代也。

---

① 同出一辙（zhé）：两种言论或行为完全一样。

② 苏我入鹿（？—645）：名鞍作，又称林臣。日本大臣，在大化改新前夜的乙巳之变中被暗杀。

③ 川上枭师：日本部落首领。因为拒绝向天皇朝贡，日本第12代天皇景行天皇派武尊前往征讨，武尊化装成女子，潜入川上枭师的住宅将其刺杀。

④ 喝棒：即棒喝。比喻促人醒悟的警告。棒喝是禅宗师家接待初学者的手段之一。

星亨[1]之遭害也，吾人固不敢定彼等之行此暗杀手段者，果正人君子欤？抑盗贼恶汉欤？然星氏遭害之原因，则又不妨约指之，以为组织社会之政体者，下一针砭[2]也。原因何在？一因星氏行为之专激，一因伊庭[3]之愚，一因新闻纸之议论。而彼等之行此暗杀手段者，其大根本大原因，则实起点于社会之放失其判断与制裁之能力也。

社会既放失其判断与制裁之能力，则其腐败堕落，必至每下愈况[4]，殆如病入膏肓[5]，不可救药。由是组织社会之政体者，皆不知有公义，不见有公益，惟日夜希望饱足一己之利欤，企图固持一己之权势。惟其思想目的，不过于是也。未几而专制之政体出矣，未几而苛虐[6]之手段出矣。以专制之政体，济以苛虐之手段，毋惑乎暗杀者之猬集而蜂屯[7]也。彼星氏之所为，凡事之有利于己者，则主张之；人之有利于己者，则荣誉之；反是，则颠覆之，詈毁之，惟恐不力，惟恐不胜。夫如是则无论社会之如何判断，如何制裁，其不放失其能力者几何矣。欲毋及祸，乌可得哉！

虽然，星氏之遭害，犹其小焉者也。吾恐持是以往，社会之腐败堕落，滔滔日下，靡有止境，其弊毒所产出之结果，将不止一暗杀者之党派，寖假[8]而虚无党出，寖假而无政府党又出，沸乱之情态，有不可知，不忍言者矣，是犹疾患虚弱，已不可支，尚不讲求卫生之道，摄养之功，乃恣食腐败之食物，以养成急剧之痢证，元气大惫，外感交集，毙而已矣。呜呼！可不为寒心哉！

然则不求所以消息战争之恶事，而第以战争之罪坐之军人者，谬也！不求所以防止其同盟罢工，而第以同盟罢工之罪，坐之劳动者，妄也！不求所以救

---

① 星亨（1850—1901）：日本明治时期的政治家，自由党领袖。出生于泥瓦匠家庭，医生的养子，赴英国留学，1877 年成为日本人中第一个取得英国律师资格的人。回国后任司法省发言人，1882 年加入自由党。1892 年当选参议员，同时当选议长。和伊藤博文共同组织立宪政友会，并率自由党参加政友会。后出任第四次伊藤博文内阁的邮政大臣，不久因东京市议会贪污事件辞职。1901 年 6 月 21 日，在东京市议会议长任上被伊庭想太郎刺死。

② 针砭（biān）：比喻发现或指出错误，以求改正。砭，古代用来治病的石针。

③ 伊庭：刺杀星亨的人。

④ 每下愈况：后多作“每况愈下”。指情况越来越坏。

⑤ 病入膏肓（gāo huāng）：形容病情十分严重，无法医治。比喻事情到了无法挽救的地步。膏肓：古人把心间脂肪叫膏，心脏与膈膜之间叫肓。

⑥ 苛虐（nüè）：严厉残暴。

⑦ 猬集而蜂屯：像刺猬那样集处，如蜜蜂那样聚集。

⑧ 寖假（jìn jiǎ）：逐渐。

治今日社会之腐败堕落，恢复其判断与制裁之能力，而第以暴激之罪，坐之暗杀者，殆盲其目而黑其心者也。噫！病已深入肺腑，不进以汤药，除去病根，皇皇然惟重其衣曰：吾恐风寒之侵入也。其昏聩可哀之行径，与今日欲防止暗杀者之出，杜阻暗杀者之生者，有以异乎？无以异乎？

或者曰：今日之社会，诚腐败堕落也；判断与制裁之能力，诚放失也。然欲救治之，恢复之道将安出？曰：无他，其第一着手，在改革经济之组织，除去生活竞争之困苦，扫荡崇拜金钱之风气，万民皆受平等之教育，有自由之特权，有参政之特权，社会上之一切运动，少数之人士，不得独占其举废之权。质而言之，则不外实行近世之社会主义也。社会主义，果能实行，则社会上之判断，皆聪明也；社会上之制裁，皆公平也。判断既聪明，制裁既公平，则一切腐败堕落之病，霍然若失矣。夫如是而暗杀之罪恶，自如烟灭，如潮落，毋庸防止之，杜阻之，而自绝迹于文明进步之国焉。组织今日社会上之一切政体者，其扩其眼光，开其耳力，而再三致意也。

无政府之制造

现今世界之最剧最烈，如火如荼[①]，炎炽勃发，传染流播，殆遍全球，非无政府之主义乎？无政府之主义，是耶？非耶？明者必辩之，毋庸吾词费也。然观于美国大统领为无政府党杀害一事，其沸乱激烈之情形，固我所宜取为殷鉴[②]者，胡为我国今日之社会，犹汲汲以准备无政府党之制造，为急切之主眼也。

吾今且不必论无政府主义之是非与利害也，但不解彼等何以忽主张此激烈主义，伸纵此暴恶手段，此中必有一大原因大种子存焉。然则解拆[③]其为何原因，分别其为何种子，固今日之第一大问题也。则有为之说者曰：彼等迷信也；又有为之说者曰：彼等狂气也；更有为之说者曰：彼等为功名心也。然以为迷信，以为狂气，以为为功名心，固矣！曾亦思彼等何以联络此广大之团体，鼓吹此涨溢之风潮，发放此不祥之手段，而不悟迷信，逞其狂热，以期满足其功

---

① 如火如荼（tú）：像火那样红，像荼（茅草的白花）那样白。原比喻军容之盛，现用来形容旺盛、热烈或激烈。

② 殷鉴：殷（朝）人灭夏（朝），殷人的子孙，应该以夏的灭亡作为鉴戒。

③ 解拆（jiě chāi）：调解、排解。这里是“分析”的意思。

名心乎？是必有一大有力之动机，驱之推之，而后然也。有力之动机者何？则彼等对于今日之国家社会，绝望为是也。

现今世界国家社会之组织，其对于世界之人类也，果有福利乎？抑否乎？实未解决之问题也。吾人自其表面上观之，政治之自由，学术之进步，器械之发明，资本之饶多，生产之增加，以十八世纪以前比例之，其相去诚不可以道里计①。则今世界之人类，其享受之幸福，直何如矣！而孰意细研究其实际，则大不然。生活日益困难，贫民日益增加，罪恶日益赜大②。有西人某者，曾唱议曰：议会者，增加租税之具也。言虽失实，然现今世界国家社会之组织，其流弊诚有如是者也。盖政治之自由，学术之进步，器械之发明，资本之饶多，生产之增加，斯数者，固扩张社会上之利源者也。然其利归之王侯，归之富者，归之官吏，归之军人，平民固未沾其涓滴③也。然则对于现今之国家社会，产出多数之绝望者，固无足怪也。

如上所述，现今世界国家社会组织之现象，匪特④无政府党知之苦之，即各阶级之人士，亦皆知之苦之。惟其知之苦之也，于是群大不便之，众议沸腾，提倡新论，有起保护劳动之论者矣，有唱万国平和之议者矣，有发明共产主义者矣，有主张社会主义者矣。杂论庞言，各从其类，相率抱持其方针，以希望达其目的，而救治社会一切弊病，此固社会多数人民之同情也。彼无政府党，其初意亦如是也。继见国家社会之堕落，生活之困难，日迫一日，遂不惜放弃其曩昔种种之希望，而出此激烈主义，伸此暴恶手段，以图一逞，以求遂其功名之心。无政府党制造之原质，大率如是也。死鼠与古绵，腐败之气，其蒸发也，传染于人，足以致人病死。国家社会，组织不洁，其弊害殆类此乎！今试起而问世界国家社会之组织，其不使多数之人民绝望者，遍索于全球，殆不一觏⑤也。无政府党之风潮，愈傅愈广，愈播愈高者，非无政府党之自传之自播之，世界国家社会之组织，有以助其传助其播也。今者欧洲大陆之人民，无政

① 不可以道里计：不能用里程来计算，形容程度相差很大。计，计算。
② 赜（zé）大：甚众巨大。赜，深。
③ 涓滴：比喻极少的，极微的。
④ 匪特：非特。不仅，不但。
⑤ 一觏（gōu）：一遇。觏，遇，遇见。

府党殆居其十之六七，而其殚精竭神[①]，聚魂敛魄，以企图改革社会之制度，则以英之无政府党为巨擘[②]。其势力之膨胀猖獗，于全欧亦首屈一指。美次之，俄又次之。自时厥后，其害毒蔓延，则非吾之所敢知矣。

他国姑置勿论，请言我国。我国今日社会之组织，其对于多数人民也，果无绝望者乎？殆未也。然则我之首府、议会、政党、教育、经济、宗教，诸君宜如何放眼光，伸腕力，建设完全美善，适于今日社会之政体，以增进我国民之幸福乎？诸君诸君，不见华族之日增加乎？不见御用商之日暴富乎？不见军人之日光荣乎？若我国民则以痛苦为衣，以穷困为食者，踵相接也。是累累然之痛苦穷困者，胥绝望于诸君今日社会上之组织者也。诸君诸君，其亦顾彼欧洲之无政府党，而惕然否乎？

不观夫矿毒被害地之人民乎？不观夫小金原开垦地之人民乎？彼等之痛苦穷困，不已达于极点乎？何居乎我国今日左右社会之组织者，乃视之若无睹也。彼等之不绝望于今日之社会者，只一发耳。彼等之不激而出于无政府主义者，亦只一发耳。充我国今日社会之组织，数年以内，吾恐我国将为无政府党出产极旺之区矣。呜呼！兴言及此，不诚大可怖大可惧哉！

然则我国今日社会之组织，谓之为制造无政府党极敏便之机器可也；谓之为培植无政府党极美佳之肥料可也。既以极敏便之机器制造之，可以极美佳之肥料培植之，则无政府党之长养滋生，蔓延广被，将冠甲于全球矣。至彼时而始觉其毒害，而欲倚一篇之治安警察法，以箝制[③]之，禁阻之，吾未见其可也。

国民之危险

今之耗血竭精，奋袂攘腕，眼光所注射，心力所经营，争先恐后，惟日不足者，其第一重大问题，厥有二端：曰外交也，曰内治也。然外交重，内治更重。外交之繁难，危险之境也。内治之紊乱，则尤为危险之境也。吾甚讶今日世界社会之国民，每不惜举其内治之利益与幸福，以为外交之牺牲。呜呼！是

---

① 殚精竭神：形容用尽心思。殚，竭尽。

② 巨擘（bò）：大拇指；比喻杰出人物，在某一方面居于首位的人物。

③ 箝（qián）制：控制；约束。

岂可谓得计乎？是岂可谓知所轻重乎？以吾观之，凡若是者，其社会之不亡灭者殆稀也，是固国民所当深警戒者也。

罗马之民政，胡为殪[①]乎？殪于其内治之腐败也。其危险之境，虽以百战百胜之志哥利亚不能救之。加尔些志胡为亡乎？亡于其国民之堕落也。其危险之境，虽以十五年威服意大利全士之哈利巴，不能救之。由斯以谈，则古来一国家之灭亡，非外敌之势力能亡之，其内治之腐败，国民之堕落，自取之也。设有一国于此，自其表面上观之，其藩篱全然撤也，其武备全然弛也，其舞爪张牙，欲择肥而噬，以与之为敌者，且纷至而沓来[②]也，骤见之不知其危险为何如矣，必将为之长太息曰：若国者，其殆不国哉！乃入其国而觇其内治，则完全无缺点也，视其国民，则昂藏[③]无悲况也，则虽再加百万之敌，掩来侵来，吾敢为其国民告曰：是奚能为？诸君姑少安毋恐也。若反是焉，则非吾之所敢知矣。

奚以言内治之危险，甚于外交也？盖外敌之来，虽多至百万，若我内治完全，则可张吾三军，而备吾甲兵，以抵抗之，扫荡之。若内治之腐败紊乱，达于极点，则虽无外敌之来，我将何以救治之，扫荡之乎？盖非革命即灭亡矣。庸讵知革命之后，灭亡之余，其危险之境固何如乎？且也凡国家之所以能扩张其武力，轩然庞然，确立于浑圆球上者，固实倚国民元气之隆，财富之饶也。然国民之元气胡为而能隆，财富胡为而能饶，则又由于内治之完全，道义之厚，风俗之敦，农工商人之勤勉力行，而后得之也。非然者，而人心则堕落也，道义则颓废也，行政财政则紊乱也，商工则萎微也，资财则困竭也。如现今之朝鲜，现今之支那[④]然，纵令有数百万之水陆军，数千艘之铁战舰，亦无所用之也。故曰：内治之紊乱，视外交之繁难，其境更为危险也。

内治危险之境，甚于外交，夫人而知之矣，胡为乎我国民之深冒入此危险之境，而不知悟也？曩者[⑤]日清战役之大捷者，实我国内政之举，纪纲之张，元气之隆财，资之饶之结果也。

---

① 殪（yì）：死，杀死。

② 纷至而沓来：形容接连不断地到来。纷，众多，杂乱；沓，多，重复。

③ 昂藏（áng cáng）：仪表雄伟、气宇不凡的样子。形容人的仪表雄伟。

④ 支那：近代日本侵略者对中国的蔑称，“支那”蔑称始于中日甲午战争中清政府失败。1945年日本战败之后，应中国代表团的要求，盟国最高司令部经过调查，确认“支那”称谓含有蔑意，故于1946年责令日本外务省不要再使用“支那”称呼中国。

⑤ 曩（nǎng）者：以往，从前。

孰意[1]自此战后，我国民忘其本而逐其末，心光眼光，惟注射于兵队之多，兵舰之大，集全国之聪明，以经营于此。瘁全国之财力，以输泄于此，以为是固国家万世不易之业也。问国旗何以光荣？则曰恃武力；国威何以发扬？则亦曰：恃武力。如恋美色，如观至宝。视线交集，举国若狂。谁知今日之人心堕落，财资困竭，罪恶与贫乏者，充牣国中，即尚武之种子所留遗，而产出此恶劣现象哉。即使国旗果光荣，亦只一时之虚荣；国威果发扬，亦只一时之虚威耳，而况乎其未也。

诸君诸君，亦知我国今日之现象乎？立宪代议之精神，全惫弊也。自治之制，全破坏也，道义全扫地也，经济界全陷于无政府也。滔滔横流，每况愈下[2]，未知所底，而诸君尚不振刷精神，伸发腕力，以整顿之，改革之，企图其完全，弥补其缺陷，以拔我国于危险之境，登诸太平之域。乃谋不是出，文人学士，烂其舌，颓其笔，以议论之者何哉？曰：兵队战舰也。议员大臣，竭其力，疲其神，以组织之者，何哉？曰：亦兵队战舰也。然则徒求兵队之多，战舰之大，粉饰于表面，至于内治，则听其紊乱，听其腐败，亦足以立国于今日之世界乎？甚矣！其足讶也。诸君诸君，于我国今日之现象，岂熟视若无睹乎！抑明知故犯乎！

或者曰：我国今日之危险，至大至急者，不在他，在俄国之侵吞朝鲜，经营满洲[3]也。斯固然矣。虽然，是犹得皮失骨之论也。何也？俄即得志于满洲朝鲜，而肆其余威以及我，我独不能张其武力以抵拒之，扫荡之乎？此殆以内治完全言也。若我国持是以往，不变方针，则内治之紊乱腐败，其达极点，可立而待。彼时之侵我凌我者，将不止一俄，我将何以救此危险乎？吾愿我国热诚之志士，慷慨之青年，勿唱忘本逐末之议论，勿使忘本逐末之手段，而狂于外交，狂于战争，不惜以内治之利益幸福，为之牺牲也。况古来之专制政治家，常倍外交之繁赜，国威之发扬，以眩惑镇压国内之人心，而行其抑压羁绊之手段，以窃一日之权势，满无限之利欲乎！然则我国热诚之志士，慷慨之青年，于此处而研究之，解决之，则内治与外交，孰轻孰重，不待言而自明矣。呜呼！

---

① 孰意：谁料？孰，谁。

② 每况愈下：形容人的环境不仅没有发展；反而逐渐下落的用语。

③ 满洲：满洲是部族名称而非地名，指的是满族。满族主要分布于中国东北地区，故代指中国东北。

伊古以来，浑圆球上，亡国之事，指不胜屈[1]，亡国之因，亦大不一。吾请一言以蔽之曰：其祸根常在内治，而必不在外交。

华尔波之政策

一夕读史，至华尔波[2]之事，喟然长叹曰：彼非以买收议员之故，遂致天下之攻击詈骂，集于一身，其已寒之骨，至今犹大受史家之诛伐鞭笞乎？虽然，试执我国今日之情状，与华氏当年之情状，比例之，又不禁战栗瑟缩，齿相击也。

华尔波之买收议员也，诚有罪矣，然吾人细考察当时之情势，彼之所以出此者，实有如医家所谓以毒攻毒之方也。何以言之？盖当彼时，王权既衰，国民舆论之势力，亦来大炽，一国之权力，独集于议会。其组织也精细，其议事也秘密，其权力弥蔓滋延，殆为水银泻地，无孔不入。彼虽不满意于议会之跋扈，而又无制之之术，故不得不降而出此下策耳。

十六世纪以前之时代，议会者为朝廷所左右。当此时也，政治家惟得王家之信，始能假权力以行其志。降至志亚烈三世，议会之威权势力，其膨胀之程度，日益增高。昔之左右于朝廷者，忽转而左右朝廷矣。当此时之政治家，一惟议会之命是听，仰其鼻息[3]。王家之信任，不足恃也；人民之后援，亦不足恃也。议会之权力，既足以进退一国之一切政务，则政府之以贿赂买收之，固处于自然之势。加以议员又不尽正人君子，必有受其买收而颠倒一国之是非黑白者，是又处于自然之势者也。然则此等时代，其政界公德之腐败，固无足怪也。

吾人者，试反而观我国现在之制度，固绝不似华尔波时代之大有障碍也。政府诸公，任组织政体之义务，固亦视众议院之议决以为进退。然今日众议院之议员又绝不似华尔波时代之顽冥腐败也。今试问我国之议员，非尽由国民选出者乎？其陷于非议者，非可奏请解散乎？然则今之政治家，苟得君主之信任，

---

① 指不胜屈：扳着指头数也数不过来。形容为数很多。指，手指；屈，弯曲。

② 华尔波（1676—1745），英国政治家，两次担任英国首相（1715—1717；1721—1742）。尤其是第二次担任首相以后，掌权20年之久，故史家把这称为“华尔波尔时代”。

③ 仰其鼻息：依赖别人的呼吸来生活。比喻依赖别人，不能自主。仰，依赖；息，呼吸时进出的气。

人民之后援，则高派之理想，可任我提倡之，适川之政体，可任我组织之。又无冥顽腐败之议员，树反对旗，扼我吭而掣我肘①，则何所为而不可哉！而犹终日皇皇，一买收议员为主眼，而不知其何所用心也。噫！是殆其企划之非义不正耶？抑或无勇无断，无智无能，而始有此手段，欲以塞议员之口耶？四者有其一，则无行政之才力，已不免尸位素餐②之诮，而况其政策之施行，匪惟无益，且大增我社会之腐败罪恶，破坏我社会上之幸福利益乎？故我国今日之政府，诚可为痛哭流涕，长太息者也。

夫以如是之破坏政治家，行如是之恶劣手段，而我国民犹安听之，迄于今日，尚不加以毫末之裁制，吾深悲之。何悲？悲我国民之无知慧无意气也。是非我国民之腐败，社会之堕落之明证乎？我议会之议事，既非若华尔波时代之秘密，我国民非旦夕目击其行动云为乎？今之议员，非尽由我国民选出乎？胡为任其枉其节，售其说③，埋没社会上之公理，以为黄金之牺牲，而我国民乃漠不加察，恬不为怪者，何也？人有言曰：一国之政体，苟日进于文明也，其国民与有荣焉；苟日堕于野蛮也，其国民与有辱焉。我国今日之政治，其果文明矣乎？亦犹野蛮也？倘后世史家，以野蛮之罪，坐主于我国民，而詈我国民为无进步之思想，我国民其将何辞以对，何说以解也？

凡物必先腐而后虫生之。我国今日之政策，是腐败生虫之政策也。政府如此，议会如此，国民亦复如此。同极腐败，同极堕落，无所谓主义也，无所谓理想也。昏昏营营④，惟黄金利禄之是逐，代议制度，空存形式，实际归乌有矣。华尔波者重见今日，且遍国中矣。革命之机，迫在眉睫⑤，志士仁人，所为痛心疾首⑥，惴惴然抱奇忧，蹙蹙然靡所骋，而太息痛恨于前途也。

华尔波之演说有曰：反对党者，成于三种主体之团体。一为王党，一为所谓爱国者，一为青年。然尔时颠覆⑦华尔波内阁者，青年之力居多。彼多之舌，

---

① 掣我肘：掣肘（chè zhǒu），拉着（我的）胳膊，比喻有人从旁牵制，工作受干扰。

② 尸位素餐：空占职位不做事。尸位，空占职位，不尽职守。素餐，白吃饭。

③ 售其说：兜售其主张，宣扬自己的观点。

④ 昏昏营营：昏昏欲睡，打不起精神的样子。

⑤ 迫在眉睫（jié）：已经逼近眉毛和眼睫毛之间，比喻事情十分紧急，已到眼前。迫，紧迫；睫，眉毛和眼睫毛。

⑥ 痛心疾首：形容痛恨到极点，悲伤到极点，犹言狠下决心。

⑦ 颠覆：推翻。

爵松之笔，非皆当时华尔波所谓青年者乎？吾观今日之大势，非有大主义大理想，纯洁活泼，风发电驰之青年崛起，决不能拯救我社会于腐败堕落之境，而登之于完全美善之域也。嗟乎！家国之前途，实悬于予辈青年之肩上，青年诸君，勉旃①勉旃！慎勿同流合污，自贻伊戚②也。

于外交上非立宪国

呜呼！我今日日本之于外交也，可谓之为立宪③的乎？吾知其必非立宪的，犹未能脱专制之境域也。

上有神圣之天子，下有忠义之人民，而于外交政策上，得以永保友爱之平和，岂不胜幸哉！而自我日本观之，不特不可深幸，抑且有可深忧者。我日本之天皇，固知于我宪法上，有宣战媾和之权。然而于宪法之条章字句中，多所扞格④，则未之知也。更于我国民亦可分配此大权，亦永之知也。今以一国之外交，而视其国民之意思于度外，一切关系绝不使之得闻，是可谓之为万世法则之制乎？是可谓之对于列国之国民的乎？是可谓之文明的之外交乎？噫嘻！是殆非立宪之外交乎？是殆专制之外交乎？

我皇上英迈绝伦⑤，富于立宪的君主之资，重公议而取舆论，所不惜也。我国民当如何唯帝之命是听，亦当然之理也。如彼还辽一事，依一篇之诏敕，排解两国之危险，我国民亦可谓忠义也已。虽然，我当局大臣，不解我皇睿旨⑥之所在，外视我国民，蒙蔽我国民，不以我国民为国民，而以为外敌，一切关系，毫不与我国民闻知。呜呼！外视我国民，蒙蔽我国民，已不可言矣。至于以我国民为外敌，尚可问哉！总而言之，我日本于外交上，常主专制的与非立宪的，国家因之遂受莫大之弊害。予今举其一二著大之例以为天下告。

---

① 勉旃：努力。多于劝勉时用之。旃，语助，之焉的合音字。
② 自贻伊戚：比喻自寻烦恼，自招忧患。贻，遗留；伊，此；戚，忧愁，悲哀。
③ 立宪：君主国家制定宪法、实行议会制度的政体。
④ 扞格（hàn gé）：互相抵触，格格不入。
⑤ 英迈绝伦：才智超群，无与伦比。
⑥ 睿旨：圣人的意旨。后称皇帝的诏令。

马关条约[①]缔结之时，我国民之于伊藤[②]全权等，所谈判者何事？所要求者何件？其结果究属如何？岂非久不得闻乎？所闻者，非我皇上嘉赏之语乎？我国民徒想象其伟功，欣羡其骏烈而已。然而以战胜之日本国民，不能知条约所指定，而其时战败之清国人，及局外之欧人，反得闻之知之，观彼谈判之日记，与往后文书，记载此事布告天下者，以北京天津《太晤士报》[③] 为最先，及其公此事于天下也，我政府始从而发表之，我国民始得而了然之。若使北京天津之《太晤士报》久秘不宣，我国民非永在梦里乾坤乎？然三国干涉之问题起时，吾人仅就外国电报，及外国新闻，想象其事实，而其问题之在进行中时，以至还辽诏敕之发布，全局之了结时，政府未尝许吾人评论其事实，记载于新闻也。去年义和团[④]猖獗，吾人唯依欧米之新闻，而知英日两国之交涉，次则因英国之议院公书，向日本催促出兵，且与财政上之保证公文，复得知其详细。此电信既达之后，警事所犹严禁予等新闻记者，不得揭载其事，至翌日[⑤]虽解此禁，而当局者犹出死力尽百方以抹杀此说，岂非可笑之甚哉！噫！以我国之事实，我国之外交，欧美诸新闻纸，能知之能报之，有批评议论之自由，我国之新闻纸，及我国民，反不能有此自由。虽然，此亦何足怪者，不观之往事乎？即我国之东京，每次所出要事，非依外国新闻则不能知者。否则，即知之，亦不能出诸口，我国民亦可哀矣。

楂斯振马加西曾论英国之外交曰：英国素号以宪制度相统治，俨然自命一大立宪国。而旁观者，亦许之曰：此立宪国也。以吾观之，其所行外交政策，全视国民之舆论于度外。欧洲大陆，虽极专制之政府，未有如英国之甚者。何

---

① 马关条约：中国清朝政府和日本明治政府于1895年4月17日在日本马关（今山口县下关市）签订的不平等条约，原名《马关新约》。该条约签署标志着甲午中日战争的结束。中方全权代表为李鸿章、李经方，日方全权代表为伊藤博文、陆奥宗光。《马关条约》使日本获得巨大利益，刺激了它的侵略野心。

② 伊藤博文（1841—1909），日本长州人。德川幕府末期长州藩士出身。日本近代政治家，“长州五杰”和明治九元老之一，为日本第一个枢密院议长、第一个贵族院院长、第一个内阁首相，首任韩国总监，明治宪法之父，立宪政友会创始人。他四次组阁，任期长达七年。发动了中日甲午战争，使日本成为东亚头号强国。1909年10月26日，在哈尔滨被朝鲜爱国青年安重根刺杀。

③ 《太晤士报》：即《泰晤士报》（*The Times*），1785年由约翰·沃尔特创刊，是英国的一份综合性日报，对全世界的政治、经济、文化发挥了巨大影响。

④ 义和团：又称义和拳，又称庚子事变。19世纪末发生在中国的一场以“扶清灭洋”为口号，主要针对西方侵略者及其在华附庸，是具有强烈朴素的爱国主义思想的完全由民间自发的暴力运动。

⑤ 翌（yì）日：指第二天。次日。

以言之？当其外交政策之出也，非特普通人民，不能知之，即所谓官吏以外之众议院议员，亦绝不得闻之者。彼等官吏以外之议员，固有质问之权利，然虽质问，而政府以他辞混之，终不与以了然之解释。又曰：普通人民，固难期以通外交之事，而外交问题所易知者，固人人所得而关涉之，何以政府诸首领，全不向彼之代表者而晓喻之乎？由此观之，吾人之于英国，不能不以非立宪国目之矣。噫！马加西之为此言也，其就目下之英国而论之乎？抑就以前之英国而论之乎？吾知其为此言也，实就远征顿哥拉[①]一举言之也。就远征顿哥拉一举犹未出兵时言之也，及出兵已决时，已非此情状矣。何以言之？我观当时顿哥拉出兵既决之后，英国众议院中，既有志尔莫鲁列等之质问攻击，复有总巴林巴尔阿尔等之往来翻驳，议论纷纷，连日舌战，殆极龙争虎斗[②]之壮观矣。英国之外交如是，岂得以秘密罪之乎？即此次清国事件之起，英国之议院情形，吾读其笔记，已不禁血涌而肉跃。且英国政府，每事由议院发行公书，国人无勿知之也。而外相年年必临于市长之飨宴[③]，以公其外交方针于大众。英国外交如是，更有何词以议之乎？而马加西乃罪之曰非立宪的，曰专制的，毋乃太甚乎？若令彼见我日本政府之行动，更将何词以名之乎？然我观我日本之外交，敢一言以断之曰，是非立宪的也，是专制的也，是欲达于秘密程度之外交也，是无国民之信任为后援之外交也。无国民之信任为后援，乃危险之外交也。危险之外交者，如拿破仑大帝及小拿破仑末年之外交是也。盖彼等之外交，非以国民为外交，乃以国民为魅之外交，以是一举一动，不能旋踵[④]而已自陷于灭亡，不綦[⑤]愚乎！不綦愚乎！

呜呼！今之时何时乎？东洋之风云日急，列国之政教日新，纵横今世界，上下数千年，其国民智者国斯强，其国民愚者国斯乱，乱斯亡矣！今也，我国之国民，支乎？愚乎？当局者，何勿脱我国民于专制的与非立宪的乎？何勿进我国民于国民的与立宪的乎？黑暗社会，其光明之，夷狄政教，其文明之。自

① 顿哥拉：今苏丹北部穆卡拉王国首都。位于苏丹原库施版图的北部纳帕塔，是一个基督教国家，首都设在顿哥拉。

② 龙争虎斗：比喻双方势均力敌，斗争或竞赛激烈。

③ 飨（xiǎng）宴：宴饮。用酒食招待客人，泛指请人受用。

④ 旋踵（xuán zhǒng）：掉转脚跟。形容时间短促。

⑤ 不綦（qí）：不很。綦，极，很。

今以往之外交，吾愿当局者，发表其公文，演说其目的。一切新闻杂志，得明目张胆而记载之。以前所谓之秘密程度，悉扫除而更张之，则我东洋幸甚，我东洋之国民幸甚！是所望于今之执政者。

财政之大革新

勿言军备之不充实也，勿言教育之不普及也，勿言外交之不振也，勿言实业之萎靡也，请先言我国财政之现状如何。夫一国政治机关之枢纽，在于财政。财政而无主义与基础，则计划方针，常摇摇而不能一定。使当局者不及时振作精神以整理之，徒苟且弥缝，役役犹如今日，非特不能望他机关之发达，而国家之遭遇大困难，恐亦不远矣。岂非大可寒心者哉！

今之财政，即松方伯①所谓克伊亚财政也，遣缲②也。我国战后之经费，年年膨胀，乃战争以前八千万之岁计，不过五年之间，直达二亿五千万之巨额。处此激变，而无一定之大方针大计划，唯加遣缲之繁剧，如彼流川偿金，募集外债，增五年之地租，增酱油邮便电信之诸税，亦可谓不堪矣。噫嘻！巩固乎？巩固乎？遣缲之必要，今后非依然无所穷极乎？然必要之如何无穷，而手段则有限。譬之医痈疽之证，失今不治，必将糜烂崩溃，至于不可收拾而后止。今有人焉，无一定之职业，恃其先人所遗无几之生产，常驰骋于高利之火车，衣锦绣，食膏粱，耽酒色，事赌博，万金之取引谈，扬扬不绝于口，其炷耀于人，亦得计矣。乃未几而家资散尽，丑态毕形，岌岌乎殆哉！我国财政之现状殆似之乎！殆似之乎！

我财政之所似如此者何故乎？曰：一定之主义方针犹未立也。我财政家之手腕，与彼等之地位权力，只于诸株之高低，可得而前知也，于金利之高低，可得而前知也。至若看破世运之大机，较量社会之安排，以建一国财政之大主

① 松方伯：松方正义（1835—1924），生于日本萨摩藩（今鹿儿岛），早年参加讨幕运动。1868年起，历任日田县知事、民部大丞、租税权头、大藏大辅、内务大辅等职。1875年作为大久保利通的助手，完成日本影响深远的地税改革，被封为伯爵。1885年任大藏大臣，1891年5月—1892年8月、1896年9月—1897年4月两次任内阁总理大臣，主管日本财政16年，史称“松方财政”。1900年起作为元老参与重要决策，1903年任枢密院顾问官。1917年起任内大臣，辅佐大正大皇。著有《松方伯财政策集》《明治前期财政治经济史料集》。

② 遣缲（sāo）：筹划，设法安排。

义大方针，非所期也。盖彼等之所为，决不问课税之公否也，不问产业将来之利否也，不问人民负担之偏重偏轻否也。其所标准，在顾目前之利，旦夕之安。今日且过，遑问明日；今年且过，遑问明年。即竭其服光手力，亦不计及他利他害，惟知经营于地租、酱油、邮便、电信、家屋、叶烟草诸新税目而已，为了财政之能事矣，已为了一国政治之能事矣，而其几部之贿赂，买收投机宠商保护等之滥费，反不之省。此何故乎？换而言之，我财政家之所为，乃遣缲也，小刀细工也。胡魔化也？国用之穷，可计日而待也。

转观各政党之财政论，亦绝无一定之主义方针，唯见某党者，则一意赞政府党为是；又某派者，一意攻政府党为非。终日扰扰，不知其他。若以其意见而运动之，又左支右吾[①]，未免反覆矛盾。其极也，则失天下之信用，背国民之同情。呜呼！今之政党之本领精神，已全丧失而不堪问。其所余者，不过庞然之走尸行肉[②]而已。可不哀战！

军备勿言，教育勿言，外交勿言，实业勿言。所当言者，非改革我财政之根本的，而确立其大主义大方针乎！吾人不禁引领而望曰，安得一大心思大魄力之人，而肩此重任者乎！

好战之国民乎

我日本水陆之将士长于战，世界列国所其知也。我国家国民之名誉，亦在此也。而古来之长于战者，多好战，故世界列国，皆因我国民为好战之国民。虽然，长于战与好战，本属两事，乌得以其长于战而以好战目之乎？盖长于战者，乃其名誉也；好战者，断非名誉[③]也。

兵，杀人之器也，消糜天下之富之具也，竭尽生产力之具也，增长军人虚夸之基也，诱起武断政治之因也，人心腐败风俗颓废之源也。吾闻长于战者，以武威光辉其国则有之，未闻好战者而不亡灭其国者也。斯巴尔达者，好战之国民也。而其名誉，孰若雅典？自由共和之政，以理学文艺美术道德，垂功业

---

① 左支右吾：原谓左右抵拒，引申为多方面穷于应付。

② 走尸行肉：即行尸走肉。行尸，可以走动的尸体；走肉，会走动而没有灵魂的躯壳。比喻不动脑筋，不起作用，糊里糊涂过日子的人。

③ 断非名誉：断然不是光荣的事情；的确不是好名声。

于不朽者乎！罗马之名誉也，人皆以为在于扩张版图，而致其文明之灿烂，实才知彼等之战，在于以文明扶植他世界有以致之也。唯其每战必加多数之奴隶，得多数之臣仆为念，此即亡灭自生文明之所以然也。普鲁士之名誉也，人非以为在于分割波兰，既与澳战，又与法战致之乎？实不知在于统一德意志之国民的，而脱其国民于多数贵族公侯之桎梏有以致之也。俄罗斯之武威，其所以压于世界者，有他故乎？曰：无他，不好战故。盖俄国之战，实较欧洲诸国为最少。彼常向东北无人之野，以与自然抗争，是以能致今日之强大之原因也。

呜呼！吾观于世界列国，不禁恍然大悟，而得其文野之原因矣。其持战争之名誉者，利于国家之文明必少，损害国家之文明必多。战争之事，固得不偿失耶！我甲午之战，非好战也，在于保持东洋永远之平和。拳匪之乱①，我国之出师，亦势不得不然者。世界列国，其以我国为长于战遂好战乎？长于战不好战乎？

战争之祸大矣哉！满足一人之虚荣，即盈溢一人之野心，牺牲几万之生灵②，消耗几亿之财帑③，即战而胜，犹不免酿他日之腐败，偿多额之负债，生民涂炭，元气已伤，其罪尚可恕乎？孟子曰：文王一怒而安天下之民。然战必安天下之民而后可，彼以夺民之自由而战，夺民之幸福而战，夺民之生命而战，夺民之财产而战者，与之以名誉，其受之乎？不受之乎？

今者，我国水陆之将士长于战。世界列国，以好战目我，将以增益我国民虚荣之野心，何其诞妄若是哉？不知我日本，君子之国也，人道之国也。夺民之自由勿为也，夺民之幸福勿为也，夺民之生命勿为也，夺民之财产勿为也。谓我国长于战则可，谓我国好战，我国民断断拒此名誉而不受也。

兵士之厚遇

近年每至新兵入营之期，各町村④人民，皆投多额之费，整壮严之仪式，押

---

① 拳匪之乱：即义和团，又称义和拳，贬称为“拳匪”。义和团运动又称“庚子事变”，或被贬称为“拳乱”“庚子拳乱”等，是19世纪末中国发生的一场以“扶清灭洋”为口号，针对西方在华人士包括在华传教士及中国基督徒所进行的大规模民众暴力运动。

② 生灵：老百姓，人民。

③ 财帑（tǎng）：财物钱币。

④ 町村：町和村，是日本最底层的地方行政单位。

华严之旗帜，立而送之。被送者之一家，亦投多额之费，张盛大之飨宴以酬之。相习成风，滔滔皆是。吾人思之，殆非邦家之庆事乎！

彼等盖谓军人之名誉也不可不祝，国家之干城①也，不可不敬礼。然吾人亦不敢曰军人无名誉，亦不敢曰军人不当敬。虽然，若以军人比之国民诸般之职业，有多大之名誉，即要求多大之敬礼，是谬误之甚也，是流毒于国家社会也。国家社会受其流毒，尚望进步乎！

古之武士之名誉地位权利，比之农工商，而有贵贱之殊，尊卑之别。其时乃不以为不平之事者，何哉？盖其时乃封建之思想也，未开之思想也，野蛮之思想也。今之时何时乎？非所谓文明之世纪，尚政治的社会的之时乎？非所谓四民②之权利义务，尚平等之时乎？乃何以军人之名誉，今与古犹是也？军人之地位，今与古犹是也？军人之权利，今与古亦犹是也？彼必曰：军人者，国家之干城也，国家赖以保护之，国家之农、工、商，亦赖以保护之。彼等农、工、商，亦安得不祝之敬之哉？呜呼！是说也，直不通之论也。备鼠之猫，其家之婢仆果祝之敬之乎？吠贼之犬，其家之婢仆果祝之敬之乎？国之军人，实不过备鼠之猫、吠贼之犬耳，何敬祝之足云？

我国民中之尊武士，野蛮之思想未全消灭者，盖因彼取天下于马上之藩国家元勋，以兵马之权，集于其党与之手中，为张自己威福之具，为日已久，不能破除之。加以日清战争③之胜利，我国军人之势力更大增长。至于今日，殆达极点。我国民殆以国家为军人之国家，而小知为国民之国家，其竟拜跪于军人之足下也固宜。然其结果，适长彼等军人倨傲尊大之风。军人之视国民，若在天仙境里而视下界之凡尘。其倨傲尊大，积渐为放僻邪侈④；放僻邪侈，积渐为腐败堕落。欧洲诸国之定论曰：军人兵士，为风俗颓废之因也。古来战胜之国，人心必浮靡，世道必衰微，道德荡然，气节扫地者何哉？军人之地位势力过人之故也。我国血气未定之青年，今一旦以兵士入营，于营中则受严酷之束缚，于营外则堕放逸之习惯。其入都会也，则感染都会腐败之空气；其入郡县也，

---

① 国家之干城：国之干城，意思是国家主权的捍卫者。

② 四民：古代对平民职业的基本分工，指士（学者）、农、工、商，但次序在历代有所不同。

③ 日清战争：即中日甲午战争（1894 年 7 月 25 日—1895 年 4 月 17 日），是清朝和日本在朝鲜半岛、辽东、山东半岛及黄海等地进行的一场战争。

④ 放僻邪侈：指肆意作恶。

则感染郡县腐败之空气。及其归家，则败地方醇朴之俗。彼等犹扬扬然自鸣得意[①]曰：我名誉之军人也，国家之干城也。而町村人民，以目视之而已，遑敢非议？非议者，直坐以不爱国之罪。吁！良民变为无赖汉，醇良敦朴之风，化为倨傲尊大放僻邪侈之行，尚何名誉之有？尚何尊贵之有？

且夫有为之青年，本无他长足录，乃独眩其马上勋业之虚荣。而一般人民，自卑自屈以奉之，目不暇给，直与封建时之奴仆无异。此岂国家之庆事？吾恐军人兵士，过此以往，亦未必能保持其过度之名誉，及过度之敬礼。何则？势使然也。况乎彼等町村人民，亦非愿为之，唯迫于町村吏员等之命令，不得不从之耳。吾观其溃贵重之时间，出如血之金资，以消耗溃散于无用之地，其怨恨之感情，见于形色。而入营者之一家，又不能为飨宴以酬其敬礼，甲既失矣，乙又失焉。呜呼！是恶弊哉！是恶弊哉！吾愿各町村之吏员，及地位之人士，其深长思之，其深长思之！

非战争文学

近时我文坛中，最足震惊国人之耳目者，非所谓战争为题目武人为材料之杰作宏文乎？而作者非竭其毕生之力以从事乎？其意盖谓开我国文学将来之先导，吾人固有利于后世国家也。夫果有利于后世国家，吾人固馨香而尸祝[②]之，何乐为是笺笺之言[③]以非之乎？吾人恐其非特无利于后世国家，将有大害于后世国家，惨不忍言也。何则？世间之所谓战争文学也，皆以为奖励战争、阿媚武人之具；反是者，未之闻也。呜呼！战争文学之弊害，吾人固不忍言，然亦不忍终不言之。今之所谓作家，及批评家，其许我言之乎？其不许乎？其以我言为然乎？抑不然乎？

彼等盖言吾之挥活泼快壮之笔，写慷慨雄奇之文者，岂有他哉？不过铺张盛德，扬厉鸿庥[④]，激厉国民之爱国心，鼓舞国民之义勇念，以尽我文人学士之

---

① 自鸣得意：自以为了不起，表示很得意。形容自我欣赏。

② 馨（xīn）香：散播很远的香气。《国语·周语上》："其德足以昭其馨香，其惠足以同其民人。"尸祝：崇拜。

③ 笺笺（jiān）之言：浅小的言论。见识浅狭的言论。

④ 鸿庥（xiū）：鸿荫。

责务而已。由是言之，则彼等之笔，既能写剑戟映日之壮观，何勿思血肉如山之惨状乎？能写敌国之当憎恶，何勿思我国民之亦可怜爱乎？能写战利品之巨额，何勿思剽掠之罪恶乎？能写一将之功告成，何勿思万人之骨已枯乎？能写战死之名誉，何以竟亡其姓氏乎？能写国旗之光荣，何勿思生民之苦患乎？能写领土之扩张，何勿思财货之消糜乎？野蛮之战争虽可乐，文明之破坏宁不悲哉！而曰激励爱国心，鼓舞义勇念。虽然，爱国家之心，或可激励；爱人类之心，不已失乎？义勇者之念，或可鼓舞；仁爱者之念，不已味乎？野蛮的战争，或可奖励；文明的平和，其可保乎？动物的感情，或可兀进；道德的理想，其可持乎？彼之铺张也，扬励[①]也，闻之似足喜，思之适足悲也；庸人以为美谈，识者以为惨剧也。而曰尽文人学士之责务，吾知文人学士之责务，不当如是尽也。

彼以奖励爱国心为目的之人，何其愚陋若是耶！竟欲以文学奏功果耶？即令能奏功果，不过使天下之人，感战争之愉快，恋战死之名誉，耗几亿之资财，丧几万之生命，进步为之阻害，学术为之萎靡而已。而数个之武断政治家，因之而满足其功名心，因之而满足其所谓国威国光之虚荣心，因之而满足其对于敌国之憎恶心。穷其弊，究其极，非特于纯正文学之真价有缺如之叹，而堕落由是表彰，神圣由是污渎，其罪尚可问耶？吾尝读罗巴多松所著之伟论。有曰：文明之不能相容者，因一切之动物，皆由天性发现而来故也。如人以为最良之文学，我则以之为无耻之文学。何则？夫工于文学之人，其心术即如何之野蛮，如何之嫉恶，而可以满纸之虚伪的博爱掩饰之。罗巴多松所言如是！吾亦曰：彼等之所谓鼓舞激励，实非一片博爱的同情，不过煽动动物的愁情而已。噫！是等之文学，而曰为我国文学之先导，吾人实不敢额手以相庆[②]也。

彼等盖谓我国之文学失于纤巧[③]，失于优美，失于华严，绝无雄大高远悲壮俊迈之雄篇大作，故以咏战争讴勇士之药治之。此目的虽亦未大失，然古来不朽之文字，以战争勇士而为材料者固不少，而彼等之所以不朽者，固不在鼓舞动物的争斗也。在有真情使人见之而感动也，在有善念使人见之而取法也，在

---

① 扬励：意气风发。

② 额手以相庆：额手相庆，把双手合掌放在额上表示庆幸。

③ 纤巧：纤弱细巧。

有美意使人见之而踊跃也。彼等虽随意为之，不难以旷世之天才，行其高尚之理想，故其所取题目所取材料，必非战争也，必非战争之奖励也。谁以讴国旗颂祖国为能事乎？是以希腊之独立，而荷马[①]不忍颂之；英吉利之胜强，些克斯比亚不忍语之；意大利之革命，旦德不忍讴之。之三子[②]固才高一世，名震地球者，而乃自匿幽光[③]，不出其雄篇巨作以震惊世人耳目，此岂有他故哉！盖彼等之所思想，非国家的，乃世界的也；非一时的，乃永远的也；非肉情的，乃心理的也；非杀伐念，乃大慈悲也；非国旗之光荣，乃社会人生之光明也；非对于敌人之憎恶，乃对于邻人之同情也。大矣哉！此三子之思想也。

夫彼等不欲求雄大高远俊迈悲壮之文学则已，如欲求雄大高远俊迈悲壮之文学，吾请一言以告之曰：必不可于战争讴歌中求之。不观之巴伊布尔⑦乎？《法华经》[④] 乎？此二者，以平和为纬，以博爱为经。今之文人学士，孰不讶其雄大高远哉！不更观之杜子美[⑤]、李白[⑥]乎？此二人者，痛战争之惨害，希生民之和平。今之文人学士，亦孰不欲俊迈悲壮哉？虽然，吾人之权力，亦不能必天下之人。勿咏战争，勿赞勇士，而天下之人，亦未必信予言，而遂勿咏战争，勿赞勇士。吾但愿天下之人，而今而后，须于宇宙之森罗万象中，择其所谓自由之理，以为题目，以为材料，虽咏战争可也，咏平和可也，咏武勇可也，咏恋爱可也，咏剑戟可也，咏牙筹[⑦]可也，咏北京、天津可也，咏箱根[⑧]、镰仓[⑨]可也。务尽去其虚伪的，煽动的，野蛮的，以求其所谓真美善，大慈悲，世界的，永远的，而后可。若徒以奖励战争阿媚武人为能，则亡我国之文学者，必

---

① 荷马：古希腊盲诗人。公元前873年生（约前9世纪—前8世纪）。相传记述公元前12—前11世纪特洛伊战争及有关海上冒险故事的古希腊长篇叙事代表作史诗《伊利亚特》和《奥德赛》，即是他根据民间流传的短歌综合编写而成。其杰作《荷马史诗》，在很长时间里影响了西方的宗教、文化和伦理观，“荷马时代”也因其而得名。

② 之三子：这三位先生。

③ 自匿：自藏。幽光：潜隐的光辉。常用以指人的品德。

④ 《法华经》：是释迦牟尼佛晚年在王舍城灵鹫山所说，为大乘佛教初期经典之一。后秦鸠摩罗什译。

⑤ 杜子美：杜甫（712—770），字子美，唐朝河南巩县（今河南省巩义市）人，自号少陵野老，唐代伟大的现实主义诗人，与李白合称“李杜”。

⑥ 李白（701—762）：字太白，号青莲居士，又号谪仙人。唐代伟大的浪漫主义诗人，被后人誉为“诗仙”，与杜甫并称为“李杜”。其人爽朗大方，爱饮酒作诗，喜交友。

⑦ 牙筹：象牙或骨、角制作的计数算筹。

⑧ 箱根：日本地名。位于神奈川县西南部，距东京90公里，为温泉之乡。

⑨ 镰仓：日本地名。位于神奈川县，12世纪末源赖朝创建幕府并开始武士政权的地方。

此战争文学无疑矣！今曰：我文坛中，人皆欲得一布林。我则曰：得百布林，不如得一多尔士德之为愈也。今之著作家及批评家，其以予言为是耶？

非政治论

政治为社会国民不可避之一现象，不可缺之一要件，夫人而知之矣。虽然，在于代议政治之时，或自一面而言之。政治于其社会国民，有性格意思之反映，不过为社会国民，增便益，考善良，及发表施行所在之机关而已。或涂抹其机关之膏油，则社会国民，无秩序，无德义，无理想，无信仰，腐败堕落，殆与蜉蝣蛆虫[①]等类相似。其所发之政治，亦姑息苟且之政治，糊涂弥缝之政治，腐败堕落之政治而已。内阁与议会，国民与社会，亦唯与蜉蝣蛆虫等类相似，徐徐于于[②]，蠢然而活之政治而已。呜呼！我日本现在之政治，其类此状态乎！

三十年前，刺客某于京都木屋町客舍，夜斩坂本龙马[③]、中冈慎太郎[④]二士而去。中冈虽被剑深重，犹未殁时，有端歌[⑤]过楼下者，中冈抚剑慨然[⑥]曰："志士独苦身，常人乃恬然[⑦]行乐。举世悠悠，夫复何言!"吾人于今日，亦深有此叹矣！呜呼！国民其醒乎！国民其醒乎！曷亦为国家前途计乎！

目的与手段

天下之可忧可叹者，莫甚于社会人民不知目的与手段之为用，而乃混淆转倒，至于今日。譬之饮食，本因乎饥渴也。今之急于饮食者，殆以为饮食之外

---

① 蜉蝣（fú yóu）：虫名。幼虫生活在水中，成虫褐绿色，有四翅，生存期极短。蛆虫：蝇类的幼虫。

② 徐徐于于：安稳、宽舒的样子。《庄子·应帝王》："泰氏，其卧徐徐，其觉于于。"

③ 坂本龙马（1835 年 1 月 3 日—1867 年 11 月 15 日）：日本明治维新时代维新志士，倒幕维新运动活动家，思想家。代表作品为《船中八策》。1867 年 11 月 15 日夜间，在京都与同藩倒幕派人士、陆援队队长中冈慎太郎商谈时，被刺客暗杀，当场死亡。

④ 中冈慎太郎（1838 年 5 月 6 日—1867 年 12 月 12 日）：日本维新志士、活动家，陆援队队长。1867 年 11 月 15 日前往京都近江屋访问坂本龙马时，遭到攻击并且身负重伤，不久死去，时年 29 岁。

⑤ 端歌：是日本古代弹唱的一种独特形式，与苏州评弹中的弹词开篇，有异曲同工之妙。

⑥ 慨然：深有感慨的样子。

⑦ 恬然：安然，不在意的样子。

无事业焉；军武本因乎拨乱反正[①]也，今之急于功名者，冀国家之变乱焉；医师本因乎拯人疾病也，今之欲昌其业者，殆希瘟疫之流行焉。噫！可怪也。

夫饥食饱睡，无过去，无将来，茫茫如梦，以终其生者，此禽兽鱼介[②]之行也。若夫人，则有一定之理想目的而为进退，此非所以异于禽兽鱼介之一要件乎？故个人不可无个人之理想目的，社会不可无社会之理想目的。古今东西之个人与社会，所以能进步繁荣者，由其对于理想目的，热心忠实之故也。

世之对于理想目的，而行不正之手段者，是等之社会，固无容论。若夫以远大崇高为必要不可已之目的，乃至弄丑污不正之手段，以此而罪远大崇高之目的理想，而远大崇高之目的理想，必不任其咎[③]也。何则？有束发四十年，周流四方，终不得志，遂至于倒行逆施[④]者，如支那[⑤]之豪杰是已。若而人者，其手段虽可憎，其志不可哀乎！又有因谋生活不遂，转而为盗者，如幽哥小说中之人物是已。若而人者，其手段虽可憎，其情不可怜乎？是等丑污不正之手段，实不在其目的之如何，其责别有所归也。

今我国民之现状果如何乎？何人能持远大崇高之目的而为进退乎？吾观彼等之理想与目的，未闻有一热心忠实者也。即偶有之，忽焉中道而丧失之矣。其手段之难易与迟速，恒不依其目的而为措施。朝如此焉，夕于彼焉。几经挫折，即几经更改，若是者其目的不能指使手段，而手段反能指使目的，混淆颠倒，莫此为甚。倒行逆施，亦何怪其然者。且夫政党之目的，非在于主义政见之实行乎？而今之政党，则一意扩张党势。其所谓主义政权，已牺牲之矣。政治家之目的，非在于增进人民之利益乎？而今之议员政治家，则一意保其利禄权势，其所谓人民利益，又牺牲之矣。商贾[⑥]然，教师亦然，僧侣[⑦]亦然，学者亦然。呜呼！可不惧哉！可不惧哉！且夫天下之事，未有目的不立，而能措施其手段者也。即未有目的而为手段所使令者也。目的而为手段所使令者，谓之无责任之国民，无识见之国民，意志薄弱之国民，轻躁浮薄之国民，欺人而适

① 拨乱反正：扭转乱象，归于正道。指消除混乱局面，恢复正常秩序。
② 鱼介：泛指鱼类和有介甲的水生动物。
③ 不任其咎（jiù）：不担负过错责任。咎，过失，罪过。
④ 倒行逆施：做事违反常理。后多指做事违背正义和时代潮流。
⑤ 支那：近代日本侵略者对中国的蔑称。
⑥ 商贾（gǔ）：古代称呼商人。行商坐贾：行走贩卖者为商，住着售货者为贾。
⑦ 僧侣：离开世俗生活，为了信仰而独自修行的人。东方指和尚僧人，西方则指修道士。

自欺之国民。呜呼！亡其身者此国民，亡其家者此国民，亡其国者此国民，亡其种者亦此国民。观世界列国衰微灭亡之迹，可以知之矣。

向半死之老人，而责其主义理想之失坠，吾人断未有如是之苛者。唯夫现时之青年，乃亦无主义无理想，梦死醉生[①]，滔滔皆是。呜呼！谁与其经营天下哉？且夫巴尔克，年三十时，以一布衣[②]卖文，仅足以供旦夕。会阿美尔顿给以三百磅之年俸，使从事刀笔，废弃著作。巴尔克乃愤然作色曰：将阻碍我希望，剥夺我自由，永没我本领乎？呜呼！我国之青年，其以希望自由本领为目的，抛眼前之荣利，如巴尔克其人者，有几何哉？以理想之日本，而堕落于物质之日本，吾人不忍见之。彼以国家前途为虑者，其亦思之否耶？

国民之麻痹

水火触身而不知其冷热，刀刃刺肉而不感乎痛痒。秏秏昏昏[③]，不眠而梦；徐徐于于[④]，虽生犹死，其形状殆类彼中山千日之醉，而永不醒者。是非我国今日之状态乎？若是者，谓之无精神之麻痹。由来我国民之感性极其敏锐，衷情尤其炽热。讲仁义则不离乎身，就忠爱甚至于轻死，不知者以狂者目我国民。然因此狂者频频辈出，我日本历史因之放一道大光彩。世界列国，咸啧啧不绝于口曰：日本其君子国乎？君子国之名之由来，虽由于胜清国，虽由于胜清国水陆将士之智勇，而不知实由于我国民一种热狂直前之气以致之也。观甲午之战[⑤]后，有其罗尔氏者，去清国而航日本，当满江明月，怒涛打船之时，附髀长歌[⑥]曰：今而后始博得此名誉，庶不负二十年前之壮志已。噫！我国民爱国之心，敢为之气，如此，此其所以为君子国欤！

而尔后仅三五年，当日爱国之心，敢为之气，热狂如醉者，忽焉而烟消火灭，令人不胜今昔之感。今也，政府以黄金蹂躏[⑦]我宪政，议员则旷其代议之

---

① 梦死醉生：即醉生梦死。像在醉梦中那样昏昏沉沉度日，形容生活目的不明确，糊里糊涂。
② 布衣：平民，普通老百姓。
③ 秏秏（hào）昏昏：晕头晕脑，糊里糊涂，虚度光阴。
④ 徐徐于于：安稳、宽舒的样子。《庄子·应帝王》："泰氏，其卧徐徐，其觉于于。"
⑤ 甲午之战：即1894年8月开始的，中日甲午战争。
⑥ 附髀（bì）长歌：拍着大腿，放声歌唱。长歌，放声高歌。
⑦ 蹂躏（róu lìn）：践踏，踩。比喻用暴力欺压、侮辱、侵害等。

任，狂奔于势利之场，而国民恬不愤其腐败，其抛财赌死战胜之名誉于泥土。文明之国，忽化为野蛮之域，国民亦不忧其退步，托保护工商之名，施一种之宠商，汲汲谋自私自利之道，而国民不责其非义，借金于外人，开委财权于他人之端，弥缝一时之穷苦，不顾百年之大害。国民恬不惧乎危殆！宰相不德，风教日颓。杀儿弑父之案，层见叠出，国民恬不哀其浇季[①]，凡我政略之腐败，经济之不安，德教之颓废，日甚一日。国家日趋于危亡之运，国民冷焉漠焉，若无知觉者。噫！国民之麻痹，至于是而极矣。古之罗马，非大国乎？其灭也，灭于麻痹。今之清国，非大国乎？其弱也，弱于麻痹。苏轼曰："天下之患，莫大于不知其然而然。不知其然而然者，是拱手而待乱也。"[②] 然则我今日之国民，非拱手以待乱乎？

观我日本政治之陷于困难，何以如此其极也。外交着着失败，商工日日萎靡，德教年年颓废。我政治之力，几不能拯救之，几不能回复之。元老也，议员也，政党员也，学者也，论客也，数年以来，踯躅搔首[③]，莫可如何。似颠似狂，如痴如醉。而观其所施为，愈出愈恶，愈出愈暴。其弊毒日长一日，绝不能奏一毫之功者何故？吾知其故矣！盖彼等以政治为万能之力，万事欲赖以济之，于是宗教亦统辖于政治，教育亦统辖于政治，商工经济，皆仰给政治之恩泽。岂知今之政治，实长我国民腐败堕落机关之膏油也，此即其结果也，徒掘泥扬波[④]何为哉！

故希日本社会之发达国民之繁荣者，不可不知依赖今日之政治之无补也。我社会国民，必先于政治以外，求德义，求信仰，求理想，求制裁，求信用，而后始有益于社会之发达，国民之繁荣。不此之虑，而以政治为万能之力者，奚何哉！

---

① 浇季：道德风俗浮薄的末世。

② 苏轼（1037 年 1 月 8 日—1101 年 8 月 24 日），字子瞻，又字和仲，号东坡居士，世称苏东坡。北宋眉州眉山（今四川眉山）人。北宋著名文学家、书法家、画家。引文见苏轼《策略一》。

③ 踯躅（zhí zhú）：徘徊不前。搔首：以手搔头，焦急或有所思的样子。

④ 掘泥扬波：即"淈（gǔ）泥扬波"，淈，搅浊；扬，掀起。搅混泥浆，掀起波浪。形容人没有主见，随大流。屈原《楚辞·渔父》："世人皆浊，何不淈其泥而扬其波？"

无理想国民

建筑工之积炼瓦也，其回转不息，虽与地上直角之度，不能无微忽之差。然而其可及的之直角，固不甚相远也。人之欲达其理想也亦然。盖国民之理想，非特为国民精神的建筑之准绳，亦其思想之衣食也。

我日本之过去五十年间，非为振古未曾有之进步乎？而此进步之所以然，非我国民持远大崇高之主义理想以致之乎？盖持此主义理想，苟一随其指导，遂猛勇精进，不致退败，然此主义理想，一时名之曰尊工攘夷①，一时名之曰开国进取，一时名之曰民权自由。或五年而一变，或十年而一变，或百千年而一变，或亿万年而一变。其变也，固无论其为野蛮文明，要不外远大崇高之理想，以组织之。我东洋之所以建设一大文明国者，非我国民之忠于此主义理想之故乎？其忠于此主义理想也，或浪人②，或国事犯人，或政党员，或工商业者，水火临之而不避，威武加之而不屈，赌其身命，抛其财产，而明治③之历史，赖以生色不少。而今也何如乎？彼等忠于此主义理想之国民，不意已颓然老矣，不足以有为矣，不能不希望现在之新国民。痛恨现在之新国民，彼新国民之脑中，何竟无理想主义之片影也！

吾今也，举眼以观新国民，不禁睊睊然④而悲之。悲者何？悲其无永远之理想，唯眼前之内欲而已；无高尚之理想，唯卑陋之利益而已；不见是非，唯见利害而已；不见道义，唯见金钱而已。而五十年前自由平等博爱之日本，及骎骎⑤乎变为专制阶级利己之日本，其腐败堕落，不亦深可怪哉！

---

① 尊王攘夷：尊勤君王，攘斥外夷。最早见于《春秋公羊传》。后演化为具有复杂含义的政治术语，在中国、日本、朝鲜半岛等地区历史上发挥着重要作用。

② 浪人：通常指到处流浪居无定所的日本穷困武士。流浪的武士。

③ 明治：日本明治天皇在位时使用的年号，即1868年9月8日至1912年7月30日。经过王政复古大号令及戊辰战争后，拥戴朝廷的诸藩，成立明治新政府。明治政府积极引入欧美各种制度，废藩置县，确立国家制度，设立帝国议会，制定大日本帝国宪法，以培植产业及加强军力，推进了日本的急速发展。

④ 睊睊（juàn）然：侧目相视的样子。

⑤ 骎骎（qīn）：渐进的样子。

义务之念

义务之念之一语，夫人能知之，夫人能言之，夫人实不能行之。此我国之所以有今日也。呜呼！义务之念，我国民其可缺乏者哉？

思现时我国朝野上下，万般社会，果有一人能尽其义务哉？问其何所事事，彼必曰：为权利也，为利益也。苟权利与利益之所在，如猛虎之扑食，如鸷鸟之飞扬，以争夺之，以计划之。一接于义务之题目，则逡巡畏缩，策之而不前，鞭之而不进，如官吏者，则叱人民之权利不振。而所谓保护人民利益之义之念，绝无有之；商人者，则唯振代金请求之权利，而所谓求良好坚固之商品之义务之念，绝无有之；株主[①]者，则唯受其利益配当之权利，而所谓事业繁荣之义务之念，绝无有之；议员者，则唯振预算法律协赞之权利，而所谓造国家人民之利益幸福之义务之念，绝无有之；选举民，亦唯振其卖投票之选举权利，而所谓宪政完美之义务之念，绝无有之。噫！可慨矣。

以上所言之权利，岂真正之权利乎？夫所谓真正之权利者，不可不依真正之义务而言之也。何则？人必尽真正之义务，而后可享真正之权利，是谓之应得之权利。否则，对于国家而不尽义务，是国民之无资格者也；对于社会而不尽义务，是社会之一员之无资格者也。既无资格，而欲享真正之权利，一人如是，则一人亡；一国如是，则一国亡。孟子所谓“上下交征利而国危”[②]，即此之谓也。

现于法国大革命以后，既革命而又革命，既颠覆而又颠覆，不知其几经波澜。既经平复矣，然犹不能建设一坚固政府者，非无识也，非无勇也。实彼等之社会，唯见权利而不见义务之故也。夫唯见权利而不见义务，其国家社会而不堕落崩坏者，未之有也。

可知日本今日之腐败堕落，非我社会中无义务之念所致哉！我社会苟能各尽其义务，则官吏之保护人民利益，而人民受其权利矣；商人以良好坚固之商

---

① 株主：股东。株式会社の株式の所有者。

② 孟子（前372—前289），名轲，字子舆。战国时期邹国人，鲁国庆父后裔。孟子继承并发扬了孔子的思想，成为孔子之后的一代儒家宗师，对后世中国文化的影响全面而巨大，与孔子并称为“孔孟”。引语见《孟子·梁惠王》。意思是：上上下下互相争夺私利国家就很危险。

品贸易，而一国受其权利矣。推之，株主尽株主之义务，议员尽议员之义务，选举民尽选举民之义务，我朝野上下，万般社会，无不受其权利矣！此所谓尽真正之义务，而享应得之权利是也。日本如此，其庶几[①]乎！

老人之手

今之经营我国之政务，非当时维新所称为志士伟人者乎？胡为至今日而萎靡沈滞，麻痹昏睡，至于是极也？冥然而思之，悄然而察之，百索而不得其解。有老剑客某，执予裾而讯[②]曰：吾壮时之击剑，察机于顷刻，视隙丁毫末，砉然奏刀[③]，百不失一，其间固不容一发也。今也，吾之目力，尚不亚于壮时，而吾之手，则大觉其滞碍。呜呼！吾盖已老矣。噫！今之经营我国之政务，其萎靡沈滞，麻痹昏睡，至于是极者，此老人之手，非其一正比例乎？

虽然，吾所谓老者，又匪独佝其背[④]，皓其发，艰其行步，衰其形态者惟然也。即如今之大臣，今之官吏，今之议员，其苟安旦夕，如枯木，如死灰，无一事足以快人意者，虽壮其力，黑其发，稚其年齿，伟其躯干，然不谓之为老不得也。何也？为其心力已全耗，其精神已全惫也。

语曰：能见不能行，与无见等。行之而不力，与不行等。衮衮诸公[⑤]，何其为老剑客之手者之多也！今试问所谓政局者，彼等果尽力以开展之乎？所谓官纪[⑥]者，彼等果尽力以振肃[⑦]之乎？教育之不振，彼等果尽力以整顿之乎？财政之困塞，彼等果尽力以救治之乎？若此类者，彼等固熟闻之，熟知之者也。吾亦知彼等之熟闻之熟知之也，方引领拭目，以睹其功果，乃迟之久而不见尺寸之效也。迟之又久而仍不见尺寸之效也，其萎靡沈滞麻痹昏睡诸种恶病，依然无痊，且有甚也。噫！若而人者，我知国家社会上之一切事物，早已自知与彼

---

① 庶几：或许可以，表示希望或推测；差不多，近似。
② 执予裾（jū）而讯：拉着我的衣襟询问。裾，衣服的前后襟，也泛指衣服的前后部分。
③ 砉（xū）然：象声词。形容进刀的声音。奏刀：进刀，下刀。
④ 佝（gōu）其背：他的背已经佝偻。
⑤ 衮衮诸公：称众多的显官，后专称居高位而无所作为的官僚。衮衮，相继不绝。
⑥ 官纪：指任官的法度。官场纪律。
⑦ 振肃：整齐严肃。明刘基《御史中丞诰》：“纪纲振肃，立标准于百司。”

等无毫末关系，已与之长相辞矣。而皮相俗论[①]之士，尚戴伊、推井、拥隈，以为救济我国家社会，舍数公其谁也。噫！愚亦甚矣。

维新之革命，非成就于多苛东牙之乐队乎？立宪代议之制度，非设立于自由党之志士乎？若而人者，皆维新之元勋也，政党之领袖也。当年创造如火如荼之事业，肩负擎天掀地之责任，举而措之，悉裕如也。而至于今日，区区之小问题，亦不能解决，使彼等返躬自问，能毋哑然失笑，自怪自讶乎？此无他，盖当年之事业，以青年之手腕组织之，其隆盛固可立待也。今日之问题，以老耄之手腕支持之，其堕落亦无足怪也。不宁惟是，今日世界之大势，愈变愈新，彼老耄者对于今日之社会，实有不适于用之叹，故以十七世纪之人才，经营十八世纪之物事，不适用也。以十八世纪之人才，经营十九世纪之物事，亦不适用也。由斯以谈，则以十九世纪之人才，而经营二十世纪之物事，其不适用也，此诚不卜可知乎？莫斯科以后之拿破仑，而求其驰风掣电[②]，龙飞虎跃，雄视全欧，不可得也。然则天下之最可悲可悯可叹者，孰有过于老境哉！

今之经营政务，组织国事者，孰非濒于老境者哉？藩阀亦老，议会亦老，政党亦老，大学亦老。代议士也，学生也，商人也，年齿[③]虽未满四十，然彼等之精神，视老者诚有过之无不及也。国家社会之物事，早已与彼等之手相决相辞，而趋而入于我辈青年手中矣。盖 20 世纪之世界，固我辈青年吐气扬眉之世界，而非彼等老辈，所得干涉一毫者也。

虽然，彼等老辈，吾亦不忍没其功，而且谅其苦也。多谢汝老辈，于二十余年前，劳苦尽瘁，以开导我 20 世纪文明之先路，故足下[④]等之沈滞萎靡麻痹昏睡，吾亦不忍深责。然吾为足下等计，胡不如老剑客自由其手腕之无用，而脱卸其担荷于我辈青年之手，胡为犹欲挥其老手，以堕落我社会上之事体，而为世所唾骂也？即足下等无是心，而无如足下等之手，不从足下等之心何？徒劳无功，足下等亦甚失计矣！

---

① 皮相俗论：只看表面，不透彻深入的，趣味不高的，令人讨厌的庸俗言论。

② 驰风掣电：即风驰电掣。指像刮风、闪电那样。形容非常迅速。

③ 年齿：年龄。

④ 足下：对同辈、朋友的敬称，古时也用于对上的尊称。

污辱文明者

身被西洋新式之衣，首着西洋新式之帽，手携洋书，口操洋语，诩诩然[①]，扬扬然，自鸣得意，号于众曰：吾辈得西洋文明之真义者也。趾高气扬[②]，笑骂一切。今日见甲，不问其宗旨，不察其理想，辄夷视之曰：此未开化者也。明日见乙，亦不问其宗旨，不察其理想，复姗笑[③]之曰：此亡国之民也。今日轻薄之辈，拾自由平等之唾余，其习染风气，大都如是矣。而中无定见者，骤睹彼等之如是如是也，遂从而震惊之，崇拜之，曰：是真文明国民也。呜呼！彼岂真文明者哉？彼岂真文明者哉？

泰西[④]十九世纪文明之精神，何在哉？实在人民抱持自由平等之理想，养成自由得立之气象也。法国之革命也，欧洲之大地，为之一新，非由自由平等理想之蓦进乎？大陆诸国，立宪法，设义会，产出无数国民统一隆兴之现象，非自由平等理想之磅礴乎？科学之日发明也，殖产上现一大革命之象，非自由得立之气象所振起乎？推而至于文艺之精深如法，学术之高尚如德，皆此理想与此气象之结果也。由自由主义，进而为帝国主义；由帝国主义，进而为社会主义，彼等之进步，所以常先世界，彼等之富强，所以常冠绝世界者，皆此理想与此气象之潮流也。故欲得泰西文明之真义，而收其功果，浴其德泽，非涵养此理想，振刷此气象，不为功也。若第曰：衣服之高襟也，文字之蟹行[⑤]也，则末之又末，皮毛之又皮毛者矣。

今之以文明自夸自诩之辈，试问其有此理想乎？彼固未尝梦见也。试问其有此气象乎？彼固未尝一睹也。彼等之所崇拜者，则贵族也，藩阀[⑥]也，侯爵也。彼等之所希望者，则官职也，利禄也，局长也，公使也。苟充其趁势力之

---

① 诩诩（xǔ）然：欣然。骄傲自得的样子。

② 趾高气扬：走路时脚抬得很高，神气十足。形容骄傲自满，得意忘形的样子。趾高，走路时脚抬得很高；气扬，意气扬扬。

③ 姗（shān）笑：讥笑，嘲笑。

④ 泰西：旧时泛指西方国家。

⑤ 蟹行：蟹爬行，如蟹横行。

⑥ 藩阀：对日本近代政治制度的一种特殊称谓。是对明治年间占据政府和军队要职的西南诸藩（长州、萨摩、土佐、肥前）出生集团的一种批判性称呼。

手段，则便佞卑污，无不至也。达其野陋之目的，则贼民亡国，可立待也。而考其内行，则耽赌博也，溺酒色也，为文明之社会，文明之民族，所不容者也。而彼犹眯目糊心，厚颜哓舌[①]，曰：吾文明之国民也，文明之绅士也，文明之政治家也。噫！以是为文明，则如今日洋行之买办，彼国最下流之社会，固亦高襟其衣服，蟹行其文字矣，谁非文明者也？然则如彼等者，实污辱文明之甚者也。

故如彼等之衣与帽，诚文明矣；彼等之文与语，诚文明矣。而其眼光所注射，脑筋所模印，必不出于吾上者所云。彼等所崇拜，所希望之种种也，是岂非沐猴而冠[②]，猩猩而语乎？其思想如是，其内行加是，吾恐即彼等平习所夷视为未开化，所姗笑为亡国之民者，其思想内行，尚不至如彼等之野蛮，彼等之鄙陋，彼等之恶劣，彼等之腐败堕落也。吾不惮彼等之嫌忌，请为一言以断彼等曰：彼等盖污辱文明者也。社会上而有彼等，必非社会之福也。

伊藤侯之盛德

西方有谚语曰：大人物者，譬如建道旁之白壁，人人得而见之，即人人得而污之。此言也，可以喻我今日之伊藤侯[③]。夫伊藤侯，吾固谓为大人物也，然如彼其怯懦[④]也，其巧佞[⑤]也，其陋劣也，其无耻之小人也，人皆腹非[⑥]之，腹非之不已，以口诛之，口诛之不已，以笔伐之。腹非口诛，以至于笔伐[⑦]，伊藤侯之盛德可知矣。虽然，人孰无非议，人孰无间言？轰轰烈烈之伊藤侯，赫赫明明之伊藤侯，岂无可歌可颂可纪之盛德乎？然彼非无盛德也，彼之盛德，则荷无前之天宠而已矣。

---

① 厚颜哓（xiāo）舌：厚着脸皮唠叨，多嘴。哓舌，犹饶舌，唠叨，多嘴。

② 沐猴而冠：猴子穿衣戴帽，究竟不是真人。比喻虚有其表，形同傀儡。常用来讽刺投靠恶势力窃据权位的人。沐猴，猕猴；冠，戴帽子。

③ 伊藤侯：伊藤博文（1841—1909），日本长州人。德川幕府末期长州藩士出身。日本近代政治家，曾任日本第一个内阁首相，首任韩国总监。他四次组阁，任期长达七年。发动了中日甲午战争，使日本成为东亚头号强国。1909 年 10 月 26 日，在哈尔滨被朝鲜爱国者安重根刺杀。

④ 怯懦（qiè nuò）：表现为害怕困难，意志薄弱；害怕挫折，情感脆弱；害怕交际，性格软弱。

⑤ 巧佞（nìng）：机巧奸诈，阿谀奉承。

⑥ 腹非：即腹诽。口里不言，心中讥笑。专制时代有所谓“腹诽之法”。

⑦ 笔伐：以文声讨。

如此盛德，自古之君子有之，小人亦有之。试问今日之伊藤侯，君子者乎？小人者乎？就具表面观之，其声名播于欧美，其威望服于亚洲，其在我日本，得君如彼其专行乎国政，如彼其久，功烈如彼其卑，通国[①]固称为大人物，大人物也，此吾所以有道旁白壁之喻也。何也？污之秽之，尽人皆可，己不得而拂拭之，己不得而拒绝之，己不得而遁逃之。听之而已，岂不哀哉！

虽然有白壁之盛德，亦可以奔走举国之人士也，奚在其可以奔走举国之人士？大人物曰：有能从我游者，我能富贵之。故今日之伊藤侯，为今日自由党之所推戴者，以其有白壁之盛德也。彼等政治的腕曰小僧等，皆所谓能利用其白壁者也。无论其新进也，其旧僚[②]也，无不推戴彼者，亦欲利用其白壁之故也。其他政治家，实业家，望巍巍之白壁，颂赫赫之盛德，奔走牛喘，仰视鼻息，畏之若神，望之若天，亦以其白壁盛德故也。呜呼！此白壁也，固皎皎其有辉者，涂抹于纵横，挥洒于上下，则亦暗暗其无光矣。人固可不省哉！

然今日之伊藤侯，势固在也，位固保也，天宠固隆也，盛德固昭昭在人耳目也，人污辱之，而彼不可拂拭也；人穷窘之，而彼不可遁逃也；人利用之，而彼不得不担当也。欲进不可，欲退不能。懊恼悔恨之状，当亦顾影而自怜矣。睹瀚海之茫茫，欲渡无岸；望前途之渺渺，何处宅身。呜呼！此盛德，吾其见而生怜欤，抑其见而生羡[③]欤？

平凡之巨人

天下古来所称为巨人者，有非常之巨人焉，有平凡之巨人焉。所谓非常之巨人者，挟其奇才异能，干天下非常之事，以耸动一世之耳目，博取一时之价值者，是也。所谓平凡之巨人者，其思想不逾乎常矩，其动作不越乎常轨。自其表面观之，其平平似无他长，而叩其衷藏[④]，考其底蕴，其潜德幽光，足以树一代之典型，为一时之钦仰[⑤]者，是也。以吾人论之，其殆以前者为平凡之巨人

① 通国：全国。《孟子·离娄下》："匡章，通国皆称不孝焉。"

② 旧僚：昔日同官共事的人。

③ 生羡：产生羡慕之情。

④ 衷藏：胸怀，内心。宋蔡襄《士伸知己赋》："匪衷藏之雅尚，羌得志而弗为。"

⑤ 钦仰：景仰，敬慕。

乎？以后者为非常之巨人乎？吾盖知其必不然矣。

非常之巨人，自古兵略家政治家，往往有之；至于平凡之巨人，则非积学之士，所不能也，往往于教育家、宗教家，或十余年而一见焉，或数十年而一见焉，或百余年而一见焉，或数百年而一见焉，或数千年而一见焉，或数千年而一见焉。殆寥寥如晨星矣。虽然，有史以来，非常之巨人虽多，其有利国家人民者实少；平凡之巨人虽少，其有益于社会文明者实多。非常之巨人，譬如奇岩怪石，奔湍飞瀑，人见之未有不动魄惊心者，然纵极其动魄惊心，其功果亦不过为词人骚客[①]，竞雕虫之小技而已。平凡之巨人，譬如积一勺之土壤，巍峨而成大山；集众水之细流，汪洋而成江海。其事其物，虽极寻常，而生民实依而生息之。呜呼！是利民者也。非常之巨人也欤哉！平凡之巨人也欤哉！

虽然，此二者之巨人，其魄力均相若也，其精神均相若也，其理义均相若也，其才智均相若也，其德行均相若也，其人爵均相若也，其天爵均相若也。均是立德、立功、立言三不朽[②]之人也，然吾人若得千百之非常巨人，宁得一个之平凡巨人。是何也？难得之人不愿少，易得之人不愿多也。

我日本维新以来，非常之巨人，不知其车载，其斗量矣。木户也，西乡也，大久保也，岩崎也，诸人皆是也。至于平凡之巨人，果谁氏之属乎？吾人于百千之巨人中，而得一仿佛者，则福泽翁[③]是也。

究而论之，吾人生平读书论世，曾得见几人如翁者乎？翁夙讲泰西文明之学，以教育群英，革新一代之思想，将泰西文明以输入我日本，我日本是以有今日之气象，翁之功业，洵千载不磨哉！孔子曰："微管仲吾其被发左衽。"[④]

---

① 骚客：诗人，文人。唐刘知几《史通·叙事》："昔文章既作，比兴由生，鸟兽以媲贤愚，草木以方男女。诗人骚客，言之备矣。"

② 立德、立功、立言三不朽：三者经久不废，故曰三不朽。语本《左传·襄公二十四年》："大上有立德，其次有立功，其次有立言，虽久不废，此之谓不朽。"

③ 福泽翁：福泽谕吉（1835—1901），大阪人。日本近代著名启蒙思想家、明治时期杰出教育家，日本著名私立大学庆应义塾大学的创立者。毕生从事教育活动，对传播西方资本主义文明，对日本资本主义的发展起到了巨大的推动作用，因而被日本称为"日本近代教育之父""明治时期教育的伟大功臣"。他的肖像一直被印在日本面额最大的纸币万元纸币上。

④ 引文意为：如果没有管仲，我们恐怕要披头散发穿左衽的衣服了。意思是表扬管仲辅佐齐桓公的尊王攘夷之功。"夷"指当时某些北方民族，被发左衽是他们的习俗。管仲辅佐齐桓公成功抵御了当时某些北方民族对中原地区的侵扰，保护了中原地区的周王室与诸侯国，所以孔子说这句话表扬他。

吾思翁之功烈，不在管仲之下也。我国运，我国民，能有如此之进步者，其谁氏之赐乎？吾知人佥曰[①]福泽翁也。虽然，吾愿我国民勿忘福泽翁。

虽然，此功烈也，犹是翁之末也。吾之所以颠倒于翁者，不在学问文明，而在其人物，而在其平凡之巨人。翁奚为其平凡也？东都血战，草木皆兵，而能于腥风血雨之中，从容讲学者，翁实以之也。讲学四十余年，所谓教不倦，即仁即圣者，翁实以之也。朝非显贵，野一平民，抱富贵不能淫[②]之道德，持威武不能屈[③]之操守，至死以至不逾者，翁实以之也。为一世之师表，于我思想界奏大革新之伟功者，翁实以之也。然翁所以为绝代之巨人者，其自始至终，在行平凡之天职而不屈，在尽平凡之本务而不挠。此吾所以称为平凡之巨人也。而今也，人之云亡，吾欲于百千之非常巨人中，而求一如翁之平凡巨人，不可得矣。岂不痛哉！

读修身要领

辐泽翁所选修身要领，说今日男女处今日社会之道，别具只眼[④]，决非寻常腐儒所能企及[⑤]，洵于近时教育界，为贵重之产物无疑。然吾人偶一读过，不免有隔靴[⑥]之感；再一读之，不禁悚然[⑦]叹曰：夫何为其然也。

修身要领，自第一条至第二十九条，所谓独立自尊之主义，一以贯之。而翁解此主义，曰：令心身之独立，自尊重其身，勿流于无耻之品位，此之谓独立自尊之人。独立自尊之人，即自劳自活之人。强健其体魄，鼓舞其精神，提倡其勇猛之气，是即独立自尊主义之大要也。如此吾人之于独立自尊，夫何间然？盖能全其个人之人格，所必要者也。然今日之男女，处今日之社会，果能

---

① 佥（qiān）曰：皆曰，都说。

② 富贵不能淫：富贵权势不能使自己的言语举止过分、超越常理。淫，过分。出《孟子·滕文公下》。

③ 威武不能屈：指威胁暴力不能使之屈服。形容不畏强暴。出《孟子·滕文公下》。

④ 别具只眼：指比常人多了一只眼，具有独到的眼光。比喻有独到的见解。

⑤ 企及：指盼望赶上；希望达到更高的水准。

⑥ 隔靴：即隔靴搔痒。隔着靴子挠痒痒。比喻说话写文章没有抓住主题和要点，不中肯，不贴切。或比喻做事没有抓住关键，不解决问题。

⑦ 悚（sǒng）然：形容害怕的样子。

实行独立自尊之主义乎？亦不过全个人之本分而已。

集人而为国，其人也即为国民之一人，即有国民之责任义务，不可一日或忘者也。聚人而成社会，其人也即为社会之一人，即有社会之责任义务，不可一日或忘者也。若夫掘井而饮，耕田而食，不知帝力[①]于何有，以文明之进步，为分荣之世，是其人必不完具者也。商也而不能为食，农也而不能为衣，不相扶持，则扞格[②]也，冲突也，离叛也，自然之理也。此之谓独私一己，人之独立自尊，而实非公共社会之独立自尊也，此其人实可谓不完具之人也。

故人之处此世，个人共全其独立自尊也。对于社会，不可不调和平等，调和平等，即服从社会之公德，即为尽力于社会之公义。社会云者，为公共之福利，不仅个人之福利。故人之处此社会，初必全其个人之本分者也。今日文明社会之修身要领，此重大之事，各欲全其本分，固未可等闲视之也。而福泽翁之修身要领，其始也个人之独立自尊，其终也对于社会调和平等。及训诲公义公德，其自第十三条，至第十九条之间，多对社会立说，所谓完全社会之基础，在一家一人之独立自尊，与社会共存之道，不相妨犯，自与他之独立自尊，不相伤害，示人以信，己所爱者，推及于人，轻减其疾苦，增进其福利，是等皆独立自尊之为义，为社会全般之福利，此本分也，此责务也，此德义也，即修身之要领也。

夫修身本领如此，盖未有不独立自尊，而谓能尽国民之责任，尽社会之义务者也。盖独立自尊，个人自由主义之骨髓枢轴也。吾人观于欧洲各国，能脱却君主专制之桎梏，得发扬十九世纪文明之光辉者，实个人自由主义之所赐也。我国今日之文明，亦福泽翁传个人自由之主义，以改革一代之思想，其功莫大焉。然世运日趋，转移未易，以干羽之舞[③]，不能解平城之围[④]，个人主义的文明，至何时始能发其大光辉乎！

盾有两面，物有两端。天下事有利必有弊，利弊必相伴。个人主义者，盖可谓利己主义者也。贵族专制封建阶级之弊毒，达其极点。其时人民沉沦于奴

① 帝力：帝王的权力。

② 扞（hàn）格：相互抵触，格格不入。过于坚硬而难于深入，形容彼此意见完全不合。

③ 干羽之舞：古代舞者所执的象征文德教化的舞具。

④ 平城之围：即白登（今山西大同东北马铺山）之围。公元前200年，刘邦带兵与匈奴决战，不幸被围。眼看没有办法突围，陈平用计策贿赂单于的老婆，让包围圈减少了几层，于是趁机突围。

隶之境，个人自由独立自尊主义，实世界之救世主哉！福泽翁实于此时奉此救世主以奏空前之伟功，持此主义不渝[①]，数十年修身要领，全以此主义为操准。呜呼！福泽翁固有功于世矣。然功之首亦为罪之魁！今也打破阶级，崩坏秩序，自由竞争，弱肉强食。个人自由主义，更现自由主义之平面，极其弊毒，横溢于四海，所谓以独立自尊，为人人修身之要领，实可骇可危之甚也。

夫修身之道，道德之教也。必从一代之理想，以社会数多之福祉[②]，为公义公德之目的。其对于社会，全以公义公德，与独立自尊互为轩轾[③]。至于福泽翁之意，虽非罔杇[④]公义公德，而全主张独立自尊，不知独立自尊，一变而为利己主义。利己主义，对于社会，即为背德，此吾之所以大惑不解也。若幸而利己主义为高蹈之隐者，如伯夷[⑤]也，如严子陵[⑥]也，如司马徽[⑦]也，皆独立自尊，求而不可必得，从而遁之者也。

虽然，修身要领，亦何尝无博爱之言乎？已所爱者，推及于人，此岂利己之言也？然既曰已爱而后及于人，则终未离利己之心也。虽然，人孰无有利己之心？人能对于社会，稍各尽其责任义务，斯可已。人各尽其责任义务，能不望其偿报[⑧]。况各尽其责任义务，不望其偿报，则一身一家之幸福，可不必求，财产生命之思想，可不必重。如此则是大君子出。大君子出，则是大改革起矣。

故独立自尊之教，必与调和平等之德相依。自爱之念，必与博爱之心相联。若夫调和平等之德不相依，博爱之心不相联，日抱守独立自尊个人自由之主义，则亦利己主义而已。弱肉强食，是非今日之实状哉！

今日之忧，实个人主义之弊毒，达其极点。其所以然者，在利己主义之盛，

---

① 不渝：不变。

② 福祉（zhǐ）：幸福，利益，福利。也代表美满祥和的生活环境、稳定安全的社会环境、宽松开放的政治环境。

③ 轩轾（xuān zhì）：车前高后低为“轩”，车前低后高为“轾”，比喻高低轻重。

④ 罔杇：不朽。罔，无，不。

⑤ 伯夷：商末孤竹国人。与弟叔齐一道，耻食周粟，饿死首阳山。

⑥ 严子陵（前39—41），又名遵，字子陵。会稽余姚（今浙江余姚）人。东汉著名隐士。少与东汉光武帝刘秀同学，亦为好友。后积极帮助刘秀起兵，刘秀即位后多次礼聘，他却隐姓埋名，退居富春山著述，设馆授徒。卒于家，享年八十岁。

⑦ 司马徽（？—208），字德操，颍川阳翟（河南禹州）人。东汉末年名士，精通道学、奇门、兵法、经学。有“水镜先生”之称。为人清雅，学识广博，有知人之明，并向刘备推荐了诸葛亮、庞统等。

⑧ 偿报：补偿，回报。

竞争自由，不能调和平等，只知有个人，不知有国家。不知有国家，更何知有社会？人之对于社会，不能尽一分之责任义务，即不能享一点之福祉利益。虽然，欲人之知有责任义务，则不得不先令其独立自尊。故独立自尊者，乃社会的调和平等公义公德之起点也。若不知有调和平等公义与公德，其结果盖可为之寒心者欤！

吾人非如世俗曲学，单以忠孝二字，漫批修身要领，实以其真个社会的观念，或有所见，亦未可知。虽然，福泽翁[①]往矣！吾虽漫加批难，岂有知也哉！岂有知也哉！

祭自由党文

岁在庚子，8 月某日之夕，金风淅沥，露白天高。长夜漫漫，忽焉星堕。呜呼！自由党死矣。历史之光荣，岂不被其抹杀哉！

呜呼！汝自由党之事，吾不忍言之矣。想二十余年前，专制抑压之惨毒，滔滔横流于四海。正维新中兴之宏谟[②]，遇大顿挫之时。祖宗在天之灵，故特降生汝自由党。扬其呱呱之声，放其圆圆之光。自由平等之正气，于是磅礴[③]于乾坤，振荡于世界，实古文明进步之大溯流也。

是以汝自由党，为自由平等而战，为文明进步而战。见义不为是无勇，赴汤蹈火为不惧。千挫不屈，百折不挠。凛凛[④]乎其意气，戛戛[⑤]乎其精神。如秋霜哉！如烈日哉！而今安在哉？

汝自由党之起也，政府之压制益甚，迫害愈急。一言论也，而思所以钳制之；一集会也，而思所以禁止之；一请愿也，而思所以防止之。抓缚也，放逐也，牢狱也，绞颈台也，无所不用其苛刻也。而汝自由党见鼎镬而不惧[⑥]，望刀锯其如饴[⑦]。荡尽亿万之财产而不顾，损伤数百之生命而不惜。岂非汝自由党一

---

① 福泽翁：印在一万日元上那位以学理传播利欲者，把日本引上了侵略之路。

② 宏谟（mó）：宏大的谋划。

③ 磅礴：气势宏伟的。

④ 凛凛：令人敬畏的样子。

⑤ 戛戛（jiá）：独特的样子。

⑥ 见鼎镬（huò）而不惧：见到鼎烹镬煮的刑具也不害怕。

⑦ 望刀锯其如饴：见到刀锯刑具也心甘情愿。

片之真诚，为千古所不可磨灭者哉！而今安在哉？

呜呼壮哉！汝自由党也。噫吁哀哉！汝自由党也。汝自由党能如此，岂非赫赫伟男子，烈烈大丈夫哉！洒多少志士仁人之热泪，流多少志士仁人之鲜血，掷多少志士仁人之头颅。前者仆，后者继。从容含笑以就死，当时谁知彼等之死，即自由党之死乎？呜呼！汝自由党之前途，其光荣洋洋，有可想见矣。呜呼！热泪鲜血，丹沉碧化[①]，而今安在哉？

汝自由党也，以圣贤之骨，具英雄之胆。目如日月，舌如霹雳，攻无不取，战无不克。开拓一立宪代议之新天地，建乾旋坤之伟业。惜汝非守成之才，而建武之中兴，中道倾覆，汝虽有光荣于历史，而问汝之事业，汝之名誉，而今安在哉？

更进思之，吾少年时寓林有造君家。一夕寒风凛冽，萨长政府[②]，突如其来，捕吾人与林君，放逐于东京三里以外。当时诸君发指之状，宛然在目，迄今固未尝忘也。诸君诸君！时现今之总理伊藤侯[③]，内相山县，视汝自由党之死，如路人，而吾人独握一管之笔，掉三寸之舌，为自由平等，文明进步，而吊汝自由党之死，祭汝自由党之灵，吾不能不抚今追昔。尝忆陆游[④]望剑阁诸峰，慨然赋曰："阴平穷寇非难御，如此江山坐付人。"呜呼！吾今三诵此句，以吊汝自由党。呜呼！汝自由党有灵，仿佛兮其来飨！

岁末之苦痛

呜呼！人生至苦痛之时，孰有如岁末者乎？懊恼也，悔恨也，恐慌也，狼狈也，奔走也。熙熙而来，攘攘而往者，皆是也。人之一生，为此岁末之苦痛，夺去其幸福，不知其几何矣。社会文明，为此岁末之苦痛，阻碍其进步发达，

---

① 丹沉碧化：一颗丹心化为碧玉；鲜血化作碧玉。多用以称颂忠臣志士。

② 萨长政府：即萨长同盟政府，是日本江户幕府时代末期（幕末）的1866年（日本庆应二年），在萨摩藩与长州藩间缔结的政治、军事性同盟。

③ 伊藤侯：伊藤博文（1841—1909），日本长州人。日本近代政治家，内阁首相。发动了中日甲午战争，使日本成为东亚头号强国。1909年10月26日，在哈尔滨被刺杀。

④ 陆游（1125—1210）：字务观，号放翁，越州山阴（今绍兴）人。南宋文学家、史学家、爱国诗人。陆游生逢北宋灭亡之际，少年时即深受家庭爱国思想的熏陶，是一位著名的爱国诗人。引诗见《剑门城北回望剑关诸峰青入云汉感蜀亡事慨然》。

不知其几何矣。几多之时日，皆消费此无益之苦痛中矣；几多之材智，皆竭尽此无益之苦痛中矣。平生之强力，为此而损折者多矣；平生之面目，为此而屈辱者多矣；平生之锐气，为此而挫挠者多矣；平生之志气，为此而消磨者多矣。极其至也，欺诈也，迫胁也，盗窃也，杀劫也，皆因此一日之苦痛而生也。呜呼！以此一日之苦痛，至贻社会百年之祸害，可不惧哉！

呜呼！岁末此苦痛，虽百千万年文明极乐之世，所不能免也。虽然，吾岂忍言之乎？此固社会自然之状态，虽百千万年所不能除也。虽然，吾岂敢信之乎？岁末之苦痛，为自然之状态，固已。人生之疾病，亦非自然之状态乎？然人生之疾病，医术之进步，可以愈之；岁末之苦痛，文明之进步，独不可以除乎？然果能除之与否，吾人不敢断之于前。此其间，盖有原因。其原因如何？是甚易观。彼等之金钱缺乏也，欲除彼等之苦痛，先济彼等以金钱其可也。

然彼等必如何而后得金钱之途乎？从事于生产之业而已。然斯人何尝不从事于生业，而岁末之苦痛如彼者何也？贫富之不均之故也。贫者终岁碌碌[①]，富者终年嘻嘻。贫者以百日所得，不足以偿富者一日所得。贫者占人数之多数，富者占人数之少数。至于财产，贫者不能占万之一，富者则全占其全部。此贫者之所以终贫，而富者之所以终富；贫者之所以终岁劳苦，而岁末之苦痛如故也。

虽然，今日之社会，亦尝叹其生产之事业，放任其自由竞争也。欧美之志士仁人，夙痛论之，吾人亦持此旨以布告之。人人于是稍知有产业之权利，无不思夺资本家之私有，以归多数人民之公有，分配之，均平之。彼等之资本家，亦不得徒手游食，而社会全般之生产额，益益增加多数，人类由是庶免岁末之苦痛。然彼等终得脱此岁末之苦痛者，则仅资本公有之一事，此所谓社会主义的制度是也。

此社会主义之论理之细目，吾人亦不暇深论之矣。至于实行之手段方法，吾人亦不暇详说之矣。要之，为多数人民之福利，为社会文明之进步无疑也。呜呼！岁末之苦痛，在于富之分配之不均；富之分配之不均，在于资本家之横暴；资本家之横暴，在许其资本家之私有。吾思我志士义人，曾以多数团结之

---

① 碌碌（lù）：繁忙，劳苦，忙忙碌碌。

势力，政治的权利，夺自封建之诸侯，夺自萨长、藩阀[①]之政府，而何于经济家权利，不能夺自资本家之手乎？当时之尊王讨幕党也，当时之自由改进党也，何不一进而为人民的社会乎？是长者折枝之类，非挟太山以超北海之类也[②]。

新年之欢喜

乐哉新年！新年之乐，非为有门松[③]也，无门松之家亦乐也；非为有屠苏[④]也，无屠苏之家亦乐也。非为有金钱也，非为着美服也，非为妆红粉也。无金钱、美服、红粉之人，亦乐也。然彼等嬉嬉，所以乐此新年者何哉？此时我与人与社会，俱正义也，俱自由也，俱平等也。是则可乐也。

人各有两端：不能纯乎为善人，不能纯乎为恶人。但在平日有几多之竞争，几多之诱惑，几多之感奋。善恶常相战，利害常相争。劳劳者，殆不堪其生也。唯此竞争，此诱惑，此感奋，至闻除夜百八之钟声，而全休止，万人俱虚心也，俱袒怀也，俱心广体胖[⑤]，无毫发利害之芥蒂也。是以其动静，其思想，其闻睹，其云为，无一非善非正义，天下无一毫不正与非义。新年之乐，岂不宜哉！是时金钱不压我，权势不苦我，利愁不夺我。顶天立地，纵横无碍，皆大自在。人与社会皆得自由，新年之乐，岂不宜哉！既各自由，亦皆平等。是时世界皆平等矣。主人有新年，仆从亦有新年。无阶级也，无差别也。一堂之上，熙熙雍雍[⑥]，一家之中，融融泄泄[⑦]，得此平等新年之乐，岂不宜哉！

人生之目的，实在正义，在自由，在平等。唯得此三者，人则圣人也，社

---

① 萨长：即萨长同盟，是日本江户幕府时代末期（幕末）的1866年（日本庆应二年），在萨摩藩与长州藩间缔结的政治、军事性同盟。藩阀：对日本近代政治制度的一种特殊称谓。是对明治年间占据政府和军队要职的西南诸藩（长州、萨摩、土佐、肥前）出生集团的一种批判性称呼。

② 长者折枝之类，非挟太山以超北海之类也：出《孟子·梁惠王上》。意思是说，（为人民的事情）是不愿意去做。不是没有能力去做。

③ 门松：一种有松枝，竹子做的装饰品，放在大门两侧，象征长寿。岁寒三友，指松、竹、梅三种植物。因这三种植物在寒冬时节仍可保持顽强的生命力而得名，是中国传统文化中高尚人格的象征，传到日本后又加上长寿的意义。

④ 屠苏：酒名。古代风俗于农历正月初一饮屠苏酒，以避瘟疫。

⑤ 心广体胖：心胸开阔，外貌就安详。出《礼记·大学》：“富润屋，德润身，心广体胖。”

⑥ 熙熙雍雍：指人与人摩肩接踵，和谐光明。

⑦ 融融泄泄：形容和乐舒畅。

会则天堂也。朝朝暮暮，虽非新年，亦犹新年之乐也。呜呼！一年三百六十余日，除此元旦，即非正义，非自由，非平等之天地。劳劳不堪其苦恼者，伊谁之咎欤？

高等教育之拒绝

近时我文明之不进步，与国家之不富盛，有可太息痛恨一大问题。此问题吾人宜亟亟求其解释，即拒绝国民之高等教育是也。目今欲入高等学校者，年众一年，而其得许可者，受验者，常不足十分之一，余多皆拒绝，往往十分之九，有过无小及。问其故，高等学校额设之不足故也。少数之学校，不能容多数之人，其许可仅取试验成绩之最高点者也，故无论平生学力如何优等，品行如何方正，资金如何裕如[①]，试验之余，不得过第一等之成绩，反负以落第之不名誉。百人中有十人及第者，殆寥寥如晨星[②]矣！

吾尝见一学生，学力优等，受验数次，不能及第。落胆之余，志气为之阻丧，遂日见堕落。又尝见一学生，学力优等如之，受验数次，不能及第，亦如之。归而自罪其学力之不足，由是刻苦向学，异常勉强，从此心身衰弱，遂罹肺病。此二者，吾所目睹。其原因皆拒绝入学之故也。呜呼！将来我国民之不发达，此一大原因，其流毒更不知所底止。是非可为之寒心者哉！

夫国家共同之利福，文明之进步，必教育国民之责务也。国民既愿受其教育，顾可不奖劝之，鼓励之乎？然吾尝见其儿童之入学也，多方强制之，固非其所矣。初则强制于小学教育，寻而开放于中学，既而能受高等教育之资者，则又多方拒绝之，此吾之所大惑不解也。试思国家教育人才，培植多士，养成高等教育之资格者，实国家之庆事也，然何以阻碍之，遮防之？此岂教育国民之盛意哉！此吾所为太息痛恨而不已者也。

然则思所以挽救之，必如何而后可？国中之高等学校，有官立，有私立。官立之学校不足，即以私立之学校补之。私立之学校与官立之学校，同一资格。私立者，仍有奖励一如官立之制。有能私立高等学校者，则尤异常议叙之，异

---

① 裕如：丰足有余的样子。

② 寥寥如晨星：寥若晨星。稀少得像早晨的星星。形容数量少。

常荣褒[1]之。庶乎其速文明之进步也，其致国家之富盛也。此其大体之方针如此。至如条目，则尚未暇详焉。此今日教育家之一大问题也。

恋爱文学

有一美人，为富家之妻，彼窃其夫之目，而恋慕画家某；又以己之妹，许嫁于画家。而其异腹之娘，亦恋慕此画家。母子姊妹，争其一男子，相挑于暗中。而一时有一书生，寄食[2]于其家，初通下婢，更恋慕彼美人母子，遂奸其主人之妻。此一小说，近世知名士所著者也。

作者逞其奇思妙笔，读者爱其淫词亵语[3]。虽然，如此之文学，于现时之社会，其影响果如何乎？于现时之青年少女，其关系果如何乎？吾人思至此，不禁悚然而大恐怖也。何哉？实乱伦之极也，丑秽之极也！此乱伦丑秽之事，乃公然刊行于世，甚而新闻杂志，广告之，批评之。垫中购之，闺中置之；世间之青年少女，莫不争欢迎之。呜呼！此乱伦丑秽之事，作者不顾礼义廉耻，徒卖弄一己之文词，异想天开，不规正理，只求读者生多少快感。读者亦不顾礼义廉耻，塾中购之，闺中置之。男子珍如拱璧[4]，犹可说也；至于女子，亦奉为至宝，其难堪矣！

吾人亦不必沾沾攻击如此作者，而风趋所尚，今所谓爱恋文学之流弊为可慨叹也。尝游于通都大邑之杂志店，其所排列之书籍，大都不外恋爱妇人情话等字样，冠于篇首。其内容者，古今之情史也，恋爱之诗歌也。解释者一家，讲说者一家，咏叹者又一家，甚而叹美其用笔拍词者更一家。且诸家者又多出于未婚之青年少女也，好之如璧，甘之如饴，且曰神圣之恋也，曰高洁之爱也，此宇宙自然之巧妙，世间难得之著作也。是以青年少女之性行，日见堕落，钻隙赠芍[5]，滔滔皆是，习为固然，恬不为怪。此则可大痛者也！

吾人以文学为劝善惩恶之具，而非以小说诗歌为伤风败俗之谈。著一书，

---

① 荣褒：盛赞。

② 寄食：依附别人生活。

③ 亵（xiè）语：污秽的语言。

④ 拱璧：大璧。合两手拱抱之璧，故为大璧。后因用以喻极其珍贵之物。

⑤ 赠芍：表示男女别离之情。《诗·郑风·溱洧》："维士与女，伊其相谑，赠之以勺药。"

立一说，必有益于社会，非谓搏人之笑，助人之趣，消人之愁，遂为毕能事也。是殆古之优伶[①]之戏作，美术家文学者，岂其然哉？况彼之戏作亵语淫词，堕落数事之青年少女，败坏社会，流毒无穷，贼夫人之子。其种种恶结果，更仆难数。孔子曰：始作俑者，其无后乎[②]？世之为亵语淫词，以诱惑青年少女者，其殆是矣！

虽然，吾人漫向当局之官吏，促其严于言论出版之取缔。而彼等之无识，玉石不辨，恐从此反生枝节[③]，阻害文艺之进步。但吾人抱此正义，视数多之青年少女，腐败堕落，而有所不忍之心。无已，则向于社会，加以裁制，庶乎其可哉！

自杀论

人生最可哀可痛，孰有过于自杀者哉！日本富于尚武之风，故自杀者为尤多见。常年自杀者，皆在七千人以上。至三十一年，殆有八千七百余人之多。呜呼！人之轻生敢死，环球大地，孰有过于日本人乎哉！自杀者，其殆博强武名誉而自杀欤？其殆以平年悔恨而自杀欤？其殆表意思薄弱而自杀欤？诘诸自杀者，而自杀者亦自问茫然。相习成风，牢不可破。近时自杀者，每年率九千余人。呜呼！国家之前途，实可忧哉！

自杀者之多，于精神的，即以见国民之弱；于物质的、经济的，即以见国民之疲弊。此现象于政治，于军备，于议会，于道德、教育，于商工业，皆有关系者也。自杀者一己之生命不足惜，而孰知关于社会全体者大。呜呼！自杀之不已，国家之元气日伤哉！

每年自杀者，其中缢首[④]死者占数之大半部，其次则入水，又其次则刃物，服药与炮击者，盖少也。兹无论其缢首、入水、刃物、服药、炮击，均自杀也。

---

① 优伶：旧时通称戏曲演员为优伶。优，俳优；伶，乐工。

② 始作俑者，其无后乎：开始用俑殉葬的人，断子绝孙。《孟子·梁惠王上》："仲尼曰：'始作俑者，其无后乎！'为其象人而用之也。"后比喻某种坏事或恶劣风气的肇始人。

③ 反生枝节：枝节外又生出杈枝。喻问题旁出，事外复生事端。

④ 缢（yì）首：吊死，用绳子勒死。

其自杀之原因，古之武士，杀身成仁[1]，杀身为义，曾博世间之名誉。而不完全之人，遂从而效尤之。或因所求不遂而自杀，或因罪恶难逃而自杀，或因一生烦恼而自杀，或因一时发狂而自杀。忘其痛苦而甘出于自杀，无可说焉。则自杀者，只徒杀其躯，只可谓不完全之人而已。

然世间有一种好奇之人，惑于鬼神而自杀者；又有一种好胜之人，负于客气而自杀者；又有脑筋扰乱而自杀，形骸放浪[2]而自杀，此皆自杀也，皆于心理的、生理的不健全者也。断言之，皆可为国家之忧，道德上之罪恶，今日宜研究之一大问题也。虽然，《孝经》有言曰："身体发肤，受之父母，不敢毁伤，孝之始也。"既以自杀为不孝矣，然孔子又曰："杀身成仁。"则是圣人又教人以自杀也。西国之哲人言曰：人者神授以生。人既为神所授而生，若自杀则是违神，不祥莫大焉。然东西二子教家大都奖励自杀。《旧约》《新约》，自杀亦所不咎，故古耶稣教徒之自杀者，已成普通矣。此果何也？

曰：自杀者，背人间之自然。人莫不乐生而恶死，且无论其人之乐恶也，即乐反所恶，恶反所乐。而天地生一人，即有一人之责任；社会有一人，即有一人之义务。若听其自杀，是违悖天地，破坏社会。天地所不容，社会所不怒。彼虽自杀，则罪更及其尸，然后天下后世之自杀者，庶几其可止焉！

呜呼！社会有竞争，而后有进步。优胜劣败，此自然之公理也。自杀岂非社会中之个人乎？此而自杀，彼而自杀，各自放弃其责任，各自卸却其义务，此之对于社会，无责任、无义务；彼之对于社会，亦无责任，亦无义务。此而柔弱也，自杀；彼而强梁也，自杀。无完全之人极者，亦无完全之社会。呜呼！我日本国之前途可想哉！日本人之方针大异哉！年来自杀者不下五六万。若以此不完全之人，而移其方针，得占其优等健全地位，则日本之富强，盖又可知矣！

---

① 杀身成仁：指为正义而牺牲生命。后泛指为了维护正义事业而舍弃生命。出《论语·卫灵公》。

② 形骸（hái）放浪：即放浪形骸。行动不受世俗礼节的束缚。放浪，放荡；形骸，人的形体。

《广长舌》广告

（1902 年 11 月）

上海商务印书馆总发行所

中江兆民[①]先生，日本法国学派之第一人也，有东方卢梭之目，门下众多，而幸德秋水为其首出。是书即为幸德原著。全卷三十二篇，凡当今时势上最要之问题，包括无遗。欲知吾人今日世界之主眼，不可不读是书；欲探世界将来之影响，不可不读是书。本馆特请国民丛书社[②]译出，以饷我中国有志之士。今已出书，精整完美，译笔明畅，读者自知。

《外交报》壬寅第二十六号插页

（1902 年 11 月 4 日出版）

① 中江兆民（1847—1901），原名笃介，出身于日本高知县土佐藩一个下级武士家庭。自幼学习汉学，“兆民”出自汉语，意为“亿兆之民”，即“大众”之意。是明治时期自由民权运动理论家，政治家，唯物主义哲学家，无神论者。

② 国民丛书社：清末的一个译书机构。根据研究专家考证，《广长舌》的翻译出自该社赵必振之手。